Revisionen des Heiligen
Streitgespräche zur Gottesfrage

Revisionen des Heiligen

Streitgespräche zur Gottesfrage

Richard Kearney
im Gespräch mit
John Caputo, Simon Critchley,
Catherine Keller, Julia Kristeva,
Jean-Luc Marion, Charles Taylor,
David Tracy, Gianni Vattimo,
Merold Westphal, James Wood,
Jens Zimmermann

Deutsche Übersetzung von
Karl Pichler und Irmengard Gabler

Im Deutschen herausgegeben und
mit einer Einleitung versehen von
René Dausner

HERDER

FREIBURG · BASEL · WIEN

Englische Originalausgabe
Reimagining the Sacred. Richard Kearney Debates God,
edited by Richard Kearney and Jens Zimmermann,
Copyright © 2016 Columbia University Press, New York

Für die deutsche Ausgabe
© Verlag Herder GmbH, Freiburg im Breisgau 2019
Alle Rechte vorbehalten
www.herder.de
Umschlaggestaltung: Verlag Herder
Umschlagmotiv: Image courtesy of the artist,
© Sheila Gallagher and her gallery, SEPTEMBER, Hudson, NY
Satz: SatzWeise, Bad Wünnenberg
Herstellung: CPI books GmbH, Leck
Printed in Germany
ISBN 978-3-451-37912-3

Inhalt

Einleitung zur deutschen Ausgabe 7
RENÉ DAUSNER

Vorwort 17
RICHARD KEARNEY

PNEUMA HOSTIS – Künstlerische Notiz zum Titelbild 19
SHEILA GALLAGHER

1 Gott nach Gott
   Ein anatheistischer Versuch der Revision Gottes 21
   RICHARD KEARNEY

2 Imagination, Anatheismus und das Heilige 42
   GESPRÄCH MIT JAMES WOOD

3 Jenseits des Unmöglichen 75
   GESPRÄCH MIT CATHERINE KELLER

4 Transzendenter Humanismus
   in einem säkularen Zeitalter 108
   GESPRÄCH MIT CHARLES TAYLOR

5 Neuer Humanismus und das Bedürfnis zu glauben 127
   GESPRÄCH MIT JULIA KRISTEVA

6 Anatheismus, Nihilismus und das schwache Denken ... 168
   Gespräch mit Gianni Vattimo

7 Was ist Gott? „Ein Gebrüll auf den Gassen" 193
   Gespräch mit Simon Critchley

8 Der Tod des Todes Gottes 223
   Gespräch mit Jean-Luc Marion

9 Anatheismus und radikale Hermeneutik 243
   Gespräch mit John Caputo

10 Theismus, Atheismus, Anatheismus 273
   Podiumsdiskussion mit David Tracy,
   Merold Westphal und Jens Zimmermann

EPILOG: Eine Art Antwort 301
   Richard Kearney

Personenverzeichnis 325

Die Beitragenden 330

Editorische Annotationen 332

Einleitung zur deutschen Ausgabe

Neue Impulse für die deutsche Theologie

Wer noch im ausgehenden 20. Jahrhundert gehofft hatte, die Religion als Suche und Sehnsucht nach dem Heiligen habe sich überlebt, sieht sich getäuscht. Auch in einer Gesellschaft der beschleunigten Moderne, die der Soziologe Hartmut Rosa trefflich charakterisiert, behält die Religion ihre bleibende Relevanz – den einen zum Ärgernis, den anderen zur Genugtuung; die Gottesfrage und die Suche nach dem Heiligen, zumal in interkultureller Perspektive[1], sind im öffentlichen Diskurs weiterhin präsent. Auch auf Zukunft hin bedarf es daher jener ‚Religionsintellektuellen', um dieses schöne Wort von Friedrich Wilhelm Graf aufzunehmen, die in der Lage sind, verantwortlich Rechenschaft abzulegen von den Hoffnungen, die im Glauben lebendig sind. Umso erstaunlicher ist eine offensichtliche Marginalisierung der – zumal deutschen – Theologie, die ihre einst so vitale gesellschaftliche Prägekraft weithin eingebüßt hat. Die einen machen hierfür eine Anpassung an den modernen Zeitgeist verantwortlich und suchen das Heil in einer Vergangenheit, die es nie gab; andere hingegen sehen die Ursache in einem Negativtrend, der die Kirchen in Deutschland spätestens seit dem Bekanntwerden der Missbrauchsfälle erfasst hat und nun auch die Theologie in einen Abwärtsstrudel hineinzieht. Klar jedenfalls ist zweierlei: 1. die gesellschaftspolitischen Fragen hinsichtlich einer progredierenden Ökonomisierung und Individualisierung bedürfen weiterhin einer kritischen theologischen Grundlagenbesinnung; 2. die Theologie muss in ihrer konfessionsgebundenen Vielfalt wissen-

---

[1] Vgl. Thomas Schreijäck u. a., Hg., Das Heilige interkulturell. Perspektiven in religionswissenschaftlichen, theologischen und philosophischen Kontexten. Ostfildern 2017.

schaftlich anschlussfähig bleiben, um einerseits dem Vernunftanspruch nicht nur des christlichen sondern auch des jüdischen sowie des islamischen Glaubens gerecht zu werden und um andererseits im akademischen Kontext Gehör zu finden – nicht zuletzt um der Universalität der Universität willen.

Der schleichende Bedeutungsverlust der Theologie – und übrigens auch der Philosophie – in Deutschland wurde schon verschiedentlich moniert.[2] Neu an der Warnung, die jüngst der Bischof von Hildesheim, Heiner Wilmer, geäußert hat, ist die Gefahr einer Selbstmarginalisierung der Theologie, für die er eindringliche Worte gefunden hat: „Wir laufen in der deutschen Theologie Gefahr, autoreferentiell zu werden – und merken es oft nicht einmal."[3] Diese These von der Autoreferentialität der deutschen Theologie ist erklärungsbedürftig und diskutabel, gewiss. Aber eines ist sie nicht: sie ist keine Grabesrede und lässt sich nicht – jedenfalls nicht ohne Verfälschung – von jenen Kräften instrumentalisieren, die das Ende der konstruktiv-kritischen sowie liberal-innovativen Theologie in Deutschland besiegeln möchten. Denn allzu klar ist die deutliche Zurückweisung einer Autoimmunisierung, die kirchlich konservative Kreise propagieren. Spätestens mit seinem Wort von der Sündhaftigkeit der Strukturen der Kirche und der expliziten Würdigung Eugen Drewermanns hat Bischof Wilmer sich deutlich positioniert und zugleich exponiert. Wenn also die Kritik an einer autoreferentiellen Theologie in Deutschland nicht dem Verdacht unterliegt, den diskursiven Anspruch dieser wissenschaftlichen Disziplin unterminieren zu wollen, so wird man gut daran tun, den kritischen Einwand ernst zu nehmen, zumal in den vergangenen Jahren tatsächlich ein schwindendes Interesse an der – zur Zeit eher in den USA, in Frankreich und Italien beheimateten – Denktradition der Phänomenologie zu beobachten ist, deren Ursprünge mit Edmund Husserl in der Tradition des deutschen Judentums liegen. Dieser Hintergrund mag die Intention verständlich werden lassen, die mich zu dem vorliegenden Band veranlasst hat und die von mir

---

[2] Vgl. Gerhard Krieger, Hg., Zur Zukunft der Theologie in Kirche, Universität und Gesellschaft. Freiburg u. a. 2017.
[3] Heiner Wilmer, Mehr Existenzielles wagen, in: Herder Korrespondenz 73 (9/2019), 28–31: 28.

in einer doppelten Geste zum Ausdruck kommen soll: zum einen mit einer einladenden, zum anderen mit einer begrüßenden Geste. Die Einladung gilt der deutschen Öffentlichkeit und verfolgt vornehmlich das Ziel, Streitgespräche zur Gottesfrage zu präsentieren, wie sie gegenwärtig in internationalen Diskursen gepflegt werden. Die hier dokumentierten Gespräche, die der Religionsphilosoph Richard Kearney mit renommierten Vertreterinnen und Vertretern der Philosophie und Theologie geführt hat, haben einen ebenso exemplarischen wie experimentellen Charakter. Mit der Einladung zum Wahrnehmen fremder Diskurse möchte ich mit der vorliegenden Publikation zugleich den Diskutanten selbst im Deutschen begrüßen: Richard Kearney, der in seiner Heimat Irland studierte, in Frankreich promovierte und seit 1999 am Boston College (USA) forscht und lehrt. Zu seinen Lehrern zählen Paul Ricoeur, Emmanuel Levinas und Jacques Derrida; trotzdem – oder vielleicht gerade deshalb – ist sein umfangreiches Werk im deutschsprachigen Raum bislang weithin unbekannt geblieben.[4]

Beide Gesten – Einladung und Begrüßung – haben ihren Ort in der Gastfreundschaft. Es ist kein Zufall, dass Richard Kearney – ähnlich wie der deutsch-französische Theologe Christoph Theobald, dessen visionäres Werk *Le Christianisme comme style* zumindest ansatz-

---

[4] Deutsche Übersetzungen der Arbeiten R. Kearneys liegen bis dato nicht vor. Ein aktueller Hinweis auf den Band „Reimagining the Sacred" findet sich in einer der jüngsten Ausgaben der „Quaestiones disputatae": Johanna Rahner, Thomas Söding, Hg., Kirche und Welt – ein notwendiger Dialog. Stimmen katholischer Theologie. Freiburg i. Br. 2019, 26f. – Lieven Boeve, Professor für Fundamentaltheologie an der KU Leuven, veröffentlichte bereits vor fast fünfzehn Jahren eine konstruktive Kritik zum Werk Richard Kearneys: Lieven Boeve, God, Particularity and Hermeneutics. A Critical Constructive Theological Dialogue with Richard Kearney on Continental Philosophy, in: Ephemerides Theologicae Lovanienses 81 (4/2005) 305–333. Jakub Sirovátka, Professor für Philosophie in České Budějovice (Tschechien), hat mir berichtet, dass er jüngst ein Gutachten zu der Dissertation „Die Konzeption des möglichen Gottes im Werk von Richard Kearney" (tschech.: „Koncepce možného Boha v díle Richarda Kearneyho") erstellt hat, die Filip Härtel an der Evangelischen-Theologischen Fakultät der Karls-Universität in Prag unter Betreuung der evangelisch-theologischen Kollegin Ivana Noble erarbeitete.

weise im Deutschen[5] zugänglich ist – das Heilige und die Gottesfrage im Kontext der Gastlichkeit[6] verhandelt und somit der jüdisch-christlichen Tradition einschreibt.[7]

Revisionen des Heiligen

Nicht erst die Interpretation, sondern auch schon die Übersetzung stellt eine hermeneutsiche Herausforderung dar, die bereits mit dem Titel beginnt. Denn wie soll, ja wie kann der englische Originaltitel, *Reimagining the Sacred*, adäquat ins Deutsche übersetzt werden? Auch wenn die englische Wendung inhaltlich soviel bedeuten mag wie „das Heilige neu denken, neu erfinden oder neu bebildern", droht diese Übersetzung die Ambivalenz des englischen Ausdrucks vergessen zu lassen. Das Wort „reimagining" meint mehr als eine bloße Neuformatierung eines längst bekannten Begriffs. Die deutsche Übersetzung, für die ich mich entschieden habe, lautet *Revisionen des Heiligen*, weil sie geeignet ist, die grundlegende Ambivalenz des englischen Originals aufzufangen. Denn Revision bedeutet (1) das Durchsehen etwa von Geldbeträgen sowie das Prüfen von Druckbögen oder sogar die Durchsuchung und Kontrolle von Gegenständen, (2) das Ändern oder sogar das Abändern einer Meinung oder eines Urteils und (3) das Einlegen von Rechtsmitteln gegen ein juristisches Urteil. Der Begriff der Revision greift das in „reimagining" überlieferte Sehfeld auf und schärft den Blick für eine

---

[5] Christoph Theobald, Christentum als Stil. Für ein zeitgemäßes Glaubensverständnis in Europa. Freiburg i. Br. 2018. Vgl. Christoph Theobald, Le christianisme comme style. 2 Bde. (Cogitatio fidei, 260). Paris 2008.

[6] Vgl. Burkhard Liebsch, Michael Staudigl, Philipp Stoellger, Hg., Perspektiven europäischer Gastlichkeit. Geschichte – kulturelle Praktiken – Kritik. Weilerswist 2016. Vgl. auch: René Dausner, Humanity and Hospitality. An Approach to Theology in the Times of Migration, in: Scripta Instituti Donneriani Aboensis 28 (2018), 51–67; René Dausner, Asylstädte – Flucht und Migration als theologische Herausforderung, in: Stimmen der Zeit 234 (9/2016), 579–588; René Dausner, Das Volk Gottes als Topos des Zweiten Vatikanischen Konzils. Perspektiven und Herausforderungen nach fünfzig Jahren, in: Stimmen der Zeit 233 (5/2015), 291–301.

[7] Richard Kearney, James Taylor, Hg., Hosting the Stranger: Between Religions. London u. a. 2011.

neue Betrachtung. Die Uneindeutigkeit, die der Begriff impliziert, ist also durchaus gewollt. Für die Frage nach dem Heiligen erscheint mir diese Doppelbelichtung aus Revision und Re-Vision im höchsten Maß produktiv.

Eine wissenschaftliche Anschlussstelle, die sich für eine künftige Rezeption des vorliegenden Bandes ergeben könnte, bietet der gegenwärtige Ansatz über das Heilige von Hans Joas.[8] Aber auch das Denken von Charles Taylor, Emmanuel Levinas, Jacques Derrida oder Giorgio Agamben, auf das der Band wiederholt zu sprechen kommt, bietet sich zu einer Fortführung an. Jürgen Habermas, dessen umfangreiches Alterswerk sich mit *Glauben und Wissen* befassen wird[9], dürfte zudem eine weitere Referenz für eine fällige Thematisierung des Heiligen – diesseits und jenseits von Theismus und Atheismus – bieten. Das Konzept des Anatheismus[10], so wie es mit Richard Kearney diskutiert worden ist[11], wird zu einer Vertiefung und Bereicherung der Gottesfrage sowie der Revisionen des Heiligen beitragen.

Anatheismus

Während hierzulande die Rede von einer Wiederkehr des Theismus und des Atheismus diskutiert wurde und wird[12], legte Richard Kearney mit seinem Begriff des „Anatheismus" ein Konzept vor, das in

---

[8] Hans Joas, Die Macht des Heiligen. Eine Alternative zur Geschichte von der Entzauberung. Berlin ²2017.
[9] Jürgen Habermas, Auch eine Geschichte der Philosophie. 2 Bde. Bd. 1: Die okzidentale Konstellation von Glauben und Wissen; Bd. 2: Vernünftige Freiheit. Spuren des Diskurses über Glauben und Wissen. Berlin. Vom Verlag genannter Erscheintstermin: Ende 2019.
[10] Richard Kearney, Anatheism. Returning to God After God. New York 2010.
[11] Vgl. Richard Kearney, Matthew Clemente, Hg., The Art of Anatheism. London u. a. 2018; Chris Doude van Troostwijk, Matthew Clemente, Hg., Richard Kearney's Anatheistic Wager. Philosophy, Theology, Poetics. Bloomington 2018.
[12] Vgl. etwa: Friedrich Wilhelm Graf, Die Wiederkehr der Götter. Religion in der modernen Kultur. München ³2005; Magnus Striet, Hg., Wiederkehr des Atheismus. Fluch oder Segen für die Theologie? Freiburg i. Br. 2008; Gregor Maria Hoff, Die neuen Atheismen. Eine notwendige Provokation, Regensburg

der deutschsprachigen Diskurskultur nahezu unbeachtet blieb. Der Neologismus „Anatheismus", von dem im Buch in immer neuen Anläufen und Gangarten die Rede sein wird, ist ambivalenter Natur. Durch die griechische Vorsilbe „ana-", die aus Wortverbindungen wie Analogie oder Anamnese vertraut erscheint, entsteht ein schillerndes Sprachspiel: Zum einen bedeutet die Vorsilbe, ähnlich wie das lateinische Präfix „re-" soviel wie „wieder" und „zurück"; zum anderen bewirkt die Verbindung aus „ana-" und Theismus eine Ununterscheidbarkeit zwischen Ana-Theismus und An-Atheismus. Der Anatheismus schafft Raum für Erinnerungen sowohl theistischer als auch atheistischer Traditionen und ermöglicht eine neue Sichtung bekannter, allzu bekannter Argumente. Im vorliegenden Band charakterisiert Richard Kearney selbst die hermeneutische Kraft des Anatheismus, die er eher im Verbindenden als im Trennenden, eher im Sowohl-Als-auch denn im Entweder-Oder sieht, folgendermaßen:

> „Der Anatheismus, wie ich ihn hier vorstelle, ist eine hermeneutische Interpretation, die aus einem besonderen Satz ererbter Narrative, Lebenserfahrungen, Philosophien erwächst, vermittels derer ich versuche, aus Schriften in der abrahamitischen Tradition, aus der ich stamme, Sinn zu gewinnen; auch Schriften anderer Religionen erschließen sich mir dadurch, weshalb ich glaube, dass der Anatheismus eine Offenheit für den interreligiösen Dialog darstellt und dass mich andere Religionen vieles lehren können."[13]

Die Offenheit, die das Konzept des Anatheismus bietet, wird deutlich an den unterschiedlichen Denkrichtungen der Gesprächspartner, mit denen Kearney über die Gottesfrage spricht. Die Verschiedenheit der Denkansätze lässt sich bereits an den Namen der Sparringpartner ablesen, mit denen Kearney seinen religionsphilosophischen Ansatz diskutiert: Charles Taylor und Catherine Keller, Julia Kristeva und Gianni Vattimo, Jean-Luc Marion und John Caputo, David Tracy und Simon Critchley sowie Merold Westphal, James Wood und Jens Zimmermann. Die Dialoge verstehe ich in einem produktiven Sinn als „Streitgespräche", insofern ich das Strei-

---

2009; Ders., Ein anderer Atheismus. Spiritualität ohne Gott? Regensburg 2015.
[13] Vgl. oben, S. 306.

Einleitung zur deutschen Ausgabe

ten in der Bedeutung eines Wettstreits, nicht eines Kampfes interpretiere. Die Namen verdeutlichen zudem, dass es sich in dem Band um Begegnungen europäischer und angloamerikanischer Kultur-, Denk- und Glaubenstraditionen handelt. Darin liegen Chance und Herausforderung einer möglichen Rezeption des Bandes begründet.

Neben den vielen vertrauten und bekannten Namen und Büchern, die im Buch zur Sprache kommen, werden sich viele finden, die einem deutschen Publikum wenig oder gar nicht bekannt sein dürften. Nach reiflicher Überlegung habe ich mich dagegen entschieden, dem Band einen umfangreichen Kommentarteil anzufügen. Die Gegebenheiten des digitalen Zeitalters kompensieren diese Entscheidung leicht und eröffnen zugleich die Möglichkeit und Notwendigkeit weiterer Studien. Dennoch möchte ich im Zeichen der Gastfreundschaft, zumindest den zentralen Gesprächspartner, Richard Kearney, mit der Stimme des englischen Herausgebers ausführlicher vorzustellen. Jens Zimmermann schreibt in seiner Einleitung:

„Richard Kearney ist eine der kreativsten und kenntnisreichsten Stimmen der sogenannten theologischen Wende in der Kontinentalphilosophie. Seine einfallsreiche und konstruktive Anwendung der hermeneutischen Philosophie auf postmoderne Debatten über Religion und Kultur charakterisiert Kearneys reifes Werk, enthalten in der Trilogie der Veröffentlichungen mit dem Titel Philosophie an der Grenze: *The God Who May Be* [2001], *On Stories* [2002], und *Strangers, Gods and Monsters* [2003]. Mit diesen Werken hat sich Kearney als einer der größten zeitgenössischen philosophischen Vermittler traditioneller Konzepte etabliert, die unser Menschsein bestimmen, wie die narrative Identität, die praktische Weisheit, die Gastfreundschaft und Auffassungen von Gott. Im Gegensatz zu vielen postmodernen Abhandlungen zur Religion, die diese wichtigen Konzepte mitsamt ihren modernistischen Zerrbildern über Bord werfen, unternimmt Kearney die hermeneutische Anstrengung, solche Konzepte zurückzugewinnen, in Anerkennung postmoderner Kritik. [...]

In *The God Who May Be* und *Strangers, Gods and Monsters* führt Kearney die hermeneutische Aufgabe fort, klassische Konzepte für die zeitgenössische Kultur zurückzugewinnen, speziell die Gottesidee. In diesen Werken erforscht er die Grenzen zwischen Philosophie und Theologie, indem er einen Mittelweg zwischen zwei Extremen zeichnet: auf der einen Seite der Gott der Metaphysik, auf der anderen die gesichtslose Transzendenz des postmodernen Sublimen. Während der

Gott des ontotheologischen Dogmatismus zu Intoleranz und Gewalttätigkeit verleitet, entbehrt die exkarnierte Transzendenz der Postmoderne der hermeneutischen Einsicht, die es uns erlaubt, zwischen dem heiligen und dem monströsen Fremden zu unterscheiden. Stattdessen verteidigt Kearneys „diakritische Hermeneutik" den Gott, der sein kann, einen Gott, der nicht verdinglicht werden kann, sondern dessen Gegenwart sich in der Sakramentalität des Fleisches zeigt, ob im wahren Leben oder in dessen erfinderischem Refigurieren durch Dichter, Künstler und Schriftsteller. Die Strahlkraft dieses *posse*-Gottes wird offenbar, wann immer und wo immer die Würde des Menschen – besonders jene des am wenigsten Geschätzten unter uns – Anspruch erhebt, geachtet zu werden. Das jüngste Buch, *Anatheism: Returning to God After God*, ist Kearneys deutlichste, wunderbar eloquente Anregung für die Rolle des Heiligen in Leben und Literatur der Menschen, welche die reduktiven Optionen weltlicher und religiöser Fundamentalismen hinter sich lässt."

„D'où parlez-vous?"

Von woher sprechen Sie? Die Frage klingt – zumindest im Deutschen – seltsam und unvertraut; in den Seminaren des französischen Philosophen Paul Ricoeur war sie hingegen, wie Richard Kearney in seinem Epilog zu dem vorliegenden Band berichtet, eine übliche Fragestellung. Im Unterschied zu einer Konzentration auf den Inhalt des Denkens, kommt mit der Frage nach dem Ort zugleich der Standpunkt des Sprechenden zum Tragen. Für die Entstehungsgeschichte des Bandes ist die Frage „*D'où parlez-vous?*" ebenfalls bedeutsam.

Im Herbst 2016 hatte ich eine Forschungsreise in die USA unternommen, um im Boston College die US-amerikanische Prägung einerseits der Phänomenologie sowie andererseits des jüdisch-christlichen Dialogs kennenzulernen. Neben Richard Kearney zählten dort zu meinen Gesprächspartnern v. a. James W. Bernaer SJ, Kraft Family Professor für Philosophie und Direktor des Center for Christian-Jewish Learning, sowie Susannah Heschel, Inhaberin des Eli Black Professorship of Jewish Studies am Dartmouth College, Hanover, durch die Gastlichkeit und Willkommenskultur für mich eindrucksvoll erfahrbar wurden.

Einleitung zur deutschen Ausgabe

Die Idee, den Gesprächsband *Reimagining the Sacred* dem deutschsprachigen Publikum zugänglich zu machen, entstand während meiner Rückkehr nach Europa. Auf Grund meiner Beschäftigung mit dem theologisch-philosophischen Themenkomplex der Gastlichkeit schien mir der Band geeignet, um in Deutschland einen Eindruck von der sog. continental philosophy, also der in den USA lebenden europäischen Denktradition, zu vermitteln. Im Unterschied etwa zu Frankreich und Italien, wo die – auf Edmund Husserl zurückgehende – Phänomenologie weiterhin präsent ist, hat die Philosophie – und leider auch die Theologie – in Deutschland dieses geistige Erbe leider weniger als wünschenswert gepflegt. Mit dem Band, den ich nun der deutschsprachigen Öffentlichkeit vorlege, verbinde ich selbstverständlich keineswegs die Hoffnung, dieses Manko im vollen Maß auszugleichen; und dennoch hoffe ich insgeheim, dass das Buch als eine kleine Fensteröffnung dienen möge, um den Blick auf andere, geistig blühende Landschaften zu weiten. Wenn daraus ein Schritt in die Weite folgen sollte, um im Fremden Impulse für die eigene Tradition des Denkens und Glaubens zu gewinnen, wäre das Ziel nicht verfehlt.

* * *

Am Ende gilt es all jenen zu danken, die die Publikation ermöglicht haben. An erster Stelle zu nennen ist Prof. Dr. Christoph Böttigheimer, der als Inhaber des Lehrstuhls für Fundamentaltheologie an der Katholischen Universität Eichstätt-Ingolstadt mir zunächst als Assistent und dann als Privatdozent eine geistige Heimat geboten hat und jedwede Unterstützung zukommen ließ; bis heute sind die Gespräche für mich stets bereichernd und wertvoll. Aus dieser Zeit resultiert die großzügige Förderung durch die Katholische Universität Eichstätt-Ingolstadt sowie die Pädagogische Stiftung Cassianeum, Donauwörth; für deren Finanzierung der Übersetzung und der Drucklegung des vorliegenden Bandes danke ich sehr herzlich. Namentlich erwähnen möchte ich insbesondere die Präsidentin der KU Eichstätt-Ingolstadt, Frau Prof.in Dr. Gabriele Gien, sowie den Leiter des Zentrums für Forschungsförderung, Herrn Dr. Wolfgang Thiel. Für die mühevollen Korrekturarbeiten danke ich sehr herzlich meiner wissenschaftlichen Mitarbeiterin an der Universität Hildesheim, Frau Teresa Schubert. Ein besonderer Dank gilt dem Lektor des Herder-Verlags, Herrn Dr. Stephan Weber, für die vertrauensvolle Zusammenarbeit, für die Vermittlung des Übersetzers und für die Bereitschaft, den Band in das Verlagsprogramm aufzunehmen. Für die sorgfältige Übersetzung der Originaltexte sowie für die – mitunter aufwändige und zeitraubende – Überprüfung der Zitate hat Herr Dr. Karl Pichler, München, Sorge getragen, so dass herausgeberische Eingriffe erfreulich selten nötig waren. Den letzten Text hat Karl Pichler gemeinsam mit Irmengard Gabler übersetzt; beiden gebührt mein aufrichtiger Dank.

Eichstätt / Hildesheim, 26. September 2019   *René Dausner*

Vorwort

Die Gespräche in diesem Band fanden innerhalb einer Zeitspanne von fast vier Jahren statt und stellen einige der derzeit führenden Denker in Sachen Religion vor. Die Idee für dieses Buch kam mir 2011, bei einer Tagung der American Academy of Religion in San Francisco nach einer Diskussion über mein kurz zuvor erschienenes Buch *Anatheism: Returning to God After God*. Nach einer besonders lebhaften Sitzung schlug mein Kollege Jens Zimmermann vor, den Austausch mit einem Band zum Thema „Gott nach Gott" auszuweiten. Ziel des Bandes wäre, aufzuzeigen, wie die anatheistische Frage viele kluge Köpfe unserer Generation auf sich aufmerksam macht, Philosophen wie Charles Taylor, Jean-Luc Marion, Gianni Vattimo und Jack Caputo bis hin zu Theologen wie David Tracy und Catherine Keller sowie Kulturtheoretiker wie Julia Kristeva, Simon Critchley und James Wood.

Wie es der Zufall wollte, erhielt ich mehrfach Gelegenheit, mich mit diesen Denkern bei verschiedenen Konferenzen, Gesprächsrunden und Kolloquien auseinanderzusetzen – daher der unterschiedliche Ton, der jedes der Gespräche charakterisiert. Einige tragen die Prägung offizieller akademischer Seminare (Diskussionsforen, die in Harvard mit Caputo und am Boston College mit Tracy, Westphal, Wood und Zimmermann veranstaltet wurden). Andere ähneln eher informellen und beiläufigen Begegnungen – Vattimo in einem Café in Vilnius, Keller in einer Teestube in Manhattan, Critchley in einem Büro an der New School, Marion in einem Pariser Arbeitszimmer. Und wieder andere – Taylor und Kristeva – haben den spontanen Charakter von Gesprächen am Küchentisch, gefolgt von brieflichen Klarstellungen. Ich erwähne diese unterschiedlichen Kontexte nur, um gleich zu Beginn auf die Diversität und Bandbreite der Gesprächsstile hinzuweisen, die den spezifischen Umständen eines jeden Treffens geschuldet sind. Doch in allen Gesprächen – das muss man fairerweise sagen – spürt man eine dramatische Dringlichkeit um gewisse zeitgemäße und aktuelle Fragen: Was ist nach dem Tod Gottes noch heilig? Was können wir nach dem Verschwinden des Alpha-Gottes triumphaler Macht und metaphysischer Gewissheit weiterhin heilig nennen? Könnte der Anatheismus eine alternative Dialogmöglichkeit darstellen, jenseits der sterilen Polarisierung von Theismus und Atheismus?

Jeder meiner Gesprächspartner stellte sich der Herausforderung einer Debatte und warf seine oder ihre einzigartige Geistesgabe und Perspektive in die Waagschale. Einige tendieren zu etwas, was ich als „atheistischen Anatheismus" bezeichnen würde, andere eher zu einem „theistischen Anatheismus", während die meisten kühn und abenteuerlich zwischen den beiden hin und her pendeln. Denn der Anatheismus hat viele Wohnungen, jede mit Vorzimmern, Kellern, Dachböden und Gasträumen ausgestattet. Es gibt Platz für jeden Reisenden, der sich gern mit den ultimativen Fragen nach Sinn und Wert, Immanenz und Transzendenz, Menschlichkeit und Göttlichkeit befassen möchte.

Es war mir eine große Ehre, die zehn Gäste in diesem Band zu beherbergen, und ich bin sehr, sehr dankbar für die Großzügigkeit und Ernsthaftigkeit ihres Aufenthalts. Ich danke auch Jens Zimmermann dafür, die verschiedenen Beiträge geordnet und in der richtigen Reihenfolge arrangiert zu haben, und wir beide bedanken uns bei Wendy Lochner und Christine Dunbar von der Columbia University Press, die unser Projekt von Anfang bis Ende unerschütterlich und vorbehaltlos unterstützt haben.

Am Ende möchte ich noch meinen Assistenten in Boston, Murray Littlejohn, Matthew Clemente und Sarah Horton, meinen besonderen Dank aussprechen für ihre wache Aufmerksamkeit und ihren Enthusiasmus und auch Sheila Gallagher für ihr Umschlagbild, *Pneuma Hostis*, das, wie ich meine, die anatheistische Wette, dass die Gottheit im geringsten und letzten aller Dinge wohnt, sehr lebendig einfängt.

Richard Kearney
Boston College, Dezember 2014

Pneuma hostis –
Künstlerische Notiz zum Titelbild

SHEILA GALLAGHER

„Pneuma hostis" ist ein flammender Heiligenschein, der aus goldbeschichteten Zigarettenkippen besteht. Es ist ein Labyrinth-Mandala in Form eines kommerziellen Ventilators, nach dem Vorbild desjenigen, der in meinem Studiofenster in Boston installiert wurde, um den Rauch und die giftigen Dämpfe aus meinem Arbeitsbereich zu entfernen. Die Zigarettenkippen und die Ventilatorblätter kommen zusammen in der Form einer goldenen Hostie, bei der Einatmung und Ausatmung, Leben und Tod, Gesundheit und Krankheit, der Süchtige und der Heilige denselben Raum teilen.

Das Titelbild verweist auf eine Kreuzung von Heiligem und Profanem. Dies ist eine zentrale Erkenntnis von Richard Kearneys Begriff des Ana-theismus, der die Gespräche in diesem Band prägt und formt – die Idee einer Rückkehr zu Gott „nach" (ana-) Gott, der Wiederentdeckung des Heiligen im Zufall, des Ikonischen im Gewöhnlichen, des Höchsten im Niedrigsten. Hier vermischt sich das Sakrament mit dem Banalen, und Transzendenz kann sich in den meisten basalen oder alltäglichen Dingen finden. Kurz gesagt und um die Schrift zu zitieren, ist der Ana-Theismus eine Möglichkeit, das Heilige in den „Kleinsten von ihnen" wiederzufinden – auch in ausgelutschten, ausgerauchten Zigarettenkippen.

Der Titel „*pneuma*" – Luft, Atem, Geist auf Griechisch – korrespondiert mit dem Untertitel „*hostis*" – dessen lateinische Ambiguität sowohl den Gastgeber als auch den Gast, sowohl den Freund als auch den Feind bezeichnet. Wir hören die uralte Ambivalenz der Religion als Opfergewalt [sacrificial violence] sowie als erlösende Heilung [salvific healing]. Was sollen wir heute von diesem doppelten Erbe halten, wenn noch immer Kriege im Namen des Einen Wahren Gottes geführt werden?

Und wo suchen noch so viele nach und arbeiten an Heilung und Frieden? Kein Kunstwerk hat jemals einen Panzer gestoppt, wie Seamus Heaney sagte. Aber er fügte hinzu: „Das Ende der Kunst ist der Frieden." Könnte sein, dass dieses kleine Bild des alchemistischen Spiels eine Andeutung eines solchen Friedens ist.

Verdeutscht vom Herausgeber

1 Gott nach Gott

Ein anatheistischer Versuch der Revision Gottes

RICHARD KEARNEY

Ich hoffe, es möge den Leserinnen und Lesern nutzen, wenn ich dieser Reihe von Gesprächen eine Zusammenfassung voranstelle, die erklärt, was ich unter *Anatheismus* und unter der Notwendigkeit einer Revision des Heiligen [reimagine the sacred[a]] verstehe.

Ana: Eine Frage der Zeit

Das Präfix *Ana-* heißt soviel wie „auf; hinauf; wieder" (*Das Große Fremdwörterbuch*, Duden). So verstanden, unterstützt der Begriff den tieferen und weiteren Sinn von „nach" im Ausdruck „Gott nach Gott". Der Dichter Gerard Manley Hopkins beschreibt den Moment der erfinderischen Schöpfung als *„aftering", „seconding", „over and overing".*[1] Er spricht demgemäß von poetischer Epiphanie, die er als ein Zurückholen vergangener Erfahrung bezeichnet, die vorwärts geht, indem sie der Erinnerung neues Leben verleiht und der Vergangenheit eine Zukunft bietet. Was Hopkins damit meint, ist, dass auf eine tiefgehende Erfahrung Momente der Entzauberung folgen können, nach denen wir *over and over,* immer wieder, zu der ursprünglichen Erfahrung zurückkehren, aber in einem neuen Licht. Als religiöser Dichter spricht Hopkins ausdrücklich von einer heiligen Revision *(sacred reimagining).* Doch obschon er selbst Katholik war, ist diese Vorstellung von sakramentaler Wiederholung nicht auf eine bestimmte Religion beschränkt. Sie bezieht sich auf jede poetische Bewegung einer Rückkehr zu Gott *nach* Gott – *wieder* Gott nach dem Verlust Gottes. Wie im Kinderspiel „fort, wieder

---

[1] Vgl. die Diskussion in: Richard Kearney, Anatheism. Returning to God After God. New York 2010, 11–12.

da".⁽ᵇ⁾ Wir lernen früh, dass etwas, das literal verschwindet, figural zurückkehrt – nämlich als Zeichen und Symbol, als eine zweite Gegenwart in der Abwesenheit und durch die Abwesenheit. Und Symbol bedeutet hier nicht „unwahr" oder „unwirklich". Die Rückkehr des Verlorenen – im Falle der Religion der verlorene Gott – kann durchaus die Rückkehr einer *realeren* Gegenwart sein, einer Gegenwart, die gerade wegen ihrer Rückkehr durch Abwesenheit umso mächtiger und ergreifender ist.

So finden wir im Präfix *ana-* die Vorstellung des Zurückholens, Wieder-Aufsuchens, Bekräftigens, Wiederholens. Aber ein nach vorn, nicht nach hinten gerichtetes Wiederholen. Es geht nicht darum, nostalgisch in irgendeine prälapsarische Vergangenheit zurückzufallen. Es geht vielmehr darum, „nachher" zurückzukommen, um wieder voranzuschreiten *(reculer pour mieux sauter)*. In diesem Sinne verwende ich den Begriff Anatheismus als eine „Rückkehr zu Gott nach Gott": ein kritisches hermeneutisches Zurückholen heiliger Dinge, die vorbei sind, aber noch immer einen radikalen Restbestand in sich tragen, ein unerkanntes Potential oder Versprechen, das in der Zukunft vollständiger erkannt werden soll. So kann Anatheismus als „Nach-glaube" verstanden werden, was mehr ist als ein schlichter „Nach-gedanke" oder eine „Nach-wirkung". Nach-glaube ist eschatologisch – etwas Endgültiges, das eigentlich schon von Anfang an da war. Und aus diesem Grund ist das *Danach* von ana- auch ein *Davor* – ein Davor, das in ein zweites Danach transponiert wurde.

Einige Menschen missdeuten den Begriff Anatheismus als einen dialektischen dritten Begriff, der Theismus und Atheismus aufhebt. Sie interpretieren ihn als eine Art hegelianische Synthese oder Finallösung. Doch so sehe ich ihn nicht. Es ist mir wichtig, dass Anatheismus sowohl ein atheistisches als auch ein theistisches Moment in sich trägt. Oder sollte ich sagen, dass dem Anatheismus beides von Anfang an innewohnt, weil er aus einem Raum und einer Zeit *vor und nach* der Dichotomie von Atheismus und Theismus heraus agiert. Das Doppel-*A* in *Anatheismus* stellt das Versprechen, nicht aber die Notwendigkeit einer zweiten Setzung in Aussicht, nachdem der „Tod Gottes" das Seine getan hat. Aber sie unterscheidet sich radikal von Hegels „Negation der Negation", welche die Rückkehr als eine Synthese oder Aufhebung° sieht. Mein

Argument ist, dass das Moment des *ana-* tatsächlich ein Risiko und eine Wette beinhaltet – ein existentielles Drama, das in beide Richtungen gehen kann. Es kann auch schiefgehen. Es hängt von uns ab. Es bedarf unseres Urteilsvermögens und unserer Entschlusskraft. Das Ereignis findet nicht hinter unserem Rücken statt, ohne dass wir Einfluss darauf hätten, wie die Theodizee oder Hegels Dialektik des absoluten Geistes. Es gibt keine „List der Vernunft". Der Anatheismus ist nicht irgendeine unausweichliche Dialektik, die zu einer endgültigen Totalität führt. Es geht darin nicht um eine Gottheit in Versalien oder einen Alpha-Gott. *Ganz im Gegenteil!* Anatheismus meint eine Revision – und ein Neuleben *(reliving)* – des Heiligen im Kleinen, von Anfang bis Ende in Kleinschreibung.

Der Anatheismus konzentriert sich daher auf unverwirklichte oder aufgeschobene Möglichkeiten, die kraftvoller neu belebt werden, wenn man auch einen A-theismus-Moment erfährt – wobei das „a-" hier eine Geste der Enthaltsamkeit, der Entbehrung und des Rückzugs ist –, einen Moment, der weniger eine Frage der epistemologischen Theorie, des Dogmas, des Glaubens oder Lehrsatzes ist als eine vorreflexive, gelebte Erfahrung gewöhnlicher Verlorenheit und Einsamkeit, eine Stimmung der Angst und Verlassenheit, eine existentielle „dunkle Nacht der Seele" – und wer von uns hat noch nie solche Momente erlebt?[2] Dieser private Moment – das erste *A* – ist für den Anatheismus unerlässlich. Aber in *Ana-* haben wir zwei *A*. Und wenn das erste *A* das „*A-*" von *A-theismus* ist, ist das zweite *A* das „nicht von nicht". Das Doppel-*A* in *Anatheismus* ist schließlich eine Wieder-Öffnung für etwas Neues.

---

[2] Paul Ricoeur räumte ein, dass der Weg über den Atheismus unvermeidlich sei (zumindest für uns Moderne), wenn man zu dem gelangen wolle, was er als eine neue Art von „postreligiösem Glauben" bezeichnete. Doch das Drama des Atheismus im Herzen des Anatheismus besteht nicht darin, dass man von seinem ersten religiösen Glauben über den Atheismus zu einem zweiten religiösen Glauben übergeht, der als ein endgültiges, triumphalistisches Resümee angesehen werden könnte. Der Anatheismus ist der Schritt über die Naivität des ersten Glaubens hinaus – die kindlichen Gewissheiten, vordergründigen Annahmen, übernommenen Vorannahmen oder Dogmen – in einen offenen Raum des Möglichen, einen offenen Raum, der entweder zur Entscheidung für den Atheismus führt oder für einen Theismus nach dem Atheismus.

Das *Ana-* ist demnach keine Garantie für unausweichlichen Fortschritt oder blinden Optimismus. Es entsteht nicht nur im Kielwasser des religiösen Zusammenbruchs, sondern bringt uns auch zurück zum Anfang, zu einer Zeit vor der Trennung zwischen Theismus und Atheismus. Und in diesem Zusammenhang denke ich an Kierkegaards affirmative Lesart der „Wiederholung" als einem erneuten Durchleben der Vergangenheit, vorwärts gerichtet. Diese Wiederholung des Ersteren als Letzteres, des Früheren als Späteres bedeutete für Kierkegaard, das Ereignis des Glaubens zurückzuholen, aber nicht als Regression in eine ursprüngliche Position, sondern als originäre Disposition der Offenheit für das radikal Andere – was er in *Furcht und Zittern* als „Sprung in den Glauben" [„leap of faith"][3] bezeichnet.[c] Abraham muss seinen Sohn als ein Gegebenes loslassen, um ihn als ein Geschenk zurückzuerhalten; er muss Isaak als Besitz aufgeben, um ihn als Versprechen wieder willkommen zu heißen. Isaak gehört nicht Abraham (als Erweiterung, Anschaffung, Projektion), sondern einem anderen. Er ist ein anderer, ein Anderer (eine Gegengabe dessen, was Kierkegaard das Absolute nennt). Kurzum, es geht hier weniger um eine rückwärts als um eine vorwärts gewandte Wiederholung, um eine zweite Wiedergewinnung von etwas nach dessen Verlust. Dies geht über die chronologische Zeit hinaus – über die Vorstellung, dass verschiedene Momente von der Vergangenheit zur Gegenwart zur Zukunft in linearer Weise aufeinander folgen – zugunsten der kairologischen Zeit, einer Zeit außerhalb der Zeit, die sich auf einen epiphanischen Augenblick° der Gnade fokussiert, an dem die Ewigkeit den Augenblick kreuzt.[4] *Ana-* ist demnach ein Präfix, das dieses Rätsel einer Vergangenheit-als-Zukunft, eines Davor-als-Danach zu erfassen sucht.[5]

---

[3] Søren Kierkegaard, Fear and Trembling. Trans. Alastair Hannay. New York 1985, 41.

[4] In diesem Sinn kann Christus sagen: „Noch ehe Abraham war, bin ich" [Joh 8,58] und ‚Denkt an mich, bis ich komme' [vgl. etwa: Joh 14,15–31; 1 Kor 11,23–26].

[5] Ich meine, dass einige Denker – wie Benjamin, Derrida und Agamben – etwas Ähnliches sagen, wenn sie von „messianischer Zeit" sprechen, obwohl ich den Begriff kairologische oder eschatologische Zeit vorziehe. Diese „Ana-Zeit" übersetzt das heilige Rätsel, dass das Reich schon war, dass es jetzt ist

Damit soll jedoch nicht bestritten werden, dass *ana-* auch die geschichtliche Zeit betrifft. Die unendliche Zeit [Infinite time] ist un-endlich [in-finite]; sie durchläuft die endliche Zeitlichkeit und kann nicht ohne sie existieren. In seinem zeitlichen Aspekt deckt sich der Anatheismus heute in der Tat mit einer konkreten historischen Situation, die kulturell, gesellschaftlich und geistig nach dem Tod Gottes kommt. Sie ist gekennzeichnet von den modernen Ankündigungen Nietzsches, Marx' und Freuds; von den atheistischen Exposés der Aufklärung, der Französischen Revolution, der Kritik an der Religion als Ideologie und so weiter. Der Anatheismus bringt eine typische moderne Angst im Angesicht dessen zum Ausdruck, was Max Weber als die „Entzauberung" der Welt bezeichnet, die Desakralisierung der Gesellschaft, das allgemeine Unbehagen der Gottverlassenheit, Verlust des Glaubens.

In diesem Sinne ist der Anatheismus, zum Teil, ein historisch-kulturelles Phänomen, das mit unserer gegenwärtigen säkularen humanistischen Kultur in Interaktion tritt, aber nicht auf irgendeine teleologische Art und Weise – die simple Vorstellung, dass wir unwissend waren und jetzt die Wahrheit erkennen, dass aller Glaube Trug war, wir aber endlich das „Ende" der Religion erreicht haben und nun frei sind. Kurz gesagt, er ist nicht mitschuldig an der aktuellen Anti-Gott-Riege [anti-God squad] von Richard Dawkins, Christopher Hitchens und Sam Harris, ebenso wenig an Francis Fukuyamas neoliberaler *Hybris*. Die Illusion von Gott (als unumschränkter Lenker des Universums) verloren zu haben, bedeutet für mich, die Möglichkeit zu genießen, mich wieder dem ursprünglichen und fortwährenden Versprechen eines heiligen Fremden zu öffnen, eines absolut Anderen, der als Geschenk kommt, als Ruf und Berufung, als Aufforderung zur Gastfreundschaft und zur Gerechtigkeit. Kurzum, der Anatheismus ist eine radikale Öffnung für jemanden oder etwas, das von der westlichen Metaphysik verloren und vergessen war – um Heidegger und Derrida zu zitieren – und wieder ins Gedächtnis gerufen werden muss.[6] Und hier können wir

---

und dass es noch im Kommen ist. Es ist immer schon und ist immer noch im Kommen.

[6] Es gibt hier ein gewisses dekonstruktives Moment, über das uns Emmanuel Levinas und Jacques Derrida, unter anderen, viel lehren können. Levinas

von der historischen Formulierung der anatheistischen Frage – Was kommt nach dem Verschwinden Gottes? – zur existenzielleren übergehen: Wie könnte irgendein aktuelles Ich dies in seiner konkreten, gelebten Existenz erfahren – also in seinem persönlichen Sein, das dem unpersönlichen entgegensteht?

Aus diesem Grund komme ich unentwegt auf „Beispiele" und „Zeugnisse" des anatheistischen Moments zurück, auf Beschreibungen – in der Bibel, in der Literatur, in Zeugnissen – eines gelebten Verzichts, einer Desillusionierung, Desorientiertheit, gefolgt von Momenten der Umkehr – was Sokrates[d] als *periagoge* und Augustinus als *conversio* bezeichnete. Der erste negative Moment des Loslassens ist unverzichtbar. Er ist der Schlüssel zu einer richtigen Wertschätzung des Anatheismus. Ohne ihn haben wir billige Gnade – Gott als tröstliche Illusion, als schnelle Lösung, als Opium für das Volk. Ich denke hier oft an die „dunkle Nacht der Seele" der Mystiker, an Dostojewskijs Gefühl einer radikalen Entfremdung, an Hop-

---

spricht in *Totalité et infini* (1961) vom Atheismus als dem größten Geschenk, das das Judentum der Menschheit gegeben hat. Er meint damit, glaube ich, dass das Judentum ein prophetisches Verbot gegen Idole und Illusionen ist; sein versprechender Messianismus zeigt ein atheistisches Moment der „Trennung" von der Verschmelzung mit dem Sein, einschließlich der Vereinigung mit Gott (Opfer-Heidentum), und dass diese Trennung dem „Ich", dem Selbst, die Freiheit und Verantwortung gibt, dem Anderen, dem Fremden zu antworten. Wenn es keine solche „atheistische" Trennung gibt, kann es keine Begegnung mit dem Fremden geben, der Levinas zufolge das Gesicht des Verwundeten, des Notleidenden, des Nackten trägt – „die Witwe, die Waise, der Fremde" –, der, nach Levinas, selbst die „Spur Gottes" ist. Derrida seinerseits spricht von einer „Religion ohne Religion". Und wenn es hier einen Unterschied zwischen Derrida und mir gibt, ist es ein Unterschied zwischen „ohne" (Derridas *sans*) und „nach" (*ana-*). Ich spreche von der Religion *nach* [*after*] der Religion, wo er über Religion *ohne* [*without*] Religion spricht. Aber wie er selbst – in seiner Besprechung meines „God of perhaps" (*peut-être*) – sagte, gibt es, manchmal, nur „the thinnest of differences" zwischen seinem Atheismus und meinem Anatheismus. Siehe mein Gespräch mit Derrida, das im Oktober 2001 an der New York University stattfand: Terror, Religion, and the New Politics, in: Richard Kearney, Debates in Continental Philosophy. Conversations with Contemporary Thinkers, New York 2004, 3–15. Siehe auch meinen entsprechenden Essay: Derrida's Messianic Atheism, in: Edward Baring and Peter Gordon, Hg., The Trace of God. Derrida and Religion. New York 2014.

kins' dunkle Sonette („Ich erwache und spüre das Fell der Dunkelheit, nicht des Tags."⁷) oder an die Verlassenheit Christi vom Vater am Kreuz.⁸

Dies alles sind konkrete Momente einer radikalen Entleerung, die eine Rückkehr zum Eröffnungsschritt hin zum Anatheismus signalisieren: der Wetteinsatz, ja oder nein zum Fremden zu sagen. Dieser erste Einsatz ist zuallererst existentieller Natur – keine rein logische Wette à la Pascal, die eher eine Wette des Wissens als eine Wette des Seins ist, eher epistemologisch als ontologisch. Und dieser anatheistische Wetteinsatz – Feindseligkeit in Gastfreundschaft zu verwandeln – ist, so behaupte ich, der Anfang aller großen Weis-

---

⁷ Gerard Manley Hopkins, Gedichte. Englisch und deutsch. In der Übersetzung von Ursula Clemen und Friedhelm Klemp. Stuttgart 1973, 99.

⁸ In anatheistischer Lesart ist das Kreuz nicht ein Versöhnungsopfer durch einen blutdürstigen, patriarchalischen Gott, der darauf aus ist, seinen Sohn für unsere Sünden als Lösegeld zu fordern. Es ist ein Moment des Übersteigens einer solchen beleidigenden „theistischen" Versuchung auf ein Moment „atheistischen" Zulassens, um eine „anatheistische" Disposition zu öffnen für das neue, überraschende, gnädige Geschenk des auferweckten Lebens. Zugleich eine weitere radikale Entdeckung Gottes nach Gott (verstanden als der Alpha-Gott der Theodizee). Und ich sage „eine weitere", weil es, wie Christus selbst es geoffenbart hat, von Beginn an geschehen ist und nie enden wird: „Bevor Abraham war, bin ich" [Joh 8,58] und ‚Jetzt muss ich gehen, damit der Paraklet kommen kann' [vgl. Joh 16,7]. Christus hier und jetzt ist immer Christus vorher und nachher: *ana*-chronisch, *ana*-Christus. Am Kreuz und in all seiner menschlichen Verletztheit gibt Christus den allmächtigen Vater-Gott preis, der ihn preisgegeben hat. Seine letzte, äußerste Lektion ist die der radikalen Kenosis und des Loslassens verlorener Illusionen und Bindungen, um so sich selbst zu öffnen für das Neue, das Andere, das Fremde. „Mein Gott, mein Gott, warum hast du mich verlassen?" ist der atheisitische Moment von Negation und negativer Fähigkeit, der den Raum öffnet für Freigabe und Befreiung zu einem neuen Leben jenseits des alten Lebens – „Dir übergebe ich meinen Geist". In dieser anatheistischen Rückgabe vertraut Christus sich dem „Du" eines jeden Gottes nach Gott an, jedem Fremden, der Essen und Liebe sucht oder empfängt, wie es in Matthäus 25 angekündigt ist – seinen hungrigen Jüngern in Galiläa („Auf, frühstückt!") Maria Madalena am Grab im Garten („Miriam!"), seinen Weggefährten auf dem Weg nach Emmaus. Christus fährt fort zurück zu kommen (*ana-*) zu seinen Jüngern, nachdem (*ana-*) er sie verlassen hat, als ein *hospes*, den sie nicht erkennen – bis er sie mit Essen versorgt und berührt. Erst wenn sie wieder (*ana-*) Gäste sind, erkennen sie den göttlichen Gastgeber.

heitstraditionen. Zugegebenermaßen liegt im Buch *Anatheism* mein Hauptaugenmerk auf der abrahamitischen Tradition, in der ich aufgewachsen bin. Dabei versuche ich mich an Revisionen gewisser „Ur-Szenen" von Feindseligkeit-Gastfreundschaft [hostility-hospitality], indem ich mir die Anfangs-Wetten der biblischen Geschichten noch einmal vornehme: Abraham und Sarah, als sie in Mamre den Fremden begegnen; Maria, die dem Fremden namens Gabriel gegenübersteht; Mohamed, der in der Höhle mit einer Stimme konfrontiert ist. Doch dies führt mich bereits zu meiner zweiten Frage, die den Anatheismus als einen Akt der Revisionen betrifft.[9]

---

[9] Anatheistisch betrachtet, ist die Bibel ein Schlachtfeld von Interpretationen, eine Baustelle endloser Konflikte der Interpretation zwischen Feindschaft [hostility] und Gastfreundschaft [hospitality]. Man braucht nicht die lange Litanei von Feindschaften aufzuzählen, die von den drei abrahamitischen Religionen über die Jahrhunderte hin gelebt und erlitten wurden – was wohl, wie ich vermute, für alle Religionen gelten mag. Kein Glaube ist frei davon, reiner als rein. Es gibt keine Gastfreundschaft, die nicht den dunklen Dämon der Feindschaft als Schatten hat. Das ist auch der Grund, warum der Anatheismus ein immer wiederkehrender Aufruf zur Erneuerung und Wiedergewinnung des anfänglichen Moments der Gnade und der Güte in jedem möglichen Moment ist. Es gibt keine Gastfreundschaft ein für allemal. Feindschaft ist ein andauernder Verrat des ersten Versprechens der Gastfreundschaft – der anfängliche kreative Moment, wiederholt in den Geschichten von Abraham, Jakob, Mose, Christus usw., und in jedem Moment unseres eigenen täglichen Lebens. Feindschaft – Gewalt, Intoleranz, Angst, Aggression, Selbstbezogenheit – ist eine ständige Versuchung für Theisten und Atheisten gleichermaßen, die immer und immer wieder überwunden werden muss durch Akte des „aftering", durch Rückkehr zum und Wiedergewinnung des anfänglichen Moments der Gastfreundschaft, die wir in den starken Geschichten des Durchbruchs und Neubeginns miterleben. Zivilisation beginnt mit dem Händedruck – mit der Wahl, die offene Hand auszustrecken und nicht nach dem Schwert zu greifen. Wie Emmanuel Levinas sagt, stellt das Antlitz des Fremden in seiner Wehrlosigkeit die Spur Gottes dar: der Arme, die Witwe, die Waise und der Fremde. Siehe: Emmanuel Levinas, Totalität und Unendlichkeit. Versuch über die Exteriorität. Freiburg i. Br. u. a. [4]2003 [frz. Original: 1961], 107 u. ö.

Revisionen Gottes: Eine Frage der Fiktion

Ana- ist nicht nur eine Frage der zeitlichen Rückkehr, sondern auch der räumlichen Rückkehr. Es umfasst ebenso einen *Topos* wie einen *Kairos*. Und es braucht Bilder. Wenn es um Revisionen des Heiligen geht, beschreite ich den dritten der drei Pfade – philosophisch, religiös und poetisch –, die ich in meinem Buch *Anatheism* beschrieben habe.[10]

Es geht mir um Revisionen des Heiligen im Sinn des Raumes einer „negativen Fähigkeit" [*„negative capability"*]. Ich übernehme den Begriff des Dichters John Keats, der damit die Fähigkeit definierte, „sich in einem Zustand voller Unsicherheiten, Geheimnisse und Zweifel zu befinden, ohne sich nervös nach Tatsachen & Vernunft umzusehen".[11] Ich sehe, wie die poetische Neubebilderung des Heiligen diesen offenen, leeren Raum gewissermaßen in Beschlag nimmt. Diese Neubebilderung ist keineswegs auf Keats und die Romantik beschränkt; sie geht bis zum Ausgangspunkt aller Kultur zurück, wie Aristoteles in seiner *Poetik* einräumte, wenn er die Tragödie [drama] als kathartische Hin- und Her-Bewegung zwischen Mitleid und Furcht definierte.[(e)]

Wenn Mitleid *(eleos)* die Identifikation mit den leidenden Charakteren auf der Bühne ist, dann ist Furcht *(phobos)* der Rückzug oder die Partizipationsverweigerung. Glaube wird zum Schein-Glauben. Die Tragödie geht ursprünglich, wie unter anderem Nietzsche uns ins Gedächtnis ruft, auf dionysische Opferrituale zurück, doch bei der Transponierung vom religiösen Ritus zur dramatischen Repräsentation findet eine radikale Verschiebung statt. Das Wirken von *Mythos–Mimesis* (Verleihung einer Handlungsstruktur-Wiederbeschreibung) interveniert, um das Literale ins Figurale zu verwandeln. Der Begriff *Tragödie* bedeutete ursprünglich „Ziegenkopf", weil die Hauptdarsteller Masken trugen, welche die Opfertiere verkörperten, die wiederum für die *pharmakoi* standen, die

---

[10] Richard Kearney, Anatheism. Returning to God After God. New York 2010, 85–101.
[11] John Keats, Letter to George and Tom Keats, December 1817, in: The Norton Anthology of English Literature, 5. Aufl., Bd. 2, New York 1986, 863: „I mean Negative Capability, that is when man is capable of being in uncertainties, mysteries, doubts without any irritable reaching after fact & reason."

Gott-Menschen (wie Dionysos), die in den alten Kulten gefeiert worden wären.

Mit anderen Worten, der Schritt zur dramatischen Nachahmung erschloss uns den fiktiven Raum des „als ob", wo wir unseren Glauben an die Götter und unseren Unglauben an die Fiktion aussetzen. Oder, um Coleridge zu zitieren, wir statten die Schatten der Einbildungskraft mit „jener momenthaften willentlichen Aussetzung der Ungläubigkeit" [suspension of disbelief] aus, um so zu tun, als glaubten wir an die fiktiven Charaktere.[12]

Diese Glaubensverschiebung erfordert einen gleichzeitigen und ebenso willentlichen Unglauben an das Religiöse – insofern Letzteres Wahrheitsansprüche impliziert. Während wir uns also die großen griechischen Tragödien ansehen, gibt es bereits eine Erkenntnis, dass die religiös-kultischen Opferhandlungen, die auf der Bühne stattfinden – das Opfer von Ödipus, Iphigenie, Antigone und so weiter – keine eigentlichen „Realitäts"-Ansprüche stellen. Wir reagieren auf das Spiel, *als ob* die Götter und Helden vor uns anwesend wären, wissen dabei aber ganz genau, dass sie es nicht sind. Aus *littera* wird *figura*.

Jetzt ist es dieser Umweg durch das Reich des Als-ob – wo in einer „freien Variation von Imagination" sämtliche Möglichkeiten erforscht werden können –, der eine anatheistische Gesinnung ermöglicht. Wir klammern unsere religiösen Überzeugungen aus (zumindest vorläufig), wenn wir ins Theater gehen, um in der Lage zu sein, an die Scheinwelt des Theaters zu glauben. Dies ist meiner Ansicht nach eine aristotelische Vorahnung von Keats' negativer Fähigkeit (und gewissermaßen von Husserls phänomenologischer *epoché*) –, der agnostischen Freiheit, ohne die Zwänge der Orthodoxie, Moral oder Zensur alle möglichen verschiedenen Sichtweisen und Einstellungen zu erkunden.

Doch damit ist der Anatheismus nicht am Ende. Sobald wir das Theater wieder verlassen, sobald wir diesen poetischen Umweg seinerseits unterbrechen, finden wir uns in der realen, gelebten Welt wieder, mit der Option, wieder an die Götter zu glauben oder eben nicht zu glauben. Doch ohne solch eine negative Fähigkeit – als eine

---

[12] Samuel Taylor Coleridge, Biographia Literaria [1817]. Oxford 1907, ch. XIV: Bd. II, 6.

Form poetischer Lizenz – ist es schwierig, *frei* zu entscheiden, welche religiöse Wahrheitsbehauptung man gegebenenfalls annehmen soll. Authentische Glaubensverpflichtungen werden unter Umständen besser von der Auszeit des ästhetischen Atheismus begünstigt, der die anatheistische Option in sich trägt und einen richtigen Sinn für das existentielle Drama im Verhältnis zwischen dem Göttlichen und dem Menschlichen neu belebt. Ein gewisses Loslassen der erworbenen Glaubensüberzeugungen – wenn auch nur ein vorläufiges, momenthaftes, hypothetisches – ist etwas, das ich für wesentlich erachte für die Revisionen des Heiligen und für die Möglichkeit eines aufrichtigen Glaubens, der, wie Dostojewski uns in Erinnerung ruft, aus dem „Fegefeuer der Zweifel" hervorgeht.

Wie also könnte diese Hypothese des ausgesetzten Glaubens mit der zeitgenössischeren Literatur im Zusammenhang stehen? In meinem Buch *Anatheism* befasse ich mich mit Joyce, Woolf und Proust, drei modernen Autoren, die Revisionen des Heiligen vortragen. In *Ulysses* stoßen wir auf Stephen, der auf die Frage „Was ist Gott?" antwortet: „Ein Gebrüll auf den Gassen"[13] (ein Straßenlärm, der in Mollys Schrei am Ende des Buches wieder aufgegriffen wird). *Theos* findet Widerhall als *Eros*. Doch was meint Joyce, wenn er Gott als ein Gebrüll auf den Gassen beschreibt? Was hat das Sakramentale, Eucharistische, Heilige zu bedeuten, das Joyce in diesem Satz und im fortwährenden Überdenken und Neuschreiben einer Transsubstantiationsgrammatik herauskitzelt? Es gibt in diesem Buch eine ganze Reihe von Eucharistien – schwarze Messen, Messparodien, gescheiterte Kommunionen –, und am Ende greift auch Molly selbst auf ein „Gebrüll auf den Gassen" zurück: ihr sich steigerndes „Ja", während sie sich an den Mohnkuchen erinnert, den sie mit Bloom austauscht, als beide sich oben auf dem Howth küssen. Ist dies nicht ein mächtiges Beispiel für das, was Joyce als „Epiphanie" bezeichnet? Das Heilige im Herz des Profanen? Das Unendliche im unendlich Kleinen? Das Sakramentale im Alltäglichen?

---

[13] James Joyce, Ulysses. Übers. von Hans Wollschläger. Frankfurter Ausgabe. Werke 3.1. Frankfurt a. M. ³1976: „Das ist Gott! ... – Was? ... Ein Gebrüll auf den Gassen" (49f.); „Gott: ein Gebrüll auf den Gassen" (262).

In *Anatheism* versuche ich auch darzulegen, welche poetischen Epiphanien in Virginia Woolfs *Zum Leuchtturm* wirksam sind. Meine Frage lautet: Was meint Lily Briscoe, wenn sie von „kleinen alltäglichen Wundern und Erleuchtungen, Streichhölzern, die unverhofft im Dunkeln entzündet werden" spricht?[14] Was geht im Text vor? Und in welchem Verhältnis steht Lily zu Mrs. Ramsay, die im ersten Teil des Buches ein quasi-eucharistisches Fest vorbereitet und feiert, dem dann das entzaubernde Interludium von Krieg und Tod folgt, ehe wir im dritten Teil des Buches zu Lilys letztem Pinselstrich zurückkehren, der ihr Porträt von Mrs. Ramsay abschließt – „Es war vollbracht; es war vollendet".[15] Greift Lily Briscoe nicht irgendwie die verlorene Erfahrung des Eröffnungsbanketts wieder auf, und zwar *anatheistisch*? Erst wenn Lily die mystische Mrs. Ramsay losgelassen hat – nach ihrem Tod und Verschwinden –, kann sie diese in ihrem Porträt wieder auferstehen lassen. Was bedeutet „es ist vollendet"? Inwiefern ist es vollendet? Was genau bedeutet es für Lily, wenn sie sich auf diese sakramentale Geste des eucharistischen Gedächtnisses einlässt?

Und was meint schließlich Proust mit *„le petit miracle"* in *À la recherche du temps perdu*? Auch hier stoßen wir auf wiederkehrende Wendungen sakramentaler Wiederholung, Transsubstantiation und Epiphanie. Wir erleben die Wiederkehr der „unerfahrenen Erfahrung" als zweite Erfahrung, als Ana-Erfahrung in einer Ana-Zeit *(Le temps retrouvé)*. Ich habe die verschiedenen Erinnerungen an vergessene Momente im Sinn, wenn Marcel am Ende des Romans den Salon der Guermantes besucht – das Stolpern auf dem Kopfsteinpflaster, das Klirren von Besteck, das Lesen der George-Sand-Geschichte und so weiter. Worin bestehen diese vergangenen Momente, welche – *wiederholt* – als Epiphanien wiederkehren, die eine Zukunft erschließen – die Begegnung mit Saint-Loups Tochter?

Was bedeutet es für alle drei Autoren (Joyce, Woolf und Proust) – die erklärte Atheisten, Agnostiker und Apostaten waren –, wenn sie einen imaginären Raum öffnen, um darin die Grammatik der

---

[14] Virginia Woolf, Zum Leuchtturm. Hg. und komm. von Klaus Reichert, übers. von Karin Kersten. Frankfurt a. M. [10]2009, 171.
[15] Virginia Woolf, Zum Leuchtturm. Hg. und komm. von Klaus Reichert, übers. von Karin Kersten. Frankfurt a. M. [10]2009, 218.

Transsubstantiation neu zu schreiben? Ich interessiere mich hier für das Verhältnis zwischen Imagination und Glaube – Glaube als Wette, Freiheit, Narrativ, Empathie. Und dies ist mehr als ein Wortspiel. Meine Wette ist, dass das Spiel mit sakramentaler Sprache bei gewissen Künstlern und Literaten einen sakramentalen Erfahrungsraum öffnet: eine textliche Welt der Epiphanie. Und wie mich mein philosophischer Mentor Paul Ricoeur gelehrt hat: Wenn das Schreiben die Bewegung von der Tat zum Text ist, ist das Lesen die Bewegung vom Text zurück zur Tat. Wir bewegen uns in einem hermeneutischen Bogen von der existentiellen Präfiguration zur textuellen Konfiguration zurück zur existentiellen Refiguration – die Aneignung des Textes durch den Leser. In dieser Odyssee vom Autor über den Text zum Leser erkennen wir vielleicht gewisse Transfigurationsmöglichkeiten: die Verwandlung von den Mächtigen in die Macht, *erneut zu sein (Auferstehung)*, oder was ich als eine Öffnung für den umformenden Ruf des Fremden bezeichne.

Lassen Sie mich ein letztes Beispiel für eine Revision des Heiligen anführen. Im 2. Kapitel von *Anatheism* komme ich auf die Ur-Szene des christlichen Ereignisses zurück – die Verkündigung. Ich tue dies nicht nur theologisch, sondern auch poetisch, weil ich glaube, dass die Verkündigung, wie wir sie im Laufe der Geschichte erfahren haben, zum großen Teil eine Szene religiöser Imagination ist, im tiefsten Sinne dieses Wortes – ein ursprüngliches anatheistisches Szenarium, das in poetischen Vorstellungen wieder anzutreffen ist, welche vielleicht zu einem neuen Glauben führen. Genauer gesagt fällt mir auf, dass die eindrucksvollsten Wege, um zu diesem Gründungsereignis der Christenheit zurückzukehren, über Dichter und Maler führen und weniger über Prediger und Theologen. Der Text im Lukasevangelium umfasst nur wenige Zeilen, dennoch gibt es die Jahrhunderte hindurch zahllose Dichtungen über die Verkündigung – und in jüngerer Zeit außergewöhnliche Verse von Leuten wie Denise Levertov, Andrew Hudgins, Kascha Semonovitch und anderen –, die den ursprünglichen Moment erkunden, in dem Maria in Nazareth dem Fremden begegnet und darüber nachsinnt, ob sie ja oder nein sagen soll.[16] Genau wie Kierkegaard sich in *Furcht*

---

[16] Siehe die genauere Besprechung dieser Dichter in: Richard Kearney, Anatheism. Returning to God After God. New York 2010, 23–25.

und Zittern (ein theopoetisches Werk sondergleichen) in Abraham hineinversetzt und Kazantzakis in *Die Letzte Versuchung Christi* sich in Jesus hineindenkt, schaffen es diese Dichter, in die Vorstellungswelten großer Heiliger vorzudringen. (Man beachte, dass eine ähnliche Poetik auch in nicht-abrahamitischen Traditionen wie den berückenden Jataka-Geschichten vom Leben des Buddha in Ajanta und Ellora zu finden ist.) Um zur Verkündigung zurückzukommen: Die verschiedenen poetischen Nacherzählungen dieser Szene laden uns dazu ein, Marias Moment des Schwankens „anatheistisch" aufzugreifen: ihr Abwägen zwischen dem Unglauben und dem Glauben, als sie der Aufforderung des Fremden nachkommt. Dank der Imagination ist uns das auch heute noch möglich, zweitausend Jahre nach dem Ereignis. Indem wir also diese Bilder immer wieder aufrufen, durchleben wir die Ur-Dramen, als wären wir dabei, als begegneten wir diesen heiligen Gestalten zum ersten Mal.

Und als würden Dichter noch nicht genügen, gibt es auch unzählige Maler, von Botticelli und da Messina bis hin zu Rembrandt, Rouault und Sheila Gallagher.[17] Hier fordert uns die künstlerische

---

[17] Auf Rembrandts Bild *Emmaus* ist Christus eine dunkle Silhouette, die die zwei Jünger mit Licht erhellt, das von seinem unsichtbaren Gesicht ausströmt. Der zurückgekehrte messianische Fremde bleibt unerkennbar, wie vertraut er ihnen auch in seiner vorangegangenen Lebenszeit war. Beim Brechen des Brotes in Emmaus ist Christus da und nicht da, wird er gesehen und nicht gesehen, erkannt und nicht erkannt, ist vertraut und fremd. Es gibt keinen wunderbaren, triumphalen Schlusspunkt. In dem Moment, den Ricoeur „eucharistische Gastfreundschaft" nennt, ist immer mehr, Anderes, Transzendentes, Überschreitendes, Aufbrechendes enthalten. Es ist immer eine Sache weitergehender Entrückung und Einsicht. Keine einzelne sättigende Offenbarung. Keine endgültige Erleuchtung. Keine Enthüllung oder Offenbarung. Das anatheistische Moment wiederholt sich ständig selbst, innerhalb jeder Religion und von Religion zu Religion, weil es immer etwas Seltsames ist: Da ist ein Gott nach [*after*] Gott nach Gott nach Gott ... „Aftering" hört nie auf, und wenn es aufhört, erhält man Idolatrie, Triumphalismus, Dogmatismus, Fundamentalismus – Krieg zwischen Religionen und innerhalb von Religionen. So nah kommt die Wette heran. Gastfreundschaft [hospitality] und Feindschaft [hostility] sind etymologische Zwillinge des Begriffs *hostis,* der sowohl „Feind" als auch „Gast" bedeutet: ein Janus-Gesicht, das in die eine oder die andere Richtung blicken kann. Ana- zeigt Ort und Zeit von Schwellen, Grenzen, Kreuzungen an, weshalb Janus der Grenzwächter ist, der heilige Patron von Übersetzungen und Übergängen – zusammen mit Hermes und

Imagination auf, zu den Anfangsmomenten des Glaubens zurückzukehren, damit wir sie „abermals, aufs Neue" erleben – in der Zeit (Sprache) und im Raum (Malerei). Ohne solche anatheistischen Vorstellungen haben wir nichts als das trockene Dogma und die abstrakte Doktrin. Doch indem wir den Moment von Marias Wette auf diese Weise anatheistisch refigurieren, entdecken wir, dass auch dies ein anatheistischer Moment war. Auch Maria war in einen Akt anatheistischer Auffindung (rückwärts) und Verheißung (vorwärts) einbezogen. Auch sie war in einem hermeneutischen Zirkel von Vergangenheit und Zukunft gefangen, vor und nach Gott. Die Tatsache, dass das Mädchen aus Nazareth (die ich gern als „die Nazarenerin" bezeichne, denn im Augenblick der Wette ist sie nicht länger Maria und noch nicht die Muttergottes) fast immer lesend an einem Pult dargestellt wird, weist darauf hin, dass sie sich an die Erzählungen ihres abrahamitischen Glaubens und an die verschiedenen Wetten erinnert, die ihre Vorfahren eingingen, wenn sie der Ruf Gottes – durch verkleidete Engel – ereilte, von Abraham und Jakob bis hin zu Tobias und Samuel.[18] Die Nazarenerin lässt die Vergangenheit aufleben, als sie ihren Glaubenssprung in die Zukunft macht – wobei sie sich frei dafür entscheidet zu glauben, dass das Unmögliche möglich sein kann, dass sie ein Kind empfangen

---

dem Parakleten. Diese tiefgründige Doppelheit, die Émile Benveniste in den indoeuropäischen Wurzeln sowohl von *hospes* als auch *hostis* feststellt, geht den ganzen Weg zurück und den ganzen Weg weiter. Siehe: Émile Benveniste, Indo-European Language and Society. London 1973, 71–78.

[18] Das anatheistische Moment des Nachdenkens, Abwägens und Auf-Etwas-Setzens wird auch dadurch angedeutet, dass in fast allen Verkündigungsdarstellungen Maria üblicherweise von einem Stehpult liest. Das lässt daran denken, dass sie in einer narrativen Tradition des Heiligen Buches steht; sie beschäftigt sich mit Geschichten und Erinnerungen von Menschen, die vor ihr waren. Vielleicht mit Abraham und den Fremden bei Mamre? Oder Jakob, der Rahel am Brunnen trifft? Oder Salomo und Schulammit? Wer weiß. Aber in welche Texte sie sich auch vertieft, sie bereiten sie gewiss hermeneutisch – durch Sprache, Narrativ und Erinnerung – vor auf die Begegnung mit dem Fremden. Ich sage „vorbereiten" im Sinn von Disposition, nicht Vorherbestimmung, weil Maria völlig frei ist, die Lektüre dieser Erzählungen abzubrechen oder so zu ihnen zurückzukehren, dass sie ihnen eine Wendung zu einem neuen Beginn gibt.

kann, wie Sarah vor ihr, als sie von göttlichen Fremden heimgesucht wurde.

Dieser Moment der freien Entscheidung, der die Vergangenheit beschwört und die Zukunft vorwegnimmt, ist ein Ur-Moment der Ana-Zeit des Anatheismus, denn in diesem schillernden Moment, wenn die Ewigkeit über dem Hier und Jetzt schwebt, steht Maria vor der Wahl zwischen Glauben und Unglauben. Im Lukasevangelium erfahren wir, dass sie in diesem anatheistischen Moment der Freiheit „erschrak und überlegte".[19] Es ist schwierig. Ihr geht eine Menge durch den Kopf. Das griechische Wort für ‚überlegen' lautet *dialogizomai*; sie führt einen Dialog mit dem fremden Besucher, mit sich selbst, mit allen Stimmen in ihrem Kopf, die sagen: „Tu es", „Tu es nicht." Und aus dieser Fülle von Perspektiven und Möglichkeiten trifft sie ihre Wahl. Hätte sie das nicht getan oder nicht *frei* wählen können, aus einem Raum negativer Fähigkeit, imaginativer Empathie und Offenheit dem Fremden gegenüber, dann wäre die Wette falsch gewesen. Die Inkarnation wäre ein Akt der göttlichen Vergewaltigung gewesen. Nichts anderes ist der Theismus ohne den Anatheismus – ein Verstoß gegen die menschliche Freiheit und das menschliche Vertrauen. Doch es ist auch wichtig zu erkennen, dass dieses Überlegen, dieses Nachsinnen, dieses Drama, dem Ruf zu folgen, *fleischlich* ist. Es ist ein Neu-Denken *im Fleisch* – ein hermeneutischer Wetteinsatz; weder eine Reflex-Reaktion auf einen Reiz noch ein entkörperlichtes *cogito* mit einer *idea clara et distincta*. Maria denkt durch den Körper und verkörpert ihren Text im Handeln. Aus diesem Grund hat sie in fast allen Porträts in der einen Hand ein Buch und in der anderen eine Lilie (die Sinne symbolisierend). Marias Antwort an Gabriel ist *savvy* – ein gefühltes Wissen, ein Denken, das auch ein Tasten und Schmecken ist, *sapientia* als *sapere – savourer – savoir*.

Eine Revision des Heiligen kann somit den Glauben wiederbeleben, ihn wieder lebendig machen. Religiöse Imagination kann uns zu dem Moment zurückbringen und bringt den Moment wie-

---

[19] Lk 1,29: διεταράχθη (sie erschrak, wurde verwirrt) ist der Begriff, der in der Bibel für die Reaktion auf unmögliche Boten mit unmöglichen Botschaften verwendet wird. Er wurde auch gebraucht für Sarah, für Samsons Mutter, für die Hirten von Bethlehem und eben für Maria.

der in unser Leben zurück. Wir werden dramatische Zeitgenossen der Wette. Das ist Anatheismus. So sehr der Glaube seine Propheten braucht, so sehr braucht er auch seine Poeten.[20]

Das Heilige: Eine Frage der Fremdheit

Das Heilige ist irgendwo zwischen dem Spirituellen und dem Religiösen. Wir hören oft den Satz „spirituell, aber nicht religiös". Und wir haben alle schon gehört, wie jemand sagte, dass ihm eine bestimmte Person, ein Ort, ein Ding oder ein Moment „heilig" sei. Das Spirituelle kann das Heilige und das Religiöse einschließen, aber auch unabhängig davon wirken. „Spirituell" ist eine sehr umfassende Kategorie, die zuweilen alles und nichts bedeuten kann. Doch zumeist bedeutet sie etwas, sogar etwas Wichtiges. Wir begegnen vielen Menschen in unserem säkularen Zeitalter, die sich noch

---

[20] Wenn Propheten und Prediger uns Theologie bieten, weiht die Malerei uns in Marias Körper und die Dichtung in ihre Vorstellungswelt ein, ohne die leiseste Andeutung von Blasphemie. Denise Levertov spricht in ihrem Gedicht „Annunciation" (Selected Poems. New York 2002, 162) davon, dass Maria im Gleichgewicht ist zwischen ihrem Pult (das das Denken bedeutet) und der Lilie (die die Sinne bedeutet), als sie einen Engel als Besucher erblickt, der steht und schwebt und den sie als einen Gast, *hospes*, wahrnimmt. Die entsprechende Strophe lautet:

But we are told of meek obedience. No one mentions
courage.
The engendering Spirit
did not enter her without consent.
God waited.

She was free
to accept or to refuse, choice
integral to humanness.

Solche Verse zeigen an, dass es da kein blindes Diktat von göttlicher Vorsehung gibt. Marias Ja ist nicht ein bloßes „Ergebnis" einer allmächtigen Ursache oder eines übernatürlichen Willens, der sich unausweichlich durchsetzt, mag kommen, was will. Sie ist nicht das passive Opfer eines Alpha-Gottes. Das Mädchen aus Nazaret konnte ablehnen oder zustimmen; sie war frei, Ja oder Nein zu sagen. Sie sagte Ja. Und wenn sie Nein gesagt hätte, hätte es kein Christentum gegeben.

immer nach „etwas" sehnen – wonach, wissen sie nicht so recht –, wie man dieses Etwas auch immer definieren mag. Oft spricht man in diesem Zusammenhang von einer „spirituellen Suche", die sich auf recht unterschiedliche Weise ausdrücken kann – durch eine Wertschätzung der Kunst Botticellis, Bachs oder Bob Dylans, über theosophische New-Age-Bewegungen, bis hin zu einem Interesse an Astrologie oder neuerdings an Formen transzendentaler Meditation und Yoga – ein Mix aus Rumi und Ramakrishna. All diese Formen des spirituellen Reisens und der Selbstfindung können ohne jegliche Verpflichtung einer bestimmten Konfession gegenüber vonstatten gehen, mit ihren ererbten Riten, Überzeugungen, Praktiken und Doktrinen.

Das Spirituelle kann demnach eine Suche beinhalten, die nicht zwangsläufig eine Religion beinhalten muss, wenn wir unter „Religion" ein spezifisches Paket aus Glaubenswahrheiten verstehen, geteilten rituellen Traditionen und institutionellen Verhaltenscodes. Das Heilige dagegen ist irgendwo zwischen dem Spirituellen und dem Religiösen angesiedelt. Es unterscheidet sich vom Spirituellen insofern, als es etwas ist, das man eher findet als sucht. Es ist sozusagen irgendwo „da draußen", und nicht „hier drin". Es ist da, bevor man merkt, dass es da ist – vor der Selbsterkenntnis, vor dem Bewusstsein, vor der Epistemologie. Wir kennen [cognize] das Heilige nicht, wir erkennen es wieder [re-cognize].

Lassen Sie mich einige Beispiele anführen. Wir sprechen von Dingen, die uns heilig sind. Manche Menschen können wie bereits erwähnt als heilig gelten. (Man denke an Levinas' „Epiphanie des Antlitzes", in der ein anderer vor mir gänzlich einzigartig und unersetzbar wird). Auch Zeiten können uns heilig sein, indem sie einen spezifischen *Kairos* (davor und danach) signalisieren, der *Chronos* (das lineare, säkulare Nacheinander von Momenten) ablöst. Während die heilige Zeit eine Sache wegen *(dia)* einer anderen ist, ist die gewöhnliche Zeit eine Sache, die nach *(meta)* einer anderen folgt. Bei der heiligen Zeit geht es um „In-der-Zeit-sein" [being *in* time], bei der gewöhnlichen Zeit um „Zur-Zeit-sein" [being *on* time]. Der liturgische Kalender – Advent, Weihnachten, Heilige Drei Könige, Fastenzeit, Ostern – bietet traditionelle Beispiele heiliger Zeiten in der christlichen Kultur. Und nicht nur Menschen und Zeiten, auch Orte können heilig sein, wie *Chora* – ein besonderer

Raum, der traditionellerweise vom profanen, eindimensionalen Raum abgesondert ist.[21]

In allen drei Fällen – Person, Zeit und Ort – verweist „das Heilige" auf etwas Abgesondertes, etwas Fremdes und Unaussprechliches. Walter Benjamin bezeichnete diese zusätzliche Dimension als „Aura". Im Lateinischen hat das Wort *sacer* dieselbe Wurzel wie das Wort *secretus*, „geheim", welches wiederum eine Übersetzung des griechischen *mysterion* „mit verbundenen Augen" ist. Das Heilige ist also etwas, das uns überrascht, etwas, das wir nicht im Voraus konstruiert oder anvisiert haben, das uns sozusagen unvorbereitet trifft. Es ist, in den Worten Virginia Woolfs, „die Sache selbst, ehe sie zu irgendetwas gemacht worden ist".[22] Das Heilige beinhaltet in anderen Worten im Grunde ein tiefes Ahnen, dass da „noch etwas" ist, etwas radikal Anderes, Unheimliches, Transzendentes, das wir uns unmöglich vorstellen können, es sei denn, wir erfinden [reimagine] es neu, es sei denn, wir machen das Unmögliche durch einen Sprung des Glaubens möglich. Das Heilige ist die Erkenntnis, dass da etwas ist, das mehr ist als „ich" – oder „wir", begriffen als immanenter „Wir"-Konsens.

Man könnte an dieser Stelle viel über die Vorstellung von *sacer* als etwas oder jemand Numinoses und Ambivalentes sagen, der „Furcht und Zittern" (Kierkegaard), „Faszination und Schrecken" (Otto), „Totem und Tabu" (Freud), „Fluch und Segen" (Caillois) erweckt. Kurzum, die *persona sacra* ist der Fremde, der die normalen Vorstellungen von Gesetz und Logik übersteigt und dabei unsere konventionellen Horizonte, Perspektiven und Vorannahmen sprengt. Es ist das „andere" in der anderen Person, die uns vorausgeht und uns übertrifft – und somit, wie Ricoeur sagt, *donne à pen-*

---

[21] S. dazu: Mircea Eliade, Das Heilige und das Profane. Vom Wesen des Religiösen. Übers. von Eva Moldenhauer. Frankfurt a.M. 1990.
[22] Virginia Woolf, Zum Leuchtturm. Hg. und komm. von Klaus Reichert, übers. von Karin Kersten. Frankfurt a.M. ¹⁰2009, 203. [Zuvor heißt es: „Worin bestand also das Problem? Sie mußte etwas in den Griff zu bekommen versuchen, was ihr entglitt. ... Was sie jedoch in den Griff bekommen wollte, war eben jenes Gezerr an den Nerven, die Sache selbst, ehe sie zu irgendetwas gemacht worden war." In seinem Beitrag paraphrasiert Richard Kearney die Stelle als „thing given not made".]

ser, zu denken gibt, zu weiteren Überlegungen anstößt und unser Verständnis erweitert. (Ich bin kein Befürworter eines blinden Irrationalismus und Fideismus.)

Was ich mit dem Begriff Anatheismus anzudeuten versuche, ist, dass das Heilige im Säkularen und durch das Säkulare erfahren werden kann. Der Bindestrich zwischen Sakral und Säkular ist wesentlich. Wir könnten also sagen, dass der Anatheismus ein Versuch ist, das Säkulare zu heiligen und das Heilige zu säkularisieren. Es geht um eine Revision des Heiligen nach dem Säkularen und durch das Säkulare. Bonhoeffer spricht davon, *mit* Gott zu sein, aber *ohne* Gott zu leben. Ich bezeichne diese Doppelrichtung, „mit und ohne", als Abschiedsbewegung [movement of adieu]. Diese zweifache Bewegung beinhaltet sowohl einen atheistischen als auch einen theistischen Moment und übersteigt sie beide. In seinem atheistischen Kleid ist der Abschied [adieu] eine Abreise, ein Weggehen, ein Lebewohl dem alten Gott metaphysischer Macht, dem Gott, den wir zu kennen und zu besitzen glaubten, dem All-Gott der Souveränität und Theodizee. Also ein Abschied [adieu] von dem Gott, den Nietzsche, Freud und Marx für tot erklärt haben. Doch indem er dem All-Gott Lebewohl sagt, eröffnet der Anatheismus die Möglichkeit eines Gottes, der noch kommen wird – oder eines Gottes, der wiederkommen wird. Ana- hat zwei A: das Doppel-A von „*ab*" und „*ad*". Das *ab deo* einer Abkehr von Gott eröffnet die Option des *ad deum* einer Rückkehr zu Gott nach Gott, eines supplementären Schritts von *aftering* und *overing*. Doch sobald der Davor-und-Danach-Gott fix oder fixiert wird, müssen wir diesen neuesten Fetisch dekonstruieren und wieder nach Gott gehen [„go after" God again]. Und so weiter, ohne Ende.

Kurz gesagt, der anatheistische Gott ist ein Gott des unentwegten Abreisens und Ankommens, der die negative Fähigkeit mit einem konstanten Wiedergebären des Göttlichen im Gewöhnlichen verbindet. Meiner Meinung nach liegt diese doppelte Richtung von Weggehen und Zurückkehren im Herzen des Heiligen. Und es kann sich entweder spirituell ausdrücken (als eine allgemeine liebenswürdige Offenheit für „etwas mehr") oder religiös (Glaubensverpflichtung und Frömmigkeit beinhaltend). Der Anatheismus hat viele Häuser. Man kann entweder ein anatheistischer Theist oder ein anatheistischer Atheist sein, doch ganz gleich, wie man sich entscheidet – für den Glauben oder den Unglauben –, der Anatheismus bleibt eine Wette.

Ich möchte diese vorläufige Skizze von der anatheistischen Wiedergewinnung des Heiligen mit einem Auszug aus *Anatheism* beschließen, der das Verhältnis zwischen dem Säkularen und dem Sakralen beschreibt:

> „Der Anatheismus ist kein Atheismus, der die Welt von Gott befreien möchte, indem er das Heilige zugunsten des Weltlichen zurückweist. Ebenso wenig ist er ein Theismus, der Gott von der Welt befreien will, indem er das Weltliche zugunsten des Heiligen zurückweist. Er ist aber auch kein Pantheismus (ob überliefert oder New Age), der das Weltliche und das Heilige zusammenwirft und dabei jede Unterscheidung zwischen dem Transzendenten und dem Immanenten bestreitet. Der Anatheismus sagt nicht, dass das Heilige das Weltliche sei; er sagt, es sei *im* Weltlichen, *durch* das Weltliche, *vorwärts* auf das Weltliche. Ich würde sogar sagen, dass das Heilige vom Weltlichen nicht zu trennen sei, dabei aber von ihm unterschieden bleibe. Der Anatheismus spricht von „wechselseitiger Anregung" [„interanimation"] zwischen dem Sakralen und dem Säkularen, nicht aber von Fusion oder gar Konfusion. Beide sind untrennbar miteinander verbunden, aber niemals *ein und dasselbe*."[23]

Das Präfix Ana- von Anatheismus sorgt dafür, dass der Gott, der schon gekommen ist, immer noch im Kommen ist.

---

[23] Richard Kearney, Anatheism. Returning to God After God. New York 2010, 166.

2 Imagination, Anatheismus und das Heilige

GESPRÄCH MIT JAMES WOOD

James Wood ist ein bekannter englischer Literaturkritiker, Essayist und Romancier. Von 1991 bis 1994 war er der namhafteste Literaturkritiker des Guardian, *danach Chefredakteur der* New Republic, *Autor für den* New Yorker *und schließlich Dozent an der Universität Harvard. Nachdem er mehrere Essay-Bände verfasst hatte, schrieb Wood auch einen theologischen Roman,* The Book Against God *(2004). Ähnlich der Hauptfigur in diesem Roman, die mit ihrem religiösen Elternhaus hadert, findet Wood, der vom Evangelikalen zum Atheisten wird, in der Literatur einen Mittelweg zwischen Glaube und Unglaube. Gute Literatur, argumentiert er in seinem Buch* The Broken Estate, *zeige nicht nur die große Komplexität des Glaubens, sondern liefere auch einen Raum, in dem man den Glauben untersuchen könne, und das ohne Festlegung. Große moderne Romane wie die von Melville, Dostojewski, Tolstoi, Woolf oder Camus stellen wesentliche Glaubensfragen und gewähren uns unverbindliche Einblicke in die Überzeugungen ihrer Autoren. Wood spricht in diesem Zusammenhang von einem „Fast-" oder „Als-ob-Glauben", dem „wahren Säkularismus der Fiktion", und zieht diesen gastfreundlichen Raum der Freiheit den säkularen und religiösen Fundamentalismen vor, die durch dogmatische Behauptungen sowohl die Religion als auch den Atheismus verdeutlichen und vereinfachen wollen.*

Dieser Mittelgrund macht Wood nach Meinung Kearneys zu einem „atheistischen Anatheisten", zu jemandem, der jenseits aller Dogmatik den Dialog sucht, wenn auch aus atheistischer Sicht. Wood stellt Kearney im Wesentlichen vier Fragen: Erstens, brauchen wir den Anatheismus, zumal dem Christentum doch ohnehin ein selbstkritischer Impuls gegen Dogmatismus innewohnt? Zweitens, brauchen wir einen anatheistischen Gott, um eine Ethik der Gastfreundschaft zu leben? Drittens, wirft der Anatheismus den persönlichen

Imagination, Anatheismus und das Heilige

Gott christlicher Tradition nicht über Bord? Gibt es dann noch einen Gott, zu dem man beten kann? Und zu guter Letzt, wie kann der eschatologische Impuls des Anatheismus ohne diesen persönlichen Gott keinem leeren Messianismus verfallen, der jede noch so verrückte revolutionäre Sache rechtfertigen könnte?

Das folgende Gespräch zwischen Kearney und Wood fand am 18. November 2010 am Boston College statt. Die Diskussion wurde vom Institute for the Liberal Arts mit Fördergeldern unterstützt und von der Künstlerin und Wissenschaftlerin Sheila Gallagher moderiert.

RICHARD KEARNEY (RK): Es ist mir eine große Freude, hier am heutigen Abend James Wood zu begrüßen. Ein sehr guter Freund von mir aus Dublin beschrieb mir James vor etlichen Jahren als den wortgewandtesten, anspruchsvollsten und intelligentesten Atheisten, der sich in der zeitgenössischen Gottesdebatte zu Wort melde. Und als ich, zur Vorbereitung auf unser Gespräch, seine wunderbaren Bücher las – *The Broken Estate* und *The Book Against God* –, fand ich seine Argumente gegen den Glauben so zwingend, dass ich fast schon versucht war zu kneifen. Doch es war zu spät; die Einladungen waren bereits verschickt und der Veranstaltungsraum gebucht. Ich erkannte also, dass ich mich der Auseinandersetzung mit diesem Burschen würde stellen müssen! Und da sind wir nun.

James und ich kommen aus ähnlichen und doch unterschiedlichen Verhältnissen. Wir stammen beide von den britischen Inseln – ich von der einen, er von einer anderen. Ich wurde irisch-katholisch, er englisch-protestantisch erzogen – was für einen irischen Katholiken nichts anderes als atheistisch bedeutet! Wir sind beide vom Verhältnis zwischen Imagination und Religion fasziniert – was unsere jeweiligen einander oftmals überlappenden nationalen Literaturen gleichermaßen prägt –, obwohl wir, was die Früchte anbelangt, ganz unterschiedliche Schlüsse ziehen. Und wir haben gemeinsame Lehrer, Studenten und Freunde. Und obwohl ich James zuvor noch nie begegnet bin, betrachte ich ihn schon jetzt als einen Freund. Oder als einen *frère ennemi*, je nachdem, wie unser Gedankenaustausch verläuft! Es erinnert mich im Grunde daran, wie Douglas Hyde, Irlands erster Präsident, das Verhältnis zwischen Iren und Engländern beschrieb: „Die Engländer sind das Volk, das wir so gern hassen und dabei fortwährend imitieren." Heute Abend hoffe ich, Hyde in beiden Punkten zu widerlegen.

Zunächst möchte ich sagen, dass der Anatheismus meiner Meinung nach zu einer offenen Debatte zwischen verschiedenen Ausprägungen von Atheismus und Theismus einlädt. Ich würde sogar behaupten, dass es anatheistische Theisten oder anatheistische Atheisten geben kann und dass James und ich uns wahrscheinlich irgendwo innerhalb dieses Spektrums befinden. Und viele hier im Saal dürften oftmals das eine, dann wieder das andere sein. Doch der Anatheismus, in welcher Form auch immer, ist eine existentielle Wette: springen oder nicht springen, glauben oder nicht glauben. Unter Furcht und Zittern. In Ungewissheit und Geheimnis. Als solches fordert er dazu auf, das Verhältnis zwischen dem Säkularen und dem Sakralen neu zu denken. Ich hoffe, James und ich sind imstande, einige dieser Gedanken hervorzukitzeln. Und speziell vielleicht, welche Formen die Beziehung zwischen dem Sakralen und dem Säkularen im Bereich der Poetik annehmen könnte, wo James Wood lebt, atmet und beheimatet ist.

JAMES WOOD (JW):__Vielen Dank. Ich freue mich sehr, dass ich hier sein darf, und danke Richard, dass er ein so angenehmer und redegewandter Gesprächspartner ist. Er sagte mir vorhin, dass er mit seinem Buch *Anatheism* ein wenig weitergekommen ist. Er steht im Austausch mit dem Philosophen Charles Taylor und dem Theologen David Tracy und wird demnächst in Paris mit Julia Kristeva und anderen sprechen. Ich muss sagen, dass ich mich neben diesen großen Namen eindeutig zur buckligen Verwandtschaft zähle. Außerdem kann ich Richard nicht von der Kanzel herunter anprangern, wie es der Erzbischof von Dublin getan hat.

Als ich Richards Buch las, dachte ich, dass es auf vielerlei Weise richtig ist. Und trotzdem stellte ich mir die Frage: Was widerstrebt mir daran? Und eine der Antworten, die ich darauf fand, war, dass ich nach wie vor das Kind der besonderen theologischen Beschränkungen bin, die mich geprägt haben. Einerseits war meine Mutter Presbyterianerin und bezeichnete jedes Fehlverhalten meinerseits als ‚wenig erbaulich' – das war das spezielle Wort –; sogar meine erste Freundin wurde ‚wenig erbaulich' genannt. Andererseits vermengte sich dieser Presbyterianismus zu Beginn der 1970er Jahre bei meinen Eltern mit einer besonderen Art von englischem Evangelikalismus. Dieser war nicht ganz identisch mit dem amerikanischen Evangelikalismus, obwohl er einige Stichworte daraus übernahm. Er ist vielleicht schon älter, aus dem 19. oder sogar 18. Jahrhundert. Aber in seinen Schwerpunkten, mit seiner starken Betonung des Evangeliums etwa, ist er dem amerikanischen Evangelikalismus nicht ganz unähnlich. Deshalb durfte ich als Kind so schöne Lieder singen wie ‚Your way, not my way, JHWH' und weitere solche Lieder!

Ich habe mich zwar von dieser Glaubensform losgesagt, aber wir werden nun einmal von unserer Erziehung geprägt. Und ich verspüre eine gewisse Enge, weil das Buch *Anatheism* so herrlich weit, geschmeidig und großzügig ist – großzügig gegenüber dem Säkularen, großzügig gegenüber dem Sakralen, großzügig gegenüber dem Atheisten und großzügig gegenüber dem Theisten. Und es enthält viele wunderbare Passagen und Offenbarungen. Es gibt darin zum Beispiel zwei oder drei Seiten über Merleau-Ponty, die diesen auf überzeugende Weise als christlichen Phänomenologen darstellen. Und es gibt darin genauso wunderbare Kapitel über Woolf und Proust. Ich mag auch die Kühnheit des Textes. Diejenigen unter Ihnen, die sich mit zeitgenössischer Theologie oder kritischer Theorie befassen, haben sicherlich bemerkt, dass sich in den vergangenen zwanzig Jahren eine gewisse „Hinwendung" zu Gott feststellen lässt. Der akademische Diskurs über Gott lebt auf, trotzdem gibt es kaum praktische Diskussionen über Gott und Ethik. Das Anrührende an diesem Buch ist, dass Richard nach einer Weile offenbar beschließt: „Na schön, Schluss mit dem hochgestochenen Gerede. Sprechen wir lieber über ein paar Leute, die mitten im Leben stehen." Und so spricht er über Leute wie Dorothy Day, Jean Vanier und andere, die den Fremden wirklich willkommen heißen. Dies alles ist für mich sehr anrührend.

Trotzdem werde ich einige gewichtige Fragen vorbringen – weniger Einwände als sozusagen ‚Schatten-Argumente' –, damit wir eine Debatte führen können.

Hier die erste: Trifft es nicht zu, dass die anatheistische Position bereits einen festen Platz gefunden hat innerhalb einiger Teilbereiche der theologischen Tradition – ob bei Meister Eckhart oder bei Bonhoeffer oder sogar bei jenen Theologen aus dem 19. Jahrhundert, die sich zwar des biblischen Literalismus und der Göttlichkeit

Jesu entledigen, dabei aber die Vorstellung des Christseins lebendig erhalten wollten, ob als reine Ethik wie bei George Eliot oder als etwas mehr himmlisch sanktioniert, wie bei David Friedrich Strauß?

Ich frage mich also, ob wir den Begriff *Anatheismus* tatsächlich so dringend benötigen, wie Richard es glaubt. Und weil wir schon dabei sind, braucht Richard überhaupt einen Gott – sei es auch ein anatheistischer Gott –, um dieses ethische Leben zu führen, das er so wortgewandt beschreibt: sich dem Fremden zuwenden, den Anderen willkommen heißen und so weiter? Schließlich scheint Levinas, von dem er ein gerüttelt Maß übernimmt, eine mildere, möglicherweise atheistische Vorstellung von Gott zu hegen als Richard. Damit will ich sagen, dass es in Richards Buch eine theologisch affirmative Stimmung gibt, die bei Levinas und schon gar nicht bei Derrida in derselben theologisch positiven Weise zu finden ist. Und doch sind beide Schriftsteller wichtig für Richard, und das zum Teil deshalb, weil es ihnen um eine wahre Ethik, eine wirklich ethische Politik zu tun ist. In mancherlei Hinsicht scheinen Levinas und Derrida ohne die anatheistische ‚Wette' ausgekommen zu sein. Dies wirft dann, zweitens, die Frage auf, was Richard, theologisch gesehen, braucht – und ich meine, er braucht noch etwas anderes, und das kommt in einem interessanten Satz zum Vorschein, wenn er Derrida einen leeren Messianismus vorwirft; was Derrida nicht sehe, sagt er, sei „das Antlitz durch den Namen Gottes hindurch".

Nun könnte Richard, ganz profan, einfach nur das Gesicht meinen, deines, meines, das Gesicht des Fremden. Doch es gibt hier eine interessante Zweideutigkeit: Denkt man in der christlichen Tradition zum Beispiel an das Schweißtuch der Veronika, denkt man genau genommen an das Antlitz hinter dem Schweißtuch, das nichts weniger ist als das Antlitz Jesu, und somit das Antlitz Gottes.

Drittens gibt es offenbar eine Spannung – unvermeidlich und von Richard eingeräumt – zwischen der netten, dekonstruktiven Offenheit, sich Gott als ein *Ereignis* vorzustellen, als Überschuss, als Mehr, als türöffnend und so weiter (wo man sich bewusst und aus naheliegenden Gründen weigert, darzulegen, was Gott ist, weigert man sich gewissermaßen auch, Gott Attribute zuzuweisen) –, eine Spannung also zwischen dieser notwendigen Unschärfe und dem Bedürfnis, Gott, beziehungsweise die Vorstellung von Gott,

Imagination, Anatheismus und das Heilige

weiterhin zu benutzen, als *könnten* wir ihn tatsächlich noch immer mit Attributen belegen. Das Bedürfnis, Gott nicht nur im Satz zu behalten, sondern tatsächlich zu sagen: „Nun, mein Gott hat in der Tat gewisse Attribute, mein Gott ist machtlos, leidend, und er leidet mit uns."

Ich gebe Ihnen einige Beispiele aus *Anatheism:* „Der einzige Gott, an den zu glauben sich lohnt, ist ein verletzlicher und machtloser Gott, der mit uns leidet." Oder: „Gott ist bereit, sein eigenes Sein hinzugeben, um seinen geliebten Geschöpfen mehr Sein zu schenken." Würde man diesen letzten Satz von einem anglikanischen Pfarrer auf der Kanzel einer kleinen Dorfkirche in Gloucestershire hören, würde man mit keiner Wimper zucken. Man würde sagen: „Ja, natürlich, das ist der Gott, zu dem ich bete und an den ich glaube, und der Pfarrer hat das Recht, Gott diese Attribute zuzuweisen, weil es die Attribute aus der Überlieferung sind, und das ist der freundliche Gott, vor dem ich niederknie und zu dem ich bete." Und obwohl ich weder an solch einen noch überhaupt an einen Gott glaube, habe ich natürlich kein Problem damit, wenn andere an solch einen freundlichen, schwachen Gott glauben. Ich meine einfach nur, dass es eine gewisse Spannung gibt zwischen diesem Gott und der eher Derrida'schen und dekonstruktiven Zuflucht von Richards Argument, insofern er nämlich auch sagt: „Ah, aber wir können nicht über Gott reden, wir können Gott weder solche, noch irgendwelche Attribute zuweisen", weil wir den *Namen* Gottes für etwas befreien wollen, was Caputo das *Ereignis* Gottes nennt.

Das Problem ist demnach das Benennen, nicht? Das ist die Idolatrie. Wenn Gott als all-leidend und schwach und machtlos bezeichnet werden kann, dann kann Gott vielleicht auch als allmächtig und majestätisch bezeichnet werden? Und wenn Gott als mächtig und majestätisch bezeichnet werden kann, darf man ihn auch als „Er" bezeichnen oder behaupten, er sei zornig oder eifersüchtig oder enttäuscht. Und wenn er irgendwie benannt werden kann, dann ist es vielleicht gar nicht so verrückt, wenn der evangelikale Gläubige denkt, dass dieser Gott konsultiert werden sollte und eine Meinung dazu hat, ob besagter Evangelikaler den neuen Job in Colorado annehmen sollte oder was er im Schlafzimmer so treibt. Das Problem *beginnt* mit Attributen *jeglicher Art*.

Ein vierter Interessensbereich ist für mich die ganze Idee des Messianischen. In Richards Worten höre ich noch immer das christliche Gespenst des Messianischen nachklingen, und noch stärker in Caputos Ereignis-Gedanken. Richard schreibt sehr eloquent über Gott als Öffnung, als Zusatz, als Mehr, als etwas, das „das Kontinuum der Geschichte sprengen" könne, wie Walter Benjamin es ausdrückt. Doch die Vorlage ist eindeutig messianisch. Richard zeigt scharfsinnig, wie sich bei Derrida das Messianische in einen Messianismus verwandelt, in eine Form also, die einfach nur mit der „Idee" des Messianischen liebäugelt, ohne jemals sagen zu müssen, was irgendein bestimmter Messianismus eigentlich bedeutet.

Und wenn wir die Sache eher judaistisch angehen und den Messianismus im Wesentlichen als Geschichte eines falschen Messianismus verstehen? Was er offensichtlich ist. Ich möchte damit sagen, dass es in Richards Buch einen Optimismus gibt, eine Art von Hoffnung, dass tatsächlich etwas geschehen könne, wenn er oder Caputo sagt: „Ich bete jede Nacht um das Ereignis; ich bete um etwas, ich bete darum, dass die Wahrheit sich zu erkennen gibt." Und wenn nun der Messias käme und nichts würde geschehen, was dann? Das ist die atheistische Lehre – im Gegensatz zur anatheistischen –, die sich aus dem falschen Messias ziehen ließe, der Jesus war. Jesus kam, ein in der Tat gewaltiges Ereignis, und die Menschheit änderte ihre Gepflogenheiten nicht im geringsten. Überhaupt nichts veränderte sich. Seit Christi Erscheinen haben wir zwar den Erlösungsgedanken in uns aufgenommen, doch sind wir entsetzlich langsam darin, uns reinzuwaschen, wenn man die Geschichte der Menschheit betrachtet.

Richard zitiert Bonhoeffer, wenn er Gott als einen Gott definiert, der durch seine Schwachheit Macht und Raum in der Welt gewinnt, was natürlich etwas außerordentlich Edles ist, wenn es im Gefängnis gesagt und geschrieben wird. Nur stellt sich die Frage, ob es angesichts dessen, was dem armen Bonhoeffer geschehen ist, auch wahr sein kann. Vielleicht ist er nur schwach. Dies erinnert mich an jene sehr eloquenten Worte des Philosophen Emil Fackenheim über den Holocaust. Er sagt, das Christentum habe seinen *Kairos* gehabt und sei gescheitert. Das Christentum hatte seinen entscheidenden Moment in den 1930er Jahren. Es hatte sozusagen sein Ereignis. Es war der Moment, an dem das Dritte Reich hätte in sich zusammenfallen können, wenn eine Million Christen aufgestanden wären und gesagt hätten „Wir sind Juden". Aber sie standen nicht auf. Das Ereignis scheiterte. Denn wie sich herausstellte, war es kein optimistisches oder messianisches Ereignis, sondern etwas Mörderisches und Böses.

Ich möchte Richard fragen: Was wird passieren, wenn wir die Tür öffnen? Ich verstehe, was er meint, wenn er von Gastfreundschaft spricht und vom Willkommenheißen [welcoming] des Fremden. Aber unterscheidet sich – in geistlichen Begriffen – seine Vorstellung eines anatheistischen Überschusses (an einem Punkt sagt er, soweit ich weiß, dass Gott uns mehr Sein schenken, uns erlauben wird, in größerer Fülle zu leben) tatsächlich von dem rein formalen, leeren Messianismus, den er bei Derrida kritisiert, wo es tatsächlich heißt: „Nun, ich weiß zwar nicht, was passieren wird, aber die Vorstellung, messianisch zu sein, gefällt mir"? Und man könnte in der Tat eine ziemlich barsche Kritik äußern, und zwar an der gesamten Philosophie und Historiographie des Ereignisses in der französischen Theorie der 1960er und 1970er Jahre, wo es aussieht wie eine Reaktion auf das Scheitern des Ereignisses. Mitte der 1960er Jahre glaubten manche Menschen, dass etwas geschehen, dass eine Revolution die Gesellschaft auf den Kopf stellen würde. Das ist nicht passiert. Und was dann, in den darauffolgenden zehn Jahren, kam, war eine überaus intellektuelle Ausarbeitung des Ereignisgedankens durch verschiedene Personen, darunter Alain Badiou, wo dann die Leute sagen: „Ich glaube nicht, dass etwas passieren wird. Wir müssen uns wohl mit der Leere des Ereignisses abfinden, aber ich will den Ereignis-Gedanken nicht aufgeben." Ich glaube, man sollte Richard bitten, seine Vorstellung vom Messianischen vom bloßen Messianismus zu unterscheiden.

Ein letzter Punkt. Richard schreibt sehr anrührend, dass im Anatheismus nichts verloren sei. Er schreibt dann richtigerweise weiter, dass manche Menschen zwar das Gefühl haben könnten, es sei ihnen etwas verloren gegangen, doch sollte man auch sehen, dass es etwas zu gewinnen gebe, und wenn wir bereit wären, die Verluste in Gaben zu verwandeln, ginge im Anatheismus nichts verloren. Ich bin nicht unbedingt anderer Meinung, weil ich nicht an Gott glaube. Würde ich aber an Gott glauben, würde ich vielleicht ziemlich genau berechnen wollen, was mir im Anatheismus verloren geht.

Soweit ich es sehe, geht sowohl ein Schöpfer als auch ein Erlöser verloren. Ich entdecke keinen Hinweis auf ein anatheistisches Verständnis von Gott als dem Schöpfer der Welt, und auch die Vorstellung eines Lebens nach dem Tod erscheint mir eher wenig ausgeprägt. Für Richard scheint das Himmelreich das Hier und Jetzt zu sein. (Wie Caputo sagt: nicht *wo*, sondern *wann?*) Unter dieser Voraussetzung hat sich der Anatheismus weitgehend auch von der Vorstellung eines Erlösers befreit. Ein gewisser Anteil geht also tatsächlich verloren, nicht wahr?

Und aus diesem Grunde möchte ich den Finger auf eine wesentliche Abwesenheit im Buch legen: Es erwähnt nirgends das Gebet, wenn ich mich recht erinnere. Es gibt natürlich ein rhetorisches Gespräch – sehr lyrisch und schön – über die Eucharistie, das Heilige und Mystische. Doch soweit ich weiß, taucht nirgends im Buch das Gebet auf. Was durchaus einen Sinn ergäbe, weil da ja niemand ist, zu dem man beten könnte. Das wäre im Moment alles.

RK: Vielen Dank, James. Ich will versuchen, einige Ihrer herausfordernden Gedanken zu beantworten – die keine Einwände sind, wie Sie höflich beteuern. Nur ‚Schatten-Argumente'. Nun, wenn es sich hierbei um Schatten handelt, wie sieht dann die Dunkelheit aus? Ich will also versuchen, zu diesem bejahenden Optimismus zurückzufinden, den Sie mir zuschreiben. Falls ich es kann.

Zunächst zu Ihrer Frage: Warum Anatheismus und warum jetzt? Ist in diesem Zusammenhang nicht schon alles gesagt worden, wenn auch in anderen Worten? Was hat es für einen Zweck, das Thema jetzt (erneut) anzuschneiden?

Nun, erstens halte ich es für äußerst wichtig, als Eröffnung eines Dialogs – die hermeneutische Tugend schlechthin, nicht wahr? Im Augenblick tut sich einiges, in dieser heftigen Debatte zwischen militanten Atheisten und dogmatischen Theisten. Sie haben im *New Yorker* – im Artikel „God in the Quad" – und auch an anderer Stelle darüber geschrieben, James. In der linken Ecke haben wir die Gott verneinenden Schwergewichte, die einen exklusivistischen, säkularen Humanismus praktizieren – mit der Ansicht, dass der Mensch, sobald er all das fruchtlose Gerede über das Geistliche, Heilige und Religiöse los geworden ist, zur Wahrheit findet. Es ist dies eine Art eliminativer Materialismus: Alles wegschnibbeln, um zum Wesentlichen zu gelangen: Was die Empirie einem sagt, ist grundsätzlich wahr. Das war's.

Und in der rechten Ecke haben wir die Faustkämpfer des dogmatischen Theismus. Sie haben sie erwähnt, als Sie über den Evangelikalismus sprachen. Ich kannte natürlich die katholische Version davon, da ich im Irland der 1950er und 1960er Jahre unter einigen extrem reaktionären irischen Bischöfen aufgewachsen bin. Für Schwule, Verhütung, Scheidung oder Abtreibung war das keine gute Zeit, geschweige denn für den guten alten ehrlichen Dissens. Und der Atheismus traute sich nicht zu mucken! Mein kleiner Zusammenstoß mit dem Erzbischof von Dublin, Desmond Connell im Jahre 1984, den Sie vorhin erwähnten, James, gibt ein wenig Zeugnis davon. Ich hatte gerade mein erstes Buch veröffentlicht, *Poétique du possible*, und war seit kurzem Dozent am philosophischen Lehrstuhl des University College Dublin, dem damals Connell vorstand. Nachdem er das Buch gelesen hatte, rief er mich in sein Büro und sagte: „Richard, ich hätte gute Lust, dasselbe zu Ihnen zu sagen, was JHWH nach dem Sündenfall zu Adam gesagt hat: ‚Wo bist du?'"

Damals wusste ich es nicht – und weiß es noch immer nicht –, aber dass es nicht unbedingt schlimm ist, nicht zu wissen, wo man ist, weiß ich wohl, besonders, wenn man noch immer versucht, irgendwohin zu gehen. Ich bin sehr misstrauisch denen gegenüber, die genau wissen, wo sie sind, ob sie nun dogmatische Theisten oder Atheisten sind. Was nicht heißt, dass man nicht Stellung beziehen sollte. Das sollte man. Doch ich bevorzuge Leute, die Stellung beziehen und dabei wissen, dass es immer noch ein Element des Zweifels, der Ungewissheit und des Geheimnisses gibt (John Keats' drei Qualitäten der ‚negativen Fähigkeit'[a]), eine gewisse Unentschiedenheit, die den eigenen Standpunkt nur umso mutiger und schwieriger – und wahrhaftiger werden lässt. Ein Mensch, der wirklich an der Wahrheit interessiert ist, sucht immer nach noch *mehr* Wahrheit. Das ist meine Erfahrung mit echten Suchern. Oder, um mit den Worten T. S. Eliots zu jonglieren: „Der Weg zum Besitz [possession] ist der Weg der Enteignung [dispossession]." Damals traten der Bischof und ich einander entgegen. Er war ein Gentleman, aber ein Dogmatiker durch und durch und, wie sich herausstellte, als Kardinal ein hoffnungsloser Fall. Philosophische Wahrheit war für ihn nur als eine Form von scholastischem Realismus verfügbar, der noch von einem triumphalen mittelalterlichen Christentum herrührte und alles Übrige, ab Kant und der Aufklärung, war ganz einfach ein Irrtum.

So habe ich wie Sie, James, in der Jugend eine gehörige Portion dogmatischen Theismus abbekommen. Und was noch schlimmer ist, diese Apologetik ging Hand in Hand mit einer religiösen Kultur, die der Gewalt Vorschub leistete – sowohl in den protestantischen wie auch den katholischen Gemeinden Nordirlands –, indem sie Missstände deckte und die echten intellektuellen Fragen missbilligte. Als ich zur Schule ging, waren meine bevorzugten Denker radikale Atheisten – Camus, Sartre, Marx, Nietzsche. Ich liebte das „freie Denken".

Vielleicht hat mich also meine persönliche Erfahrung, weil ich in einem Land aufgewachsen bin, das von konfessionellen Kriegen zerrissen und von einem Ethos der Intoleranz gegenüber geistiger Freiheit beherrscht war, mehr geprägt als ich es wahrhaben wollte. Ich wollte mich zur Wehr setzen. Als sich daher die Frage nach Gott stellte – die meiner Meinung nach in allen Zivilisationen ein zentrales Anliegen ist, vom Anfang der Zeiten bis zum heutigen Tag –, verspürte ich ein großes Bedürfnis danach, eine Alternative zu finden, sowohl zum bedingungslosen Theismus als auch zum arroganten Atheismus (zu dessen Lager ich Sie nicht hinzuzähle, wie ich eilig hinzufügen möchte). Der Anatheismus war für mich zugegebenermaßen von Anfang an eine Möglichkeit, gegen Dogmatiker jeglicher Couleur aufzubegehren. Ich war entsetzt vom Verrat am Christentum durch die offiziellen Kirchen und wünschte ihn vorbehaltlos zu verwerfen.

Und doch wollte ich nicht alles wegwerfen. Ich spürte, dass ganz tief innen noch immer etwas irreduzibel Heiliges und Kostbares war, das nach dem Kollaps der Kirchen – eines meiner liebsten Nietzsche-Zitate war „Was fällt, das soll man auch noch stoßen" – aus der Asche auferstehen könnte, dass sich immer noch etwas aus den Trümmern bergen ließe, eine Art Gott *nach* Gott. Es müsse, dachte ich, einen anderen Weg geben, wie man mit einem „Gott" leben konnte, jenseits des alten Alpha-Gottes der Unterdrückung, Bevormundung und des falschen Trostes. Ich wurde in diesem Glauben von meiner sehr liberalen Familie, meinen aufgeklärten Benediktiner-Lehrern ermutigt und später auch von Mentoren in

Frankreich wie Levinas und Ricoeur, die vom postreligiösen Glauben sprachen.

JW: ___ Und wie steht es mit dem Anatheismus als Rhetorik über das Gebet statt dem Gebet selbst? Geht es im Anatheismus um etwas oder jemanden jenseits der Sprache? Steckt mehr hinter dem anatheistischen Gott als Metaphern und Metonymien?

RK: ___ Natürlich, aber es ist komplex. Am Anfang war ja schließlich das Wort. Doch es ist nicht wörtlich zu nehmen – was nicht bedeutet, dass es nicht wahr ist. Die Wahrheit geht über das Wörtliche hinaus zum Figuralen, womit nicht das bloß Fiktionale gemeint ist, sondern das Figurationale. Das Wort, das als „Schöpfung" im Anfang war, ist ein Prozess der Figuration – Präfiguration, Konfiguration, Refiguration –, wie ich es in meinem ersten Buch *Poétique du possible* darzulegen versucht habe. In meiner eigenen anatheistischen Rückkehr zu einem Gott nach Gott habe ich eine wörtliche Lesart eines göttlichen Schöpfers und Erlösers durch eine figural-figurationale Lesart ersetzt. Womit ich, um es noch einmal zu sagen, nicht unwirklich oder ohne Wahrheitsgehalt meine. Nein, ich beziehe mich einfach auf die hermeneutische Erkenntnis, dass all unsere Namen und Attribute für das, was wir Gott nennen, anthropomorph sind – menschliche Interpretationen und Figurationen. Wallace Stevens spricht deshalb von „höchsten Fiktionen"[b] – eben weil sie so viel bedeuten. Anatheistische Revision, der Schöpfer kann nicht mehr als metaphysische Erstursache oder als kreationistischer Mechaniker oder Magier betrachtet werden, sondern einfach als Gnade und als Geschenk: das Bewusstsein, dass es einen Anfang gibt, bevor ich anfange, dass sich uns etwas „Heiliges" aus der Vergangenheit und der Zukunft schenkt. Der Begriff *Schöpfer* ist einfach nur eine anthropomorphe Art zu wetten – oder zu vertrauen *(con-fidens)* –, dass es einen Anfang vor unserem Anfang gibt, eine *Vor*zeit. Genau wie „Erlöser" eine Art und Weise ist zu sagen, dass es ein Ende nach unserem Ende gibt, eine *Nach*zeit. Das Präfix Ana- kann sowohl „zurück" als auch „wieder" bedeuten, *returning* und *aftering*. Diese letztere Dimension von Zukünftigkeit ist das, was Sie – Levinas, Derrida und Caputo zitierend – das „Messianische" nennen.

Das Buch Genesis erzählt die Geschichte des Menschen, der von irgendetwas Anderem kommt, das uns vorangeht und größer ist als wir, und diese heilige Anfangs-Geschichte spricht im Zusammenhang mit dieser heiligen Genesis von einem *Yotzer*, hebräisch für den Schöpfer, Former, Gestalter – hiervon abgeleitet der verwandte Begriff *Yetzer*, was „Imagination" oder „Figuration" bedeutet. Dieses göttliche Gestalten hat nichts mit dem Hersteller von Brieföffnern zu tun, der jede seiner Kreationen nach der Vorlage einer Blaupause oder eines Patents fertigt, wie Sartre in *L'existentialisme est un humanisme* argumentiert (wenn Sartre Recht hat, bin ich Atheist). Es ist vielmehr die Vorstellung vom Anfang als einer radikalen Geburt, einem Sprung in etwas Neues, einem Mehr, das aus dem Weniger kommt, einem Etwas, das aus dem Nichts kommt, *creatio ex nihilo*. Kurz gesagt: der erste Akt davon, dass das Unmögliche möglich wird.

Dasselbe lässt sich von anderen Namen für Gott sagen: Vater, Mutter, Gastgeber, Gast. Es ist alles eine Frage der Hermeneutik. Der johanneische Satz „Im Anfang war das Wort" bedeutet: Im Anfang war die Hermeneutik. Es gibt keinen Ausweg aus dem hermeneutischen Zirkel, keinen Ausweg aus der Sprache. Und warum auch? Worte, Namen und Metaphern sind alles, was wir haben, um ein tiefes Gefühl – für viele, mich eingeschlossen – auszudrücken, dass es in unserer Erfahrung etwas irreduzibel Anderes gibt, das ruft, und dass wir diesen Ruf von jenseits von uns empfangen, auch wenn wir ihn ständig für uns neu interpretieren und neu schaffen. Der Anatheismus ist also wirklich ein lebhafter Konflikt zwischen Namen, ein Versuch – durch Wort und Tat –, das zu artikulieren und zu kommunizieren, was wir meinen, wenn wir sagen: „Ich höre einen Ruf von einem Anderen; ich empfange ein Geschenk von einem Anderen; ich erhalte eine Kraft, das Unmögliche möglich zu machen."

Ich nenne dies Gastfreundschaft gegenüber dem Fremden. Und meine Wette ist, dass diese Formulierung oder Figuration heiliger Erfahrung sowohl den großen Weisheitsüberlieferungen zugrunde liegt *als auch*, möchte ich schnell hinzufügen, der alltäglichen Glaubenserfahrung vieler Menschen. Der Weg der Überlieferung geht hermeneutisch vor und stellt uns Erzählungen, Mythen, Erinnerungen und Gleichnisse bereit. Der Weg der Erfahrung geht dagegen phänomenologisch vor und bietet uns gewöhnliche, existentielle Beispiele. Und Literatur und Kunst – was ich im weiteren Sinn als

Poetik bezeichne – vermischen oft diese beiden Zeugnisschatzkammern, um uns mit anschaulichen Geschichten des Heiligen auszustatten. Sämtliche Beispiele, die ich in *Anatheism* zitiere, entstammen diesen drei narrativen Quellen – heilig, existentiell und poetisch.

Und aus diesem Grund ist der Anatheismus niemals leer. Er ist nicht, wie Sie andeuten, irgendein abstraktes konzeptuelles System, irgendein rein formales dekonstruktives Verfahren. In Derridas Worten gesagt: Es ist kein bloßer Messianismus, sondern das Messianische – eigentlich ein interreligiöses Spiel verschiedener Formen des Messianischen – mit Bildern und Geschichten, Erinnerungen und Sehnsüchten, Gesichtern und Körpern. Eine Menge „Leib und Blut", wenn Sie so wollen. Genau aus diesem Grund mag ich es so, wenn Hopkins sagt, dass Gott „an zehntausend Orten spielt, / Schön an Gestalt und schön in Augen, die nicht seine sind, / Dem Vater durch die Züge menschlicher Gesichter". Das werden Sie bei Derrida nicht finden – obwohl ich der Dekonstruktion eine Menge verdanke.

Was mich also interessiert, um Ihre Frage zu beantworten, ist nicht so sehr Derridas „Religion ohne Religion", als vielmehr die Religion *vor* und *nach* der Religion, das Vorher und Nachher des *ana-*. Solch ein Doppelschritt – mit dem man der Religion voran, und dann über sie hinausgeht – eröffnet die Möglichkeit, dass man nach dem Tod Gottes, nach der Abkehr von jenem allmächtigen Gott aus Ihrer evangelikalen Erziehung in England und aus meinem katholischen Ekklesiastizismus in Irland, zu Gott zurückkehrt.

Jetzt fragen Sie, James, was ist daran so neu? Haben nicht bereits Eckhart und Bonhoeffer und andere religiöse Reformer dasselbe getan? Warum sollte man es wieder tun? Meine Antwort lautet: Ja, das haben sie getan. Natürlich haben Sie absolut Recht. Und wie Sie anmerken, verbringe ich in meinem Buch *Anatheism* ziemlich viel Zeit damit, die Gedanken früherer „Anatheisten" zu überdenken, die es wagten, Gott aufzugeben, um wieder zu Gott zurückzukehren – nicht nur Eckhart und Bonhoeffer, sondern auch eine ehrwürdige Liste tapferer Häretiker, Mystiker und Heiliger, von Teresa von Ávila (welche die Inquisition überlebte) über Marguerite Porete (die sie nicht überlebte), bis hin zu Teilhard de Chardin und Dorothy

Day. All diese Menschen kamen vom dogmatischen Theismus ihrer Zeit ab und wurden, auf unterschiedliche Weise, dafür zur Rechenschaft gezogen. Und natürlich sahen sich all diese „Anatheisten" *(avant la lettre)* der *imitatio Christi* verpflichtet. Sie ließen Gott als Idol los, damit ein lebendiger Advent zurückkehren konnte. Sie ließen im Tod ihre falschen Vorstellungen von Gott los, so wie Jesus im Tod am Kreuz den allerhöchsten Gott-Vater losgelassen hat („Mein Gott, mein Gott, warum hast du mich verlassen" – eine doppelte Verlassenheit von Vater und Sohn), um anatheistisch zu einem Gott neuen Lebens und Vertrauens zurückzukehren („In deine Hände empfehle ich meinen Geist"). Doch die anatheistische Hingabe an den neuen Gott konnte nur nach dem atheistischen Verlassen des alten Gottes erfolgen. Der Anatheismus ist die Geschichte dieses doppelten Verlassens. Es ist eine Geschichte reiner Preisgabe.

JW: Doch nach dem Verlassen scheinen Sie immer noch etwas Heiliges benennen und erzählen zu wollen, das wiederkehrt und bleibt?

RK: In der Tat. Ich persönlich habe mich für diesen Weg entschieden. Andere Anatheisten mögen in dieser Hinsicht apophatischer oder zurückhaltender sein. Ich möchte die Lücken, die der erste Abschied hinterlassen hat (der atheistische Moment, wenn Sie so wollen, den wir miteinander teilen), mit den Namen und Erzählungen von den Leben und sakralen Zeugnissen von Heiligen füllen – einschließlich der Geschichten gewöhnlicher heiliger Menschen durch die Jahrhunderte bis hin zur Gegenwart. Lassen Sie mich zu den eben Erwähnten, die ich in *Anatheism* im Detail analysiert habe, noch einen meiner Lieblinge hinzufügen, den heiligen Franz von Assisi. Ursprünglich von seiner Familie und der Kirche vor Ort als Ketzer betrachtet, wagte er eine Revision und Rekonsekration der ganzen Bedeutung der Inkarnation und der Eucharistie. Er nahm die Eucharistie und sagte: Seht her, sie sollte sich nicht auf die zwei Elemente Brot und Wein beschränken, sondern auf das ganze Universum ausgeweitet werden – und nicht nur auf das der Menschen, sondern auch auf das animalische und das materielle Universum. So wird jeder – über diese erweiternde, vervielfachende Eucharistie – zu Schwester Sonne und Bruder Mond. Das geteilte Brot (eine grundlegende alimentäre / elementare Angelegenheit) kennzeichnet den Ausschluss vom Ausschluss. Die einzigen, denen fortan die irdische Kommunion vorenthalten wird, sind jene, die sich selbst ausschließen.

Der Anatheismus ist die Ablehnung der Theodizee und die Verteidigung des freien Willens. Hier also – und bei vielen Panentheisten nach Franziskus – findet man diese barmherzige Übersetzung und Übertragung des Heiligen vom dogmatischen Anstoß-Nehmen zur potentiellen Einbindung eines jeden Lebewesens. Das Transzendente wird eingeladen, sich wieder mit dem Immanenten zu verbinden. Es ist nicht im Krieg mit dem Immanenten, es ist *im* Immanenten. Und Gott ist nicht länger ein Gott *jenseits* von uns, wie Merleau-Ponty bemerkt, sondern ein Gott *unter* uns!

JW:__Könnten Sie kurz noch einmal auf das Thema Gott als Schöpfer und Erlöser eingehen? Glauben Sie in irgendeiner Weise an diese Art von traditionellem Gott?

RK:__Für mich sind, wie gesagt, Schöpfer und Erlöser keine eigentlichen Rollen, die als ein einmaliger All-Gott fetischisiert werden sollten; es sind Konfigurationen in einem größeren Narrativ, einem Narrativ von Liebe und Gastfreundschaft gegenüber dem Fremden. Noch einmal, ich sage nicht, dass es sich dabei um ein rein *fiktionales* Narrativ handelt. Für einige mag es das sein – wie für Matthew Arnold oder Strauß, vielleicht sogar für Pater und Wilde, obwohl ich mir nicht sicher bin, ob Wildes „Glaube der Glaubenslosen" [faith of the faithless] wirklich so glaubenslos ist. Hier finden wir die Auffassung von der Bibel als großartiger Literatur, als einem Juwel im westlichen Kanon für unsere ästhetische und ethische Erbauung, einem außergewöhnlichen und somit verehrungswürdigen Produkt menschlicher Kultur. Für mich ist sie das natürlich auch, aber sie ist auch noch mehr als das. Sie ist ein „heiliger" Text (wenn auch beileibe nicht der einzige), der im Gegensatz zur Fiktion Wahrheitsbehauptungen über die heilige Natur einer außerordentlichen *caritas* aufstellt – als unmöglicher Überschuss sowohl zur moralischen Gerechtigkeit als auch zur ästhetischen Schönheit, während sie beide voraussetzt und umfasst. Solche Wahrheitsbehauptungen werden nicht mit Fakten, sondern mit dem Glauben beantwortet. Und mit dem Glauben kommt die Frage nach dem Theismus, dem Atheismus und dem Anatheismus ins Spiel. Der Theismus, als metaphysischer Beweis für die Existenz Gottes begriffen, macht aus dem Glauben ein Dogma. Der Atheismus macht, falls er Obiges absolut verneint, wiederum den Unglauben zum Dogma. Wogegen uns der Anatheismus, im Unterschied zum Theismus wie auch zum Atheismus, zu einem Glaubens-Engagement veranlasst, dabei aber die Option der Ungläubigkeit [incredulity] als fortwährende Möglichkeit respektiert.

Das meint meiner Ansicht nach Dostojewski, wenn er sagt, dass der wahre Glaube aus dem „Fegefeuer der Zweifel" erwachse. Dasselbe gilt für Augustinus, wenn er betet: „Ich glaube; Herr, hilf meinem Unglauben." Der aufrichtige Glaube ist niemals für immer und ewig; er ist etwas, das kommt und geht und wiederkommt. Vielleicht, aber nicht zwangsläufig, und niemals gewiss. Ansonsten wäre es kein Glaube, sondern Wissen. Wie Kierkegaard über den Glaubenssprung sagt: Es ist nicht so, dass du einmal springst und dich dann für immer auf *terra sacra* befindest. Aus diesem Grund war sogar Christus bis zur letzten Minute am Kreuz imstande, am Vater zu zweifeln, bis er einen zweiten Glauben fand. Indem er stirbt und wieder aufersteht, ist Christus ein exemplarischer Anatheist. Sogar in den Erzählungen vom auferstandenen Christus sagt der „Messias", er sei noch nicht vollständig wiedergekommen: ‚Ich muss gehen, damit der Paraklet kommen kann' [vgl. Joh 16,7], „*Noli me tangere*, denn noch bin ich nicht zum Vater hinaufgestiegen", und so weiter. In diesem Sinne setzt uns der Anatheismus endlosen Wetten des Glaubens und des Unglaubens aus, der göttlichen An- und Abwesenheit, der Immanenz und der Transzendenz, der Nähe und der Ferne, des Davor und des Danach.

JW:__Und warum kann es nicht Entweder – Oder sein?

RK:__Weil es beides ist: und. Und solch eine anatheistische Spannung zu verneinen, heißt meiner Meinung nach den zarten Knoten zwischen dem Glauben und dem Unglauben zu ignorieren – das Kreisförmige, die chiasmische Umkehrbarkeit zwischen beiden. Solch eine Verneinung nenne ich Dogma. Es heißt, sich mit weniger zufrieden zu geben als mit dem, was das Fremde und der Fremde fordern.

Wenn man sich also tatsächlich für den Glauben engagiert – mit dem Schatten des Unglaubens, der Ungewissheit und des Geheimnisses im Hintergrund –, entscheidet man sich, den Fremden als denjenigen zu deuten, der einem etwas gibt, das über die eigenen

Grenzen und Möglichkeiten hinausgeht, als einen Geber von Gaben. Und dieser Geber kann, wie gesagt, viele Namen haben: Vater, Mutter, Schöpfer, Erlöser, Geliebter, Bruder, Schwester, Freund (ganz zu schweigen von „Eigen"-Namen wie Jesus, Shiva, Buddha, Guanyin, Elohim).

Die Geschenkerfahrung kann uns unter Umständen mit jedem Menschen oder Ding, dem wir begegnen, zuteil werden – es ist ein Geben, das bis ganz nach unten reicht, bis zum Allergeringsten. Niemand ist aus dem Horizont des Geschenks ausgeschlossen, es sei denn, er entscheidet sich für die Feindseligkeit und gegen die Gastfreundschaft. Die Gabe des Fremden ist ein Geschenk. Man kann sie weder machen noch erfinden, weder planen noch konstruieren. Ich begreife die ursprüngliche Sprache der Genesis also nicht als etwas, das wörtlich zu nehmen ist – als Kreationismus oder als irgendeine allmächtige Herablassung, bei der ein höchster Alpha-Gott die Geschichte vom Anfang bis zum Ende überwacht. Nein, ich lese die Genesis im umgekehrten Sinn, als das, was Rilke „das Offene" nennt – eine Offenheit für etwas, das aus dem Fremden, Anderen, dem *Mysterion*, dem Heiligen kommt.

Und dann kann wiederum die „Erlösung" als eine Aktivität fortwährenden Heilens *(salvare)* ausgelegt werden, veranschaulicht durch viele verschiedene Verheißungsgeschichten in allen drei abrahamitischen Religionen, Geschichten von messianischer Hoffnung, dass noch jemand kommen wird – Elia, der wiederkehrende Christus, der Mahdi. (Ganz zu schweigen von ähnlichen Erlösungsversprechen in nicht-abrahamitischen Religionen. In all diesen Fällen stellt man dem Messias nur eine Frage: „Wann kommst du?"). Und was ist dieses Messianische, das noch im Kommen ist? Es ist das Versprechen, dass die Liebe ebenso stark ist wie der Tod, dass Eros ebenso stark ist wie Thanatos, dass eine Heilung unserer tödlichen Verwundung (griechisch *trauma*) irgendwie möglich ist. Es ist die älteste und jüngste Geschichte im Buch, wie Freud uns im letzten Abschnitt seiner Schrift *Das Unbehagen in der Kultur* in Erinnerung ruft, wenn er das, was in Nazi-Deutschland sich ereignet, als globalen Kampf zwischen den Giganten Eros und Thanatos beschreibt.

Doch es muss kein Kampf zwischen Giganten sein. Das Versprechen dessen, was Freud Eros nannte – der Antrieb zur Lebensbejahung –, ist für mich das messianische Versprechen, die kleinen

Dinge und kleinen Menschen zu retten (und tief in uns drin sind wir alle klein, worin unsere wahre Größe besteht), wie in heilender Wiedergutmachung, in der Pflege von Verwundeten, und dem Reparieren von kaputten Dingen. Es ist, was Ricoeur in *Die Interpretation. Ein Versuch über Freud* als eschatologische Verheißung des Heiligen bezeichnet. Das Heilige ist das letzte Ding – *eschaton* –, das sowohl über die *arche* des Unbewussten als auch über den *telos* der Geschichte hinausgeht. Und das letzte Ding ist zugleich das kleinste Ding, das tatsächlich das wichtigste von allen ist: das Senfkorn, welches das Himmelreich ist, das Scherflein der Witwe, das die Gabe wahren Heils ist. Die Geschichte von Schöpfung und Erlösung kann demnach als ‚kleingeschrieben' verstanden werden, weil es allenthalben Schöpfer und Erlöser gibt, genau wie Gaben und Gnaden. Sie brauchen nicht mit Großbuchstaben geschrieben zu werden, in keinem Sinn dieses belasteten Begriffs. Sie können jeden Moment ankommen oder wiederkehren. Denn jeder Moment ist, wie Walter Benjamin es ausdrückt, die kleine Pforte, durch die der Messias eintreten kann.

JW: Dieser Bezug zu Benjamins Messianismus interessiert mich. Könnten Sie näher darauf eingehen? Könnten Sie uns vor allem erklären, wie ein solch offensichtlicher Mystizismus den Humanismus einschränkt oder unterschlägt?

RK: Ich möchte versuchen, es in etwa so darzulegen, auf die Gefahr hin, mich zu wiederholen: Das Heilige ist der Fremde an der Tür eines jeden Augenblicks, die Verheißung von einem Mehr, der Überschuss, das Zusätzliche, das Unmögliche, welches das Mögliche heranwinkt. Und hier erreiche ich vielleicht die Grenze des Humanismus. Und dies ist, wenn ich mich nicht irre, letztendlich die Frage hinter Ihrer Frage, James, oder? Warum halten wir uns nicht an den Humanismus und akzeptieren den Fremden *tout court* als ein menschliches Wesen? Was hat Gott damit zu tun? Und in vielerlei Hinsicht ist das wohl eine völlig legitime Option.

Wo ich für mein Teil allerdings versuchen möchte, die Gottesfrage anatheistisch offen zu lassen – und nicht nur den „Namen" Gottes, sondern das lebendige, konkrete Antlitz, das durch den Namen hindurch scheint, spricht, auffordert, ruft –, die sich indes dort stellt, wo etwas Unmögliches möglich wird. Derrida und Caputo gebrauchen eine ähnliche Sprache, aber am Ende füllen sie die Lücken nicht; sie verbinden die Punkte nicht, nennen keine speziellen Personen, Zeiten, Orte; sie malen keine Bilder, erzählen keine Geschichten, zitieren keine Heiligen, beschwören keine besonderen Personen (weder reale noch imaginäre). Sie erheben das Messianische nicht zum Sakrament. Ich schon. Das ist es, was ich in meinem Buch *Anatheism* zu zeigen versuche, indem ich beispielsweise Geschichten von Joyces Molly, Woolfs Lily, Prousts Marcel nacherzähle. Und indem ich die heilige Gastfreundschaft von Maria und Sarah nacherzähle, als sie aus heiterem Himmel mit Fremden konfrontiert sind. Und andere Geschichten von gewöhnlichen Heiligen im ganz gewöhnlichen Alltag.

JW: Die Begegnung mit den Fremden in der Genesis ist für Sie eine Geschichte von großer Wichtigkeit, nicht wahr? Sie beginnen Ihr Buch damit und kehren immer wieder darauf zurück.

RK: Ja, sie ist für mich ein durch und durch anatheistischer Moment. Hier ist sie (wieder): Abraham sieht die drei Fremden aus dem Nichts auftauchen und hat nun zwei Möglichkeiten: Soll ich sie töten oder umarmen, sie meiden oder willkommen heißen? Feindseligkeit oder Gastfreundschaft? Thanatos oder Eros? Was soll ich tun? Und schließlich entscheidet er sich, das Wagnis einzugehen, zu sagen: Ja, kommt herein, setzt euch und teilt das Brot mit uns. Und indem er sich dem Fremden öffnet, ihn lieber als potentiellen *Gast* ansieht, denn als *Feind* – beide Wörter haben im Lateinischen eine gemeinsame Wurzel: *hostis* –, trifft er eine freie Entscheidung. Genau das ist letztlich mit ‚Liebe deine Feinde' gemeint. Aus diesem Grund liest man von Abraham – auch von Maria und Mohammed und Unzähligen nach ihm –, er überlege, sei beunruhigt, erfahre „Furcht und Zittern" in dieser Begegnung mit *dem Heiligen*, von dem Rudolf Otto, den Autoren des Mittelalters folgend, sagt, es provoziere eine Reaktion, zugleich *fascinans et tremendum*. Und bevor Abraham – der biblische Prototyp – Zeit hat, geistig zu verarbeiten, was ihn getroffen hat, liest er diese Fremden bereits *mit seinem Körper*. Er liest in ihren Gesichtern das Versprechen, fleischlich, dass er und Sarah ein Kind zeugen werden: Isaak. Und in diesem Punkt, in diesem einen Punkt, werden die drei zu einem, werden sie als das Göttliche offenbart. Das Unmögliche wird möglich: Sarah wird ein Kind empfangen. Sarah lacht, als sie das Versprechen hört. Warum? Weil es absolut unmöglich ist. Es widerspricht allem, was sie weiß, erwartet, voraussieht, allem, wozu sie in der Lage ist (sie ist unfruchtbar und schon alt). Der Name Isaak, den sie ihrem Kind gibt, ist hebräisch und bedeutet „Lachen".

Ich würde also sagen, dass der Gott des Anatheismus ein Gott des Lachens ist. Keine Gottheit von pompöser Frömmigkeit und Frömmelei. Heilige lachen. Unheilige klagen, misstrauen, grollen, fürchten. Das soll natürlich nicht heißen, dass Atheisten unheilig sind. Gott behüte! Das Heilige ist größer als der Atheismus oder der Theismus. Und deshalb gehört es zum Anatheismus.

Was all diese Geschichten – die großen wie die kleinen, die biblischen und die literarischen, die kanonischen und die konfessionellen, die außergewöhnlichen und die gewöhnlichen – veranschaulichen, ist, so hoffe ich doch, ein Gespür dafür, dass es *mehr* im *Weniger* gibt. Es gibt Schöpfung und Erlösung in einem Stück Brot. Das ist es, was ich als das Sakramentale im weiteren Sinn bezeichne. Es ist nicht auf den katholischen, orthodoxen oder irgendeinen anderen konfessionellen Ritus beschränkt, sondern dehnbar genug, um in den alltäglichsten Erlebnissen epiphanische Verwandlungen von kleinen Dingen in heilige Dinge zu inkludieren. Aus diesem Grund komme ich immer wieder auf Prousts „*petits miracles*" zurück, auf Lily Briscoes „kleine Wunder des Alltags", auf Joyces „Schreie auf den Gassen" – alles unendlich kleine Augenblicke, die scheinbar belanglose und unerfahrene Erfahrungen von Leere in Fülle umwandeln, wobei sie ein zusätzliches Etwas enthüllen, einen Überschuss, der das Unmögliche möglich macht.

JW:＿Ich stelle fest, dass Sie in *Anatheism* und auch anderswo dazu neigen, von Textfragen ohne weiteres zu praktischen Fragen überzugehen, von der Theorie zur therapeutischen oder sozialen Aktion. Der Anatheismus ist ein Zweistufenprogramm, das Sie manchmal mit einem Zwölfstufenprogramm vergleichen.

RK:＿Stimmt, ich bewege mich gern zwischen Text und Handlung hin und her und zitiere oft das Beispiel der Anonymen Alkoholiker (AA). Hier entdecken wir wieder das Doppel-*A* in Ana-, das Zwillingsgesicht des Abschieds. Denn der erste grundlegende Schritt zum Überwinden der „Sucht" (was die abrahamitische Tradition als das Zwanghafte an der „Sünde" bezeichnet und der Buddhismus als „Anhaften" im Samsara, dem immerwährenden Kreislauf des Lebens) ist das Loslassen, Aufgeben, dem dann die Heilung folgt.

Der erste Schritt des Abschiednehmens – um auf Ihre Frage nach dem „Inhalt" des Anatheismus zurückzukommen, wie dieser sich zum Schöpfer, zum Erlöser und zum Gebet verhält – ist die Einsicht, dass ich meiner Sucht völlig hilflos ausgeliefert bin. Ich bin nicht, um den traditionellen Jargon zu benutzen, der Schöpfer des Universums, sondern eine hilflose Kreatur, die jemanden braucht, der ihr hilft – einen sogenannten Erlöser.

Was also jeder Suchtkranke bei einem Treffen der Anonymen Alkoholiker als erstes zugibt, ist im Allgemeinen: „Ich kann diese Sucht nicht bezwingen. Es ist unmöglich." Das ist das Anfangsbekenntnis. Aus diesem Grund geht man zum Treffen. Und diesem Anfangsbekenntnis geht stets das bekannte Gebet der Anonymen Alkoholiker voraus – benutzbar von allen Glaubensrichtungen, selbst vom „Glauben der Glaubenslosen" (um Oscar Wilde und Simon Critchley zu zitieren) –, welches lautet: „Bitte, o Herr, gib mir die Kraft, die Dinge zu ändern, die ich ändern kann, die Demut, die Dinge hinzunehmen, die ich nicht ändern kann, und die Weisheit, das eine vom anderen zu unterscheiden." Und indem man sich, ohnmächtig, in die Hände einer „höheren Macht" begibt, wie die AA es nennen, ganz gleich, wie man diese höhere Macht bezeichnet – Erlöser, Schöpfer, Vater, Mutter, Geliebter, Fremder, Gönner –, geschieht etwas Unmögliches. Man hat plötzlich den ersten Abschied, das Loslassen (Sichüberlassen, Hingabe) durch den zweiten Abschied – „In deine Hände lege ich meinen Geist" – ergänzt (eine andere Art des Sichüberlassens, des Vertrauens, des Treueschwurs und der Verlobung). Ein Zündholz wird im Dunkeln angerissen, um an Woolfs Worte zu erinnern.

Man öffnet sich etwas „Geschenktem, nicht Gemachtem", einem „Es", was immer man darunter versteht. (Woolf selbst bezieht sich, in quasi-buddhistischer, mystischer Manier, auf dieses Es.) Und dieses Es funktioniert, ganz gleich, wie man es nennt. Das Wunder geschieht. Die Heilung erfolgt. Ärzte und Psychiater haben eine Menge darüber geschrieben. Sie wissen nicht, wie es funktioniert, aber sie müssen zugeben, dass es funktioniert. Für mich ist das sakramental. Und es ist ein mächtiges Beispiel für eine anatheistische hermeneutische Wette, die ein *Mehr* beschwört, das etwas, das zuvor als unmöglich galt, in der Praxis, der Wirklichkeit, im Leben möglich werden lässt.

JW: ___ Gehört das „Gebet" dazu?

RK: ___ Absolut. Und genau aus diesem Grund hat Thomas Merton die AA als wichtigste spirituelle Bewegung unserer Zeit beschrieben, auf einer Ebene mit der Erfindung des westlichen Mystizismus durch Dionysius, Gregor und die Wüstenväter; oder mit der Einrichtung des Mönchswesens durch Benedikt, Bernhard und Teresa; oder mit dem reformierten Christentum durch die Quäker und Shaker. Ein paar Gläubige, die in einem kleinen Zimmer sitzen, miteinander das Brot brechen und beten, um sich und ihre Welt zu verändern. Um also Ihre Frage zu beantworten, James, ob ich an das Gebet glaube; die Antwort ist: Ja.

JW: ___ Mir fällt auf, dass Ihre Antworten auf meine Fragen hauptsächlich aus Beispielen, Zeugnissen, Bildern und Geschichten bestehen. Was macht Sie so zuversichtlich, dass das Narrativ ein Weg zum Heiligen ist?

RK: ___ Das bringt mich gewissermaßen wieder zu Ihrer Frage zurück, inwieweit ich mich von Derridas Dekonstruktion – oder Messianizität – unterscheide. Es gibt natürlich viele Parallelen, doch was mir an der Dekonstruktion am meisten fehlt, ist eben das Narrativ – das intuitive, inkarnatorische Auffüllen der leeren messianischen Struktur des Ereignisses. Ich möchte eigentlich nicht über Messianizität ohne Messianismus[c] sprechen, wie Derrida es tut. Sie interessiert mich nicht wirklich als eine quasi-transzendentale Erfahrungsstruktur. Sie ist mir zu nichtssagend, zu leer. Lassen Sie mich also Ihre Andeutung aufgreifen, das Christentum sei ein falscher Messianismus. Ich persönlich glaube daran, dass der christliche Weg der richtige ist – aber keinesfalls der einzig wahre Messianismus; meiner Meinung nach vollzieht sich, möglicherweise, tagtäglich in allem und jedem „Messianisches".

Sie sagen, Christus sei gekommen, Christus sei gegangen, und nichts habe sich verändert. Deshalb sei Christus ein falscher Messias gewesen. *Quod erat demonstrandum.* Aus und vorbei. Ist es das wirklich? Oder sind wir immer noch, wie Gerard Manley Hopkins andeutet, mit dem *Aftering* und dem *Overing* beschäftigt, damit, „uns wieder abzufinden mit dem Glanz des Partikulären"? Wie bereits erwähnt, sagte Jesus beständig Nein dazu, dass es vorbei sei. Das ist es noch immer nicht. Es wird erst noch kommen. ‚Lasst mich gehen, damit der Paraklet kommen kann' [vgl. Joh 16,7]; immer wieder verkörpert im „Geringsten von diesen" (*elachistos*, Matthäus 25), in weiteren Fremden *nach* einander – Fremder nach Fremdem, *hospes* nach *hospes*, Gott nach Gott. Dies bedeutet, der Messias kann jeder Fremde sein, dem du Wasser und Nahrung gibst oder der darum bittet. Es ist dieser Ruf, der niemals endet, und der ganz und gar konkret, einzigartig, wahrnehmbar und unersetzlich ist, in jedem Augenblick. Wir werden von jedem Messias-Fremden erfasst, der an unsere Tür klopft, und wir antworten auf die eine oder andere Weise darauf – das ist die Wahl zwischen Gastfreundschaft und Feindseligkeit. Nach dem einen Fremden kommt noch ein Fremder. Oder wie Dorothy Day es in ihrem *House of Hospitality* ausdrückt: Man hört niemals auf, jedem weiteren, der im Ankommen ist, die Tür zu öffnen.

In diesem Sinne ist der Messias – und es gibt nur Messiasse klein geschrieben, im Plural, Jesus eingeschlossen, die auf die paternale Souveränität und Allmacht mit dem Vater verzichteten – ein beständiger Anfang. Niemals ein Ende. Und aus diesem Grund wird im täglichen Gottesdienst der *kenosis* und *caritas* Christi gedacht, *bis* er wiederkommt („Wenn wir dieses Brot essen und den Wein trinken, verkünden wir deinen Tod, Herr Jesus, bis du kommst"). Dies kommt dem jüdischen Gedenken an den leidenden Sklaven im Exil und an eine fortwährende radikale Gastfreundschaft dem Fremden gegenüber nah, dem man an Pessach begegnet.

Und in diesem Punkt ist der Unterschied zwischen Christentum und Judentum fast ausgelöscht. Wir gewinnen die Temporalität des anatheistischen Messianismus wieder, von der ich ausging. Wir halten die Tür offen für den Fremden, der nach diesem kommt, dann nach dem nächsten und so weiter, bis in alle Ewigkeit. Es ist eigentlich ein Warten auf Godot – mit all dem Humor und der Menschlichkeit, die Beckett für seine Figuren aufbringt, die Tag für Tag den kindlichen Boten erwarten und dabei niemals aufhören zu glauben, darauf zu vertrauen, dass Godot *wirklich* eines Tages kommen wird. Auch wenn sie weiß Gott eine Million Gründe haben, daran zu zweifeln – der offensichtlichste davon das tägliche Elend und Leiden um sie herum.

Meine letzte Anmerkung ist also folgende: Wenn wir diese spezielle Art von anatheistischer Wachsamkeit, diese grundlegende Mischung aus *passion*, Leidenschaft, und *patience*, Geduld (die beiden

Begriffe haben dieselbe Wurzel *patio–patire–passi–passum*), nicht aufbringen, die den aufrichtigen Glauben definiert, haben wir es am Ende mit der Pathologie von Religion zu tun – Abschottung gegen den Fremden im Namen irgendeiner exklusivistischen, triumphalen Gottheit. Solch eine Pathologie ersetzt eine aufrichtige Religion des Heiligen – die uns immer wieder auf das Kommende vertrauen lässt – durch eine falsche Religion (und hier haben Sie vollkommen Recht, James), die fordernd und anmaßend behauptet, die Arbeit sei erledigt. Dabei ist erst wenig oder gar nichts getan. Aus diesem Grund glaube ich an das alte, von Ivan Illich oft wiederholte Sprichwort von „*corruptio optimi est pessima*", die Verderbtheit des Besten ist die schlimmste. Unrecht, im Namen Gottes begangen, ist die größte Perversion überhaupt. Und wenn irgendeine Religion – ob christlich oder nicht – behauptet, der Messias sei gekommen und es gebe nun *nichts mehr*, das noch kommen könne, dann verdient diese Religion meiner Ansicht nach nur eine Antwort: das heilsame Nein des Atheismus.

Wenn ich also am heutigen Abend zwischen Ihnen, James – meinem atheistischen Freund –, und vielen theistischen Freunden im Auditorium hier sitze, zwischen Nichtgläubigen und Gläubigen, ist dies genau die Art von anatheistischem Drama, die mir gefällt. Warum? Weil viele von uns sowohl einen Theisten als auch einen Atheisten in uns haben und dieses Drama nie endgültig lösen. Meiner Erfahrung nach gibt es, wenn man nur tief genug gräbt, in den meisten Atheisten ein Quäntchen Theist und in den meisten Theisten ein Quäntchen Atheist. Das ist, glücklicherweise, Anatheismus.

JW: Was Sie eben gesagt haben, Richard, findet meine volle Zustimmung, und mir gefällt die Vorstellung des Unmöglichen, das möglich wird, als eine Definition dieses Überschusses, dieses *Mehr*, von dem Sie sprechen. Was jetzt kommt, mag unfair klingen, aber darf ich kurz unfair sein?

RK: Nur zu!

JW: Es soll schließlich der Wahrheitsfindung dienen! Könnten Sie, Richard Kearney, sich vorstellen, in einem besonderen Moment Ihres Lebens darum zu beten, dass das Unmögliche möglich werde?

RK: Immerzu.

JW: Aha! Sehen Sie, man kratzt ein wenig an der Oberfläche, und schon kommt unter dem Atheisten der Theist zum Vorschein! Ich glaube, Sie haben auch Recht, wenn Sie sagen, das Narrativ fülle die Abstraktion mit Fleisch und es gelte, auf die „Diesheit" zu achten. Ich habe vor einigen Tagen in Caputos Buch *The Weakness of God* gelesen und mir einen Satz herausgeschrieben, der, wie ich meine, ein Beispiel ist für das Problem, von dem wir sprechen. Der Satz handelt von der Transzendenz Gottes: „Die Transzendenz Gottes ist eine Frage der Transzendenz des Ereignisses, das im Namen Gottes geschieht."[d] Ich würde sagen, das ist eine hübsch lange Kette von intellektuellen (bzw. grammatikalischen) Aufschüben. Und obwohl Sie, abstrakt, sagen könnten, dass Sie kein Problem damit haben, gefällt mir an Ihrer Arbeit, dass Sie im Wesentlichen die Lücken füllen in all diesen Aufschüben. Sie sagen nämlich: „Okay, in der Theorie ganz hübsch, aber hier steht der Fremde vor der Tür, die tatsächliche Geschichte spielt hier."

Noch etwas fällt mir auf. Als ich klein war, trieb es mich in den Wahnsinn, wenn meine Eltern, besonders meine Mutter, mich immer zu korrigieren pflegten, sobald ich sagte, ich hätte „Glück" gehabt. Sie sagte dann immer: „Du warst gesegnet." Und natürlich gibt es, wie wir bereits erörtert haben, eine Art evangelikale Absurdität, die sogar gute Prüfungsnoten als „Segen" begreift. Obwohl ich ehrlich gesagt ziemlich sicher bin, dass ich die Arbeit tatsächlich selbst erledigt habe!

Aber, wissen Sie, wenn man älter wird, begreift man allmählich, wie wichtig es ist, der Dankbarkeit einen Raum zu schaffen, auch wenn man das Objekt dieser Dankbarkeit nicht kennt und auch nicht wirklich daran *glaubt*. Es geht einfach darum, eine Unterscheidung zu machen, imstande zu sein, etwas in das sprachliche Register von Dankbarkeit zu stellen oder in das moralische oder metaphysische Register von Dankbarkeit, statt schlicht zu sagen: „Jaja, ich hatte Glück und habe alles alleine geschafft." Das ist wichtig, denke ich. Andererseits – womit wir wieder bei Ihrer Frage nach dem Heiligen gegenüber dem Säkularen wären –, wenn wir von einem frühreifen jungen Musiker hören, der zum Beispiel ausgezeichnet Klavier oder Violine spielt, und sagen: „Dieses Kind ist wirklich *begnadet*", wollen die meisten von uns, sofern sie nicht gläubig sind, damit einfach nur zum Ausdruck bringen, dass so etwas wie ein wundersamer genetischer Zufall passiert ist, für den man dankbar sein muss. In diesem Fall ist die Dankbarkeit doch eindeutig nicht religiös, oder? Wir sagen einfach, das Kind ist begnadet, und damit hat sich's.

Die Frage müsste dann wohl lauten: Wenn wir uns damit zufriedengeben und ziemlich endgültig sagen: „Nein, ich sakralisiere es nicht, denn das brauche ich nicht. Das Kind ist begnadet, und ich bin angemessen dankbar dafür", bin ich dann herabsetzend? Fehlt hier etwas, das Sie hinzufügen würden? Gibt es hier ein sakrales, nicht nur ein säkulares Mehr, das die Sprache des Anatheismus Ihrer Ansicht nach registrieren sollte?

RK: Ein ausgezeichnetes Argument. Die Begabung ist so und so vorhanden, ob man sie nun heilig nennt oder nicht.

JW: Richtig.

RK: Aber ich denke, dass ich gern an der Möglichkeit eines heiligen Surplus festhalten möchte. Ja. Ich glaube, dass religiöse Weisheitsüberlieferungen eine Sprache, eine Grammatik, ein Narrativ, ein Gedächtnis zu uns bringen – einen messianischen Fremdheitshorizont, der uns befähigt, uns sorgfältiger mit der Gnade dieser Begabung zu befassen. Kommt man blind zu einer Gabe, nimmt sie – auf streng anthropozentrische Weise – für selbstverständlich, als etwas ausschließlich Menschliches, und sagt einfach nur, das Kind sei begabt, ist das bis zu einem bestimmten Punkt wahr. Doch ich persönlich glaube, dass es tatsächlich eine zusätzliche Dimension gibt, wenn man es nicht nur als etwas ansieht, was von uns selbst kommt, sondern auch von etwas, das „mehr" ist als wir, anders als wir. Und das ist so, selbst wenn dieses Andere in uns ist – ich stimme mit dem Gedanken überein, „als ein anderer man selbst" (Ricoeur) oder „sich selbst fremd" (Kristeva) sein zu können –, das heißt, selbst wenn diese transzendente Quelle oder „höhere Macht" (AA) als uns innewohnend, als unter uns, nicht über uns identifiziert wird. Zugegeben.

Die großen Weisheitsüberlieferungen sagen uns, dass die ersten schöpferischen Akte als Geschenk zu uns kommen. All die großen Geschichten, die mit „*in illo tempore*" anfangen, beginnen mit Geschichten von einem Geschenk – das Geschenk des Lebens (Genesis und Weltentstehungsmythen); das Geschenk Kind (Isaak, Jesus); das Geschenk Nahrung und Wein (Hermes und Philemon, Emmaus, die Taittiriya Upanishad); das Geschenk der Wunder (Kana,

Buddha und der Puffreis). Das Gute beginnt in jedem Beispiel mit einem Akt der Gastfreundschaft zwischen Gastgeber und Gast. Aber nicht irgendeine Gastfreundschaft. Unmögliche Gastfreundschaft – möglich gemacht durch ein *petit miracle*. Feindseligkeit, die durch ein unerwartetes Geschenk in Gastfreundschaft verwandelt wird. Was ich demnach als „heilige Gastfreundschaft" bezeichne.

JW: Bedeutet, es „heilig" zu nennen, dass man es vom Säkularen trennt?

RK: Nein, keineswegs. Denn ich glaube, dass das Heilige im Säkularen, für und durch das Säkulare existiert, obwohl es nicht „von" ihm ist. Ich kämpfe nicht gegen das Säkulare, sondern gegen das, was Charles Taylor einen bestimmten „exklusivistischen Säkularismus" nennt, der die Möglichkeit heiliger Erinnerungen, Traditionen und Narrative leugnen würde. Solch ein extremer oder reduktiver Säkularismus kann zu einer verarmten Kultur führen. Er ist allzu kontrollierend, kalkulatorisch, kategorisch, einfallslos, oder etwa nicht?

Und man braucht nicht unbedingt bis zur Heiligen Schrift zurückzugehen, um Beispiele für heilige Gaben- und Gnadenberichte zu finden. Dergleichen ist auch – um auf meine Anfangsbeispiele zurückzukommen – in der sakralen Poetik, in der sakramentalen Phantasie unzähliger Künstler und Autoren reichlich verfügbar, die Urszenen der unentgeltlichen Gabe wiedergefunden und neu belebt haben. Denn eine echte Gabe ist immer ohne ein „Warum", nicht wahr? Sie ist dem Kreislauf der Wirtschaft, dem Kalkül von Soll und Haben, Geben und Nehmen enthoben.

Man denke an die außergewöhnliche Szene (bin ich schon wieder übermäßig optimistisch, James?) in Victor Hugos *Les Misérables*, in der Bischof Myriel dem Sträfling Jean Valjean – der aus der Nacht zu ihm kommt – auf silbernen Tellern sein bestes Essen anbietet, obwohl er ihn eigentlich, mit Fug und Recht, wieder ins Gefängnis hätte schicken sollen; oder die Szene in dem Film *The Visitor*, wo der Vagabund seinem freudlosen Gastgeber das Geschenk der Musik macht.

Und weil wir gerade von Musik sprechen, da Sie das Beispiel vom begabten Kind anführen: Ich fand es immer aufschlussreich, dass die Wörter „Musik", „Muse" und „Memory" die gleiche Etymologie aufweisen. Das Gefühl, dass Ihre Begabung nicht nur ein natürliches, genetisch bedingtes, sich selbst entfaltendes Talent ist (obwohl es das natürlich auch ist – ich will nicht bestreiten, dass Sie fleißig auf Ihre Prüfungen gelernt haben, James) –, sondern irgendwie auch *zu* Ihnen kommt, Sie bewegt, in Besitz nimmt, übernimmt. Es ist mehr als die romantische Vorstellung von Genie und Inspiration; es ist viel älter und tiefer, und ich glaube nicht, dass es mit der romantischen Vorstellung verschwunden ist. Haben nicht viele Künstler und Poeten bezeugt – es gibt viel Literatur darüber –, dass etwas durch sie gesprochen, geschrieben, gemalt, erfunden hat?

Nun könnte man dem entgegenhalten, in exklusiven säkularistisch-humanistischen Begriffen, dass dies nur das eigene Unbewusste sei, die eigene DNS, oder irgendeine kollektive *pensée sauvage* (wie Levi-Strauss und die Strukturalisten sagen würden). Doch hier ist noch mehr zugange, nicht? Etwas, das wir berechtigterweise und umgangssprachlich als heilige Gabe bezeichnen könnten, ohne zwangsläufig, wie Ihre Mutter, den Begriff „gesegnet" zu verwenden. Nicht wahr?

JW:___Und Sie beten zu dieser Gabe, um diese Gabe? Sie verrichten Dankgebete?

RK:___Das tue ich, obwohl ich es in meinen Schriften nicht erwähne. Ich bete sowohl im Dunkeln als auch am Tag. Meine Nachtgebete sind meine Geheimnisse, meine persönliche und private Beziehung zu dem Einen, der in den Momenten der schwärzesten Verzweiflung heilt und Hoffnung spendet. Meine Taggebete sind öffentlicher, und ich zögere nicht so sehr, über sie zu sprechen. Eines der einfachsten ist das Tischgebet vor den Mahlzeiten. Ich finde, dass diese Form des Gebets – den meisten Religionen und sogar vielen Agnostikern gemein – eine Möglichkeit ist, zurückzutreten und ein Gebet zu sprechen, das man sich nicht einfach nur ausgedacht hat, und wenn doch, dass einige der Worte noch immer im Einklang sind mit einer gemeinsamen Tradition oder Erzählung. Und so bedankt man sich für das Essen. Man braucht keiner speziellen Religion anzugehören, um das zu tun. Man kann ein Humanist sein und es tun, doch dann sind Sie ein Humanist mit einem Unterschied, würde ich sagen – ein Humanist, der eigentlich, zumindest teilweise, ein Anatheist ist, ein anatheistischer Atheist. Die Tatsache, dass es ein Gebet gibt, das man mit anderen teilen kann, das einen befähigt, das einfachste Geschenk (Essen) auf eine Weise zu empfangen, die der Ökonomie entgeht – wogegen man andernfalls an den Tisch hastet und sein Essen wie eine Ware konsumiert, die man erworben hat und jetzt besitzt –, dieses kurze Zurücktreten, dieser Augenblick der Distanz, kennzeichnet eine tiefe Dankbarkeit. Und genau das meint *eucharistos* – dankbar. Es geht um Gratuität und um Gnade. Auf einer tieferen Ebene sagt man damit: Ich habe dieses Essen nicht verdient, aber es ist mir geschenkt worden. Und ist man wirklich zutiefst dankbar, dann sollte man, wie in einigen Kulturen üblich, auch den Fischen, Tieren und Feldfrüchten danken, die man isst. Das mag pathetisch anachronistisch klingen in unserer konsumorientierten kapitalistischen Kultur – in der wir, wie Marx erkannte, die Ursprünge produktiver Arbeit hinter dem Fetisch (soll heißen: Marke / Status / Trend / Logo) der Ware verbergen; Nutzwert und Mehrwert werden zum bloßen Tauschwert. Genau das hat Marx in seiner ausgezeichneten Lesart von Shakespeares *Timon von Athen* im Essay „Geld" in den Pariser Manuskripten von 1844 kritisiert.[e] Wie relevant dieser Text noch immer ist! Ein Tischgebet vor und nach den Mahlzeiten ist nicht nur eine Frage der Höflichkeit, der gesellschaftlichen Umgangsformen, sondern der heiligen Gnade. Wieder ist es das Davor und Danach von Ana-Zeit, das den Tisch zum Ana-Raum werden lässt.

Nun, ich weiß ja, dass es vermutlich viele säkulare, humanistische Entsprechungen hierzu gibt, zum Beispiel das Bewirten von Gästen, doch ich glaube, dass man auch hier Spuren von einem Mehr findet, einen Überschuss des Gebens und der Gratuität (also buchstäblich frei, unverdient und unerwartet, wie Gides *acte gratuit*) – von einem Mehr, das Zeugnis ablegt von etwas, das uns vorangeht und über uns hinausgeht. Die Überraschung dessen, was wir als „glücklichen Zufall" bezeichnen, ist vielleicht nicht bloß zufällig (eine Frage des Schicksals), sondern auch „gratis" (eine Frage der Gnade). Und vielleicht – ich sage das, ohne lange darüber nachgedacht zu haben – ist das Trinkgeld am Ende einer Mahlzeit noch ein kurioser Nachhall davon. Dieses Trinkgeld ist strikt außerhalb der Ökonomie von Konsum und Produktion (Preis der Lebensmittel und ihrer Zubereitung, Restaurantbetriebskosten), sogar außerhalb der Ökonomie des Bedienens als einer untergeordneten, fleißigen und effizienten Dienstleistung. Das Trinkgeld ist an der

Grenze, oder besser, jenseits der Grenze. Aus diesem Grund ist *gratuité* im Französischen eine Zugabe, die über den *service compris* hinausgeht, etwas, das freiwillig gegeben wird für etwas, das freiwillig empfangen wird (die unerwartete Überraschung des Gebens). Und aus diesem Grund macht ein wirklich guter Ober nicht nur Dienst nach Vorschrift, sondern bewirtet die Gäste, beehrt sie, gibt mehr als das, was im Kontext des Konsumierens und Entlohnens bezahlt wird. Das Trinkgeld ist die Anerkennung der unvorhersehbaren kleinen Zugabe, die man bekommen hat.

(Dergleichen ist im amerikanischen System, denke ich, weitgehend verloren gegangen. Hier ist die Bedienung, wenn ich mich nicht irre, in den meisten Rechnungen nicht enthalten, und man hat nicht, wie es sich gehört, die freie Wahl, ein Trinkgeld zu geben oder auch nicht. Es wird vorausgesetzt, und die armen „Bedienungen" können ohne ihr Trinkgeld nicht überleben. Hier haben wir, kurz gesagt, die Option der Gnade auf eine ökonomische Kostenrechnung reduziert.)

Was für das Trinkgeld des Gebers / Obers gilt, gilt im Grunde auch für den Gast. Ich denke hier zum Beispiel an das Geschenk des ungeladenen Gastes in Hafis' Dichtung. Der leere Platz bei Tisch ist Bestandteil vieler Gebräuche heiliger Gastfreundschaft – von islamischen Festen über Pessach bis hin zur Regel des heiligen Benedikt und Irlands „kleiner Weihnacht" – dem Dreikönigsfest, wenn Fremde aus dem Morgenland kommen. Es ist der leere Platz für Elija, für den Messias, für das Kommen des Königreichs am Sabbat. Auch in säkularisierter Form ist diese sakramentale Vorstellung vom Fest als Gratuität, dieses sakramentale Element der Mahlzeit als Überschuss offenbar eine kontinuierliche und lebenssteigernde Form des Gebetes. So ist die anmutigste Reaktion auf ein gutes Mahl, dass man „sich am Ende noch ein Quäntchen Hunger bewahrt", den letzten Bissen, den letzten Schluck Wein übrig, die kleine Appetitlücke ungefüllt lässt – *rester sur sa faim*, wie die Franzosen es ausdrücken –, *bis die Fülle kommt*. Dies ist mehr als nur eine Frage gehobener Tischmanieren oder epikuräischer Raffinesse, nicht wahr? Könnte es nicht auf eine außergewöhnliche Spur von Gnade im gewöhnlichsten Essensvorgang verweisen?

JW: Dann geht es Ihnen letztendlich darum, sich gegen den Zufall und für die Gnade zu entscheiden?

RK: Ja, wer die Welt als ein Geschenk ansieht, der setzt auf die Gnade, nicht auf den Zufall – und zwischen beidem, Sie stimmen mir doch sicher zu, gibt es nur einen haarfeinen Unterschied. Wie in dem alten jüdischen Gebet, mit dem man allmorgendlich Dank sagt dafür, dass man die Nacht überlebt hat und noch einen Tag leben darf. Oder wie Dorothy Day, wenn sie in der Nacht einem Fremden die Tür öffnet. Sie weiß nicht, ob der Typ, der um zwei Uhr morgens bei ihr anklopft, ein Kinderschänder, ein Alkoholiker, ein mordender Psychopath oder nur ein unglückliches Opfer von Gewalt und Hunger ist. Sie „weiß" den Unterschied zwischen Jack the Ripper und Jesus Christus nicht. Es ist also immer ein Risiko und ein Wagnis. Eine Frage des Glaubens und Vertrauens. Und um noch eins drauf zu setzen: Angenommen, der Typ, der zur Tür hereinkommt, ist überhaupt kein guter Mensch. Der Gastgeber jedoch, indem er sich für die Gnade und gegen die Angst entscheidet, für die Liebe und gegen den Tod, sieht in dieser Person die Möglichkeit, dass das Unmögliche möglich wird – was Dorothy Day tut, sooft sie die Tür öffnet –, ist dann nicht etwas sehr Radikales an diesem Akt der Gnade, der vielleicht – *mirabile dictu* – einen Mörder in einen Geber verwandelt? Wie viele *petits miracles* sind wohl schon geschehen, wenn Menschen, die in Days Häuser der Gastfreundschaft gingen, ganz verwandelt wieder herauskamen, und das aufgrund der bedingungslosen Liebe, die sie ihnen erwies? Und ich glaube, wenn man nicht wenigstens an die (wenn auch noch so unmöglich scheinende) Möglichkeit glaubt, dass die Liebe den Tod, der Friede den Krieg besiegen wird, sind wir für den Rest unserer Tage in ethischen und politischen Nöten.

Lassen Sie mich zum Abschluss noch ein letztes Beispiel aus meiner Heimat Irland erzählen. John Hume war ein politischer Prophet, zutiefst inspiriert von einer spirituellen Vision. In seiner Jugend besuchte er ein Priesterseminar, entschied sich dann aber für die Politik. Im Geiste tapferer Pilger vor ihm – MLK, Gandhi – setzte er sich für den Frieden ein und schüttelte am Ende dem Teufel die Hand. Er sprach mit Terroristen, brach das Brot mit der IRA. Das Unmögliche wurde (nach 500 Jahren blutiger Auseinandersetzungen) endlich möglich. Es war ein Akt politischen Heldenmuts, aber auch ein Akt der Selbstaufopferung, des Glaubens und der Vergebung. Der Pakt, der 1998 dabei herauskam, hieß bezeichnenderweise Karfreitagsabkommen *(Good Friday Agreement)*, wie Sie wissen. Es war ein konstitutioneller, juristischer, gesellschaftspolitischer Vertrag. Doch er besaß insofern auch etwas zutiefst Österliches, als das Unmögliche möglich wurde. Etwas von einem dienenden Gott der *kenosis* und Berufung war dabei, wie ich meine. Es ist sowohl eine sakrale als auch eine säkulare Geschichte. Und sie kann entweder auf die eine oder auf die andere Art gelesen werden oder auf beide Arten gleichzeitig. Als John Hume dem Teufel (Anführern der IRA) die Hand reichte, wurden aus den Terroristen Menschen des Friedens. Wie ich es lese, bewirkte dieser Akt radikaler Gastfreundschaft – der vom britischen und irischen Establishment damals rundheraus abgelehnt wurde –, dieses Risiko, es darauf ankommen zu lassen, einen wundersamen Unterschied. Das Unmögliche wurde möglich.

Damit meine ich, dass die heiligen Geschichten über die Gastfreundschaft, die Hume so inspirierend fand – von Christus und Jesaja bis hin zu Gandhi und Martin Luther King –, diese heiligen Erzählungen von Gewaltlosigkeit, ein kleines Wunder bewirkt und das Klima Nordirlands nachhaltig verändert haben. Ihre Hand drauf, James! Auch wenn Sie kein Teufel sind!

3 Jenseits des Unmöglichen

GESPRÄCH MIT CATHERINE KELLER

Catherine Keller ist Professorin für konstruktive Theologie an der Drew University in Madison, New Jersey. Sie ist Prozesstheologin mit einem breit gefächerten theoretischen Interesse, das von der feministischen Theologie über die Ökotheologie bis hin zur poststrukturalistischen und postkolonialen Theorie reicht. In ihren äußerst originellen und einflussreichen theologischen Schriften – vor allem Face of the Deep, From a Broken Web *und* On the Mystery[a] *– suchte sie das relationale Potenzial einer Theologie des Werdens zu entwickeln. Ihre Bücher gestalten alte Göttlichkeitssymbole neu, zugunsten einer planetarischen Konvivialität – eines Zusammenlebens über gewaltige Netze von Verschiedenheit hinweg. Ihr jüngstes Werk,* Cloud of the Impossible *(2014), erforscht die Relation zwischen mystischem Nicht-Wissen, materieller Unbestimmtheit und ontologischer Interdependenz.*

Kellers Werk kombiniert auf vorbildliche Weise Theologie und Wissenschaft. Sie nutzt die Entdeckungen der Quantenphysik, um die Theologie von einer modernistischen, statischen Sicht auf das Universum zu einer Sichtweise zu bringen, in der alle Dinge miteinander verwoben sind. Die Wissenschaft erlaubt es somit der Theologie, wieder mit Integrität über einen geheimnisvollen Kosmos zu sprechen, eine Welt der Relation, der Interdependenz oder der „Verflechtung" aller Dinge. Keller teilt demnach mit Kearney eine tief sakramentale Sicht auf das Leben, eine Verkörperung von Gott im Materiellen, das Keller in der Quantenphysik und Kearney in der sakramentalen Poetik findet.

Obwohl sie sich über die meisten Themen einig sind, fordert Kearney Keller auf, ihren Panentheismus zu verdeutlichen, denn wenn Gott in allen Dingen ist und nichts außerhalb von Gott ist, trägt Gott dann nicht auch für das Böse die Verantwortung? Kearney hat kein

Interesse an der klassischen Theodizee, aber er hat Sorge, dass der Panentheismus sowohl die menschliche Freiheit als auch die kompromisslose Natur der göttlichen Liebe herunterspielen könnte. Gibt es nicht tatsächliche böse Taten, wie Folter und Vergewaltigung, die außerhalb von Gott sind? Dieser Punkt bleibt ein feiner Unterschied zwischen Kearneys eher augustinischer Sicht, dass das Böse ein Mangel an Gutem ist, und Kellers Beharren darauf, dass „Gott keine Grenzen hat, außerhalb derer die Welt oder gar die Hölle beginnt."

Das folgende Gespräch fand im März 2014 in einem Café in New York City statt.

Die Dunkelheit Gottes

CATHERINE KELLER (CK): Lassen Sie mich ausnahmsweise gleich einen Überblick geben: Für mich wirkt der Anatheismus auf drei Hauptachsen, von denen jede eine Art chiasmische Anschlussstelle ist. Zum einen pendelt er natürlich zwischen Theismus und Atheismus hin und her; zum zweiten bildet er einen Übergang zwischen Christentum und Nicht-Christentum (zu dem Sie nicht nur das Judentum und den Islam zählen, sondern auch beherzt Buddhismus und Hinduismus); und drittens gibt es einen Chiasmus zwischen apophatischer Innerlichkeit und kataphatischem Engagement – in die ethische und politische Praxis. Auch ich fühle mich von diesen Beziehungsachsen angezogen, obwohl ich mich in meinem Buch *Cloud of the Impossible* eher mit der ersten und der dritten befasse. Ich hege große Sympathien für die zweite, die interreligiöse Dimension, konnte aber in meiner jüngsten Arbeit nicht näher darauf eingehen. Sie haben aber schon lange den Pfad des religiösen Pluralismus eingeschlagen.

RICHARD KEARNEY (RK): Ihre Arbeit entwickelt auf außergewöhnliche Weise die Achse zwischen Apophase und Kataphase. Lassen Sie uns daher ohne Umschweife in die „Wolke des Unmöglichen" eintauchen, und besonders in die Kernfrage, zumindest für mich, nach Dunkelheit und Licht. Jede Wolke besteht aus einer dunklen und einer silbrigen Schicht. Sie beschwören Oxymora wie „lichtes Dunkel", um die untrennbare Verbindung zwischen dem Erfahrbaren und dem Nicht-Erfahrbaren auszudrücken, dem Un-

durchlässigen und dem Durchscheinenden. Und ich frage mich, wie dieser spezielle Chiasmus die Frage nach der „dunklen Seite" Gottes berührt. Ich denke an Bataille, aber auch an Jungs Verteidigung einer gewissen gnostischen Theodizee in seiner *Antwort auf Hiob* oder an Schellings dunklen Gott des Werdens *(Abgrund)*. Ist die dunkle Seite der Wolke immer Bestandteil Gottes? Ist sie immer göttlich? Oder gibt es ein gewisses dunkles Vermögen für das Böse, das nicht im Göttlichen beinhaltet sein, sondern außen vor bleiben oder beiseite gelassen werden sollte? Kurz gesagt, Dunkelheit als das Böse: Was fangen wir damit an?
CK: Richtig, das Dunkel als Drohung und Zerstörung. Nicht das Dunkel, das uns aufgrund unserer Unsicherheit, Furcht und Verletzlichkeit gegenüber dem Geheimnis und dem Rätsel ängstigt – sondern die Dunkelheit böser Taten.
RK: Folter, Schoa, Vergewaltigung.
CK: Sie befassen sich im Buch *Anatheism* mit dem Bösen, wenn Sie die Frage nach der „Unterscheidung" erörtern: Wie können wir den Unterschied erkennen zwischen dem Fremden als einem bösartigen Psychopathen und dem Fremden als nicht erkennbarem Anderen, der respektiert und beherbergt werden soll? Auch in Ihrer sehr festen Ablehnung jeder Theodizee kommen Sie darauf zu sprechen. In meinem Buch *Cloud* setze ich die harte Kritik an der Theodizee, die von meinem Whitehead-Hintergrund herstammt, gewissermaßen voraus. Es ist für mich fast eine dogmatische Annahme, dass Gott *nicht* derjenige ist, der geschehen lässt, was geschieht, sondern dass wir Geschöpfe es sind, die das Mögliche umsetzen. Das Böse in der Welt ist damit nicht etwas, mit dem Gott uns auf die Probe stellt oder belehrt – das er herbeiwünscht, veranlasst oder auch nur zulässt. Als könnte Gott das Böse unterbinden (Folter, den Holocaust), lässt es aber aus höheren väterlichen Gründen geschehen.
Nein. Das Böse, wie wir es kennen, ist eine menschliche Aktivität. Doch es ist die Verwirklichung eines gewissen *posse*, das in der Wolke eingeschlossen ist. Die *Möglichkeit* des Bösen kann also vielleicht als von Gott eingeprägt verstanden werden – als eine Art Vorahnung von der unvorhersehbaren Diversität und den unvermeidlichen Konflikten zwischen den Geschöpfen. Eine im Werden begriffene Welt lädt ein zu einer immer größer werdenden Band-

breite von Komplexität und erweitert damit zugleich die Kapazität für das Gute – oder das Böse. Und so kann Gott, wie mir scheint, die Schuld für unsere Kapazität für das Böse zugeschoben bekommen – nicht für ein spezielles Grauen, sondern für die Tatsache, dass es das Böse auf der Welt gibt.

RK: Bekommt Gott die Schelte zu Recht oder zu Unrecht?

CK: Zu Recht, denn in diesem Bild kann Gott der Vorwurf gemacht werden, er habe eine Welt hervorgebracht, in welcher der Sündenfall möglich ist. Denn wenn das Böse nicht möglich ist, ist auch die Liebe nicht möglich, es sei denn, sie wird von Marionetten gespielt. Das ist also, als erste Antwort, ein prozesstheologisches Riff. Gott – *s'il y en a* – muss irgendwie für die *Bedingungen* des Universums verantwortlich sein, in dem eine riesige Unschärfe von Komplexität am Rande des Chaos gefördert wird und größere Schwingungen auftreten können. Es steckt in der Schöpfung ein gewisses erotisches Risiko, wie in jedem kreativen Leben – ein Risiko, sich selbst und anderen ernsthaft zu schaden. Insofern also die Wolke des Unmöglichen den cusanischen Bezug zu einem göttlichen Inneren der Welt trägt, ist sie nicht der Träger des Bösen in uns. Ihre Dunkelheit besteht aus Undurchlässigkeit, nicht aus Bösem; aus einer Unendlichkeit aller Dinge und in der Tat eines jeden Geschöpfs als einem geschaffenen Gott. Doch wenn wir es nicht einfach wissen können, wenn das Gute selbst in seiner Leuchtkraft wolkenverhangen bleibt, muss es gewissermaßen auch ethisch mehrdeutig bleiben.

RK: Wenn Gott Liebe ist, wie Nikolaus von Kues – als verständiger Leser des Johannesevangeliums – glaubt, und wenn „Gott alles ist, was er sein kann", wie er im *Trialogus de possest* behauptet, bedeutet dies sicherlich: Alles, was Gott sein kann, ist Liebe, nicht Nicht-Liebe – also das Böse. Nichtliebe zu sein, wäre sicherlich, was Gott eben nicht ist, nicht sein kann. Wenn es also das Böse in der Welt gibt, so ist es *unser* Werk, etwas, das *wir* tun, die Geschöpfe mit ihrer Freiheit und Wahlmöglichkeit. In diesem Sinne teile ich die augustinische Sicht, dass das Böse als *privatio boni* zu betrachten ist und dass das Gute Liebe ist. Das Böse ist *keine* Möglichkeit Gottes, sondern nur der Menschen. Das Böse ist eine menschliche Möglichkeit oder Wirklichkeit, niemals aber eine göttliche Möglichkeit oder Wirklichkeit.

CK: Ich verstehe, was Sie meinen. Trotzdem komme ich nicht umhin, in Gott ein wenig Mehrdeutigkeit zuzulassen. Das Böse ist keine Möglichkeit für Gott. Stimmt. Doch sogar dem freundlichsten Gott kann nicht entgehen, dass im Guten von vornherein die Möglichkeit des Bösen eingeflochten sein könnte. Die Möglichkeit zum Beispiel, dass unsere Zuneigung verheerende Folgen hat, oder die Möglichkeit, dass Nachfolger Jesu Kreuzzüge und Inquisitionen anzetteln. Gott ist die Möglichkeit der Liebe, die noch mehr Liebe anlockt. Doch das kann auch Angst erzeugen, denn als Whiteheads „Eros des Universums" – ein Universum, in dem das „Leben sich von Leben ernährt" – geht es die Risiken der Schöpferkraft ein. Oder fordert sie heraus. Es ist auch der Gott des nicht-menschlichen Universums, in dem räuberisches Verhalten und Leiden das biologische Gefüge durchziehen. Was nicht heißen soll, dass das Leiden irgendeines Geschöpfes, ob menschlich oder nicht-menschlich, Gottes *Wille* sei. Doch gibt es dennoch ein Risiko-Element, insofern Göttlichkeit just die *complicatio* unseres komplizierten Universums bedeutet, welches sowohl das zutiefst Fürsorgliche als auch das zutiefst Schmerzvolle einschließt. Je größer unsere Entscheidungsfähigkeit – und unser Risiko, Schiffbruch zu erleiden –, desto größer auch das Potenzial, das wir zum Ausdruck bringen. Es gibt im Bild des Prozesses (wie ich es im Buch *On the Myster*[b] hauptsächlich für Seminaristen entwickelt habe) diese erotische Seite der Liebe: das göttliche Verlangen, das alle Arten von Möglichem hervorruft. Und dann gibt es die agapeische Liebe, die sozusagen die Stücke aufgreift und vielleicht mehr im Einklang ist mit Ihrer Vorstellung eines eschatologischen *posse* – das Reich der Gerechtigkeit und Gastfreundschaft.

RK: Ich stimme bis zu einem bestimmten Punkt mit Ihnen überein. Ihre Vorstellung von der Wolke des Unmöglichen als einer Verflechtung von göttlichem Eros und Agape harmoniert mit der meinen; und ich stimme Ihnen natürlich zu, dass Eros genauso zentral für das göttliche *posse* ist wie Agape. Doch ich würde Eros nicht auf die Seite des Bösen stellen wollen – und sei es nur die Gefahr des Bösen –, wenn gesagt wird, dass es eine intrinsische Dimension des Göttlichen ist. Was nicht bedeutet, dass ich den Dualismus möchte – Gott als das transzendente Gute dort draußen in irgendeinem reinen, metaphysischen Reich des Lichts (wie zum Beispiel das Gute

Platons jenseits des Seins) und wir Menschen hier in einer gefallenen Welt von Dunkelheit. Ich stimme mit Ihrer radikalen Infragestellung dieser ganzen Transzendenz-versus-Immanenz-Dichotomie überein, und ich spreche in *Anatheism* oft von der Transzendenz in der Immanenz, von Gott in der Welt, was in gewisser Weise die grundlegendste Art einer *coincidentia oppositorum* ist, nicht? Ich würde jede Art von metaphysischem Dualismus – mit Ihnen und Cusanus – zwischen göttlichem Licht und menschlichem Dunkel verkomplizieren wollen, indem ich sage, dass der Chiasmus göttlich-menschlich sowohl im Kosmos (als „Chaosmos") als auch in jedem einzelnen von uns Geschöpfen ist. Die Koinzidenz von Gegensätzen findet sich in jeder Beziehung.

Und hier schließe ich mich wieder Ihrer erfrischenden Vorstellung eines distributiven Unterschieds an – Gott ist überall und in allen Dingen. Oder, wie Gerard Manley Hopkins es ausdrückt, „Christus spielt an zehntausend Orten ... vor dem Vater durch die Züge der Antlitze der Menschen." Ich glaube wie Sie, dass das Göttliche potenziell in allen Dingen verkörpert ist, dass es überall, in allem und jedem erklärt, impliziert, kompliziert, dupliziert und multipliziert. Was auch die brasilianische Schwester Ivone Gebara (die Sie oft zitieren) fordert, mit ihrem Aufruf zu einem gemischten christlich-indigenen Inkarnationalismus.

Doch auch wenn ich das sage, würde ich trotzdem festhalten wollen, dass das Göttliche, das der menschlichen, endlichen, immanenten Welt innewohnt, dennoch immer Liebe ist und nicht Nichtliebe. Ansonsten gibt es keinerlei Unterschied. Während ich also zustimme, dass jedes Geschöpf ein zweideutiger Mix aus dem Menschlichen und dem Göttlichen ist, möchte ich doch die hermeneutische Aufgabe gutheißen, gewisse Situationen zu vereindeutigen zu a) Liebe, die Leben hervorbringt und b) Nichtliebe, die Grausamkeit, Gewalt und Zerstörung hervorbringt. (Schmerz, Tod und Leid stehen auf einem anderen Blatt und können sowohl gute als auch böse Potenziale haben.) Mit anderen Worten, ich kann nicht akzeptieren, dass das, was ich Gott nenne, *sowohl* gut *als auch* schlecht sein soll, sowohl Liebe als auch Nichtliebe. Gott ist, für mich, immer gut – aktuell wie potenziell. Während ich also ganz mit Ihnen übereinstimme, was Ihren dekonstruktiven Vorstoß gegen die Tyrannei der Gewissheit angeht (epistemologisch und moralisch), und die Ambivalenz aller Beziehungen einräume, möchte ich mir dennoch die Fähigkeit der „Unterscheidung der Geister" bewahren, möchte imstande sein, in einem dramatischen Präzedenzfall wie der Schoa zwischen Etty Hillesum (als liebend) und Himmler (als nichtliebend) zu unterscheiden.

CK: Das hoffe ich! Und ich sehe auch die Verbindung zu dem, was Sie in *Anatheism* darüber sagen, was wir willkommen heißen sollten und was nicht, wann wir dem Anderen die Tür öffnen sollten und wann nicht.

RK: Ja, und hier stimme ich nicht mit Derrida überein, wenn er in seiner Erörterung der reinen Gastfreundschaft behauptet, wir könnten, wenn wir die Tür öffnen, nicht unterscheiden, ob ein Psychopath oder ein Messias eintreten wird. Ich räume natürlich ein, dass es oft eine unglaublich schwierige Entscheidung ist. Ich denke an Dorothy Day, die sagte, sie habe oft nicht gewusst, wenn sie in einem ihrer Gästehäuser in der Innenstadt jemandem mitten in der Nacht die Tür öffnete, ob es Jesus oder Jack the Ripper war, der eingelassen werden wollte. Oder beide!

Ich weiß also durchaus um die Ambiguität solcher Dinge. Doch glaube ich, dass die Dekonstruktion zuweilen zu weit in die apophatische Richtung geht, und ich habe meine Probleme mit einer bestimmten wilden Lesart von Derridas *„tout autre est tout autre"*. Wenn dies bedeutet, dass Gott, als Absolut Anderer *(tout autre)*, *potenziell* in allen Dingen ist, dann stimme ich zu. Doch wenn es bedeutet, dass Gott *tatsächlich* in allen Dingen ist (einschließlich Folter und Vergewaltigung), und dass es überhaupt keine Unterscheidung gibt zwischen dem göttlichen Anderen (als Hervorbringer von Leben und Liebe) und einem x-beliebigen Anderen (als Folterer, Vergewaltiger und so weiter), dann muss ich passen. Alle „Anderen" sind *nicht* gleich.

Was nicht heißen soll, dass ich, theologisch gesprochen, gegen die Vorstellung der Allerlösung bin, die auf Origenes zurückgeht. Sogar Himmler und Hitler – um extreme Beispiele anzuführen – könnten erlöst werden, doch nur als komplexe Akteure, insofern sich ein Fünkchen Licht in ihre erschreckende Dunkelheit mischte. Vielleicht. Auch wenn es schwer vorstellbar ist. Doch ich würde niemals so weit gehen zu sagen, dass ihre bösen Taten zu einem geheimen Erlösungsplan gehören. Hier bin ich nach wie vor gegen jedwede Theodizee. Ich stimme eher mit Arendts augustinischer Option[c] überein, den Akteur vom Akt zu trennen. Wir können Akteuren vergeben (sie in die Möglichkeit einer alternativen Zukunft entlassen, wie Sonja, die Raskolnikow vergibt), aber wir können niemals ihre bösen Taten als solche vergeben (Raskolnikows brutalen Mord an der jüdischen Frau). Wenn ich also, gerade noch, einräumen könnte, dass kein menschlicher Akteur unrettbar ist (in mancher Hinsicht – es ist kompliziert und muss enträtselt werden), müsste ich doch darauf bestehen, dass es gewisse Taten gibt, die unrettbar sind. Nicht *jede* Tat ist göttlich.

CK: Ganz sicher nicht. Aber keine Tat ist schlicht göttlich, sage ich. Göttliches Tun geschieht in Synergie mit der Schöpfungskraft der Geschöpfe. Jede Tat kann eine Einladung an das Göttliche sein, jede Beziehung uns zur Liebe einladen – wie im harten (fast unmöglichen) Imperativ, den Feind zu lieben –, aber das heißt nicht, dass ich dabei zusehe, wie der Feind meine Kinder tötet. Es könnte sogar bedeuten, dass ich den Feind töte, wegen tiefer apophatischer Verstrickungen und Mehrdeutigkeiten bei intensivierten Begegnungen, in denen sowohl Liebe als auch Feindschaft im Spiel ist; es sei denn, es wird Gleichgültigkeit daraus, was ein anderes Thema ist. Die Erbsünde bedeutet, dass zu lieben auch heißt, in ein Chaos verwickelt zu werden, das Feindschaft, Schmerz und Dunkelheit einschließt. Wir sind alle verwickelt und in alles verwickelt. Und zuweilen heißt die Liebe zum Feind, dass das Unendliche hier ist, als *non fini*, nicht vollendete Erlösung. Es ist noch immer etwas zu tun. So kann auch ich hier ziemlich augustinisch sein und sagen, dass Gott die Liebe ist, die da ist, aber von uns zu etwas Hässlichem verunstaltet werden kann – zu einer fehlgeleiteten Liebe zu Macht und Besitz. Den Feind zu lieben, erfordert ein gewisses Gespür dafür, dass die göttliche Liebe tatsächlich überall ist, wenn auch zuweilen hässlich umgesetzt.

RK: Wieder bin ich bis zu einem gewissen Punkt ganz Ihrer Meinung, und auf diesen Punkt möchte ich zurückkommen: das Problem, zwischen Akteur und Aktion zu unterscheiden. Noch einmal, ich stimme Ihnen zu, dass wir versuchen sollten, den Akteur zu lieben, wie feindselig oder abstoßend er auch sei. Und theologisch gesehen erhält dies die Unterstützung des Gebots im Evangelium, den Feind zu lieben, und die Unterstützung der 34 Anweisungen im

Deuteronomium, den Fremden zu lieben – nicht nur den Nächsten, was relativ einfach ist, weil er uns näher und vertraut ist. Ja. Aber den Peiniger zu lieben – dem potenziell als Akteur Vergebung gewährt wird, der entsühnt und von seiner Tat freigesprochen wird und sich der Zukunft zuwenden kann –, heißt gewiss nicht, dass man auch seine *Tat* lieben oder auch nur vergeben soll. Es gibt keine Ambivalenz in der grundlosen Verstümmelung eines unschuldigen Kindes. Sie ist unmissverständlich böse. Zugegeben, ein Täter mag Böses tun, während er in fehlgeleiteter Weise nach dem Guten trachtet, wie Thomas von Aquin bemerkt. Man denke nur an die politischen Terroristen und Dschihadisten von heute. Doch unabhängig von den irrigen Absichten und Zielen des Täters, bleibt dessen böse *Tat* doch böse.

CK: Wir müssen fähig sein, das zu sagen, müssen die Verunstaltung guter Absichten Verunstaltung nennen. Und ich stimme Ihnen zu, dass nur Psychopathen sich um des Bösen willen für das Böse entscheiden.

RK: Ich würde also argumentieren, dass es Ereignisse reiner Bosheit und Zerstörung gibt, die nichts mit Liebe zu tun haben, so unbegreiflich oder undurchlässig die Motivationswolke auch sein mag, aus der sie erwachsen. Es gibt eine gewisse Dunkelheit, *privatio*, Abwesenheit von Liebe, die ich bereit bin, in die Leere verschwinden zu lassen. Vielleicht ist es das, was die Psalmen meinen, wenn sie sagen, das Böse sei das, woran man sich nicht erinnert, das sich in Nichts auflöst. Die bösartige Dunkelheit unterscheidet sich, wie mir scheint, sehr von der „leuchtenden Dunkelheit", von der Sie in *Cloud* schreiben, nicht?

CK: Im Gegensatz zu dieser apophatischen Herkunft der leuchtenden Dunkelheit, die von Gregor von Nyssa über Dionysius Areopagita zu uns kommt, sprechen Sie von einer Dunkelheit, in der es kein Licht gibt, kein Glühen. Keine mögliche Koinzidenz zwischen Dunkelheit und Licht. Doch es gibt noch immer ein Spektrum von Variationen vom tief eingeschlossenen Dunkelheit-Licht bis zur Dunkelheit von unzweideutiger Bösartigkeit, ohne eine Spur von Licht oder Liebe, außer vielleicht im anfänglichen Moment der Aktualisierung, wo einmal eine wenn auch noch so schwache Verbindung bestand zwischen dem göttlichen Ruf und der menschlichen Antwort. Denn zu Beginn gab es immer eine gewisse Mischung, auch wenn wir, sobald wir uns in die menschliche Entscheidung begeben, das göttliche Element in der Mischung unterdrücken und Liebe zu Hass machen.

RK: Würden Sie so weit gehen und bestreiten, dass es Ereignisse von so radikaler Bösartigkeit geben könnte, die *außerhalb* von Gott sind? Ich weiß, wie riskant und kompliziert das klingt. Aber lassen Sie es mich klar sagen: Ich spreche hier nicht von den natürlichen Kreisläufen von Leben und Tod – „Leben, das sich von Leben ernährt" –, von Erdbeben oder Tsunamis et cetera. Ich spreche von der menschlichen Freiheit, sich gegen die Liebe und für die Nicht-Liebe zu entscheiden, gewisse Dinge von der Liebe (also Gott) auszunehmen, Liebe und Gastfreundschaft radikal zu verneinen. Gehört das nicht unabänderlich zur menschlichen Freiheit? In der Lage zu sein, sich gegen das Gute und für das Böse zu entscheiden, Gott hinter sich, außen vor, unbeachtet zu lassen. Den Ruf zurückzuweisen.

Dies ist, wie mir scheint, eine harte Nuss für Whiteheadianer und Panentheisten. Und dass wir uns nicht falsch verstehen, ich behaupte nicht, dass es irgendein Geschöpf nicht verdient hat, zur Liebe und Erlösung erwählt zu werden – sogar die Dämonen suchen in den Evangelien immer wieder die Nähe Jesu; sie sind sogar oft die ersten, die ihn erkennen! Wie in der Geschichte von den Dämonen der zwei Besessenen von Gadara, die in Schweine fahren, welche sich daraufhin ins Meer stürzen (arme Schweine!) (Matthäus 8). Und ich erinnere mich an die Kühnheit von Etty Hillesum, als sie selbst in der schwärzesten Hölle erklärt: „Das Leben ist schön." Sie billigt in keinster Weise die Schlächterei des Völkermords oder verklärt das menschliche Leid, sie sagt nur, dass das Dasein, trotz des denkbar schlimmsten Übels, schön sein kann. Nicht *wegen* des Bösen (die Versuchung der Theodizee), sondern *trotzdem* (der unbezähmbare Widerstand der Liebe im Angesicht des Hasses).

CK: Sie will damit sagen, dass das Universum, in dem Schreckliches geschehen kann, dennoch in einem gewissen Sinn schön ist. Es kann noch im schwärzesten Dunkel ein trotziger Funke sein. Ich bin im Einklang mit dem, was Sie mit Ihrer Frage meinen, ob es gewisse Ereignisse außerhalb von Gott geben kann, aber ich wehre mich gegen jede Dichotomie von innen und außen. Mehr Ambiguität! Und um noch einmal auf die Vorstellung von Unendlichkeit zurückzukommen, so will ich imstande sein zu sagen, dass dies, theologisch gesprochen, zuallererst bedeutet, dass alle Dinge in Gott sind – ja, Panentheismus. Gott hat weder Grenzen noch Schranken, außerhalb derer die Welt oder gar die Hölle beginnt. „Ich steige hinab in die Scheol, und siehe, du bist da." Sie können die böse Tat als ein gottloses Ereignis bezeichnen, aber ist der Täter tatsächlich ohne Gott? Ist die „äußere Finsternis", in welche die Verdammten geworfen werden, tatsächlich irgendeine Hölle außerhalb von Gott, der dann endlich ist; oder ist sie vielleicht das Symbol dessen, was seine Teilnahme an der Welt jenseits seiner selbst verwirkt – und deshalb in der eschatologischen Zukunft?

Wie wär's also damit: In *Anatheism* greifen Sie die Theodizee-Debatte auf und kritisieren zu Recht die Vorstellung von Gott als höchster Allmacht. Inmitten aller aktuellen Diskussionen über politische Theologie und Carl Schmitts Modell souveräner Macht ist dies der Schlüssel. Sie erwähnen Rabbi Irving Greenberg, der von der Prozesstheologie beeinflusst war, genau wie Rabbi Artson, der die Theodizee-Frage aus der persönlichen Perspektive von jemandem beantwortet, der ein autistisches Kind hat.

RK: Genau wie Julia Kristeva, die statt einer thomistischen eine scotistische Erklärung für eine Behinderung vorschlägt, um nicht die Unzulänglichkeit, sondern die positive Einmaligkeit der „Differenz" hervorzuheben; sie hat vor Kurzem mit Jean Vanier ein Buch darüber veröffentlicht mit dem Titel *Leur regard perce nos ombres*.

CK: Und bei Elie Wiesel findet man eine ähnliche Ablehnung des Allmächtigen Gottes. Die jüdische Ablehnung der traditionellen Theodizee nach der Schoa folgt derselben Logik wie die Prozessdekonstruktion der göttlichen Allmacht – der göttlichen Güte wegen. Deren Priorität ich im Übrigen, während ich apophatisch die Gegensätze ein wenig verwische, nicht bestreite. Man muss also unterschiedlich über das Verhältnis zwischen Göttlichkeit und Dunkelheit denken. Gott mag selbst in der Qual gegenwärtig sein, gequält von der Qual. Göttlichkeit ist im behinderten Kind gegenwärtig – oder in Wiesels gequältem Kind. Und in jeder Zelle und jedem Quantum. Gott in der Welt hat eigentlich kein Außen. Und ich würde vermuten, dass Gott nicht nur im leidenden Körper des gequälten Kindes ist, sondern auch Qual empfindet angesichts der Verzerrung und Verunstaltung von Liebe, wie der Folterer sie vornimmt. Würde Gott nicht die innere Agonie angesichts des Selbstbetrugs der Liebe empfinden?

RK: Hier gehen Sie – beinahe hyperbolisch – an die Grenze dessen, wie gegenwärtig Gott in *allem* ist. Dies ist eine große Herausforderung. Gott, der nicht nur im Opfer, sondern auch im Täter gegenwärtig ist und damit am Un-Verhältnis zwischen dem, der Böses tut, und dem Guten selbst leidet. Eine Art Kampf mit dem eigenen hasserfüllten Zwilling als einem verlorenen und gewalttätigen Teil seiner selbst. Eine fremde oder verfremdete Seite des Geschöpfes, die sozusagen danach trachtet, den Schöpfer zu töten. Ein schwieriger Gedanke. Aber mir gefällt der bedingungslose Charakter der Liebe, die Sie vorschlagen – ein gänzlich inklusives Verständnis des Göttlichen. Ich wäre jedoch geneigt, es so zu formulieren: Wenn es in der Tat keine Geschöpfe außerhalb der göttlichen Schöpfung gibt, gibt es dennoch gewisse menschliche Schöpfungen (böse Taten und Ereignisse), die den Ruf der göttlichen Schöpfung zurückweisen – und sich somit entscheiden, *nicht* zu Gott zu gehören. Und wir wären in der Tat keine freien Akteure, wenn wir nicht die freie Wahl hätten.

CK: Ja genau, ein Un-Verhältnis der Schöpfung innerhalb ihrer selbst. Ein komplizierter Selbstwiderspruch sozusagen. Falls Gott im Geschöpf ist, kann es keine grundlegende Trennung geben zwischen dem Geschöpf und dem Schöpfungsakt. Natürlich beherzige ich die Ermahnung von Augustinus, den Menschen und nicht die Sünde zu lieben (Gandhi spricht vom Gebot „Hasse die Sünde und nicht den Sünder"), doch dies kann wieder in den alten Dualismus von Substanz und Akt zurückfallen, der jeden tieferen Relationalismus blockiert. Man kann den Handelnden nicht von seiner Handlungsfähigkeit trennen, ohne das trennende Ego wieder einzusetzen, das ja das Ausgangsproblem ist. Eine heikle Angelegenheit.

RK: Besonders aus ethischer und politischer Sicht, der wir beide verpflichtet sind. In *Cloud of the Impossible* sprechen Sie häufig davon, wie sich die Wolke mit der Menge in Bezug bringen lässt, und Sie stellen Fragen nach der praktischen Umsetzung, jenseits bloßer Theorie. Sie würdigen zum Beispiel die liberationistischen Aspekte von John Cobbs Prozesstheologie und befassen sich auch mit den Berichten von Gandhi, Howard Thurman (Martin Luther Kings Mentor), Tolstoi und mit jüngeren Theologien schwarzer

Feministinnen zu Geschlecht, Rasse und Klasse – obschon Sie stets eine gewisse apophatische kritische Zurückhaltung einführen. Ich spüre eine große Nähe zu dieser liberationistischen Sicht, zugleich aber, wie bereits erwähnt, eine gewisse hermeneutische Spannung hinsichtlich der unterschiedlichen Arten von Dunkelheit. Ich würde vermutlich vorschlagen wollen, dass eschatologisch gesehen alles Gerechte und Gute bewahrt, alles radikal Böse dagegen vergessen, ausgelöscht, aus dem Leben und dem Gedächtnis entfernt werden wird.

CK: In die äußerste Dunkelheit. Weil es nicht verdient hat, dass man sich daran erinnert.

RK: Genau. Und ich glaube, dies kommt Whiteheads Vorstellung eines göttlichen Gedächtnisses sehr nah. Dass die Vernetztheit von allem, was gut ist, in Gottes Geist bewahrt wird?

CK: Ja, „Gottes Folgenatur" [*consequent nature of God*] setzt sich aus allem zusammen, was rettbar ist, und es ist nicht nur das Gedächtnis, sondern das Werden Gottes. Ich schlage nur – eigenwillig – vor, dass das Gute, das sich zum Beispiel als Widerstand gegen die Unterdrückung manifestiert, in einer Gedenk-Abstraktion vom Bösen, gegen das gekämpft wurde, nichts bedeuten würde. Da kommt diese Verwischung der Ambiguität, die nicht das Böse unsterblich macht, sondern an den Kampf erinnert. Doch Ihre Betonung der reinen Güte ist tatsächlich mehr Prozesstheologie, als es meine Verwischung ist.

Um jetzt auf unsere gedankliche Nähe zurückzukommen: Mir ist aufgefallen, dass Sie in *Anatheism* den Panentheismus auf positive Weise erwähnen. Und ich fragte mich, in welchem Verhältnis das, was Sie als „mystischen Panentheismus" bezeichnen, zum Anatheismus steht, der möglicherweise in der ethischen Kraft seiner Bejahung des Befreiungs- und Gerechtigkeitsgedankens dem „Prozess-Panentheismus" näher steht, obwohl er Schönheit nicht auf Moralität reduzierbar macht. Es liegt bei Whitehead kein großer Nachdruck auf der apophatischen Unerkennbarkeit – obwohl er alle metaphysischen ersten Prinzipien als „Metaphern" begreift, „die stumm auf ein Überspringen der Phantasie warten".[d] Doch die Prozesstheologie war schöpferisch kataphatisch. Sie tritt mit einer Menge positiver, alternativer Gott-Rede an, um gegen den traditionellen Theismus und seine patriarchalen Strukturen, seine Theodizeen anzukämpfen. Mein aktuelles Werk über das Mystische befindet sich in dieser Hinsicht in einer gewissen kritischen Spannung sowohl zur Prozess- als auch zur Befreiungstheologie.

RK: Und doch wollen Sie letztendlich eine chiasmische Verbindung zwischen apophatischen und Befreiungstheologien bewahren.

CK: Oh ja, mein apophatischer Ansatz ist grundsätzlich im Einklang mit der beharrlichen Relationalität der Befreiungs- und der Prozesstheologie, doch ich bekräftige deren *theos* auf hellere, dunklere Weise.

RK: Ihr Anliegen ist es demnach, die kataphatischen Affirmationen von Freiheit, Gerechtigkeit und Gleichheit (die Sie klar befürworten) zu vertiefen und zu verkomplizieren, indem Sie sie den ikonoklastischen und verwirrenden Kräften des Nimbus aussetzen? Sie möchten, dass die Apophase die Kataphase in Schach hält. Und so verwahren Sie sich – zu Recht, wie mir scheint – gegen jeden Versuch, das Gute zu fetischisieren, und halten sich an die warnende Maxime „Das Vollkommene ist des Guten Feind."

CK: Ja, all die internen Kontestationen, Überschneidungen und Vervielfältigungen guter Bewegungen verkomplizieren, wo das Gute endet und das Böse beginnt, wo Recht und Unrecht konvergieren und divergieren. Was ich als „apophatische Ergänzung" bezeichne, ist ein Weg, das religiöse Engagement für ökosoziale Gerechtigkeit am Laufen, lebendig und offen zu halten, da es andernfalls für eine kritische Masse von Intellektuellen und Lehrern unglaubwürdig, übermäßig pastoral und instrumentell werden oder in identitären Rivalitäten im Sumpf versinken kann.

RK: Es ist also eine Frage apophatischer Scheu, Gott sozusagen dezent zu halten; das Göttliche von Verschließungen und Dogmen freizuhalten.

CK: Ja. Nun ja, liebenswert, wenn schon nicht immer dezent! Und hier komme ich auf die Lesart des Unendlichen als *in fini* zurück – das heißt: nicht fertig, sich weiter entfaltend, verfrühte Ontologien, Ideologien, Gewissheiten zurückweisend.

RK: Das erinnert mich an Levinas' Idee vom Unendlichen als In-dem-Endlichen – Gott als Spur und Fährte vermittelt im Antlitz des menschlichen Anderen. Obwohl wir uns vermutlich einig sind, dass er den platonischen Weg zur vertikalen Transzendenz und Höhe allzu schnell einschlägt und dabei auf ein Extrem absoluter Exteriorität und Trennung zustrebt.

CK: Ich habe den Gedanken *in fini* zum ersten Mal bei Luce Irigaray entdeckt, die Levinas nahestand und ihn kritisierte. Dies wirft auch die Frage auf nach der entscheidenden Bewegung vom Platonismus hin zum neuplatonischen Unendlichen. Davor hatte das Unbegrenzte, das *apeiron*, zu viel Ähnlichkeit mit Formlosigkeit, um als göttlich begriffen zu werden. Gregor von Nyssa hüllt es in die dunkle Wolke Gottes am Sinai; und die Reise der Seele zum Unendlichen wird selbst zum unendlichen Sichausstrecken, zur *epektasis*.

RK: Ihr *in fini* scheint mir zwei Arten der Abschließung zu vermeiden: einerseits die Apophase von zu viel Nicht-Wissen bis hin zum Schweigen und zur Lähmung; andererseits ein ähnliches, wenn auch gegensätzliches Extrem der Kataphase, bei dem die Gefahr von zu viel Affirmation und Aneignung besteht. Ersteres assoziiere ich mit einem dogmatischen Atheismus und Letzteres mit einem dogmatischen Theismus. Und so ist der Anatheismus, wie ich ihn verstehe, ein Versuch, einen Dialograum zwischen offenen Theisten und offenen Atheisten einzurichten. Und die Gespräche, an denen wir in diesem Band beteiligt sind, finden, wie ich hoffe, ebenfalls in einem solchen Raum statt.

CK: Auch ich sehe die anatheistische Option als einen dritten Raum zwischen polarisierten Positionen: Einem „Das ist es!" steht ein „Alles ist Mysterium!" gegenüber. Und ich sehe ihn in Übereinstimmung mit dem cusanischen Vermächtnis der *coincidentia oppositorum* als einen Weg, solche Extreme in einem chiasmischen Pferch zusammenzuschließen.

Gott als Metapher

RK: Ich würde gern auf die Metaphernfrage zurückkommen. Ich denke, wir sind uns einig darüber, dass die Theologie eine Gottes-Metaphorik beinhaltet, in der es nicht nur um Gottes-*Metaphern* geht, sondern um *Gottes*-Metaphern. Es ist sowohl ein *Genitivus subjectivus* als auch ein *Genitivus objectivus*. Mit anderen Worten: Es geht nicht darum, das Göttliche in der Metapher aufzulösen.

Vielmehr soll uns die Metapher zu etwas anderem hinübertragen *(meta-pherein)*, zu etwas, das über unser gegenwärtiges Bewusstsein hinausgeht. Nicht zum Jenseits eines metaphysischen Absoluten, das sich von der Relation lossagt (Levinas) oder uns völlig überwältigt und saturiert (Marion), sondern ein Hinübertragen, das ein kreatives Sagen, Nicht-Sagen und Neu-Sagen ist zwischen einem Ich und einem Du (Buber). Und in dieser Hinsicht gefällt mir die Art und Weise, wie Sie auf den Versuch des späten Derrida verweisen, die Alterität wieder in Relationalität einzuschreiben, und sei das noch so unmöglich, mit der Vorstellung vom „Möglichen jenseits des Unmöglichen" – eine Vorstellung, die Derrida von Cusanus und Silesius übernommen hat.

CK: Er hat sich auch von Ihrer Abhandlung über *posse* in *Poétique du possible* und *The God Who May Be* inspirieren lassen, wie er in seinem Essay „*Perhaps*" und anderswo einräumt.

RK: Ich gestehe, dass mir Derridas Hinweise auf meine Arbeit durchaus schmeichelten, meine aber, dass Sie dem Begriff des „Vielleicht" in *Cloud* neue Horizonte eröffnen. So wie Ihr guter Freund Jack Caputo in *The Insistence of God*. Sie führen das *posse* in eine dynamische Relation nicht nur mit dem Mystischen, sondern auch mit den Mannigfaltigkeiten der Immanenz, Materie und Natur, einschließlich der Debatte mit der Quantenphysik. Das ist wirklich eine schöne neue Welt für das Mögliche, und ich bewundere Ihre Kühnheit. Agamben unterscheidet zwischen zwei Arten von zeitgenössischer Philosophie – die eine von radikaler Alterität (Levinas und Derrida folgend), die andere von radikaler Immanenz (Deleuze und Foucault folgend). Ich denke, Sie finden einen Mittelweg. Und ich teile ihn.

CK: Vielleicht könnten wir in diesem geteilten Mittelweg auch eine Unterscheidung zwischen innerer und äußerer Bezogenheit machen. Was Deleuze von Whitehead übernimmt, ist eine Vorstellung von der wechselseitigen Konstitution der Dinge. Beziehungen werden nicht zwischen getrennten Einheiten gebildet, die jede zuvor als eigenständige Substanzen existierten, sondern entstehen in den Rhizomen und Netzwerken miteinander verflochtener Ereignisse. Deleuze entwickelt diese Idee besonders in *Le pli*,[e] seinem Buch über „Leibniz und der Barock", mit einem Kapitel über Whitehead als Höhepunkt. Darin argumentiert er, dass wir uns mit

Jenseits des Unmöglichen

Whitehead von Leibniz' Determinismus befreien können, während wir gleichzeitig die Vorstellung eines Mikrokosmos beibehalten – im Ereignis jeder Kreatur. Er benutzt Whitehead, um Leibniz aufzubrechen.

RK: Wie groß war der Einfluss von Cusanus auf Deleuze?

CK: Es gibt keine größeren Zurkenntnisnahmen. Cusanus war ein katholischer Kardinal, müssen Sie bedenken. Und Deleuze ist Franzose!

RK: Obwohl er einen weiteren christlichen Philosophen durchaus zitiert und feiert, nämlich Duns Scotus, vor allem in seiner *Logik der Differenz*.

CK: Nun, Scotus war nur ein einfacher Franziskanermönch. Deleuze erwähnt Cusanus ausführlicher und warmherziger in seinem Buch über den Expressionismus, in dem er eine faszinierende Geschichte des Neuplatonismus anbietet. Er zieht seinen Cusanus aus seiner Lektüre von Brunos Falten.

RK: Auch Joyce hat Cusanus über Giordano Bruno kennengelernt und macht viel Wind um die Tatsache, dass einer der wichtigsten Buchläden in Dublin „Brown and Nolan" hieß, weil es wie „Bruno von Nola" klingt. Joyce zitiert Bruno als Vertreter der gesamten Verflechtung von Dingen – das *„Chaosmos of Alle"*, die „circumbendibus" von „intermisunderstanding minds". *Finnegans Wake* quillt über von *coincidentia oppositorum* – so zentral für Joyces weltliche Sicht auf die *Göttliche Komödie*, was er seine „jocoserious" Poetik nannte. Im Kapitel „Sacramental Imagination" in *Anatheism* versuche ich darüber zu sprechen. Und ich freue mich sehr, dass Sie in einem Epigraph zu Ihrem Cusanus-Kapitel aus *Finnegans Wake* zitieren.

CK: „Hiermit verweigere ich den gelehrten Ignoranten des cusanischen Philosophismus meine endgültige Zustimmung."

RK: Ich würde Ihr Buch *Cloud* gern parallel mit *Finnegans Wake* lesen – es gibt so viele Anklänge. Und ich stelle außerdem mit Freuden fest, dass Sie Ihre theologische Poetik bei Ihrer Lektüre von Walt Whitman entwickeln.

CK: Whitman besteht ganz aus Falten! Und natürlich gibt es da die Verschmelzung des kosmischen Ich mit dem persönlichen Ich – „Ich, Walt Whitman, ein Kosmos" –, was viele Leser als Narzissmus fehldeuten. Doch dann: „Denn jedes Atom, das mir gehört, gehört ebenso gut euch."

RK: Übergeschnappter amerikanischer Transzendentalismus. Aber ich bin Whitman gegenüber nicht fair. Hier ist ein aufrichtiger theopoetischer Mystizismus am Werk, nicht wahr?

CK: Ja, das Gegenteil von Megalomanie. Es ist der Inbegriff von mystischer Co-Implikation – „Wer einen anderen erniedrigt, erniedrigt mich". Die Kraft des Ich als Kosmos ist so gleichzeitig die gesamte kosmische Ordnung – Atome oder andere Andere – in einer konstanten Zirkulation. Ich muss gestehen, dass ich ursprünglich nicht die Absicht hatte, ein Kapitel über Whitman zu schreiben, aber es hat sich hineingedrängt, vielleicht auf ähnliche Weise wie Hopkins, Joyce und Proust sich Ihrer anatheistischen Theopoetik aufzuzwingen scheinen. Ich brauchte auch ein wenig poetische Entlastung von meiner Arbeit an Cusanus, Deleuze und Whitehead. Am Ende befasse ich mich unmittelbarer mit Theopoetik und finde viele Anklänge an Ihren Ansatz – da Sie zeigen, wie man philosophiert und dabei die Dichtung im Spiel behält.

RK: Ich denke, das Wirken der Theopoetik ist für uns beide immer wichtiger geworden.

CK: Ich bin nach wie vor begeistert von der antiken *theopoiesis*, die zu *theiosis* zusammengezogen wurde, die Vergöttlichung des Menschen, die Gottwerdung, das Gottmachen. Sogar Athanasius erkannte den Ruf, göttlich zu werden: „Das Wort Gottes wurde Mensch, damit wir vergöttlicht würden." Theopoiesis als Vergöttlichung erkennt eine gewisse Co-Kreativität zwischen dem Menschlichen und dem Göttlichen. Doch der Begriff war zu gewagt und wurde daher schnell beiseite gelegt und musste vielleicht auf die Dichter warten, um wiederzukehren – wie bei Whitman.

Ich erinnerte mich auch an Ihre Behandlung des *dieu capable* als eine wechselseitige Ermächtigung des Göttlichen und des Menschlichen; *deus capax* als ein Gott, der den Menschen ermächtigt, göttlich zu werden. Diese radikale Idee war bereits in *The God Who May Be* präsent und wurde in *Anatheism* noch expliziter. Meine Frage hier an Sie lautet also folgendermaßen: Wie fordert man eine solche Theopoiesis vom Ich, ohne das Ich sofort auszuschwemmen? Man verhindert, dass die Theopoetik zur Megalomanie wird – ein mystischer Narzissmus von Selbstüberhöhung –, indem man sich schnell auf die Kenosis und die Selbst-Entäußerung zubewegt. Doch ist es, denke ich, wichtig, sich nicht *zu* schnell dorthin zu bewegen. Ist es nicht nötig, zunächst voll ein starkes Moment von *capax*, von *dynamis* poetischen Selbstseins anzuerkennen – als menschlich-göttliche Selbstung –, bevor man auf ein Subjekt verzichtet?

Vielleicht ist es ein altes feministisches Anliegen: Nachdem man Jahrhunderte lang versucht hat, der Unterwürfigkeit, Unterordnung und Selbstaufopferung zu entfliehen, um fähig zu sein, bevollmächtigte Subjekte zu werden – „unser Körper, unser Leben" –, sollen wir nun alles sofort wieder loslassen? Kenosis kann sich für Männer anders anhören als für Frauen, obwohl es von Anna Mercedes eine wunderbare feministische Interpretation der Kenosis gibt, als einer Selbstgebung, die weder entmachtet noch überwältigt, *Power For*.[f] Ich frage mich, ob die Kirche im Grunde nicht noch arroganter wurde – anstatt weniger arrogant –, als sie die Vorstellung der Theopoiesis über Bord warf?

RK: Warum noch arroganter?

CK: Weil historisch gesehen das Verschwinden der Theopoiesis mit dem Aufstieg der *Ecclesia triumphans* einherging – einerseits wurde die Macht zentralisiert, während andererseits dem gewöhnlichen Gläubigen die Fähigkeit zur Gottwerdung abgesprochen wurde.

RK: Weil die kirchliche Hierarchie der Befreiung eines jeden Menschen zu seiner potenziellen Göttlichkeit entgegenstand und wollte, dass die Gläubigen gehorsam blieben, wie im „Großinquisitor"?

CK: Ja, die Theopoiesis hat ein gefährlich demokratisches Potenzial. Sie emanzipiert die Menschen und bedroht die Machthaber.

RK: Das erinnert mich – um einen anderen Gang einzulegen – an die Auffassung der Psychoanalyse, das Kind trage zu Beginn einen gesunden Ur-Narzissmus in sich. Jeder kleine Junge will ein König sein und jedes kleine Mädchen eine Königin. Und warum auch nicht? Das ist gut, vorausgesetzt, es folgt eine spätere Beschränkung, die für Freud und Lacan mit dem Nein *(non / nom)* des Vaters einhergeht; nämlich der Schnitt oder die Grenze der symbolischen Kastration, sobald man in die gesellschaftlich-symbolische Ordnung der Sprache eintritt und damit über das verschmolzene Imaginäre hinausgeht (oder es zumindest in einen komplexen Borromäischen Knoten mit dem Realen und Symbolischen faltet). Übertragen auf den bereits erwähnten Chiasmus von möglich/unmöglich könnten wir sagen, dass das *posse* jedes Kind von Beginn an ermächtigt. Sogar Cusanus spricht davon, dass das Kind sagt „Ich kann laufen", „ich kann essen", „ich kann spielen", und er vergleicht das göttliche *posse* (die Macht, sein zu können) mit dem Schrei eines Kindes auf der Straße. Ein Widerhall vielleicht von Joyces „Was ist Gott? Ein Gebrüll auf den Gassen"?

Und diese anfängliche kindliche Fähigkeit findet auch eine poetische Stimme in Nietzsches Kind in *Also sprach Zarathustra*, und in Becketts kleinem Jungen am Ende von *Endgame*. Es ist ein beherrschendes Thema in poetischen und mystischen Schriften. Das Kind der Wiedergeburt, das nach Verlust und Leid in einer Art Ana-Moment von „zurück, wieder, neu" wiederkehrt. Es gibt also ein erstes Kind der Omnipossibilität und ein zweites Kind von etwas, das wir vielleicht „Ultrapossibilität" nennen, und das nach dem Schnitt, dem Verlust, der Trauer um das verlorene Objekt, der Kenosis, zurückkommt. Und das zweite Kind von *posse* ist, würde ich sagen, das Mögliche jenseits des Unmöglichen, der Säugling bei Jesaja, der am Loch der Kobra spielt.

CK: Wird es sich selbst überlassen, kann das *posse* des Selbst megalomanisch werden, doch in Relation gesetzt – achtsam – ändert sich alles.

RK: Genau. Und die Relation ist hier von zentraler Bedeutung. In Anbetracht der Vergöttlichungsbewegung der Theiosis, würde ich darauf bestehen, dass unsere Befähigung zur Göttlichkeit nicht vom Ego, sondern vom Fremden kommt. Der Fremde ist der *deus capax*, der jeden von uns aufruft, wiederum für den nächsten Fremden ein *deus capax* zu werden. Zumindest in jenem heiligen Moment der radikalen Öffnung und Bewirtung. Wir lernen Gottsein vom anderen, nicht von uns selbst, nicht allein, sondern stets in Relation, als Reaktion auf den *hospes* vor uns: denjenigen, der uns alle zum Gottsein aufruft, indem er uns bittet, Gastgeber zu werden, ein Geber von Gaben, von Nahrung und Wasser. Wie bei Abraham und den Fremden im Hain Mamre – die Eröffnungs-Epiphanie der Abraham-Überlieferung. Oder wie erneut bei Matthäus 25, wo Christus fünfmal als der Fremde *(hospes)* zurückkehrt, der um Nahrung und Wasser *bittet*. In diesem Abschnitt ist nicht Christus als erster derjenige, der Nahrung und Wasser gibt, wie man es erwarten würde; er ist derjenige, der *uns* auffordert, ihm Nahrung und Wasser zu geben, und so, indem wir das tun, zum lebensspendenden Christus wird, zum beständigen Gastgeber. Der Messias – der, wie Benjamin argumentiert, durch die Pforte eines jeden Augenblicks kommen kann, wenn wir auf sein Klopfen hin öffnen – ist jeder Fremde, der uns bittet, Spender von Nahrung und Leben zu werden. Daher die entscheidende messianische Rolle, die in den Evangelien Fremde aus Samaria und Phönizien spielen. Die Syro-Phönizierin lehrt Jesus, göttlich zu werden *(theiosis)*, indem sie ihn um die Brotkrumen bittet, die er an die Hunde verfüttert, ist aber zunächst, weil Jesus sich ihr verweigert, eine Außenseiterin. Und als Jesus ihr die Bitte gewährt, wird er (wieder) göttlich. Dank der fremden Frau entdeckt er seine messianische Berufung neu. Und das Kind der Frau wird geheilt. Genau wie der Diener des Zenturio (auch er ein Fremder) geheilt wird.

Die Szenen von Heilung und Wiedergeburt werden von den entsprechenden Verkündigungsszenen – Sarah im Hain Mamre und Maria in Nazareth – präfiguriert, wo beim Besuch von Fremden ein Kind empfangen wird, Besuchern, die einem „unmöglichen" Kind Leben schenken, nämlich Isaak und Jesus. Was für den Menschen unmöglich ist *(adynaton)*, ist für Gott möglich *(dynaton)*, wie der Engel im Lukasevangelium Maria verkündet – mit den gleichen griechischen Wörtern, die in der Septuaginta (die Lukas gelesen hatte) verwendet wurden, um Sarahs Empfängnis Isaaks zu beschreiben! Es ist ein bemerkenswertes Zitat. In beiden Fällen wird das Unmögliche möglich, sobald der Aufforderung des Fremden Folge geleistet wird. Sarah und Maria sind somit, wie ich meine, exemplarische Figuren der Theopoiesis. Genau wie Jesus selbst, als er wiederholt auf die Bitten von Fremden reagiert, bis zu seinem Tod, und noch einmal nach seinem Tod, als er auf dem Weg nach Emmaus als Fremder wiedergeboren wird, und an den Gestaden Galiläas, unerkannt von seinen Jüngern, bis er um Nahrung bittet und sie gibt, bis er das Brot bricht, bis er als *hospes* berührt und berührt wird.

CK: Mir gefällt dieses Bild von Jesus, der göttlich wird, indem er sich der Herausforderung der Phönizierin stellt: „Gib mir die Krumen, die du den Hunden gibst."

RK: Ja, es ist zutiefst radikal. Sie ist die Fremde, die Jesus zur Göttlichkeit aufruft, als er versucht ist, in seiner Gruppe eingesperrt zu bleiben, eng gedrängt um einen Tisch, sich weigernd, Nahrung oder Heilung zu teilen, nicht einmal das, was sie den Hunden geben, die zu ihren Füßen liegen. Und als Jesus sie doch erhört und von ihr lernt – die göttliche Sorge um die Witwe und Fremde –, ist das Kind der Phönizierin geheilt, neu geboren, das Unmögliche wird möglich. Strenge Dichotomien von Innen und Außen, von Rein und Unrein, männlich und weiblich, vertraut und fremd, wir und sie, werden dramatisch überschritten. Der Exklusivismus wird zerfetzt. Als messianischer Lehrling der fremden Frau aus Phönizien wird Christus göttlicher, weil er die Ketten des christozentrischen Tribalismus sprengt.

CK: Was ist die Bedeutung des Kindes?

RK: Jesus wird gewissermaßen neu geboren durch die Gabe des Heilens, indem er das Kind der Phönizierin ins Leben zurückholt. Es ist eine Art zweite Taufe: Wiedergeburt in ein zweites Leben, mehr Leben. Und ich glaube fest daran, dass wir über die Taufe mit Wasser, Feuer und Verlangen hinaus (anerkannt im katholischen Katechismus) auch die Taufe durch den Fremden anerkennen sollten – sogar als primäres Taufsakrament! Theopoiesis kann somit als der Andere / Fremde / Gast gelesen werden, der jeden von uns göttlich macht, indem er uns befähigt, lieber Geber von Leben als von Tod zu sein, göttlich zu werden im Akt der Gastfreundschaft und des Heilens und dabei unsere Stammesgötter hinter uns zu lassen. (Die Phönizierin muss sich Jesus öffnen, während sie Jesus auffordert, sich ihr zu öffnen. Es funktioniert nach zwei Seiten). Ich wiederhole: Jesus wächst in seiner Göttlichkeit und lädt uns ein, es ihm gleichzutun, indem wir von Samaritern und Syrern lernen – in diesem Beispiel von der Syro-Phönizierin, die für das „Andere" schlechthin steht – was Klasse, Rasse, Geschlecht und Religion angeht. Sie wird (zuerst) als geringer angesehen als ein Hund! Und ausgerechnet diese Fremde lehrt den Messias, dass er seine messianische Mission vergessen hat, d. h. seine göttliche Fähigkeit, Fremde zu beschenken, zu nähren, zu bewirten, zu gebären, zu heilen – neues Leben zu bringen, immer und immer wieder. *Ana-*.

CK: Könnten Sie noch etwas dazu sagen, wie sich dies zu Levinas' Ethik des Fremden verhält?

RK: Ich stimme Levinas' Ethik zu, wenn er vom „Humanismus des Anderen" spricht. Anders gesagt: Im Humanismus geht es nicht nur um meine Rechte, sondern auch und in erster Linie um die Rechte des „Anderen", sogar wenn wir – korrekterweise – in einer Politik der Gerechtigkeit Rechte verallgemeinern und angleichen (was Levinas als Einführung des „Dritten" bezeichnet, in Annäherung zum Beispiel an die Aufklärungsmoral, die in der französischen Menschenrechtserklärung eingetragen ist). Die Ethik ist zuerst und vor allem eine Angelegenheit religiöser Verantwortung für den einzigartigen Fremden und geht einer universellen Politik der Brüderlichkeit und des Bürgerseins voraus, in der wir alle (zu Recht) ein und dasselbe sind. Man denke an die Maxime von Dostojewskis Starez Zosima, oft von Levinas zitiert: „Ein jeder von uns ist vor allen an allem schuldig, ich aber bin es mehr als alle anderen."[g] Doch wo ich Levinas verlasse und wieder mit Ihnen übereinstimme, ist die Frage nach der Relation, die für unser beider Denken so zentral ist. Sie nennen sie Verwicklung, ich spreche von Gastfreundschaft; beides sind Kategorien chiasmischer Überschneidung. Für Levinas ist die ethische Verbindung zum Anderen eine „Beziehung *ohne* Beziehung" – eine Begegnung ohne Dialog, ohne Wechselseitigkeit. Es ist mehr ein Belehren von oben als ein Berühren von unten. (Ich spreche in *Carnal Hermeneutics* davon.) In der Levinas'schen Ethik ertönt eher eine Stimme aus der Ferne, als dass eine Hand die Ferne zu überbrücken sucht. Dieser Unterschied ist wichtig, und ich glaube, dass sowohl meine fleischliche Hermeneutik der Vermittlung *(metaxy)* als auch Ihre Ontologie der Falte Levinas' Asymmetrie in dieser Hinsicht kritisieren. Und merkwürdigerweise benutzen wir beide die Metapher der „Membran" für diesen Vorrang von chiasmischer Mediation – die kein Rückschritt zur Hegel'schen Synthese ist, sondern eine radikale Affirmation von Verbindung.

CK: Ja, Exteriorität übertrifft bei Levinas Relationalität. Schöpfung, verstanden als Trennung, disqualifiziert die Schöpfung als Co-Implikation. Und ich behaupte in *Cloud*, dass Marions Absolutes auch zu sehr eine Ab-Lösung von Relation und Verwicklung ist. Es fordert eine einseitige Befriedigung durch den Anderen, statt eines multilateralen Ein- und Enthüllens. Reine Unterwerfung ohne Handlungsmacht.

RK: ⎯ Auch ich habe Probleme mit extremen Formen der „Heterologie" – ob bei Levinas, Marion, Derrida oder gar bei unser beider Freund Jack Caputo –, wo das *tout autre* (das Andere jenseits des Seins) von außen zu uns kommt, als Bruch, Eindringen, Invasion, Verfolgung, Besessenheit, Unterredung, Ärger, sogar Gewalt, obwohl ich denke, dass Jack das Trauma der dekonstruktiven Gewalt in seiner erneuerten Betonung der Gastfreundschaft und der Möglichkeit in *The Insistence of God* zu besänftigen scheint. Die Frage, die ich meinen dekonstruktivistischen Freunden immer gestellt habe, ist folgende: Wie bauen wir aus alldem eine Politik der Praxis? Wie setzen wir das Gute, Gerechte, Gastfreundliche um? Was ist zu tun? Und hier, glaube ich, kann uns allen Cusanus als ein heilsames Korrektiv dienen – weil er die apophatische Theologie an eine Politik der Gemeinschaft knüpft (in seinem Fall eine radikale Ökumene lange vor ihrer Zeit) in einer genialen *Coincidentia oppositorum*.

CK: ⎯ Cusanus war ein spekulativer Mystiker und ein Kirchenführer. Eine seltene Kombination, damals wie heute. Die negative Theologie wird der Schlüssel zur Bejahung von Diversität – wenn nicht einmal ein katholischer Kardinal Gott *kennt*, kann die Wahrheit aller anderen Religionen nicht ausgeschlossen werden.

RK: ⎯ Relationale Verbindung statt absolutem Wissen. Ich glaube, wir brauchen unentwegt Brücken, Verbindungen, Überführungen. Wir brauchen Geschichten [stories] und Geschichte [histories] – hermeneutische Mediationen, die bis hinauf zu Gott reichen (als dem Anderen schlechthin) und bis hinunter zur subatomaren Physik (wie Sie in *The Cloud* andeuten). Mediationen zwischen *clouds* und *crowds*. Das Problem mit der Dekonstruktion ist, dass sie einen Messianismus ohne Messias vertritt. Sie läuft Gefahr, rein strukturell und formal zu werden, ohne auf biblische oder neutestamentliche Narrative zurückzugreifen, auf chassidische oder kabbalistische Erzählungen (wo sind [Martin] Buber, [Gershom] Scholem, [Abraham Jehoschua] Heschel?), auf Sufi-Überlieferungen oder mystische Dichtungen. Ganz zu schweigen von den heiligen Geschichten von Buddha und den Gitas (die *Bhagavad Gita*, das *Gita Govinda* et cetera) – wo wir die abrahamitischen Überlieferungen den fernöstlichen Religionen öffnen. Und in jüngerer Zeit, die Zeugnisse gewöhnlicher Heiliger in ihrem Kampf für Liebe und für Gerechtigkeit. In *Anatheism* berufe ich mich ständig auf narrative Offenbarungen, die von Abraham und Moses bis hin zu Jesus und dem Leben von bedeutenden und weniger bedeutenden Heiligen reichen: Teresa, Eckhart, Franziskus, Etty Hillesum, Dorothy Day, Jean Vanier und Millionen nicht besungener Heiliger.

CK: Die Wolke [cloud] hat eine große Menge [crowd] an Zeugen, *à l'infini!*

RK: Ja, unendlich viele Zeugen. Und das ist zuweilen meine Schwierigkeit mit der Dekonstruktion. Als bloßer Messianismus ohne bemerkenswerte Zeugen, Zeugnisse, Ikonen, Epiphanien und Liturgien läuft sie Gefahr, abstrakt und isolationistisch zu werden. Derridas apophatische Dekonstruktion schreit nach der Art von vermittelnden Verstrickungen und Verpflichtungen, die Sie liefern, mit der Materialität, der Physik und diversen konkreten historischen Beispielen – Elizabeth Johnson über die göttliche Weisheit, Ivone Gebara über Natur und Befreiung, Thurmans Reise zu Gandhi, Whitmans Passionen. Sie zitieren unentwegt Geschichten [histories] und Geschichtlichkeiten [historicities], welche die apophatische Wolke in lebhafte Verbindung mit der Erde bringen.

CK: Ich bin besonders froh, dass ich im ersten Kapitel Elizabeth Johnson inthronisiert habe, angesichts des jüngsten inquisitorischen Angriffs seitens der vatikanischen Glaubenskongregation. Ihre ökofeministische Theologie hat immer aus der apophatischen Tradition Kraft gezogen. Diese Geschichten veranschaulichen alle einen fortdauernden Kampf zwischen Einfalten und Entfalten, eine chaotische messianische Reise mit zahlreichen pastoralen und menschlichen Komplikationen. Die Aufgabe besteht darin, eine Balance zu finden zwischen diesen liberationistischen Beschäftigungen mit der Geschichte und Politik der Kirche und dem kontemplativen Nichtwissen. Und ich frage mich, ob Ihr eigenes anatheistisches „Chaosmos" nicht vielleicht ein gewisses Yin und Yang zwischen dem verkörpert, was Sie als innere Reise ins Mystische bezeichnen, und der Bewegung nach draußen in das rechte Handeln und ethisch-politische Engagement, ein kreatives Gleichgewicht zwischen negativer und positiver Fähigkeit. Sie lokalisieren diesen *Interflow* vor allem – anatheistisch – im Fremden. Der Fremde als Manifestation des apophatischen Anderen, der immer irgendwie undurchsichtig und unverständlich bleibt, wie sehr man sich auch für ein Miteinander engagiert. Ein Nimbus von residualem, irreduziblem Mysterium umgibt den Fremden. Und dieser Chiasmus zwischen Geheimnis und Ethik – *vita contemplativa* und *vita activa* – erscheint mir mächtig. Er ähnelt dem strukturellen Chiasmus in *Cloud* zwischen apophatischer Zurückhaltung und affirmativer Beziehung. Ein Unterschied wäre jedoch, dass ich mit einer Sprache ontologischer Konnektivität arbeite (bis hinunter zum Quantum-Level der Zellen), wogegen Sie eher von der Sprache des Anders- und Fremdseins kommen (obwohl ich im Übergang von *The God Who May Be* zu *Anatheism* eine Abschwächung des Andersseins spüre). In *Anatheism* gewinnt das Absolute eine größere Elastizität und Plastizität – und Relationalität. Und nirgends mehr als in Ihrer Behandlung der sakramentalen Ontologie von „Fleisch" – besonders in Ihrer Lesart heiliger Verkörperung bei Merleau-Ponty und Kristeva – und in Ihren Lieblingsbeispielen für „sakramentale Imagination": Joyce, Woolf und Proust.

RK: Ja, ich verspüre eine wachsende Affinität zu Ihrem ontologischen Relationalismus. Im Schlusswort zu *The God Who May Be* versuche ich in groben Zügen aufzuzeigen, was ich als Onto-Eschatologie einer Alltags-Epiphanie bezeichnet habe. Ich wollte mit der Polarität zwischen einer messianischen Eschatologie des Anderen und einer immanentistischen Ontologie des Selbst brechen – ein Dualismus, der sich oft in einer ruinösen Dichotomie zwischen Text und Fleisch äußerte, zwischen *l'écriture* und *la chair*. Mein Anliegen ist es, den Anderen, der immer im Kommen ist *(deus adventurus)*, mit einer Phänomenologie des Hier und Jetzt *(Hoc est enim corpus meum)* in Verbindung zu bringen. Eine präsentische Eschatologie, wenn man so möchte, gemäß der Ana-Zeit von „zurück, wieder, neu". Und das heißt, Textualität wieder mit Fleischlichkeit in Verbindung zu bringen – etwas, das ich in meinem aktuellen Projekt einer fleischlichen Hermeneutik verfolge.

In diesem Zusammenhang könnte man von einer dreifachen Beziehungsontologie sprechen. Erstens, die „natürliche" Haltung, eine erste Naivität im Umgang mit Anderen (einschließlich Vorurteile, Gewissheiten, Projektionen); zweitens, die „negative Fähigkeit", diese natürliche Aneignung des Anderen in eine „Wolke des Nichtwissens" zu verschieben, aufzulösen (Juliana von Norwich, Cusanus' *docta ignorantia*, Husserls *epoché*, Ihre eigene Umarmung der Apophase); drittens, die Ana-Wiederherstellung der Beziehung als einem freien Einfalten-Entfalten (Ricoeurs zweite Naivität, Bubers Ich-Du, Ihr Verwicklungs-Begriff). Auf dieser dritten Ebene können wir, wie ich finde, auch von *posse* als einem zweiten Möglichen jenseits des Unmöglichen sprechen, einem göttlichen Möglichmachen jenseits egologischer Wirkmächtigkeit und Macht, einem Gott jenseits der Theodizee.

CK: Auf dieser dritten Relationalitätsebene ist ‚kommen' [coming] gleichbedeutend mit ‚werden' [*becoming*], nicht? Das haben die Anti-Ontologen verboten. Sie sehen die Möglichkeiten nicht, die schon hier sind – sie warten darauf, dass irgendein reines Außen einfällt. Kommen [coming] gegen Werden [becoming]. Da wir ansonsten nur dasselbe wiederholen. Doch was ist, wenn das Mögliche jenseits des Unmöglichen sich nur von innen Bahn brechen kann? Natürlich ist dieses „Innen" im fragilen Netz der Welt verwickelt. Vielleicht ist dies eine eher chaotische und erlösende Sicht der Welt an sich. Das Andere kollabiert nicht in Dasselbe, sondern kommt ausdifferenziert in zahlreiche Falten, der Fremde ist nicht länger ein fremdes Ich, sondern ein anderer als Ich, ein anderes Ich.

RK: Oder wie Ricoeur es ausdrückt: ‚das Selbst als Anderer' [oneself as another]. Ja. Und ebenfalls geborgen in dieser neuen Ordnung von relationalem Werden ist Eros – um zu Ihrem Ausgangspunkt zurückzukommen –, da man nur begehren kann, was anders ist als man selbst, durch ein dunkles Glas, *in aenigmate*, wie Cusanus sagt, nie als reines Spiegelbild oder Imago. Die theopoietische Beziehung mit dem göttlichen Fremden wird theo-erotisch. Auf diese Weise hält das „Werden" [becoming] die Lücke in der Beziehung, verbietet Fetischismus und Fixierung. Es erlaubt dem Anderen, aus der Alter-Ego-Kiste (die erste, „natürliche" Einstellung) befreit zu werden und zum Gast – Reisenden, Besucher, Flüchtling, Einwanderer, Nomaden, *homo viator* zu werden. Der Andere als Gast kann in unsere Gastgebersprache und -gemeinschaft willkommen geheißen werden, ohne darauf reduziert zu werden – denn ein Gast, der mit dem Gastgeber identisch wird, hört auf, Gast zu sein, und das ist das Ende der Gastfreundschaft. Wie Walter Benjamin bemerkte, respektiert wahre Gastfreundschaft einen „unübersetzbaren Kern" zwischen Gastgeber und Gast.

CK: Und sie lässt uns diese Unübersetzbarkeit von äußeren Beziehungen in eine Sprache verwickelter Verschiedenheit übersetzen.

Dann beherbergt die Lücke oder sogar der Abgrund das Werden – zumindest in der Gastfreundschaft der Wolke.

Indem er vom Bedürfnis nach Vermittlungen und Beziehungen sprach, war Hegel einer der ersten, der das „Werden" Gottes würdigte. Diese Bedeutung des *in fini* – das Göttliche selbst unvollendet – wird in der *explicatio* angedeutet, aber nie explizit gemacht.

RK: Wir könnten hier wahrscheinlich von einer ana-hegelianischen Wiedergewinnung sprechen, die eine Neubewertung von Gottes Werden durch Denker wie Schelling, Böhme und die Mystiker vom Rhein beinhalten würde, die auf Cusanus, Silesius, Hildegard und Eckhart zurückgehen. Die hermeneutische Rückgewinnung dieser mystischen Genealogie des vergessenen Gottes könnte eine Wiederbelebung von Gottes Leib beinhalten – der fleischliche Aspekt mystischen Werdens, Eros wie Agape, wie wir ihn so mächtig bei Teresa von Ávila und den Beginen erleben.

CK: Ja, Lust und Mitleid drücken beide diese Fleischlichkeit aus, diese inkarnatorische Verfasstheit. Die *complicatio* erinnert auch an die Falten eines weiblichen Körpers. In *Cloud* verweise ich auf Sallie McFagues ökofeministischen „Leib Gottes [body of God]" und auf Ivone Gebaras „heiligen Leib [sacred body]", ihre Einverleibung indigener Kosmologie. Die Beachtung von Quanten-Mikrokörpern ist auch enthüllend. Genau wie Cusanus' Vorstellung vom Maximum, das in jedem kleinsten Körper inkarniert ist. Im „Liebes"-Kapitel von *Cloud* unterstreiche ich, wie die neuplatonische Apophase durch eine Rückkehr zur Stofflichkeit, zur unbegrenzten Körperlichkeit von Gott ergänzt werden muss.

RK: Ihre Beschäftigung mit Physik finde ich höchst heilsam – viele von uns, die wir in der kontinentalen Religionsphilosophie arbeiten, vernachlässigen sie. Ich erinnere mich, dass Ricoeur an seinem 60. Geburtstag in Neapel sagte, dass eine der großen Aufgaben der Phänomenologie und Hermeneutik (er hätte die Dekonstruktion hinzufügen können) im 21. Jahrhundert der Dialog mit der Physik sei. Doch Sie sind eine der ersten, die diese Herausforderung ernsthaft aufgreifen.

CK: Irgendeine Art Physik infiziert jeden Prozess-Denker (wie der verstorbene Ricoeur wohl wusste). Noch in der *graduate school* las ich ein Buch von David Bohm – er galt bis vor kurzem als Häretiker unter den Physikern – mit dem Titel *Wholeness and the Impli-*

cate Order⁽ʰ⁾, das mir wieder in den Sinn kam, als ich anfing, Cusanus zu lesen. Bohm hatte versucht, das Verhältnis zwischen Welle und Teilchen im Quantenuniversum zu begreifen. Dabei verwendete er just die Metaphern Einfalten / Entfalten, implizite / explizite Ordnung, die ich auch bei Cusanus fand.

RK: ⎯ Kannte Bohm Cusanus? Bezog er sich in seinen Schriften auf ihn?

CK: ⎯ Flüchtig, in einem Interview. Die implizite Ordnung ist das Einfalten der subtilen Energie der Wellen, welche die nicht-lokalen Beziehungen dessen bilden, was jetzt als Quantenfeld oder Vakuum bezeichnet wird. Die explizite Ordnung ist etwas wie die cartesianische Ordnung der Dinge, entfaltet und eindeutig. Bohm versuchte, die Kluft zwischen Quantenphysik und philosophischer Reflexion zu überbrücken. In den Fünfzigerjahren war er Student bei Oppenheimer und dann ein junger Kollege Einsteins. Er weigerte sich, vor dem Komitee für unamerikanische Umtriebe gegen Oppenheimer auszusagen, wurde dann von der Universität Princeton entlassen und floh außer Landes. Die außerordentliche Übereinstimmung der Metaphern bei Cusanus und Bohm brachte mich dazu, mich eingehender mit der Affinität zwischen der Physik der Nicht-Lokalität oder Verschränkung und dem apophatischen Relationalismus zu beschäftigen, den ich gerade theologisch vor Augen hatte.

Karen Barads Theorie von der Verschränkung als ontologischem Relationalismus bestätigt diese Richtung von einem divergierenden Vektor aus.⁽ⁱ⁾ (Wir hatten sie unlängst nach Drew eingeladen, zu einer Konferenz über Religion, Wissenschaft und den neuen Materialismus). Barad interpretiert Niels Bohrs Quantentheorie, um das hervorzuheben, was sie als ‚Intra-Aktivität des Werdens' bezeichnet. Ihrer Ansicht nach geht die wechselseitige Reaktionsbereitschaft materieller Dinge auf die Quanten zurück. Und für sie dreht sich alles um Ethik. Das Werden der Welt, behauptet sie, sei eine zutiefst ethische Angelegenheit.

RK: ⎯ An einer Stelle erwähnen Sie den indigenen Satz: ‚Achte auf deine Beziehungen' [‚mind your relations']. Ich vermute, er ist Thomas Kings Roman *Green Grass, Running Water* [dt. Titel: Wenn Coyote tanzt] entnommen. Wie knüpft diese Vorstellung von Relationalität an die Vorstellungen an, die Sie aus der apophatischen Mystik und Physik ziehen?

CK: Kings Roman ist eine vergnügliche Satire über die Auswirkungen des christlichen Vorherrschaftsanspruchs über die Welt. Er ist witzig und mythisch in seiner Rückkehr zu der fein abgestimmten Relationalität des Lebensnetzes. Diese ‚First-Nations'-Weisheit gilt nicht als Teil des Dialogs der großen Weltreligionen und wird oft schlicht als New-Age-Phantasterei abgetan.

RK: Was entsetzlich falsch ist, fast eine zweite Lobotomie – diesmal eine intellektuelle Exklusion nach dem ursprünglichen Genozid an den indigenen Völkern. Ich war sehr betroffen, als ich den Satz in Ihrem Buch las, da ich in Santa Barbara unlängst mit meinem Bruder Michael an einer Schwitzhüttenzeremonie teilgenommen habe, bei der die wiederkehrende Beschwörung „All meine Beziehungen" [‚All my relations'] lautete. Dies bezog sich auf ein ganzes Netz aus miteinander verbundenen Gemeinschaften – von denen, die tatsächlich in der Hütte anwesend waren (von denen viele ihren Schmerz und ihr Lebenszeugnis mitbrachten, wie bei einem Treffen der Anonymen Alkoholiker), bis hin zu den eigenen Verwandten und Freunden, und schließlich den Vorfahren und den Nachfahren in der Zukunft. ‚All meine Beziehungen' ist ein sich erweiternder Verbundenheitskreis, der sich in Zeit und Raum nach hinten und nach vorne dehnt, der zu den allerersten Lebewesen zurückreicht, den ursprünglichen Elementen Erde (in der Zeremonie werden Lavasteine in die Mitte der aus Lehm und Häuten bestehenden Hütte gelegt), Feuer (die Steine werden tagelang im Holzfeuer erhitzt), Wasser (es wird eimerweise über die glühend heißen Steine gegossen in Dampfwolken), und Luft (das Einatmen der Dämpfe und das Ausatmen / Schwitzen). Es ist eine außergewöhnliche Liturgie von Tod und Wiedergeburt durch die vier Elemente, in vier entfaltenden Bewegungen, die mit den vier Richtungen der Sonne einhergehen. Die uralte Zeremonie wurde von älteren Ureinwohnern abgehalten und war für Menschen aller Religionen offen – Christen, Juden, Buddhisten – auch für Atheisten, die auf der Suche waren. Und sie war ebenso frei wie die vier Elemente (unsere ältesten Beziehungen), die sie auf spirituelle Weise feierte.

CK: Diese Lavasteine klingen wie alte Körper der Erde, die lebendig werden. Wir müssen Wege entdecken, um über diese elementaren Vibrationen zu sprechen. Das Schweigen über den Genozid und der New-Age-Verdacht schaffen ein doppeltes Tabu, das gebrochen werden muss. Und dieses Schweigen wird von der Tatsache befördert, dass sich solche indigenen Traditionen nicht auf einen einzelnen systematischen Religionskörper zurückführen lassen, der von der säkularen Sphäre sauber geschieden und getrennt werden kann. Weil sie keine teilbare Ganzheit repräsentieren, werden sie oft stillschweigend vom Dialog der Weltreligionen ausgeschlossen, indem man sie auf Anthropologie oder Ethnologie verweist – ‚Völker, die es zu untersuchen gilt' oder ‚Studienobjekte'.

RK: Oder archetypische Symbole der Tiefenpsychologie.

CK: Richtig. Und auch Jung ist in der akademischen Welt ein Tabu. Es ist einfach, seine Archetypen als neuplatonische Universalien und entkörperlichte Abstraktionen abzutun. Doch sie versuchen tatsächlich die Intuition eines kollektiven Unbewussten zu artikulieren, die Art und Weise, wie wir alle – nicht nur die Menschen – miteinander in Beziehungen verflochten sind, die sehr weit zurückreichen ...

RK: Durch das Tierhafte und Terrestrische, Verflechtungen, die wir noch immer tief in uns tragen. Wir scheinen diese Vorstellung in der Genetik und Epigenetik zu akzeptieren, haben aber Probleme, sie in den philosophischen und theologischen Diskurs aufzunehmen. Obwohl das buddhistische Karma vielleicht eine Möglichkeit ist, etwas davon auf eher fernöstliche Weise zu artikulieren – wie wir alle in dem miteinander verbunden sind, was Thích Nhat Hanh als *interbeing* bezeichnet.

CK: Wissen Sie, dass es eine historische Verbindung zwischen Verflechtung und Synchronizität gibt? Sie geht auf Wolfgang Pauli zurück, einen jungen deutschen Physiker, der mit Einstein, Bohr und Heisenberg zusammengearbeitet hat und irgendwann ausgerastet ist (Familienselbstmord, Auflösung der Ehe, Alkoholismus). Also wandte er sich hilfesuchend an Jung. Jung erkannte, was er am Hals hatte, und vermittelte ihn zur Therapie an einen Kollegen. Dabei setzte er über die Jahre einen Dialog mit ihm fort. Die beiden feilten gemeinsam am Begriff der Synchronizität – ein akausales Verbindungsprinzip –, eigentlich eine Übersetzung der Quantentheorie von Verflechtung. In meinem Buch gibt es eine Fußnote dazu. Mehr würde meine Lesart von Physik New-Age-Vorwürfen aussetzen.

RK: Keller, die verrückte Mystikerin, die sich mit Indianern und Jungianern abgibt. Keller, die Hexe!

CK: Wie schmeichelhaft.

RK: Aber Sie sind in Sicherheit. Sie betreiben so viel knallharte wissenschaftliche Analyse in Ihren Kapiteln über Theologie und Physik, dass Sie durchaus das Recht haben, von Zeit zu Zeit ins Poetisch-Mystische abzuschweifen. Doch es ist traurig, dass es in der heutigen akademischen Welt so viele verbotene Zonen für ernsthafte Diskussionen gibt. Denken Sie nur, was wir versäumen, indem wir dies alles verwerfen.

CK: Na ja, *Sie* aber doch nicht. In *Anatheism* gelingt es Ihnen, eine dynamische Matrix zu liefern, wo sich unterschiedliche religiöse Geschichten (abrahamitisch und fernöstlich) mit Philosophie, Poetik und Politik kreuzen. Ich habe Ihr Werk, wie gesagt, als einen Knotenpunkt der Gastfreundschaft zwischen einer Reihe einander überlappender Achsen gelesen. Unsere chiasmischen Kreuzungen sind verwandt, aber ich wende mich nicht wie Sie den anderen Religionen zu. Deshalb betrachte ich Ihre Arbeit in dieser Hinsicht als Ergänzung zu der meinen. Ich musste auf bestimmte Verbindungen verzichten aus Angst, ich könnte allzu wahllos sein und mich verzetteln.

RK: Und ich wiederum finde, dass Ihre Arbeit über die Quantenphysik und die apophatische Theologie meine Schriften in vielerlei Hinsicht ergänzt, weil sie Richtungen einschlägt, die ich nur andeuten konnte. Man kann nicht alles tun, und angesichts unseres gemeinsamen Engagements für die Falten der Verbundenheit ist die Versuchung groß, jede Tür zu öffnen. Manchmal bedeutet intellektuelle Gastfreundschaft, dass man weiß, welche Türen man öffnen darf und welche nicht. So werden bestimmte Möglichkeiten verwirklicht, aber nicht alle, zumindest nicht alle auf einmal. Wir sind keine Thomisten auf der Suche nach einer *Summa;* oder Hegelianer auf der Suche nach Enzyklopädien. Das ist vorbei. Alles Lichte hat seine dunkle Seite. Unvermeidliche Beschränkung und Mangel. Verneinung wie Bejahung. Ein heikles empfindliches Gleichgewicht.

CK: Heikel ... eigentlich unmöglich. Wird das Gleichgewicht gehalten, dann wird es verraten, die Bejahungen laufen auf den Positivismus zu, die *via negativa* wird am Pass von der *via eminentiae* abgeschnitten und verliert die Kraft ihrer Fragen, die Verneinungen glotzen nihilistisch zurück. Doch vielleicht hängt diese Gastfreundschaft, die Sie anatheistisch anbieten und die ich in der Wolke von just dieser Unmöglichkeit finde, von diesen Selbstbeschränkungen ab. Wir machen einen Trennschnitt zwischen Möglichkeiten oder haben nichts zu bieten, nichts umzusetzen; wir führen unsere Endlichkeit vor, doch wir entkommen der verwickelten Unendlichkeit nicht. Aus einer anderen Perspektive, der Ihren ganz nah, erscheint sie als *chora* – als Raum der Ereignisse, nicht als Leere dazwischen. Geräumig, wie ein Mutterschoß, aber gefährlich unbestimmt. Wie der *tehom* [Gen 1,2: Urflut], der mich in *Face of the Deep* beschäftigt hatte, das *not-thing*, das nicht *nothing* ist, das biblische Schöpfungschaos. In einer Art atmosphärischem Kreislauf formen die ozeanischen Strömungen die Wolken. Es wird uns keine Richtungen weisen. Es lässt sie uns finden.

RK:__Es freut mich, dass Sie hier auf *chora* zurückkommen. Denn wie ich mich erinnere, haben wir vor vielen Jahren unser erstes Gespräch genau damit begonnen. Gott und *chora*. *Chora* als das Dazwischen – als ‚Raum der Ereignisse', der den *tehom* der Schöpfung mit dem Schoß Marias verbindet und davor mit Sarah und mit vielen nach ihr. *Chora* ist der Ort der Theopoiesis, wo das Göttliche menschlich wird und umgekehrt – wie in der griechischen Inschrift unter den Wandgemälden von der Muttergottes mit Kind in den frühen christlichen Kirchen: *chora achoraton*, ‚Gefäß des Unfassbaren'. Dies ist der Ort, wo das Unmögliche möglich wird. Wie im Kelch-Schoß im Mittelpunkt von Rubljows *perichoresis*-Ikone, die weibliche Matrix im Zentrum der Dreifaltigkeit – ohne die diese niemals sein und auch nicht für immer in Bewegung gehalten werden könnte. Hier stoßen wir auf eine vierte Dimension – vor, zwischen und nach den Dreien. Ana-Zeit und Ana-Raum. Fleischliche Vorbedingung für das Heilige. Eine Wolke, wenn Sie so wollen, in der das Wort dem Fleisch begegnet und das Leben immer und immer wieder aufs Neue beginnt. Man könnte es sich auch als einen begrenzten Höhlen-Raum vorstellen, wo das Heilige bis in alle Ewigkeit heimsucht, geschieht, hervorbringt, zeugt, wiederherstellt. *Chora* als *in fini*. Wo aus Angst Liebe wird. Wo aus einem ‚Fürchte dich nicht' ein ‚Ja ich will Ja' wird. Die Implikationen dieser *Chora* für einen neuen Feminismus und einen neuen Humanismus – von Denkern wie Ihnen, Irigaray und Kristeva ausgearbeitet – sind, scheint mir, enorm wichtig.

4 Transszendenter Humanismus in einem säkularen Zeitalter

GESPRÄCH MIT CHARLES TAYLOR

Der kanadische Philosoph Charles Taylor, einer der vornehmsten intellektuellen Kommentatoren der westlichen Kultur und Religion, hat breit über politische Philosophie, Theorien der Sozialwissenschaft und die Geschichte der Philosophie geschrieben. Er ist bestens bekannt für seine narrative Erzählung der kulturellen Ursprünge und möglichen Zukünfte der Moderne in Quellen des Selbst. Die Entstehung der neuzeitlichen Identität *(1994; engl. Orig.: 1989) und zuletzt* Ein säkulares Zeitalter *(2009; engl. Orig.: 2007). Besonders in dem letzten Buch hat Taylor gezeigt, dass die Zurückweisung der Religion in der Moderne selbst auf einer unterstellten Logik der Geschichte gründet bzw. einem „Subtraktions-Narrativ"*[a]*, wie er es nennt, folgt: der Erzählung, dass menschlicher Fortschritt in jeder Kultur notwendigerweise die Befreiung von Religion einschließt. Taylor behauptet stattdessen, dass Religion nie aufgehört hat da zu bleiben und da ist, dass Religion aber ihre Ansprüche innerhalb eines „immanenten Rahmens" geltend machen muss, eines modernen, pluralistischen und entzauberten Universums, in dem wir uns nicht länger einfach auf das Göttliche oder die Transzendenz berufen können, sondern Argumente dafür beibringen müssen. Dieses Argumentieren schließt die Wiederentdeckung traditioneller religiöser Ressourcen für unsere gegenwärtigen modernen Probleme ein.*

Somit ist Taylor, wie Kearney, zutiefst an ein hermeneutisches Verständnis säkularer und religiöser Wahrheiten gebunden, in der Erkenntnis, dass menschliche Einsichten durch unsere Geschichte und Sprache bedingt sind, ohne dabei einen philosophischen Realismus aufzugeben. Wie Taylor klar feststellt, verbindet die hermeneutische Wiederentdeckung religiöser Quellen für menschliches Wohlergehen seine eigene Vision friedvoller Koexistenz von religiösen und säkularen Bürgern mit dem Anatheismus Kearneys. Beide Denker können

sich über die Notwendigkeit eines „transzendenten Humanismus" als einer befreienden Alternative zum exklusiven, säkularistischen Humanismus auf der einen Seite und religiösem Dogmatismus auf der anderen Seite verständigen.
Das Gespräch fand im Oktober 2013 im Gästehaus in Boston statt.

RICHARD KEARNEY (RK): In Ihren Schlussüberlegungen zu *Ein säkulares Zeitalter* führen Sie zwei alternative Szenarien an.[b] Eines ist die Fortsetzung des vorherrschenden Narrativs eines exklusiven säkularen Humanismus; das andere ist ein für die Transzendenz offener neuer christlicher Humanismus – ein Versuch, „wieder zu glauben". Die erste Art des Humanismus beschränkt uns auf das, was sie den „immanenten (Bezugs-)Rahmen" der modernen moralischen Ordnung nennen, eingeleitet durch die Reformation und die mit ihr verbundenen Revolutionen in Wissenschaft und Gesellschaft. Der zweite, mehr christliche Humanismus bleibt achtsam auf die Frage nach geistlicher und religiöser „Fülle". Sie anerkennen vieles des Ersteren als positiv und notwendig, aber Sie wollen auch die zweite Option hinzufügen. Aber warum, mag mancher fragen, ist atheistischer Humanismus nicht genug? Warum ist ein christlicher oder transzendenter Humanismus für Sie so wichtig, besonders als jemand, der „wieder glaubt"?

CHARLES TAYLOR (CT): Nun, ich wollte, ich hätte, als ich mein Buch schrieb, ihren Begriff *anatheism* gekannt. Er hätte sehr gut mit meiner Idee des Wiederglaubens – ursprünglich, wie Sie wissen, übernommen von W. H. Auden[c] – zusammengepasst, nachdem wir unsere dogmatischen Gewissheiten hinter uns gelassen haben. Es gibt verschiedene Marken von Dogmatismus – atheistische und theistische –, worauf Sie in Ihrem Buch hinweisen. Aber lassen Sie mich versuchen, auf Ihre Grundfrage – den Humanismus betreffend – zu antworten.

Wir müssen, erstens, zwischen zwei Arten von säkularem Humanismus unterscheiden: Einer, der jedes „jenseits" ausschließt, ist eine Art von reduktivem Materialismus, der keine Quelle von Bedeutung jenseits des immanenten Rahmens anerkennt. Dann gibt es eine andere Art, die noch etwas anderes anerkennt, ein Trachten nach etwas mehr, nach einem „Sinn des Sinns", wie der zeitgenössische französische Denker Luc Ferry es ausdrückt.[d] Aber der Begriff dieses Mehr bleibt – bei allem Widerstand gegen ein allgemeines „Einebnen" und Vergessen der großen Weisheitstraditionen – innerweltlich.

Ich denke es gibt eine Anzahl von Grenzen, die beide Formen des säkularen Humanismus – offen und geschlossen – von einem transzendenten oder christlichen Humanismus trennen. Es gibt, erstens, den grundlegenden Begriff des Todes (die deutlichste Kluft); und dann gibt es auch einen Begriff einer weitreichenden Transformation des menschlichen Lebens – die Art, die wir im christlichen Verständnis von Agape oder des buddhistischen Begriffs Nirvana und *anatman* (Nicht-Selbst) finden. Hier geht der Begriff des Todes über das normale gewöhnliche säkulare Verständnis hinaus. Es bricht aus dem immanenten Rahmen aus und blickt über ihn hinaus.

RK: Diese Art der Transformation des Lebens scheint dem zu entsprechen, was Sie im letzten Kapitel von *Ein säkulares Zeitalter*, mit dem Titel „Bekehrungen" beschreiben. Sie zitieren das exemplarische Narrativ „Routen" [„itineraries"] von Dichtern wie Charles Péguy und Gerard Manley Hopkins.[e] Aber einige mögen fragen – so wie Sie mich gefragt haben, mit Bezug auf meine Diskussion des Humanismus am Ende von *Anatheism* –: Warum erfordert die Transformation des Lebens den Glauben? Was ist falsch am tiefen Humanismus von Atheisten wie Camus oder den tapferen Pionieren der Ärzte ohne Grenzen? Simone Weil stellt eine ähnliche Frage in „Lettre à un religieux", wenn sie schreibt: „Alle, die die Liebe zu ihrem Nächsten und die Annahme der Ordnung der Welt, Betrübnis eingeschlossen, in ihrem reinen Zustand besitzen, sind, selbst wenn sie allem Anschein nach als Atheisten leben und sterben, sicher gerettet." Und sie fährt damit fort, das Beispiel von Matthäus 25 zu zitieren, dass Christus nicht alle die rettet, die sagen „Herr, Herr" (d.h. pro forma Glaube und Vorschriften befolgen), sondern vielmehr die, die einem Hungernden Brot und Wasser geben, „ohne im geringsten an Ihn (Gott) zu denken".[1] Sie wissen nicht einmal, dass sie es Christus gegeben haben. In diesem Sinn bleiben sie A-theisten oder zumindest Agnostiker, insofern sie das Gute tun, auch ohne einen atheistischen oder konfessionellen Glauben zu be-

---

[1] Simone Weil, Letter to a Priest. London-New York 2013, 21.

kennen. Weil wagt die kühne Schlussfolgerung: Wer immer zu einer Bewegung reinen Mitleids gegenüber einem Menschen in Anfechtung fähig ist, besitzt – vielleicht implizit, aber immer wirklich – die Liebe Gottes und Glauben. So sind ein Atheist oder ein „Ungläubiger" [„infidel"], der zu reinem Mitleid fähig ist, in ihrer Sicht so nahe bei Gott, wie es ein Christ ist, und erkennen ihn folglich ihn gleicher Weise, obwohl ihre Kenntnis in anderen Worten ausgedrückt ist oder unausgesprochen bleibt.[2]

Das kommt vielleicht Karl Rahners Vorstellung von „anonymen Christen" nahe, aber ich meine, es ist noch radikaler. Mir scheint, dass es sagt, dass göttliche Liebe auch in Menschen anderer Religionen – oder überhaupt keiner Religion –, die Mitleid gegenüber ihrem Nächsten praktizieren, gegenwärtig ist. Daher der Wunsch Simone Weils – dem ich mich in *Anatheism* voll anschließe – zu sehen, wie sogenannte heidnische Überlieferungen wie Hinduismus und Buddhismus ebenfalls Träger des Heils sind. In *Anatheism* nenne ich diese Grundlinie eines spirituellen Humanismus „Gastfreundschaft" oder „den Fremden als Gast *(hospes)* aufnehmen", den Feind *(hospes)* als einen Gast *(hospes)* lieben. Ich finde es höchst vielsagend, dass dasselbe Wort auf Latein, *hospes* (oder auf Griechisch *xenos*) in beiden Bedeutungen verwendet wird; und tatsächlich wird dieser selbe Begriff in Matthäus 25 viermal wiederholt, um Christus mit dem Außenseiter zu identifizieren, den viele von uns ignorieren oder zurückweisen. Der Fremde erscheint also als der transzendente Andere, insofern er/sie unsere Reichweite, unseren Besitz, unser Vorurteil transzendiert. Als würde die Behauptung, Christus zu kennen, schon bedeuten, ihn nicht zu kennen, sondern nur unsere Vorstellung von ihm als „Herr, Herr". Ich vermute, dass Ihre Lesart von Ivan Illichs Sicht vom barmherzigen Samariter in *Ein säkulares Zeitalter* in eine ähnliche Richtung weist?

CT: Ich teile viele ihrer anatheistischen Gedanken, Richard. Dieser transzendente Humanismus, der anerkennt, dass es ein Mehr gibt, ist nur möglich, glaube ich, weil da schon Gnade am Werk ist. Viele außergewöhnliche Humanisten, egal wie offen, mögen die Vorstellung von einer transzendenten Gnade zurückweisen. Albert Camus ist ein Beispiel. Und ich respektiere das. Aber wenn man

---

[2] Ebd., 36–37.

Gnade annimmt, dann meine ich, hat man das Bedürfnis und wünscht, ihr näher zu kommen durch Gebet und eine bestimmte Glaubenspraxis (für mich persönlich ist das eine Form christlicher katholischer Praxis). Aber wenn man das sagt, heißt das nicht, dass man sagt: Wir haben die Wahrheit, und ihr alle seid draußen in der Finsternis. Überhaupt nicht. Erlösung kann außerhalb der Kirche existieren. Und ich meine, zu den guten Dingen unseres modernen Zeitalters zählt, dass, nach dem II. Vaticanum, sogar Reaktionäre eine bestimmte Art von Koexistenz mit dem atheistischen Humanismus annehmen. Sie müssen anerkennen, dass sie das nicht zurückrollen können und dass der Ökumenismus bleiben muss – als Dialog zwischen christlicher Religion und nicht-christlichen Religionen und darüber hinaus, was dann natürlich auch Atheisten einschließt, die offen sind für einen gewissen „Sinn des Sinns". Ich meine, das kommt vielleicht ihrer eigenen Sicht der Dinge nahe?

RK: Ja. Anatheismus ist für mich der Raum, wo ein offener Theismus und ein offener Atheismus in Dialog treten können. Deshalb schlage ich vor – entschuldigen Sie die Terminologie –, dass wir zum Beispiel sowohl anatheistische Atheisten wie Camus haben können und anatheistische Theisten wie Simone Weil, die Camus als den „größten spirituellen Menschen unserer Zeit" beschrieben hat. In meinem Buch *Anatheism* verorte ich auch Philosophen wie Merleau-Ponty, Julia Kristeva und Derrida in die erste Kategorie und ebenso Schriftsteller wie James Joyce und Virginia Woolf. Ich verorte Menschen wie G. M. Hopkins und Dorothy Day, zum Beispiel, in letztere Kategorie. Ich vermute, dass Sie und ich ebenfalls der zweiten Kategorie näher sind, obwohl ich bekennen muss, dass es Tage gibt, an denen ich zwischen den beiden schwanke. Aber das ist Anatheisten erlaubt! Und keine Position schließt in meiner Sicht jemanden davon aus, ein praktizierendes Mitglied einer Kirche zu sein und ebenso gut ein genuiner spirituell Suchender – Ihre dritte Definition des Religiösen in *Ein säkulares Zeitalter*, nach Christentum und Zeitalter der Mobilisierung des Glaubens. Ich finde es in dieser Hinsicht ermutigend, dass die Kirche kürzlich Julia Kristeva eingeladen hat, als eine nicht-gläubige Humanistin am interreligiösen Treffen in Assisi im November 2011 teilzunehmen. Das ist für mich ein sehr willkommenes Zeichen einer neuen Offenheit gegenüber atheistischen Brüdern und

Schwestern. Das Assisi-Ereignis bezeugte, fühlte ich, das Versprechen eines wirklichen Dialogs zwischen einem neuen Humanismus und einem neuen Katholizismus.

CT: ＿Ja, dieser interreligiöse Dialog ist wesentlich. Er zeigt eine Art von Freundschaft und Respekt, die über Barrieren hinweg wachsen und Brücken offenhalten können, sowohl innerhalb der Kirchen und unter den Kirchen. Sogar Ratzinger (Benedikt XVI.) hat das, bei all seinen engen Äußerungen über Frauen und Schwule, ermutigt, und er hat einige exzellente theologische Werke geschrieben. Wir müssen erkennen, dass Gott viel größer ist als all das Kirchen-Zeug, größer als all die entzweienden Definitionen. Wir können Gott keine Grenzen setzen. Deshalb müssen wir anerkennen, dass wir Teil einer hermeneutischen Familie sind, indem wir gelten lassen, dass wir über das Transzendente nichts ganz sicher wissen – dass es da immer eine gewisse Unordnung und Fragilität gibt bei all unseren Anstrengungen, in den Griff zu bekommen, was hier letztlich wichtig ist. Was nicht bedeutet, dass wir aufhören, es zu versuchen.

RK: ＿Im Anschluss an die weite Kategorie von „spirituell Suchenden": Würden Sie zustimmen, dass die Suche nach „etwas mehr" beträchtlich genährt werden kann durch historische Weisheitsüberlieferungen, die konkrete Möglichkeiten des Heiligen bereitstellen – nämlich heilige Narrative, Zeiten, Plätze, Rituale, Liturgien, Gebete und Sakramente? Zieht nicht die Suche nach Transzendenz Nutzen von solchen Akten religiöser Einkörperung und Einbettung – indem an das sonst wurzellose, gesichtslose Wort Fleisch angesetzt wird? Es ist das, was ich „sakramentale Inkarnation" nenne, und ich denke, es kommt dicht heran an Ihre eigene Emphase betreffend Inkarnation in *Ein säkulares Zeitalter* und an Ihre scharfe Kritik an „Exkarnation" (ein Begriff, den ich gerne ausborge).

CT: ＿Ich glaube, dass das unerlässlich ist. Sehen Sie, ich meine, manche Menschen haben hier Schwierigkeiten. Wir müssen fragen: Macht es einen Unterschied oder nicht, ein Christ zu sein? Nun, ja, denn eine bestimmte Art von Gebet ist eine bestimmte Art zu leben; eben nicht eine Theorie oder Theologie, sondern ein ganzer Lebensweg. Es ist auf dieser existenziellen, verkörperten, gelebten Ebene, dass wir einen Unterschied finden. Das ist der Grund, warum ich mit Ivan Illich und seiner Idee einer *communio* oder *conspiratio*, gegründet auf einer Hingabe an ein Leben der Agape, die das Verworfene und Ausrangierte umarmt, wie in der Erzählung vom barmherzigen Samariter, übereinstimme. Das ist tätiger Glaube und Erbarmen – inkarnierter Glaube.

RK: Ihre Befürwortung der Wiedergewinnung der Inkarnation als genuiner Quelle des Christentums scheint auch den Wunsch einzuschließen, dass unsere Kirchen wieder ein Gespür für heilige Festlichkeit wecken, einen Zugang zu liturgischer und kairologischer Zeit jenseits der rein linearen Zeit der modernen Kalkulation und technisch-wissenschaftlichen Planung. Sie sprechen vom Karneval, zum Beispiel, der dem Leben des Glaubens Tiefe und Höhe zurückgibt. Aber sie geben auch zu, dass diese selben karnevalesken Energien in einer rein säkularisierten Gesellschaft in Massenbewegungen und Events ausgebeutet oder verfälscht werden können. Es gibt beides. Ich denke an Ihre Erwähnung der Notwendigkeit einer Versöhnung von Eros und spirituellem Leben auf den letzten Seiten Ihres Buches.[f] Ich stimme völlig mit Ihnen überein. Die großen Mystiker und Dichter – und einige frühe christliche Gemeinden – scheinen in der Lage gewesen zu sein, das zu tun, aber wirkliche theo-erotische Spiritualität ist heute doch weithin verloren, nicht wahr?

CT: Die christlichen Kirchen verlieren so oft die Sicht auf diese radikale Botschaft der Inkarnation. Denken Sie an das Beiseiteschieben der Laien und an die unsensiblen Lehren über Schwule, Sexualität, Empfängnisverhütung, Aufhebung des Zölibats oder Frauen im Klerus. Die ganze Tradition von Frauen und Frauenkörpern als Versuchungen des Teufels! Aber blicken Sie auf Frankreich oder andere katholische Gesellschaften heute, wo es eine solch hoffnungslose Notwendigkeit gibt, dass Frauen die Sakramente und das priesterliche Wirken anbieten oder verwalten. Und doch schließt der Vatikan diesbezüglich die Tür zu. Es findet an Orten wie Brasilien und auch in Lateinamerika statt und muss nichtamtlich erfolgen, damit die Kirche wirken kann.

RK: Es ist ja auch in meiner geliebten Heiligen Nation, in Irland, geschehen!

CT: Daher kommt, in einer wachsenden Anzahl von Orten, eine gewisse Heuchelei zwischen offizieller Lehre und inoffizieller Praxis. Das ist nicht gesund. Und die Tendenz des Vatikans, Bischöfe zu ernennen, die diese Linie stützen, ist bedrückend. Man weigert sich einfach zu akzeptieren, dass die menschliche Sexualität eine sehr komplexe und oft schmutzige Angelegenheit ist, wo absolute Kategorien von rein und unrein einfach nicht passen. Aber wir beginnen in der Laienkirche zu sehen, wie menschliche Beziehungen zwischen Eros und Agape auf gute Weise vereint werden und Dinge bewegen können.

RK: Wie glauben Sie, dass ein neuer Katholizismus, im Dialog mit einem spirituell offenen Humanismus, eine neue Eros-Agape Relation zu allgemeinerer Geltung bringen könnte? Wie bildet man den Körper heran, dass er in Übereinstimmung mit diesen beiden Kräften der Liebe spirituell aufblüht? Die Griechen hatten Aphrodite und den Kind-Gott [the child god], den Eros; die Römer hatten Venus und Cupido. Aber wo sind unsere Erzählungen? Die Madonna ist ja kaum ein taugliches Rollenmodell, und man hört heute selten, wenn überhaupt, von der großen Tradition des mystischen Eros in einigen unserer christlichen Kirchen oder Katechismen. Wie machen wir den exkarnatorischen Charakter unseres modernen Zeitalters und unserer modernen Kirche rückgängig?

CT: Ich stimme völlig überein, dass wir alternative oder vergessene Narrative wiederbeleben und wieder erzählen müssen. Aus diesem Grund habe ich am Schluss von *Ein säkulares Zeitalter* den Begriff „subtilere Sprachen" [„subtler languages"],[g] aufgegriffen und mich den Beispielen von Dichtern und Schriftstellern zugewandt, die die Natur, den Eros, den Körper und den Begriff einer lebendigen inkarnierten Gemeinschaft bejahen. Wir müssen auf dieser Linie eine neue religiöse Bilderwelt wiedergewinnen und vielleicht wieder erfinden. Ich denke zum Beispiel an den Begriff *fidelité* bei Charles Péguy,[h] als Treue zu einer größeren glaubenden Gemeinschaft über das isolierte Individuum hinaus, und an seine Hoffnung auf universale Erlösung für alle Lebewesen. Sogar Tiere sind Teil dieser eschatologischen Vision! Und natürlich wirken sich die poetischen Erkundungen dunkler Nächte der Seele und der Epiphanien irdischer Gnade bei Gerard Manley Hopkins ebenfalls tief auf das Pulsieren der Sinne aus.

RK: Ich sehe eine Art Neoromantik in ihrem letzten Werk, nicht nur in dem Narrativ *Ein säkulares Zeitalter*, sondern auch in Ihrer großen Faszination für J[ohann] G[ottfried] Herder und Wilhelm von Humboldt, in Ihrem aktuellen Buch über Sprache.⁽ⁱ⁾ Ich weiß, dieses Interesse geht weit zurück – ich erinnere mich, dass Sie, als ich 1976 einer Ihrer Studenten an der McGill University war, sich eloquent zu Herder geäußert haben –, und ich frage mich, ob es etwas zu tun haben kann mit Ihrer Aufforderung zu einem Dialog zwischen Monotheismus und Polytheismus (das sogenannte Heidentum) auf den letzten Seiten von *Ein säkulares Zeitalter*.⁽ʲ⁾ Einerseits scheint es überraschend. Aber dann ergibt es Sinn im Sinne Ihrer Versuche, auf Möglichkeiten eines neuen Katholizismus hinzuweisen, in seinem wahrhaft universalen Sinn, der im Dialog stehen würde mit dem stärker irdischen und karnevalesken Reichtum bestimmter nicht-christlicher Religionen (denken Sie beispielsweise an Hindutempel und Feste), wo Eros und der Körper oft eine wesentliche Rolle haben, ohne in einen oberflächlichen Synkretismus oder einen New Ageism zu fallen. Und vielleicht hängt das dann wieder mit einer heutigen Tendenz unter jungen spirituell Suchenden zusammen, wieder alte Pilgerwege zu gehen wie den Jakobsweg in Spanien oder das Skellig Kloster in Irland aufzusuchen oder zahlreiche heilige Plätze in Indien oder Nepal. Es gibt da doch einen Hunger, nicht wahr, der oft tief interreligiös ist, ohne geistlicher Tourismus oder Konsum-Devotionalismus zu sein?

CT: Ja, das hängt alles eng mit einer Antwort auf die moderne Entzauberung der Welt zusammen, die den strengen und oft legalistischen Codes der modernen moralischen Ordnung entspricht. Max Weber hatte Recht bezüglich der *Entzauberung*° unserer säkularen Zeit, mit ihrer Okklusion eines jeden Begriffs von „höheren Zeiten" oder heiligen Orten und Plätzen.⁽ᵏ⁾ Das ist ein Faktum, obwohl ich meine, dass Weber den Begriff zu ungenau verwendet hat. Genau nachdem man die Geister losgeworden ist, ist heute eine Anzahl von Leuten im Westen – und meine Analyse in *Ein säkulares Zeitalter* ist fokussiert auf die nordatlantische Kultur und Gesellschaft – daran interessiert, etwas, das verloren war, aber auf neue Weise wieder entdeckt werden kann, wiederzugewinnen in dem Sinn, was ich Re-konversionen zu etwas Neuem von der Vergangenheit her nenne. Neue Formen subtilerer Sprachen, die nichtsdestoweniger fähig sind, wieder mit überkommenen Narrativen, Bilderwelten und Liturgien zu verbinden. Und das ist natürlich das, was Sie, Richard, „Anatheismus" nennen.

RK: Ja, das ist genau das, was ich anatheistische Wiedergewinnungen des Alten als das Neue nenne, im Sinn des doppelten *a* von Anatheismus als „ab" (weg von Gott) und „ad" (zu Gott hin). Philosophen wie Ricoeur und Levinas stimmen, wie Sie wissen, überein, dass man sich vom Gott der metaphysischen Macht und begrifflichen Idolatrie wegbewegen muss, bevor man sich zurück bewegt in Richtung auf einen Gott nach Gott oder eine post-atheistische Transzendenz (was für mich eine Weise des Anatheismus ist). Unser gemeinsamer Freund Ricoeur insbesondere sprach von einer Hermeneutik des Verdachts (inspiriert von der Religionskritik von Freud, Marx und Nietzsche) und stellte ihr eine Hermeneutik der Bejahung an die Seite. Und Levinas spielte mit dem Doppelsinn des *a* in *Adieu*, das sowohl Auf Wiedersehen als auch Willkommen heißt, abschwören und beschwören, zurückrufen und zusammenraufen. Das beinhaltet eine messianische Beziehung zu dem göttlichen Anderen, wo man *contre Dieu* ist, kämpfend mit Gott sowohl im Kampf als auch in der Umarmung – von Angesicht zu Angesicht, von Körper zu Körper – wie Jakob, der mit dem Engel ringt (das ist der Grund, warum ich ein Chagall-Bild dieser Szene für den Umschlag von *Anatheism* gewählt habe). Nach der Aufgabe Gottes *(deus absconditus)* kommt die Möglichkeit einer Rückkehr zu Gott *(deus adventurus)*. Oder wie Ricoeur es ausdrückt: „Die Idole töten und auf die Symbole hören, ist dies nicht ... ein und dasselbe?"[l] Und in diesem Sinn ist Anatheismus eine Reihe von hermeneutischen Auffindungen des Heiligen auf neuen Wegen, in neuen Symbolen und Geschichten – zum Beispiel die Schriften von Joyce und Proust oder die zeitgenössischen Zeugnisse von Leuten wie Jean Vanier, Dorothy Day, Martin Luther King und Gandhi oder in neuerer Zeit, wie Sie erwähnen, Visionäre wie Václav Havel oder Aung San Suu Kyi. Es ist ein neuer Weg des Aufgebens, um etwas zurückzubekommen, ein sehr alter heiliger Kreislauf, sodass Entzauberung umgekehrt zur Wiederverzauberung führen kann. Revolte zur Wiederentdeckung.

CT: Ich stimme mit all dem völlig überein. Aber ich mache mir Sorgen hinsichtlich einer bestimmten Gefahr in dem ganzen Entzauberungsphänomen der Modernität – dass es manchmal gestoppt wird, bevor irgendeine Art von Wiederverzauberung erfolgt, und es kann dann in einem beängstigenden Von-oben-nach-unten-Moralismus enden, der über die Glaubensvorstellungen einfacher Leute hinweggeht, als handle es sich um nicht mehr als um primitive Formen von Zauberei, Aberglaube und Bigotterie. Während hier also eine genuin kritische Aufklärung stattfindet, kann da auch eine wirkliche Einengung von Seele und Geist erfolgen, was ich ein „großes Verlernen" [„great unlearning"] von bestimmten Weisheitspraktiken und -lehren nenne, eine Entleerung von höchst reichen spirituellen Überlieferungen. Natürlich hatte die Reformation Recht, die Exzesse der sogenannten heidnischen Idolatrie aufzudecken. Aber eine der unglücklichen Konsequenzen ihrer eher fanatischen Kampagnen war der Ausschluss von reichen Praktiken des Festlichen und Sakramentalen, gebunden an eine „höhere Zeit" von Wiederholung und Umkehr – Praktiken, bezeugt in den heiligen Riten des Übergangs und des Überschritts der konventionellen moralischen Ordnung, wie sie von Victor Turner und anderen beschrieben wurden.[m]

RK: Faschingsdienstag und bestimmte heilige Festtage in der katholischen und orthodox griechischen Kultur sind zweifellos Überreste solcher Riten. Und ich vermute, ein säkulares Äquivalent dessen wäre Halloween (jetzt das populärste Jahresfest in Nordamerika), wo die Geister und Gespenster einer anderen Zeit uns in unheimlicher und zeremonieller Weise wieder besuchen. Aber dieser populäre Versuch der Wiederverzauberung – zusammen mit Weihnachten und anderen volkstümlichen Feiertagen – ist allzu häufig auf kommerzielle Ferien reduziert. Man vergisst leicht, dass Halloween der Abend „aller Heiligen" [„of All Hallows"] und Christmas die Christmette [„the Mass of Christ"] war. Aber wie wir beide argumentiert haben, kann diese säkulare Übernahme des Heiligen sich auch auf gewaltsame und mörderische Weise ausdrücken – Hitlers Nürnberger Reichsparteitage, Massentötungen in Ruanda und andere Formen populistischer Sündenbockrituale und des Blutvergießens. Das Vergangene ist nie vergangen, wie Faulkner gesagt hat.[n]

CT: Ich stimme zu. Entzauberung war nicht nur ein Zug des exklusiv humanistischen Säkularismus, sondern auch der christlichen Kirchen selbst, bis dahin, dass sie diese sehr machtvolle Dimension des Heiligen zu leugnen suchten. Und wenn es unterdrückt wird, kann es, wie wir wissen, in allen Formen von Perversion zurück-

kommen. Das Festliche in seiner ursprünglichen Form der „Umkehrung" völlig zu verbannen, läuft Gefahr, die Menschen einer bestimmten Zeit und eines bestimmten Raumes zu berauben, wo ihnen bewusst werden kann, dass die etablierte Moral und soziale Ordnung nicht eine Art von perfektem Code ist, sondern ein Zwischenspiel zwischen verschiedenen Arten von Codes, wovon keiner vollkommen ist. Der Karneval war eine Zeit, in der Dinge auf den Kopf gestellt und große säkulare Mächte an ihre Stelle gesetzt werden konnten. Das Problem mit der modernen moralischen Ordnung besteht darin, dass sie manchmal ignorieren kann, dass sie ein Zwischenspiel ist und stattdessen sich selbst für den Endzweck hält – die endgültige, erfüllte Stufe gesellschaftlicher Evolution, gipfelnd in unserem gegenwärtigen säkularen Zeitalter. Das ist die Art von Teleologie, wie sie bei Theoretikern wie Fukuyama oder Huntington zu finden ist und der ich mich ganz und gar widersetze. Sie können nicht über die exklusivistischen Grenzen des immanenten Rahmens hinaus denken. Und in einer weit gefährlicheren und extremen Form erlebt man die Wirkung von Teleologien von „vollkommenen Gesellschaften" [„perfect societies"], die durch verschiedene – seien es faschistische oder stalinistische – totalitäre Regime auferlegt wurden. Wir werden jedermann schön und endgültig glücklich machen – und jedermann außerhalb unserer perfekten Ordnung ist unrein und primitiv, er muss missachtet werden, oder noch schlimmer.
RK:__ Wenn diese Form von Verdrängungsdenken in Religionen anzutreffen ist, ist es ebenfalls extrem verstörend. „Wir haben die eine absolute Wahrheit und wir haben sie absolut!" Wie ich es sehe, geht genuines Christentum (womit ich nicht sage: als einzige Religion) in eine entgegengesetzte Richtung. Denn wenn Matthäus 25 richtig ist, kam Christus als der am wenigsten mächtige Fremde und machte sich mit den unreinsten und verworfensten Mitgliedern der Gesellschaft gemein. Wir stimmen überein, dass Jean Vanier und Mutter Teresa diese ursprüngliche Weise des christlichen Zeugnisses repräsentieren, wie auch jemand wie Ivan Illich mit seiner verblüffenden Lesart der Erzählung vom barmherzigen Samariter und seiner Kritik am autoritären Verrat seiner eigenen christlichen Kirche als eine Korruption des Besten – *corruptio optimi est pessima*. Hier folgt er nicht nur Matthäus 25, sondern auch Dostojewskis frostiger Kritik in „Der Großinquisitor".

CT: _ Ja, ich bin persönlich sehr beeinflusst worden von Illichs Auslegung des barmherzigen Samariters.[o] Er sieht darin nicht einfach das *Prinzip* ausgedrückt, wie wir für jemanden in Not da sein sollten, ohne Rücksicht auf Herkunft, Zugehörigkeit usw., sondern tatsächlich eine *Praxis* des Daseins, durch Beginn einer neuen Beziehung. Agape gründet Beziehungen; das Handeln weitet das Agape-Netzwerk aus, das die Kirche idealerweise ausdrücken sollte. Illich erinnert uns beständig daran, dass die Kirche als Institution – mit ihren Regeln, Ausschlüssen und Befehlsketten – immer in Gefahr ist, dieses Netzwerk zu verraten und zu denaturieren, dadurch, dass sie Regeln und Autoritäten hegemonisch macht. Das ist die *corruptio optimi*, welche die schlimmste Art kirchlichen Verrats ist. Der barmherzige Samariter eröffnet einen anderen Pfad, einen Pfad des Handelns, der die christliche Botschaft beständig für neue Beziehungen offenhält.

RK: _ Ich möchte zum Schluss zurückkommen auf die Verbindung zwischen Anatheismus und dem Ausdruck „wieder glauben" von Auden, den wir beide in unserem Nachdenken über Gott nach dem Atheismus verwendet haben. Bedeutet das, in Ihrer eigenen Geschichte, eine Rückkehr zu einer bestimmten „katholischen" Tradition, und wenn das der Fall ist, wie würden Sie diese neu definieren?

CT: _ Lassen Sie mich zuerst sagen, was ich an Ihrer Lesart dieser „wieder glauben"-Idee so gut finde, und dann will ich etwas über meine eigene Meinung zur Wiedergewinnung einer katholischen Tradition oder katholischer Traditionen hinzufügen.

Was Ihr eigenes Werk betrifft: Ich genieße es sehr, *Anatheism* zu lesen, und ich war beeindruckt zu sehen, über wie viele gemeinsame Themen wir arbeiten, wenn auch manchmal in etwas unterschiedlichen Sprachen. Lassen Sie mich hier zwei Hauptthemen nennen. Als erstes, und das ist nicht überraschend, das ana- Thema. Das ist inhaltsschwer. Ich denke, die *„wieder* glauben"-Idee ist für unser Zeitalter wesentlich. Bekanntlich hat Auden die Formel zuerst gebraucht, aber sie ist nach einem halben Jahrhundert eher noch relevanter. Es gibt viele Leute, die noch immer glauben, dass die religiöse Tradition, der sie angehören wollen, immer geblieben ist, was sie ist, wie sie Ihnen übermittelt worden ist, und sie glauben, dass sie, um ihr treu zu bleiben, sie um jeden Preis in jeder Hinsicht verteidigen müssen. Und dann gibt es, glücklicherweise, eine wachsende Zahl von Gläubigen, die ihren Weg anders sehen – nämlich als eine Reise, zu der sie zurückkehren von einer einstweiligen oder frühzeitigen Entfremdung und auf der sie einen neuen Reichtum möglicher Routen entdecken, die dorthin führen können, wohin sie zu gehen hoffen. Man kann aus einer Anzahl verschiedener Pfade aufbrechen, um an sein Ziel zu kommen.

RK: Ein bisschen wie der Jakobsweg, der tatsächlich eine Vielzahl verschiedener *Wege* umfasst, die zum Pilgerziel führen, mit vielen jahrhundertealten Ausgangspunkten – Dublin, London, Krakau, Prag, Bordeaux, Vézelay, Le Puy usw. Die verschiedenen „Wege" konvergieren oder divergieren an verschiedenen Kreuzungspunkten der Reise, aber sie führen alle in dieselbe Richtung.

CT: Ja, es ist eine Sache, die nicht Beginn und Ende, den *terminus a quo* und den *terminus ad quem*, gleichsetzt. Und dann finden wir, im 20. und 21. Jahrhundert, wiederum viele Leute, die Routen folgen, für die es keine unmittelbaren oder früheren Vorbilder gibt, keine klaren Karten oder Pläne. Und wenn man den Möglichkeiten des ana- folgt, stellt man fest, dass es hier Raum gibt für verschiedene Kartenwerke [mappings]. Und man kann auf die Überlieferung zurückblicken und sehen, wie verschiedene Personen tatsächlich auf keiner Karte verzeichnete neue Routen und Pfade durch unbekanntes Gelände eröffnet haben.

Nehmen Sie eine Gestalt wie den hl. Franziskus.[p] Er kann in Ihrem Leben wieder erscheinen, denn in der Geschichte von Franziskus ist auffallend, dass er nicht den Weg geht, der ihm angeboten wurde; er beginnt einen neuen Weg. Das ist auch der Grund dafür, dass ich im letzten Kapitel von *Ein säkulares Zeitalter* eine Anzahl von modernen Gestalten, die wir schon erwähnt haben – Péguy und Hopkins zum Beispiel – gewählt habe, die, auch wenn sie weniger dramatische Beispiele sind als Franziskus, ebenfalls *ana-* Menschen sind. Es sind Menschen, die auf ihre Weise zum Glauben zurückgekehrt sind, die *wieder* geglaubt haben.

Nun, das zweite Haupt-*ana*-Thema [main ana-theme], das ich hervorheben will, bezieht sich direkter auf die Frage des Heiligen und des Säkularen. Es ist dieses: die Platzierung einer Glaubensposition – meine eigene, Ihre, die anderer – auf der ganzen Skala von Glaubenspositionen. Denn eines der Schlüsselargumente meines Buches ist das, was für die moderne westliche Säkularität auf dieser großen Skala von Wahlmöglichkeiten wesentlich ist, der Nova-Effekt[q] von Wahlmöglichkeiten, die sich verbreiten, zunehmen, neue mögliche Wege des Verbindens oder Neu-Verbindens oder Nicht-Verbindens früherer Positionen generieren und so eine breitere Palette von Routen eröffnen und eine größere Variabilität von dem ermöglichen, was ich im Schlusskapitel meines Buches „Bekehrungen" [„conversions"] nenne.

RK: ___ Was genauer wohl *Re*-konversionen genannt werden könnte? Aber ich hätte gerne, dass Sie auf meine Frage zurückkommen, wie sich all das zu Ihrem eigenen Glaubens-Weg als ein „Ana-Theist" verhält – wenn ich so kühn sein darf, Sie zu den *ana*-Menschen zu zählen! Wie sehen Sie sich selbst als jemand, der wieder glaubt durch „Vorwärts-Wiederholung", dadurch, dass er dem Vergangenen eine neue Zukunft gibt?

CT: ___ Genehmigt; hinsichtlich meines eigenen Gefühls der Wiedergewinnung des Katholizismus möchte ich damit beginnen, dass ich sage: Ich möchte den Begriff katholischer intellektueller Traditionen lieber im Plural verwenden. Zusätzlich zum üblichen Verständnis einer Hauptlinie der Überlieferung, die sich von Augustinus und Thomas von Aquin bis zu den scholastischen und neuscholastischen Strömungen erstreckt, bin ich persönlich von anderen katholischen Lektüren beeinflusst worden – zum Beispiel von Blondels Philosophie der Aktion, von Péguys Sozialphilosophie der kreativen Erneuerung, von Fergus Kerrs Erneuerung des Thomismus von Wittgenstein aus, dann von der ganzen reichen phänomenologischen Erneuerung der katholischen Theologie und Philosophie – und insbesondere von Karl Rahner. Ich denke, wir müssen sehen, wie diese verschiedenen intellektuellen Wege sich überschneiden und konvergieren können in allen Arten von kreativen Wegen.

RK: ___ Und wie sieht es aus mit ökumenischen Wiederfindungen und Annäherungen? Was ist mit dem katholische Denken, das sich, nach dem II. Vatikanum, neuen Strömungen in der russischen und griechischen Orthodoxie öffnet – die die Bedeutung des Herzensgebets, feierliche Liturgie und die im Alltag gelebte Frömmigkeit betonen – oder dem protestantischen und jüdischen Denken, mit ihrer starken Betonung auf dem Ethischen? Ich denke an den wunderbaren Austausch zwischen Ricoeur und Levinas mit katholischen Philosophen und Theologen in Castelli, Louvain, Cerisy und an weiteren Orten. Nicht zu sprechen von der Bedeutung des katholischen Beitrags zu interreligiösen Gesprächen mit hinduistischem und buddhistischem Denken. Die Jesuiten, Benediktiner und Trappisten haben hier einen großen Beitrag anzubieten, nicht wahr? Teilhard de Chardin, Abhishiktananda, Thomas Merton, Bede Griffiths, Sara Grant. Ich persönlich bin überzeugt, dass bahnbrechende Denker wie diese, die ich gerne ana- Katholiken nenne oder radikale Katholiken – in dem Sinn, dass sie den gemeinsamen ontologischen Kern und die Basis *(radix)* von Weisheitstraditionen teilen – Geburtshelfer einer ganz neuen Generation von katholischem Denken sind, tief verbunden mit anderen Religionen, die unsere eigene Religion herausgefordert, vertieft und bereichert haben. Das gegenwärtige Entstehen von Bewegungen eines „neuen Mönchstums" ist doch ein weiteres Zeichen dieses vielversprechenden Neuerwachens.

CT: Ja, absolut. Und ich würde nur hinzufügen, dass es zusätzlich zur „Öffnung nach außen" rund um das II. Vatikanum eine „Öffnung rückwärts" gibt. Wenn die „Öffnung nach außen" auf die sehr verschiedenen Wege, auf denen die Kirche auf den verschiedenen Kontinenten wie Afrika, Asien und Lateinamerika den Glauben an die Inkarnation erfährt (ein fortdauerndes christliches Grundprinzip), von wesentlicher Bedeutung ist, ist es gleichermaßen wichtig, die zahlreichen Unterschiede in der Zeit anzuerkennen; das heißt die vielfältigen Wege, auf denen die christliche Inkarnation in sehr unterschiedlichen historischen Epochen – Antike, Mittelalter, Neuzeit, Gegenwart – verstanden und gelebt wurde. Jede Generation bringt etwas Neues, und diese neuen Interessen, Ängste und Herausforderungen rufen nach Erneuerung und *resourcement*. Ich denke da an Theologen wie Yves Congar und Henri de Lubac – eine enorme Inspiration für das II. Vatikanum –, die einen Weg gesehen haben, die etwas erstarrte Tradition aufzubrechen, durch Revision und Neuauslegung von großen Einsichten der frühen patristischen Denker, die sich Dinge auf erfrischend interessante und überraschende Weise vorstellten. Diese Wiedergewinnung solch antiker und nicht beachteter geistlicher und intellektueller Überlieferungen hat es einer Anzahl von Denkern des II. Vatikanums möglich gemacht, die sterilen zwanghaften Debatten um Modernismus und Antimodernismus, Reformation und Gegenreformation hinter sich zu lassen. Diese immer wiederkehrenden Dispute rissen ab, und die Tradition wurde in eine reiche Pluralität von Traditionen aufgebrochen.

Was mich betrifft, war es die Lektüre der Werke des brillanten französischen Dominikaners Yves Congar, noch vor dem II. Vatikanum, die mich als jungen, in Montreal aufgewachsenen Mann lehrte, dass die katholische Kirche nicht ein zeitloses Depot absoluter, unveränderlicher Wahrheit war, sondern ein lebendiger Leib, fähig zu ständiger Erneuerung. Congar sprach von einem neuen spirituellen Zeitalter der „Subjektivität", was sehr gut zu dem passt, was Sie und ich – und weitere neuere Autoren wie Roger Lundin (ein Protestant) – auf der Linie von Auden unter „wieder glauben" verstehen; nicht „immer noch glauben", als hätte sich im Glauben nichts geändert, sondern zurückkommen zum Glauben nach Zeiten des Zweifels, des Fragens, des Verlusts oder der Entfremdung und dann etwas wiederentdecken, was unendlich reicher ist – was Sie, Richard, Anatheismus nennen.

RK: Und was Ricoeur (ebenfalls Protestant) eine „zweite Naivität" nennt, einen Glauben *nach* dem Atheismus. Wie ich vorhin erwähnt habe, finde ich, dass seine Dialektik Religion-Atheismus-Glaube sehr stark mit unseren entsprechenden Begriffen von neu glauben im Gefolge von Nichtglauben übereinstimmt.

CT: Ja, auch ich fühle mich Ricoeur immer sehr nahe.

RK: Und Bonhoeffer (noch ein weiterer Protestant), der von den Nazis ermordet wurde, hatte einen ähnlichen Begriff, das „religionslose Christentum", der Begriff *Religion* hier verstanden in dem spezifischen Sinn einer eng konservativen und selbstreferenziellen Institution. Meiner Ansicht nach kann die katholische Tradition, von der Sie und ich herkommen, sich selbst als eine Vielheit von Traditionen gerade durch Begegnungen mit radikalen und innovativen Denkern wie diesen, die oft anderen christlichen Denominationen angehören – Anglikaner, Evangelikale, Methodisten usw. – wiederentdecken. Dieses ökumenische Sich-Kreuzen von katholischen und nicht-katholischen Strömungen des Denkens ermöglicht es, dass die Wertschätzung von Sakramentalität der ersteren und die Bevorzugung von Prophetie der letzteren sich gegenseitig befruchten. Ich denke hier insbesondere an David Tracys Unterscheidung zwischen der „sakramentalen" Gabe der Katholiken und der „prophetischen" Gabe der Protestanten – erstere feiern die dem inkarnatorischen Leben inhärenten Epiphanien: Aktionen, Rituale, Gebärden; letztere verkünden eine neue Mission, die bilderstürmerisch mit der Vergangenheit bricht und einen messianischen Horizont der Hoffnung und Erlösung öffnet. Katholizismus und Protestantismus brauchen einander. Und ich denke, sie beide brauchen die östliche orthodoxe Spiritualität, um uns an die alte Tradition des Herzensgebets zu erinnern – diese besondere Sphäre mystischer Innerlichkeit und Liturgie.

Und, ich wiederhole, ich sehe solch eine ökumenische Offenheit innerhalb der Christenheit völlig vereinbar mit einer gleichen Offenheit gegenüber nicht-christlichen spirituellen und intellektuellen Überlieferungen. Wie wir es im Beispiel der Schwester Sara Grant vom Heiligen Herzen Jesu erleben, die in den späten 1970er Jahren in Mumbai und Pune mit ihren Hindu Nachbarn in interreligiösen Gebeten und Sakramenten tätig war, inspiriert, wie sie es sah, von der Idee der Inkulturation des II. Vatikanums. Schwester Grant arbeitete eng mit den benediktinischen Pionieren des interreligiösen Dialogs in Indien zusammen – Dom Henri Le Saux (Abhishiktananda) und Bede Griffiths –, und die Tatsache, dass sie eine Frau war, war auch, denke ich, ein wesentlicher Teil der Wiedergewinnung einer anderen schlafenden Ressource für die Erneuerung innerhalb ihrer katholischen Gemeinde.[3] In ihrem bahnbrechenden Werk *Towards an Alternative Theology: Confessions of a Non-Dualist Christian*[(r)] hält Schwester Grant die revolutionäre Bedeutung des großen Paradoxons fest, dass „Göttlichkeit [divinity] immanente Transzendenz" ist –, und sie war überzeugt, dass dies eine gemeinsame Einsicht sowohl des Advaita Vedanta als auch der christlichen Inkarnation sei. Sie vertrat auch die theologische These, dass der Hindu Shankara und der Christ Thomas von Aquin in ihren entsprechenden Ansichten des Kosmos als Sakrament intellektuell vereinbar seien. Ich war persönlich sehr bewegt von ihrer Beschreibung einer 10-tägigen Oster-Vigil im Jahr 1975 mit einem Rama-

---

[3] Zu Sara Grant und Abhishiktananda siehe: Richard Kearney, Eileen Rizo-Patron, Hg., Traversing the Heart. Journeys of the Inter-Religious Imagination. Leiden 2010, 23–24.

krishna-Mönch in ihrem Prema Seva Ashram als ein Ereignis von „Tiefe ruft der Tiefe zu" [vgl. Ps 428], wobei äußere Unterschiede „einfach transzendiert wurden, während alle blieben, was sie waren – Hindu und Christ". Sie sprach nachher von einer transreligiösen Epiphanie, die sie lehrte, dass Einheit zwischen Religionen nicht durch die Eliminierung von Unterschieden verwirklicht wird, sondern durch ihr Überschreiten auf eine Einheit hin, die ihnen vorangeht und über sie hinausgeht. Und sie fügt hinzu, dass diese Bedeutung des Über- oder Unterschreitens der konfessionellen Trennungen sowohl als eine Verödung (das Schwinden und Fehlen von Unterscheidungen) und zugleich als eine Freude durch Vergegenwärtigung einer „Harmonie mit allem, was ist oder jemals sein kann" erfahren werden kann.

Ob jemand ein Christ oder Hindu ist oder ein anderer religiös Suchender, wenn man einmal erschließt, was interreligiöse Mystiker wie Schwester Grant – und vor ihr Ramakrishna, Ramana und Vivekananda – „the cave of the heart" im Zentrum sowohl des Universums als auch jeder menschlichen Person nennen, quillt eine verborgene Quelle hervor und setzt sich dann im Hintergrund des eigenen Seins fort, wie beim „Tosen deiner stürzenden Wasser" [Ps 42,8]. Ich finde das außergewöhnlich – als Idee, Bild und Aufruf zu tiefer spiritueller Erfahrung. Sowohl Schwester Grant als auch ihre Hindu-Kollegen sagten, dass solche interreligiöse Epiphanien sich auf der Ebene des Mutterleibs *(guha)* ebenso gut ergeben wie im Geist. Es verlangt nach „subtileren Sprachen", wie Sie sagen.

Ich nehme Grant hier nur als ein Beispiel – dem ich auf meiner eigenen besonderen Route begegnet bin – für das, wovon ich glaube, dass es eine sich verbreitende christliche Wiederentdeckung des Potenzials der Religion als einer Gastfreundschaft gegenüber Fremden ist – einschließlich fernliegender, fremder Formen des Glaubens.

5 Neuer Humanismus und das Bedürfnis zu glauben

GESPRÄCH MIT JULIA KRISTEVA[a]

Julia Kristeva ist eine bulgarisch-französische Philosophin, Literaturkritikerin, Psychoanalytikerin, Soziologin, Feministin und Kulturtheoretikerin. Ihre neuesten Arbeiten über „nachchristlichen Humanismus" decken sich auffällig mit dem Anatheismus von Richard Kearney. Kristeva definiert diesen Humanismus mit Nietzsche als einen „Prozess permanenter Neugründung".[1] Kristeva zufolge befindet sich die europäische Kultur in einer beispiellosen existenziellen Krise hinsichtlich der Definition dessen, was es bedeutet Mensch zu sein. Wir wissen nicht mehr: Was ist ein Mann? Was ist eine Frau? Aus ihrer Sicht ruft diese Krise die Humanwissenschaften und den Humanismus dazu auf, die menschlichen Strukturen wieder in den Blick zu nehmen und in der Literatur und in den kreativen Künsten eine neue Sprache zu schaffen für eine Renaissance unserer Menschlichkeit. Die Aufgabe dieses neuen Humanismus ist es „die moralischen Codes, die im Laufe der Geschichte aufgebaut wurden, ohne sie zu schwächen, neu zu interpretieren, um sie zu problematisieren und angesichts neuer Singularitäten zu erneuern".[2]

Kristevas neuer nachchristlicher Humanismus anerkennt das absolute Bedürfnis der Menschen nach Idealen, um das Leben mit Sinn auszustatten (das Bedürfnis zu glauben), und die Spannung zwischen diesen Idealen und unserer Sehnsucht nach Erkenntnis, nach nüchternem Realismus (das Bedürfnis zu wissen). Säkular gesprochen anerkennt Kristeva die gleiche Spannung, die die Christenheit historisch als die Beziehung von Glaube und Vernunft problematisiert hat. Religiöse Ideale sind ihr zufolge nicht zuletzt deshalb wichtig, weil

---

[1] Julia Kristeva, Going Beyond the Human through Dance, in: Journal of French and Francophone Philosophy 21/1 (2013), 1–12.
[2] Ebd., 3.

sie auf bedeutende Fehler des Säkularismus in der Adressierung menschlicher gesellschaftlicher Bedürfnisse aufmerksam machen. Zu ihren einsichtsvollsten Bemerkungen zählt zum Beispiel, dass es im Säkularismus an einem eigenständigen Diskurs über Frausein im allgemeinen und über Mutterschaft im besonderen mangelt. Das Christentum bietet Ressourcen in Gestalten wie Maria und Teresa von Ávila, aber solche Ideale müssen schöpferisch für unsere Zeit angeeignet werden. Kurz gesagt: Humanismus muss ein Feminismus sein.

Kristevas Projekt hat so große Ähnlichkeit mit dem anatheistischen Werk Kearneys, der wieder über Religion spricht, aber in einer heilvollen, hermeneutischen Weise religiöse Überlieferungen schöpferisch auf gegenwärtige kulturelle Probleme anwendet.

Kearneys Gespräch mit Kristeva berührt drei Hauptthemen: den neuen Humanismus und die Psychoanalyse, die Suche nach einer neuen Politik, um der Herausforderung gesellschaftlicher Desintegration gerecht zu werden, und die Beziehung von Glaube und Fiktion.

Der im Folgenden dokumentierte Gedankenaustausch fand bei mehreren Begegnungen in Boston und Paris in den Jahren 2013 und 2014 statt.

RICHARD KEARNEY (RK):___Mein Hauptinteresse bei diesen Gesprächen ist es, die religiösen Implikationen Ihrer neueren Schriften über Mystizismus, Humanismus und was Sie das „unglaubliche Bedürfnis zu glauben"[b] nennen, herauszufinden. Genauer: Ich möchte mit Ihnen die Implikationen Ihres neuen Humanismus für ein anatheistisches Verständnis des Glaubens erkunden.

Lassen Sie mich mit Ihrem Buch *Thérèse mon amour*, das kürzlich auf Englisch erschienen ist,[c] beginnen. Darin sagt Ihre literarische Protagonistin Sylvie Leclercq, dass die heilige Teresa von Ávila die wahre „*Menschlichkeit* Christi" repräsentiere. Ihre Romanfigur spricht von einem neuen interreligiösen (oder postreligiösen) Humanismus, der es vermag, die Singularität jedes sehnsuchtsvollen Subjekts mit einer Pluralität verschiedener Glaubensweisen zu versöhnen. Ich zitiere ihre Sicht der kommenden Dinge. „Ich stelle mir eine Menschheit vor, die bedacht ist auf die Sehnsucht nach dem Anderen in jedem anderen, die sich durch und mit der Geschichte aller – Juden, Christen, Muslime, Konfuzianer, Shintoisten und weiteren – sucht; ohne ihre Feindschaften zu ignorieren, ihre Differenzen herunterzuspielen oder sich ihren Institutionen zu unterwerfen." Für Ihre Protagonistin gilt, wie für Teresa: „Es gibt den Anderen, er ist in uns in verschiedenen Gestalten."[d] Meine Frage lautet deshalb, ob eine dieser Gestalten das sein könnte, was ich den anatheistischen Gott nach Gott nenne. Denn gewiss überschreiten Teresas theo-erotische Begegnungen mit dem mystischen Anderen doch den alten Gott metaphysischer Unveränderlichkeit und Theodizee? Umarmen sie nicht einen heiligen Fremden innen und außen?

Ich fand diese darauf bezogene Stelle in Ihrem Teresa-Buch gleichermaßen faszinierend: „Durch die Liebe der Menschheit Christi empfängst du beständig von ihm deine Freiheit. Beständig, ohne Erklärung, ohne Ende, unendlich frei. Ist dies Humanismus?" Und ich frage mich, wie all das zusammenhängt mit einem Thema, das uns beiden teuer ist: die Affirmation der heiligen „Diesheit" *(haecceitas)*, der alltäglichen Dinge – was Teresa die „Töpfe und Pfannen" nennt, was Sie „Singularität" nennen und was ich (nach Joyce und Hopkins) „Epiphanie" nenne.

JULIA KRISTEVA (JK): Lassen Sie mich mit Ihrem letzten Punkt beginnen. Die Bedeutung der Kategorie Diesheit oder Singularität ist für eine neue humanistische Ontologie ebenso zentral wie für Ihre anatheistische Ontologie. Meine letzten Lektüren von Teresa führten mich – zusätzlich zu den Entwicklungen und Sackgassen des modernen säkularen Humanismus – dazu, einen Schlüsselbegriff des christlichen Humanismus zu revidieren, und zwar den Begriff *haecceitas* bei Duns Scotus. Das ist auch ein Schlüssel zu dem, was Sie über Mikro-Eschatologie und den „Gott der kleinen Dinge" schreiben. Wir wissen heute: Die moderne Bedeutung von Glück ist Freiheit; Freiheit ist aber nicht notwendigerweise integrativ, kollektiv und standardisiert, sondern sie geht einher mit dem Singulären.[e] Duns Scotus (1266–1308) hat das schon gegen Thomas von Aquin vertreten: Wahrheit ist nicht in der allgemeinen Idee, nicht in opaker Materie, sondern in „diesem einen": dieser Mann hier, diese Frau da; deshalb sein Begriff *haecceitas*, von *hoc, haec*, oder auch *ecce* „dieses", das Demonstrativum, das auf eine unnennbare Singularität verweist. Darüber hinaus wird vertreten, dass die Entdeckung des Duns Scotus darauf zurückgeht, wie er das Wort liest, das Gott an Mose richtet: „Ich bin *der Eine*, der ist."

Die unaussprechliche Nennung des Namens sei der Hinweis auf höchste Singularität.

Ich bin interessiert an der Entwicklung einer scotistischen Ethik, die auf dieser inkommensurablen Singularität jeder Person gründet, einschließlich behinderter Personen. Was ist eine scotistische Ethik? Das ist die Frage schlechthin, die am Scheideweg von Theologie und Philosophie gestellt werden muss. Ist es eine mehr „mystische" (manche, wie Gilles Deleuze, sagen „atheistische") Ethik, während die Ethik von Thomas von Aquin mehr „Sozial"-Ethik wäre? In einer Ethik, die scotistischer Inspiration folgt, könnte Singularität jedenfalls als die einzige Positivität, ich würde heute sagen, als der einzige Wert gedacht werden. Beginnend mit der Positivität der Seienden, weitete Duns Scotus sie auf das Sein selbst aus, auf Gott, als die *causa singularitatis*. Gott sei singulär und Christus ganz besonders, weil der Gott-Mensch die Dichte seiner Singularität durch den Test seines Leidens bis in den Tod entwickelt und bis zu seiner Verherrlichung als ein verwundet-gekreuzigter Überlebender, da diese weder eine Entschädigung noch eine Satisfaktion ist, sondern genau das Zeugnis [evidence] seiner Singularität.

RK: Ein zentraler Aspekt des Anatheismus ist die Aufmerksamkeit, die den „Letzten von diesen" gewidmet wird – den Vergessenen und Entfremdeten. Ich nenne das Gastfreundschaft gegenüber dem Fremden. In Ihren letzten Arbeiten und insbesondere in Ihrem Buch mit Jean Vanier, *Leur regard perce nos ombres* [*Ihr Blick durchdringt unsere Schatten*], wenden Sie die scotistische Ethik der „Diesheit" auf die Behinderten an. Könnten Sie mehr dazu sagen, und vor allem darüber, wie Ethik, Humanismus und Religion sich in dieser Frage teilweise decken?

JK: Eine Aktivistin für die Rechte von behinderten Menschen in den USA, Nancy L. Eiesland [1964–2009], greift – anscheinend ohne es zu wissen – diesen scotistischen Gedanken in ihrem Buch *The Disabled God*[f] auf, wenn sie Jesus als den einzigen „behinderten Gott" beschreibt. Erscheint er nicht seinen Aposteln, auch in seiner Herrlichkeit, mit einem „beeinträchtigten", einem beschädigten Leib? Hier ist die Wunde nicht ein Mangel, denn sie ist ein integraler Teil seiner Herrlichkeit, die selbst als eine Singularität gegeben ist und wahrgenommen wird.

In der anderen Weise des modernen Humanismus hat der Ex-

Abbé Denis Diderot diese „positive Singularität" für sich selbst beansprucht, als er es unternommen hat, den behinderten Menschen in ein politisches Subjekt zu transformieren – zum allerersten Mal in der Welt. In seinem „Brief über die Blinden zum Gebrauch für die Sehenden" (1749) weist er grundsätzlich darauf hin, dass behinderte Personen alle Rechte haben, dass sie „frei geboren und gleich an Rechten sind". Und die Deklaration der Menschenrechte wird eine Menge Zeit brauchen, dieses Prinzip in die Praxis umzusetzen, in effiziente Positivität und gesetzliches Recht für den behinderten Menschen. Das Recht auf „personalisierte Kompensation" in Frankreich im *Loi handicap* von 2005 ist eine Folge davon.

Doch sind für das Erreichen dieses Ziels des modernen Humanismus politischer Wille und Rechtsprechung nicht genug. Es wäre notwendig, das *corpus mysticum* (mystischer Leib) wieder zu finden, das Kant am Ende der *Kritik der reinen Vernunft* (1781) beschwört, damit die Singularität des Menschen mit Behinderung in der Lage sein würde, die Normen in ein dynamisches, progressives Konzept zu transformieren: Liebe als die Vereinigung mit der Singularität, die völlig anders ist, wieder zu entdecken. Mit anderen Worten: Bei der inklusiven Solidarität mit den Schwachen geht es darum, dass Liebe an die Stelle von Singularitäten tritt. Welche Liebe? Liebe als Wunsch und Wille, sodass der einzelne sich klar wird, anerkannt wird und sich entwickelt im Teilen seiner eigenen Singularität. Viel mehr als Solidarität, die große Schwierigkeit hat, sich aufrechtzuerhalten, ist es allein diese Liebe, die die positive (und nicht „defizitäre") Singularität des einen dazu führen kann, der Sterblichkeit kundzutun, in einer Gesellschaft zu erblühen, die auf der Norm gründet, ohne die, wie ich sagte, es keine Verpflichtung gibt, und die auch zur Entwicklung von Normen anleiten kann.

RK:__Würden Sie sagen, dass dieser neue Humanismus des Einzelnen in Richtung auf eine gewisse anatheistische Wiedergewinnung christlicher Spiritualität nach dem Tod Gottes verweist?

JK:__Sie fragen mich nach der Beziehung zwischen meinem Projekt eines neuen Humanismus und Ihrer Bemühung um eine anatheistische Wiederkehr des Heiligen „nach dem Atheismus". Lassen Sie mich versuchen damit zu antworten, dass ich zunächst einige Überlegungen über den neuen Humanismus entfalte, die ich bei einem interreligiösen Treffen in Assisi im Jahr 2011 vorgetragen habe. Vorangegangen war ein Vortrag in Paris beim Forum „Vorhof der Völker", einem Forum für Dialog und Austausch zwischen Gläubigen und Nicht-Glaubenden, das im März 2011 von Papst Benedikt XVI. ins Leben gerufen wurde. Bei der Tagung des Forums in Paris am 24./25. März 2011 habe ich einen Text mit dem Titel „Den Humanismus wagen" vorgetragen.[3] Das war einige Jahre, nachdem ich *Cet incroyable besoin de croire* [*Dieses unglaubliche Bedürfnis zu glauben*] veröffentlicht hatte.[4] Das Treffen in Assisi war benannt *Days for Peace and Justice in the World* [*Tage für Frieden und Gerechtigkeit in der Welt*]. Es war eine ökumenische Zusammenkunft aller Weltreligionen und schloss eine Delegation von Nicht-Glaubenden ein. Als solche trug ich einen weiteren Text vor, überschrieben: *Oser l'humanisme* [„Zehn Prinzipien für den Humanismus des 21. Jahrhunderts"][g] vor einer Versammlung von fast nur Männern – farbig, kostümiert, mit tausenderlei Frisuren – ein wahrer *Cour des Miracles!*

In seiner Ansprache hieß Papst Benedikt uns willkommen, und gemäß seinem Amt als Papst beschrieb er uns Humanisten als bedrängt von Leid, da wir, ihm zufolge, noch nicht den wahren Gott gefunden hatten. Unruhe in den Reihen der Nicht-Glaubenden! Sehr zügig wies er als Philosoph, der er ist, und als passionierter Leser von Nietzsche und Heidegger, darauf hin (was wohl auch Sinn meiner Ansprache war), dass die Wahrheit für uns ein „Weg" ist, ein „beständiges Fragen", ein „innerer Kampf". Und er sprach zu den Glaubenden, verwies auf uns in gewisser Hinsicht als Beispiel und mahnte sie, nie zu vergessen, dass „niemand im Besitz der Wahrheit ist". Wenn das vergessen wird, wird die Welt unausweichlich zum Krieg schreiten, wird es niemals Frieden geben. Wir konnten diesen Worten nur beipflichten und feststellen, dass wir einem bedeutenden politischen Akt für den europäischen Humanismus und seine ständige Neugestaltung beiwohnten.

Als ich dann nach Frankreich zurückkam, überlegte ich mit den Verantwortlichen des Collège des Bernardins, wie diese außergewöhnliche Begegnung in Assisi – im Kontext eines Wiederauflebens

---

[3] Julia Kristeva, Pulsions du temps. Paris 2013, 539–560 [zuerst veröffentlicht in: Revue des Deux Mondes, Sept. 2013].
[4] Julia Kristeva, Dieses unglaubliche Bedürfnis zu glauben. Gießen 2014.

von Antisemitismus, Rassismus und Islamophobie mit der Merah-Affäre,[5] aber auch im Kontext des Gefühls des Unverständnisses, das die Katholiken teilen –, fortgesetzt werden könnte. Das Projekt der Gründung der „Groupe de réflexion Montesquieu", mit der Teilnahme der Repräsentanten der wichtigsten religiösen Traditionen Frankreichs und von Nicht-Gläubigen, Männern und Frauen von den Universitäten und den Medien, wurde so geboren. Wir versuchen eingehende Debatten über verschiedene Aspekte von Identitätskonflikten durchzuführen, die uns bewegen, im wirklichen Leben konkret Stellung zu beziehen. Die Gruppe steht noch am Beginn, es gehören ihr aber schon Frauen an wie die Philosophinnen Blandine Kriegel, Elisabeth de Fontenay und die Rabbinerin Delphine Horvilleur. Wir werden mit Fachleuten sprechen, die an öffentlichen Schulen Ethik unterrichten. Ich hätte gerne auch, dass Mrs. Latifa Ibn Ziaten, die Mutter eines der Opfer von Merah, eingeladen wird.

Sie sehen, diese Überlegungen zur Notwendigkeit des Aufbaus einer neuen Ethik nehmen in meinem Schreiben und in meinem Engagement einen guten Teil der Zeit ein; sie sind aufgenommen in den Sammelband *Pulsions du Temps*, der eine Reflexion über Temporalität darstellt.[(h)]

RK: Warum Zeit? Welche Rolle spielt die Temporalität im ethischen Bezug zwischen Ihrem (philosophischen und literarischen) Schreiben und Ihrem Engagement für den neuen Humanismus? Sie scheinen einen kritischen Zusammenhang zwischen Ihrer persönlichen Geschichte und der umfassenderen Geschichte zu sehen.

JK: Geboren in Bulgarien, französischer Nationalität, gefühlt von Amerika adoptiert, betrachte ich mich als eine Bürgerin Europas. Ich habe die Folgen der großen Katastrophen des 20. Jahrhunderts – Schoa und Gulag – erlebt. Ich war Zeuge der messianischen Rückkehr bestimmter Hoffnungen in der Perspektive einer Demokratie für alle. Ich sehe heute eine neue Wiederkehr des Religiösen [religious revival]. In dieser Geschichte scheint mir die Wiederkehr des Religiösen höchst lebendig zu sein, und vielleicht ist sie am besten

---

[5] Mohammed Merah (1988–2012) war ein franko-algerischer islamistischer Terrorist, der im März 2012 in Toulouse und Montauban sieben Menschen ermordete, darunter drei jüdische Kinder.

geeignet, auf die endemische Krise zu antworten, die aus unserem kulturellen Erbe stammt. Es geht nicht um eine Rückkehr zu den „Gründen" [causes]. Gründe wurden alles in allem genauso dekonstruiert wie „Ursprünge" und „Wahrheit"; sie sprechen nicht mehr zu uns.

Der hl. Augustinus hat zu einem *retrospective return*[i] eingeladen – zu einer Erinnerung, Befragung und Problematisierung der Überlieferung. Und diese Sicht ist, für mich, koextensiv mit der Kultur Europas. Wir finden sie schon im griechischen philosophischen Denken und in den platonischen Dialogen – die Kultur, zusammen mit ihrer Infragestellung. Auf andere Weise finden wir das in der Geschichte der Bibel; die Talmudisten hören nicht auf, das Wort von JHWH an Mose „Ich bin der, der ist, der war, der sein wird" zu befragen. Schließlich ist diese Sicht prägend für meine eigene Auffassung des Humanismus, der nicht der Kult des Menschen (in Großbuchstaben) an Stelle Gottes ist oder ein Theomorphismus, sondern schlicht (wenn ich das so sagen darf) die Entwicklung der Philosophie der letzten zwei Jahrhunderte, mit der, der Formulierung Nietzsches „vielleicht der große Ernst erst anhebt, das eigentliche Fragezeichen erst gesetzt wird", nämlich bezogen auf Gott.

Die ganze Reise, die meine Generation um die Phänomenologie herum zurückgelegt hat, durch Marxismus, Freudianismus, Linguistik, Strukturalismus und Psychoanalyse hindurch, führte mich dazu, das Vermächtnis von menschlichen und gesellschaftlichen Krisen zu befragen. Und sie weckte auch mein Interesse für den menschlichen Mikrokosmos und die Geschichte der Religionen.

RK: Ich würde gerne von Ihnen mehr hören über die Beziehung zwischen Ihrem humanistischen Projekt und einer möglichen postatheistischen Wiederentdeckung des Heiligen, befreit von dem metaphysischen Drum und Dran des Gottes der Theodizee und der Macht. Was ist der Gewinn und was sind die Gefahren?

JK: Tocqueville und Hannah Arendt sagen uns im Wesentlichen, dass es in Europa – und nirgendwo sonst – ein Ereignis gegeben hat, das die Verbindungen zur religiösen Überlieferung abgeschnitten hat. Dieses beispiellose Ereignis, der Tod Gottes, wurde durch die griechisch-jüdischen und christlichen Überlieferungen vorbereitet. Aber „Gott ist tot" kann zwei Gesichter des modernen Nihilismus aufdecken. Auf der einen Seite gibt es die, die hoffen, ohne eine

Ethik auszukommen: Sie machen Politik zu einem umfassenden Moralismus, der von der säkularen Solidarität gemanagt wird, die in Perioden der Einschränkung über möglich/unmöglich wacht, und von der Legalität, von der man voraussetzt, dass sie für alles einen Plan bereithält. Auf der anderen Seite stehen die, die Religion zu einem Instrument oder zu einer politischen Waffe machen, und auf diesem Weg entwickeln sich heutzutage die Fundamentalismen. Aber, wie Hannah Arendt vorausgesehen hat, sind die, die Gott für politische Zwecke einsetzen, Nihilisten – und vielleicht sogar mehr als erklärte Nihilisten.

Befinden wir uns so in Religionskonflikten, die einhergehen mit dem Zusammenprall zwischen traditionellen moralischen Codes und deren Ablehnung durch uneingeschränkte Freiheiten – Zusammenstöße, die angespornt werden durch die wissenschaftliche und technologische Entwicklung? Oder befinden wir uns am Scheideweg der Klärung des Bedürfnisses zu glauben und seiner logischen Folge, die der Wunsch zu wissen ist? Das ist für mich *die* Frage des 21. Jahrhunderts. Es ist unmöglich, darauf zu antworten ohne ständigen Wiederaufbau dieses anderen Denk- und Lebensraumes, der sich davon gelöst hat, der Raum genau der Säkularisation und des Humanismus.

RK: Manche mögen sagen, dass diese entscheidende gegenwärtige Beziehung zwischen dem Bedürfnis zu glauben und dem Wunsch zu wissen eine Besonderheit einer aktuellen Krise des Westens ist, die speziell aus Umbrüchen in der europäischen humanistischen Kultur hervorging.

JK: Ja, es stimmt, dass sich in Europa seit der Renaissance und dem 18. Jahrhundert ein neuer Humanismus entwickelt hat, mit Erasmus, Diderot, Voltaire, Rousseau, Goethe und einigen weiteren Rebellen, bis zu Freud und seinen Nachfolgern, die mein Denken inspirieren. Ich meine, dass „Humanismus" ein unabgeschlossenes Werk ist, maßlos und langwierig, eine „Umwertung aller Werte" im Sinn Nietzsches. Es geht tatsächlich darum, die Krise ernst zu nehmen, die die Welt erschüttert, und sie ist bei Weitem nicht nur eine ökonomische, politische und gesellschaftliche Krise, sondern eine existenzielle Krise, die uns mit einer großen Unbekannten konfrontiert: Was ist ein Mann? Was ist eine Frau? Beauvoir folgend habe ich geschrieben: „Man wird als Frau geboren, ich aber werde eine

Frau."⁽ʲ⁾ Ich möchte hinzufügen: „Man wird als Mensch geboren, ich aber werde ein Mensch."
RK: Wie geschieht dieser Übergang von „Man" zu „Ich"? Sie sprechen doch von Wandlungen in der Identität, nicht wahr?
JK: Ja. Die nie zu Ende kommende Antwort auf diese Frage ist in meiner Sicht verbunden mit der gegenwärtigen Krise, der Krise des *Homo sapiens*. Es handelt sich um eine sexuelle, ethnische, rassische, nationale und familiäre Identitätskrise. Die Krise ist sicher ein Appell an die Humanwissenschaften, die sich in der Folge des Niedergangs des theologischen Kontinents vor mehr als zwei Jahrhunderten entwickelt und ausgebreitet haben. Diese Antwort hängt aber sehr ab von der Möglichkeit oder Unmöglichkeit, neue Sprachen, neue Literatur, neue Kunst zu schaffen.

In der Morgendämmerung der Renaissance hat Dante Alighieri (1265–1321) in seiner *Göttlichen Komödie* (Paradiso I 70) nach einer Sprache gesucht, die fähig wäre, über das Menschliche „hinwegzugehen": Er spricht von *trasumanar* (Transhumanismus) und schafft damit einen Neologismus in seinem „neuen Stil". Konfrontiert mit der tiefen Krise, die durch die gegenwärtigen Krisen manifest wird, kann keine – alte oder neue – Religion uns retten. Die fortwährende Erneuerung des Humanismus scheint eine radikale Geste zu sein, dass die neue menschliche Komödie die radikale Geste eines *trasumanar* fordert, die die Menschheit braucht. Wir wissen nicht, was diese neue Menschheit – die in den Klon-Laboratorien und in den Bäuchen schwangerer Mütter ausgebrütet wird, sich im Todestrieb benachteiligter Teenager und im Ansturm von Web-Surfern auf Supermärkte der Spiritualität ankündigt – sein wird. Auf der Couch höre ich jedoch die Revolte meiner Klienten – ein neuer Raum der „Wut", wie man im Mai 1968 sagte –, die das Unmögliche wollen. Sie evaluieren eine intime Region des religiösen Kontinents neu, machen eine intime Erfahrung. Ich höre von der Ausgeschlossenheit der Teenager, die keine Ideale haben und unfähig sind, zwischen Gut und Böse zu unterscheiden, neue Akteure des radikal Bösen, die diese fruchtbare Brutstätte des „Gangster-Islam" bewohnen. Erinnern Sie sich an die Merah-Affäre und die Tötung eines Soldaten durch Jugendliche in London am 22. Mai 2013? Erinnern Sie sich an den Jungen, der drei Tage darauf im Hochhausviertel La Défense von Paris einen Soldaten erstach? Ich sehe, wie die Medien sich zuerst über diese Vorfälle besorgt zeigen und dann Gefallen daran finden, uns mit den „Schattenseiten" von Politikern zu überhäufen, die in „Affären" an der Spitze des Staates verwickelt sind.

RK: Ihr neuer Humanismus scheint tief, vielleicht unheilvoll verbunden mit einem Neo-Pessimismus, der an Nihilismus grenzt. Und doch scheint mir, dass Sie auch nach etwas drängen, was „nach" dem Nihilismus und dem Tod Gottes kommt, oder? Etwas, das das Humane an seine Grenzen bringt – und vielleicht darüber hinaus.

JK: Auf die Gefahr hin, apokalyptisch zu erscheinen, behaupte ich, dass wir heute Zeugen extrem beunruhigender Phänomene sind, die an die Grenzen des Humanen stoßen, wie Sie sagen. Wenn wir nicht in der Lage sind, ihnen ins Gesicht zu sehen und sie zu klären, dabei zu sein und sie zu überschreiten, werden wir nicht in der Lage sein, diese neue Art des Humanismus aufzubauen, der uns auffordert, über das Menschsein, das in der Krise ist, „hinauszugehen", es immer und beharrlich zu überschreiten. Es geht nicht darum, voluntaristisch Pläne zu entwerfen, sondern darum, das historische Gedächtnis moralischer Codes, die es vor uns gegeben hat, neu zu evaluieren und die psychosexuelle und gesellschaftliche Unzufriedenheit dieser neuen politischen Akteure, die in der Krise sind, zu prüfen. Ich benutze die Ausdrücke „Dekonstruktion des Humanen" oder „Krise des Humanen" wissentlich, weil sie Aufmerksamkeit auf die Tatsache lenken, dass der *homo sapiens* ein bestimmtes Limit erreicht hat und dass wir dennoch die Fähigkeiten haben, uns dieser Grenze bewusst zu sein und diese Situation zu durchdenken. Die Krise war in der Vergangenheit vielleicht verborgen, aber heute, mit unseren aufs Engste verflochtenen Gesellschaften, wird alles sehr sichtbar, weil die Mittel der Befriedigung [satisfaction] sehr gewaltsam sind (Mafia, Waffen, Drogenabhängigkeit, aggressive Religionen) und das Bedürfnis nach Befriedigung [satisfaction] noch gesteigert wird durch Bilder der engen Verflochtenheit. Es handelt sich um eine radikale Phase des Nihilismus. Ist das nicht ein Grund, in unserer Zeit die Hoffnung zu verlieren? Ich bin eine resolute Pessimistin.

RK: Ich sehe, woher Sie kommen, in allgemeinen soziopolitischen Begriffen. Aber könnten Sie das mit einigen konkreten Beispielen belegen, besonders hinsichtlich der Krise in der westlichen

Christenheit, worüber Sie kürzlich geschrieben haben? Und, ganz besonders, soweit es den Körper betrifft. Mich interessiert das sehr hinsichtlich unserer gemeinsamen Arbeit am Projekt einer fleischlich-körperlich-sinnlichen [carnal] Hermeneutik.[k]

JK:__Ich möchte dafür, was ich meine, zwei Beispiele anführen. Ich werde Bezug nehmen auf Heranwachsende und Mütter, gemäß einer humanistischen Interpretation des Christentums als ein „Denken durch den Körper", aber ohne den Raum zwischen Denken und Körper – eher ein „Denken mit dem Körper".

Als erstes das Beispiel der Jugendlichen. Es gibt für das Sprechen über bestimmte Jugendliche in europäischer Terminologie einen Neologismus: NEET (das Akronym von Not in Education, Employment or Training, nicht in Ausbildung, Arbeit oder Schulung). In Frankreich beträgt die Zahl junger Menschen, die weder in Arbeit noch in Ausbildung oder Schulung sind, 1,9 Millionen. Viele davon gleiten ab in kriminelles Verhalten und extreme Gewalttätigkeit. Ihr Handeln setzt eine Destruktion der Persönlichkeit voraus, die vor allem junge Flüchtlinge betrifft, Immigranten, die sich nicht assimiliert haben und ernsthafte familiäre Krisen durchleben. Diese Desintegration erleben aber auch Teenager aus guten Verhältnissen; Anorexie, Drogensucht, Kleptomanie, Selbstmord nehmen überhand.

Das Bedürfnis nach Idealität ist bei Heranwachsenden immens, und diese Idealität macht den Heranwachsenden zu einem glaubenden Subjekt, unterschieden vom Kind, das verspielt und neugierig ist. Das Königskind, das im „Infantilen" in jedem von uns schlummert, ist ein Forscher in einem Labor; mit allen erwachten Sinnen sucht es zu entdecken, woher die Kinder kommen. Der Jugendliche ist im Gegensatz dazu ein *believer*, ein Glaubender. Wir sind alle Heranwachsende, wenn wir auf das Absolute versessen [impassioned] sind. Adam und Eva, Dante und Beatrice, Romeo und Julia sind die Symbole dafür; wir sind alle Heranwachsende, wenn wir verliebt sind. Nichtsdestoweniger sind unsere Triebe und Begierden ambivalent, sadomasochistisch. Dieser Glaube, dass das ideale Objekt existiert, ist ständig bedroht, wenn er nicht in Schach gehalten wird. Die Leidenschaft der Suche nach dem idealen Objekt kehrt sich um in Bestrafung und Selbst-Bestrafung. Es kommt zu Enttäuschung–Depression–Selbstmord oder in mehr regressiver und somatischer Form zu Anorexie; im entsprechenden politischen Kontext kann die destruktive Macht zum Drang führen, sich Selbst-mit-dem-Anderen zu zerstören, was ich das „Kamikaze-Syndrom" genannt habe.[1]

Weil der Heranwachsende glaubt, dass das Ideal existiert (der romantische Partner, der Beruf, die Ideologie), fühlt er seine Unmöglichkeit als grausam. Ab dann ist die Adoleszenz, strukturiert durch Idealisierung, eine Krankheit der Idealität – entweder fehlt es dem Heranwachsenden an Idealität oder die Idealität, die er in einem bestimmten Kontext bildet, passt weder zum post-pubertären Trieb noch zu seinem Bedürfnis, mit einem absolut befriedigenden [satisfying] Objekt zu teilen. Adoleszente Idealität ist immer notwendigerweise fordernd und in der Krise; sie rebelliert gegen Normen und Unmöglichkeiten. Adoleszenter Glaube trägt unerbittlich zum adoleszenten Nihilismus bei. Warum? Weil es das Paradies (im Unbewussten) gibt, aber „er" oder „sie" mich (in der Realität) enttäuscht. Ich kann das Paradies nur in „ihnen" wünschen und mich an ihnen rächen; Kriminalität folgt. Nun aber, da es das Paradies (im Unbewussten) gibt, er oder sie aber enttäuscht oder mich verfehlt, kann ich dieses Paradies nur in mir wünschen und meine Rache an mir selbst gegen sie nehmen; Verstümmelung und selbstdestruktive Haltungen ergeben sich daraus.

Kulturen, die „primitiv" oder vormodern genannt werden, hatten Initiationsriten zur Befriedigung [satisfying] und Aufnahme dieser Krankheiten der Idealität. Dann gab es das christliche Fasten, besonders in mittelalterlicher Zeit, dessen asketische Riten magersüchtiges Verhalten absorbierten und heroisierten. Später wurde dann ein literarisches Genus, der Roman, als eine Initiationsgeschichte über den heranwachsenden Helden geschaffen, einen Liebhaber und Abenteurer. Die romantischen Ideologien des 19. Jahrhunderts und die proletarischen Revolutionen und Dritte-Welt-Bewegungen des 20. Jahrhunderts boten Heranwachsenden, die in Ideale verliebt waren, ihre Zufluchtsorte an. Der gegenwärtige Säkularismus ist die einzige Kultur, die keine Initiationsriten für Heranwachsende hat, trotz des Bestehens dieser Riten in der Vorgeschichte und gegenwärtig in organisierten Religionen. Kann der Grund dafür sein, dass wir das Bedürfnis nach Idealität leugnen? Wenn die Psychoanalyse das für den Heranwachsenden spezifische

Syndrom der Idealität teilt, hat sie eine Chance, die Widerstände freizulegen und den Heranwachsenden in einen analytischen Prozess zu bringen, gegen den die Adoleszenz rebelliert.

RK:＿Sie schreiben hier der psychoanalytischen Arbeit eine sehr wichtige Rolle zu – sowohl als ein Zuhören als auch ein Durcharbeiten. Arbeit an der Gesellschaft, geben Sie zu verstehen, muss ergänzt werden durch Arbeit an der Psyche, wenn der neue Humanismus eine Chance haben soll. Ist das so?

JK:＿Ja. Sehen Sie, das psychoanalytische Zuhören erlaubt es uns, an die neuen Akteure des Humanismus heranzukommen – befreite Leidenschaften bei Frauen, Müttern, Teenagern unter anderen –, deren Ausbruch in Kultur und Politik heute traditionelle Ideologien in Verlegenheit bringt, die es über geoffenbarte religiöse Dogmen oder die Mängel des Humanismus gibt.

Es kann nicht oft genug gesagt werden, dass der Humanismus ein Feminismus ist – von Théroigne de Méricourt bis zu Louise Michel und Simone de Beauvoir. Der (noch immer unvollständige) Zugang der Frauen zur Freiheit des Liebens, zur Fortpflanzung, zum Denken, ein Projekt in Angriff zu nehmen oder gar zu regieren, kann uns jedoch vergessen lassen, dass der Säkularismus die einzige Kultur ist, die keinen Diskurs über Mutterschaft hat, obwohl ein wichtiger Teil der Forschung in der gegenwärtigen Psychoanalyse der frühen Mutter-Kind-Beziehung gewidmet ist. Was ist eine Mutter? Sie ist eine Akteurin dessen, was ich ‚Vertrauen' *(reliance)* nenne. Die Mutter baut mit jedem Neuankömmling einen sensitiven Code auf, eine Vor-Sprache, und transformiert das Taktile, um das Kind [infant] zur Sprache zu führen.

Vor dem „Bedürfnis zu glauben", das die primäre Identifikation mit dem Vater der individuellen Vorgeschichte kristallisiert, ist das mütterliche Vertrauen das Erwachen der Psyche, das auf diese Weise dem Bedürfnis zu glauben, das die Religionen institutionalisieren, vorangeht. Kann ein weibliches Subjekt – Liebhaberin des Mehr und täglich notwendiger professionell – „Ich" sagen an diesem Schnittpunkt von mütterlicher Passion/Berufung? Die Religionen vergessen sie entweder oder machen sie zu einer Göttin, einer Königin. „Die freie Frau ist noch nicht geboren" hat Simone de Beauvoir geschrieben. Die freie Mutter noch viel weniger, und es wird keinen neuen Humanismus geben ohne Mütter, die das Wort zu ergreifen wissen. Man fragt sich, ob es eine Heilige wie Teresa von Ávila sein musste, um eine andere Mutterschaft zu konstruieren, die sie so erläutert: „nicht nur das Selbst genießen und für das Selbst sich Genuss verschafffen", sondern „von der Perspektive des anderen her denken" und „sich nicht die Hände binden lassen".

Aber wenn der Humanismus ein Feminismus ist, ist er auch Adoleszenz. Warum sind diese Heranwachsenden, die magersüchtig sind, depressiv, drogenabhängig, Brände legen oder auch Träumer, Pioniere, Befreier und Romantiker sind, so fasziniert und so ängstlich? Weil sie Liebende sind, denen es an Idealen mangelt, die eisern glauben, dass es das absolute Liebesobjekt gibt. Da sie es nicht finden, werden diese Adams und Evas, diese Romeos und Julias Nihilisten, Drogendealer, Kamikazes. Der Säkularismus ist die einzige Zivilisation ohne Initiationsriten für die Heranwachsenden. Wollen Psychoanalytiker, Erzieher, Soziologen und Eltern wissen, wie diese „Krankheiten der Idealität" zu dechiffrieren sind, diese Bedürfnisse, zu glauben, die zum Beispiel ihre erotischen Exzesse und ihr tödliches *(thanatic)* Durchdrehen verraten?

RK: Können Sie mehr dazu sagen, wie die Suche nach einem neuen Humanismus sich zu Ihrer psychoanalytischen Lesart des „unglaublichen Bedürfnisses zu glauben" verhält? Mir scheint, dass das im eigentlichen Zentrum unserer Diskussion steht. Ich möchte gerne wissen, wie individuell diese therapeutische Arbeit ist und wie sehr gesellschaftlich und politisch – das heißt eine Arbeit auf kommunaler oder Gemeinschaftsebene.

JK: Dem Bedürfnis zu glauben, das ich für das menschliche Dasein für grundlegend halte, begegnet der Analytiker in zwei Arten psychischer Erfahrung. Ich will zu jeder ein Wort sagen.

Die erste verweist auf Freuds Antwort auf eine Anregung Romain Rollands und wird nicht ohne Zögern beschrieben als ein „ozeanisches Gefühl".[m] Es könnte um die intime Vereinigung zwischen dem Selbst und der Außenwelt gehen, gefühlt als absolute Gewissheit der Befriedigung [satisfaction], der Sicherheit als auch als den Verlust des Selbst zugunsten dessen, was uns umgibt und uns enthält – zugunsten der Verpackung. Es verweist auf die persönlichen Erfahrungen des Säuglings, der noch nicht Grenzen zwischen seinem Selbst und dem mütterlichen Körper errichtet hat. Unbestreitbar und unter geeigneten Umständen könnte diese prälinguistische oder translinguistische, von Empfindungen geprägte persönliche Erfahrung – gegeben für einige, für die „durch eine so weit reichende Regression" zugänglich ist, von Freud dennoch authentifiziert als ursprüngliche Erfahrung des Selbst – im Zentrum des Glaubens sein. Glaube, nicht im Sinn einer Mutmaßung, sondern im strengen Sinn einer unerschütterlichen Gewissheit – eine sinnliche Fülle und letzte Wahrheit, die das Subjekt wie ein exorbitantes Überleben [sur-vie], zugleich sinnlich und geistig, fühlt. Genaugenommen: ek-statisch.

Es gibt ästhetische Werke, die das zeigen. Ich sehe es insbesondere im Werk von Proust. Der Erzähler schafft einen Traumzustand ohne Bilder (im Schlaf, „der wie eine zweite Wohnung ist"), gewebt aus Freuden und Schmerzen, von denen man glaubt, dass sie (sagt er) unsagbar sind und dass sie die äußerste Intensität der fünf Sinne mobilisieren und dass ein Wasserfall von Metaphern allein versuchen könnte, sie zu „übersetzen". Der Psychoanalytikerin Frances Tustin zufolge interpretiert die Geschichte dieser Träume dies als einen Sieg über den endogenen Autismus, der in den Tiefen des Unbewussten in uns lebt. Hat der Schriftsteller dort Erfolg, wo der Autist scheitert?

Mein zweites Beispiel ist „die ursprüngliche Identifikation mit dem Vater in der individuellen Vorgeschichte". Nehmen wir zum Beispiel Psalm 116,10–11: *adaber ki he'emanti ...*: „Ich habe geglaubt, auch wenn ich sagte: Ich bin sehr unglücklich. Ich sprach in meiner Bestürzung: Alle Menschen sind Lügner!" Der hl. Paulus greift in seinem 2. Brief an die Korinther 4,13 auf die griechische Übersetzung des Psalms in der Septuaginta zurück: ἐπίστευσα, διὸ ἐλάλησα,[6] auf Latein: *Credidi, propter quod locutus sum;* auf Französisch: „J'ai cru et c'est pourquoi j'ai parlé"; auf Deutsch: „Ich habe geglaubt, darum habe ich geredet"; auf Englisch: „I believed, and therefore I have spoken."

Einige Zeilen vor dieser Aussage hat der Psalmist das barmherzige Hören Gottes evoziert, den liebenden Anderen, und die verschiedenen Interpretationen des hebräischen Wortes *ki* zusammengezogen: „und", „weil", „trotz". Ich höre daher den Vers so: „Wenn du

---

[6] Obwohl Paulus von Tarsus Aramäisch und Hebräisch konnte, zitiert er die Hebräische Bibel nach der griechischen Übersetzung der Septuaginta.

zu mir sprichst und auf mich hörst, glaube ich und spreche ich, trotz der Unsagbarkeit."

Der Kontext des Psalms ist sehr ausführlich [explicit]. Er verbindet den Glauben (*emuna*, worin man die Wurzel *amen* hört), der die Äußerung beherrscht, mit diesen präzisen, alltäglichen und in diesem Fall enttäuschenden Aussagen: „Ich bin unglücklich", „alle Menschen sind Lügner" usw. Glaube – das heißt Gewissheit („Es gibt den Anderen, auf den ich höre und der auf mich hört") – ist der Schlüssel – die Voraussetzung und tiefe Bedeutung – zum Sprechakt selbst, der eine Klage ist. Weil ich glaube, spreche ich. Ich würde nicht sprechen, wenn ich nicht glauben würde. Zu glauben, was ich sage, und darauf beharren, es auszusprechen, folgt aus dem Vermögen, dem Anderen zu glauben, und keineswegs aus tief enttäuschenden existenziellen Erfahrungen (Unglück und Lügen).

Aber was heißt es, zu glauben? Das lateinische *credo* geht zurück auf Sanskrit *kredh-dh / srad-dha*, das einen Akt des Vertrauens in einen Gott bezeichnet, einen Akt, der eine Restitution in Gestalt göttlichen Wohlwollens impliziert, das dem Gläubigen gewährt wird. Säkularisiert, stammt der finanzielle „Kredit" ebenfalls davon her: Ich hinterlege ein Gut und warte auf Entgelt. (Émile Benveniste hat diese Entwicklung ausführlich und detailliert analysiert in seinem *Vocabulary of Indo-European Institutions*.) Glaube ist ein Kredit; es ist nicht überraschend, dass heute beide in der Krise sind.

RK: Diese zwei Beispiele sind faszinierend. Aber könnten Sie mehr zur ersten, psychotherapeutischen Lesart des „Glaubens" sagen? Sie ist, scheint mir, Ihr letztes [ultimate] hermeneutisches Modell, wenn es um das Verstehen der ganzen Frage um Religion und das Heilige geht. Klar ist das im Fall Ihres Teresa-Buchs. Ich möchte aber gerne wissen, wie Sie es auf mehr alltägliche, klinische, nicht-mystische Fälle anwenden.

JK: Die psychoanalytische Erfahrung des Kindes und des Erwachsenen zeigen ein wesentliches Entwicklungsmoment, wenn das Kind (*in-fans*, das nicht spricht) sich in einen Dritten projiziert, mit dem es sich identifiziert: den liebenden Vater. Die primäre Identifikation mit dem Vater der individuellen Vorgeschichte – Morgenröte der symbolischen Triade – tritt an die Stelle der Faszination und des Schreckens der dualen Interdependenz zwischen Mutter und Kind. Diese vertrauensvolle Anerkennung, die mir ein die Mutter liebender Vater anbietet, der von ihr geliebt wird und deren Liebe ich ihm meinerseits widme, wandelt mein Stammeln in sprachliche Zeichen, deren Wert durch ihn bestimmt ist.

Freud schreibt, dass die Wörter der Sprache als Zeichen der Objekte – vor allem aber als Zeichen meiner Entzückungen und Schrecken – meine Ängste in eine *gläubige Erwartung*°[7] transformieren. Liebe, väterliches Hören gibt dem, was sein kann, Bedeutung, und ohne das besteht ein unsagbares Trauma – ein unsagbarer Exzess von Lust und Schmerz. Aber nicht ich baue diese primäre Identifikation auf, und es ist nicht mehr der liebevolle Vater, der sie mir auferlegt. *Einfühlung*° in ihn – dieser Nullpunkt für das Einswerden mit dem Dritten – ist „direkt und unmittelbar", wie ein Blitz oder eine Halluzination. Vermittelt durch die Sensibilität und das Sprechen der den Vater liebenden Mutter – einer Mutter, zu der ich noch gehöre und mit der ich noch untrennbar verbunden bin – prägt sich diese „Vereinigung" vom Ich-im-Anderen-der ein-Drittes ist, mir ein, wird sie an mich übermittelt und baut mich auf. Ich spreche nicht ohne diese Abstützung, die meine „gläubige Erwartung" ist, gerichtet an den liebevollen Vater der individuellen Vorgeschichte, der die Attribute beider Eltern besitzt – dieser Vater, der bereits da war, der da zu sein hatte, ehe Laios kam, ehe der nunmehr berühmte „ödipale" Vater kam und seine Verbote und seine Gesetze formulierte.

Auf diese Weise tritt ein imaginärer Vater in Erscheinung, der dadurch, dass er mich anerkennt und mich durch meine Mutter liebt, mich glauben macht, dass ich „glauben" kann, dass ich mich mit ihm identifizieren kann. Freud verwendet sogar das Wort *Besetzung*° (im Französischen „*investissment*", im Englischen „*cathexis*"). An ihn glauben und/oder ihn besetzen, nicht als „Objekt" des Gebrauchs oder des Begehrens, sondern an die Vorstellung glauben, die er von mir hat, und an seine Worte – an die Vorstellung, die ich mir von ihm und seinen Worten mache. „Ich habe geglaubt, und ich habe geredet."

Dieses Fundament meines Bedürfnisses zu glauben, das so befriedigt ist und mir die optimalen Voraussetzungen bietet für die

---

[7] Sigmund Freud, Über Psychotherapie: GW V, 13–26; siehe Julia Kristeva, Dieses unglaubliche Bedürfnis zu glauben. Gießen 2014, 10–15.

Entwicklung der Sprache, kann begleitet sein von einer weiteren, zerstörerischen und befreienden Eigenschaft: dem Begehren zu wissen.

Wer kennt nicht Jubel und Begeisterung des Fragen stellenden Kindes? Noch an der Grenze zwischen dem Fleisch der Welt und dem Königreich der Sprache stehend, lässt das Kind nicht ab, uns zur Inkonsistenz der Namen und der Seienden, des Seins, zurückzuführen, das das Kind nicht länger terrorisiert, sondern es zum Lachen bringt, weil es glaubt, dass es möglich ist, zu benennen, Namen zu verteilen. Die Frage, die Morgenröte des Denkens – und der Revolte ...

RK:⎯Um das etwas in eine neue Richtung zu lenken: Ich bin sehr interessiert an Ihrer Lesart von Hannah Arendts Offenheit für eine „neue Politik der Verkörperung".[8] Ein solcher Schritt, geben Sie zu verstehen, würde der fundamentalistischen Rückkehr zu archaischen Ursprüngen entgegenwirken durch eine „Neubegründung der Autorität der griechisch-jüdisch-christlichen Kultur, die der Welt den Wunsch nach einer ... ‚gemeinsamen Welt' gegeben hat" (ein neues Gefühl von menschlicher Pluralität und Subjektivität). Aber was bedeutet es genauer, dieses „Geschenk", wie Sie es nennen, „neu zu interpretieren" und eine solche „neue Politik" zu erfinden?

JK:⎯Auf einer praktischen Ebene bringt Ihre Frage nach der neuen Politik mich auf die Frage nach der Protestbewegung der Indignados, den Aufständen im Arabischen Frühling, in Tunesien, in der Türkei, in Syrien. Wie sollen wir diese neuen politischen Akteure einschätzen? Ich habe nicht die Kompetenz, die Komplexität dieser Situationen zu kommentieren, möchte aber auf die Bedeutung der Revolte hinweisen – was uns hier und auch die europäische Tradition betrifft – für die notwendige Neubestimmung des Humanismus im Kontext von Globalisierung und globalem Konflikt.

Der reichhaltige und komplexe Begriff *Revolte* hatte zwei Jahrhunderte lang eine hauptsächlich politische Bedeutung. Wir sollten aber nebenbei anmerken, dass die alten Etymologien von *Revolte* – „*wel" und „*welu" – ein handwerkliches Tun anzeigten, das zur

---

[8] Julia Kristeva, This Incredible Need to Believe. Trans. Beverley Bie Brahic. New York 2009, 75–76 [dt.: Dieses unglaubliche Bedürfnis zu glauben. Gießen 2014, 88f.]

Benennung von äußeren, schützenden technischen Objekten führte in der Bedeutung von „Rückkehr", „Entdeckung", „Kreisbewegung der Planeten", „turn-around", „Volumen" eines Buches, französisch „vaudeville", bis zum schwedischen rollenden „Volvo". Heute verstehen wir „Revolte" in der Bedeutung eines Protests gegen Normen, Werte und das Establishment. Seit der Französischen Revolution – um auf Ihre Frage nach einer neuen Politik für Europa zu antworten – ist die politische Revolte die säkulare Version dieses lebendigen Gewissens, wenn es versucht, loyal zu seinen Ängsten und Freiheiten zu stehen. Revolte ist unser mystisches Synonym für Würde.

Aber seit dieser endemischen Krise hat sich einiges verändert. Zum ersten Mal in der Geschichte machen wir uns klar, dass es nicht genügt, die alten Werte durch neue zu ersetzen. Das ist für uns im Westen keine Lösung, weil jede Lösung (der „freie" Markt, der Konsum, die Sicherheit, die ständige Vernetzung), die zu einem Wert wird und beansprucht, alte Heilmittel (Caritas, Klassenkampf) zu ersetzen, zu Dogmen gerinnt und in Sackgassen endet, die potenziell totalitär sind. Unter dem Druck der Technologie – des Bildes und der immer schnelleren Information – vergessen wir, dass das sprechende Seiende wirklich lebt, sofern es ein psychisches Leben hat. Und doch gibt es dieses Leben nur, wenn es ein ständiges Fragen nach seinen Normen und Kräften ist; nach seiner eigenen sexuellen, nationalen, sprachlichen Identität; nach seinen Wünschen, seinen Leiden, seiner Liebe und seinem Hass. Es sind die rebellierenden Männer und Frauen, die von den Missgeschicken der Zivilisation bedroht werden, nicht die politischen Systeme. Ich denke zum Beispiel an den Präsidenten einer Universität in Argentinien, der mir sagte, er wolle die jungen Menschen aus Elends-Milieus zu Forschern machen. Er schlug vor, dass sie über das Warum und Wie von Drogen, Waffenhandel und Prostitution in ihrem Viertel forschen. Dieser Mann hat seine Dissertation über Meister Eckhart geschrieben, den Mystiker des 13./14. Jahrhunderts, der Gott darum bat, dass er ihn „Gottes quitt mache".

Worauf ich hinaus will: Bevor die Stadt revolutioniert wird, muss man selbst revolutioniert werden! Die Mittel dafür sind unterschiedlich. Als Analytikerin glaube ich, dass die Psychoanalyse offensichtlich eines dieser Mittel ist. Aber handwerkliche [artistic]

Erfahrung und die anatheistische Wiederentdeckung religiöser Erfahrungen, erst recht, wenn man Atheist ist, sind etwas anderes.

Protestler haben den Eindruck, gegen die Norm zu rebellieren, gegen Reichtum, gegen Obskurantismus, gegen Diktatoren, gegen Nicht-Muslime. Aber, offen gesagt, wer rebelliert, wenn die Macht auf dem globalen, allumfassenden Finanzwesen beruht? Wenn es diesem globalen Management an Kapital oder einer Vision fehlt? Wenn Macht unfähig ist zu Diskussion und Infragestellung? Und wer revoltiert, wenn die Revolutionäre reduziert werden auf bloße „Zapper" [„changing channels"] – bestenfalls „Erben", die nichts besitzen, enteignet sind von dem, was früher das innere Selbst war?

RK: Wie hängt dieser Begriff der Revolte mit der Frage des gegenwärtigen Nihilismus und dem „Konflikt der Religionen" zusammen, über den Sie anderswo gesprochen haben? Sie haben zuletzt viel über das Problem der Gewalt geschrieben, über den Todestrieb, der in traditionellen religiösen Kategorien und Institutionen nicht mehr aufnehmbar ist. Was schlagen Sie vor, wie wir mit dem Todestrieb umgehen sollen, wenn eine Kultur sich religiösen Überlieferungen und Gesetzen nicht mehr fügt?

JK: Sehen wir uns das näher an: Meist ist es nicht eine Person, die revoltiert, sondern es bricht ein unaufhaltsamer Druck aus, ein Rest der Sehnsucht, die vom Todestrieb absorbiert wird, der die Person zerstört und ihre absolute Befriedigung [satisfaction] vereitelt. Dieser Druck ist gefährlich; er ist bereit, sich selbst zu zerstören, um andere Menschen zu zerstören. Wir befinden uns im Ausbruch eines Todestriebs. Ich kehre zu diesen Ausbrüchen der Gewalt zurück, die man in anderer Bedeutung „Revolte" nennt, während es sich im Gegenteil um eine radikalere Phase des Nihilismus handelt, der sich unter dem Zusammenprall der Religionen zusammenbraut. Diese Explosion der Gewalt ist gravierender, weil sie die Triebfedern der Zivilisation auf eine tiefere Weise erfasst – die Destruktion dieses prä-religiösen Bedürfnisses zu glauben, das konstitutiv ist für das geistige Leben mit und für andere Menschen. Der Gangster-Fundamentalismus der Heranwachsenden zeigt plötzlich, dass nunmehr die religiöse Bewertung der Revolte ihrerseits sich diskreditiert hat; sie vermag nicht vor der überirdischen Aspiration dieses paradoxen Glaubens des desintegrierten und entsozialisierten Heranwachsenden zu schützen, eines Glaubens, der, weil pathetisch idealistisch, nachdrücklich nihilistisch ist. Die Psychoanalyse wagt sich in diese tiefgehende Desorganisation der Person – diese Nicht-Verbundenheit (es gibt kein „Ich") und das Durchtrennen von Bindungen zu den Anderen – bis zur Desobjektivikation („der Andere hat weder Bedeutung noch Wert"), wo dann der Todestrieb allein herrscht, die Bösartigkeit des Bösen.

Wir sind so konfrontiert mit einer neuen Form des „radikal Bösen". Was ist das radikal Böse? fragte Hannah Arendt, nach Kant. Es besteht darin, die Überflüssigkeit von Menschen zu erklären und ihre Tötung durchzuführen, lautete ihre Antwort. Gibt es das radikal Böse ohne ein „Warum"? Mystizismus und Literatur bejahen das, auf ihre Weise. Aber die Politik kann es nicht dabei belassen. Mit meiner psychoanalytischen Erfahrung frage ich nach der Logik des extrem Bösen, um die Interpretation in Übertragung – Gegenübertragung zu verfeinern. Wir entdecken – mit Bezug zu familiärer Desintegration und gesellschaftlichen Zusammenbrüchen –, dass das Bedürfnis zu glauben zusammenbricht in eine Herrschaft von Bindungslosigkeit und Desobjektivikation, die begleitet ist von einer wahnsinnigen Lust, oder in das Gefühl von Leere und in Apathie.

Wir müssen hier eine Unterscheidung machen. Ja, das Böse existiert, zunächst als Böses, das aus Wertkonflikten resultiert, die wiederum aus divergierenden oder konkurrierenden libidinösen Interessen resultieren und unseren Begriffen von gut und böse zugrunde liegen. Religiöse Menschen und moralische Menschen sind davon bestimmt. Mehr oder weniger schuldbewusst und rebellisch, beruht ihr Leben darauf, sind sie darum besorgt und hoffen, es aufklären zu können, möglicherweise aufeinander zu hören, statt einander zu töten.

Zusätzlich zu diesem Bösen gibt es ein weiteres – extremes – Böses, das die Bedeutung der Unterscheidung zwischen gut und böse abtut und damit die Möglichkeit zerstört, die Existenz von anderen Menschen als sie selbst zuzulassen. Diese begrenzten Zustände nehmen nicht Zuflucht in Hospitälern oder auf der Couch, sondern entfalten sich durch gesellschaftspolitische Katastrophen, in der Abjektion der Vernichtung – der Schoa, der Horror, der sich einer Erklärung und einer Begründung widersetzt.

Es verbreiten sich heute aber neue Formen des extrem Bösen in der globalisierten Welt, im Gefolge von Idealitätskrankheiten. Die gegenwärtige Psychoanalyse als lebendige Forschung versucht zu verstehen, indem sie ganz nah an diese Grenzen der Dehumanisierung herangeht. Die Politik findet (in Theorie und Praxis) sich selbst einer historischen Herausforderung gegenüber: Ist sie fähig, dieser Krise des Bedürfnisses zu glauben und des Begehrens zu wissen zu begegnen, die die Box der Religion nicht enthalten kann und die im Grunde die Verbindungen zwischen Menschen in Mitleidenschaft ziehen? In diesen Zeiten des „Exzesses" drückt Angst, die die öffentliche Meinung vor einem Hintergrund ökonomischer und gesellschaftlicher Krisen gefrieren lässt, unsere Unsicherheit gegenüber dieser ungeheuren Aufgabe aus.

RK: In Ihrem kürzlichen Austausch mit Jean Vanier über das Leben der Behinderten – *Leur regard perce nos ombres* – scheinen Sie anzuerkennen, dass es Elemente des Spirituell-Heiligen-Sakramentalen gibt, das der neue Humanismus aufnehmen [incorporate] muss oder zumindest zur Kenntnis nehmen muss. Es scheint da eine Wertschätzung der besonderen Rolle der Agape auf – Liebe des Niedrigen, Kontingenten, Zufälligen und Verwundeten –, wie wir sie beispielsweise in den Geschichten vom barmherzigen Samariter, vom hl. Franziskus oder der hl. Teresa finden, oder eben in der Arche-Bewegung von Jean Vanier, die auf den Anruf des Behinderten, als inspiriert vom leidend-heilenden Knecht, von Christus selbst, antwortet. Dieses Surplus-Moment der *caritas* – der unmöglichen Liebe – scheint im „exklusiven säkularen Humanismus", den Charles Taylor mit der moralischen Ordnung der Moderne (einschließlich der Politik der Wohlfahrtsstaaten, die natürlich unerlässlich ist) identifizierte, weithin zu fehlen.

Stimmen Sie mir zu, dass es einen bestimmten inkarnierten Eros und eine inkarnierte Agape der christlichen Liebe gibt – oder etwas Äquivalentes, es gibt andere Namen dafür –, durch die der normative Rahmen des neuen Humanismus aufgeklärt und vertieft werden könnte? Würden Sie etwas vom Pathos aufnehmen, das hinausgeht über die notwendige moralisch-juridisch-gesetzliche Gesetzgebung in Richtung auf eine „unmögliche Liebe", die den immanenten Rahmen der bürgerlichen Rechte und Pflichten überschreitet? (Und ich möchte wiederholen, dass ich voraussetze, dass solche institutionellen Rechte staatlicher Gesetzgebung in jeder gerechten und gesitteten demokratischen Gesellschaft absolut notwendig sind.)

Meine Frage ist grundsätzlich folgende: Wenn behinderte Menschen oder junge Bürger in der heutigen Kultur des Marktes und der Vortäuschung in psychosoziale Krisen geraten, muss dann unser neuer Humanismus offen bleiben für eine anatheistische Ordnung, in der „Not" mit „Wohlwollen" verbunden ist und „Gerechtigkeit" mit „unmöglicher Liebe"? Ich setze diese Wörter in Anführungszeichen, um zu signalisieren, dass wir nicht über Gemeinplätze reden.

JK: Ist Liebe unmöglich geworden? Sie erwähnen meinen Austausch mit Jean Vanier. Es gibt eine Anzahl von Faktoren, die uns das Verschwinden der Liebe fürchten lassen, oder zumindest so tiefe Veränderungen, dass sie die psychische Landkarte des Menschen völlig umgestalten. Da ist die Angst, die die Behinderung auslöst (trotz der Gesetze zur Barrierefreiheit und sich ändernder Wahrnehmungen), die Fallen der Hyperkonnektivität, die Risiken hat (Abschaffung der Zeit, Ermunterung zu unmittelbarer Befriedigung [satisfaction], Nähe, die nur virtuell ist, usw.) zusammen mit nie dagewesenen Vorteilen (Geschwindigkeit, Informationen im Überfluss, unverzügliche Reaktionen). Es gibt heute viele junge Internet-„Süchtige", die sich in einem Niemandsland ohne Sicherheitsnetz befinden. Das Web ist keine Stütze, sondern ein virtueller Spiegel mit Löchern darin; es atmet ein und aus, verbindet und liefert aus, aber es bietet keine Möglichkeit an, dass sich eine Identität oder eine Welt formt. Daher die Suche nach Wegen der Anpassung. Wer im Web surft, konsumiert Informationen, Fakten. Er wird reduziert, wenn er darauf verzichtet, seine Fähigkeiten zum Verstehen einer Bedeutung einzusetzen und er keine Zeit hat, die Bedeutung sich zu eigen zu machen und sie zu problematisieren. Ohne eigenen Raum und ohne Zeit jagt er dem letzten Trend von „Toolboxes" nach und stürzt sich in den Supermarkt der Spiritualität. Bei einem Vortrag, den ich im April 2013 in Louvain gehalten habe[n], machte ich geltend, dass das Bedürfnis zu glauben nicht befriedigt werden kann in unserer säkularisierten Marktgesellschaft, wo junge Menschen heute Buddhisten und morgen Taoisten sind; dann fügen sie ein bisschen Islam dazu, ein Quäntchen Katholizismus. Soziologen sehen dieses religiöse Patchwork als temporären Trost, der das Bedürfnis

Neuer Humanismus und das Bedürfnis zu glauben

zu glauben beruhigt. Aber, fragil und [nicht] eingebunden, wird der Fundamentalismus auf diesem Grund der unbefriedigten Ansprüche sein Geschäft machen.

Außerdem konfrontiert uns die gegenwärtige Realität mit weiteren Phänomenen, mit denen ein neuer Humanismus sich befassen muss – ohne Sektiererei und ohne Naivität. Was machen wir bei radikalen Konversionen junger Katholiken zum Islam? Wie sollen wir die Anziehung verstehen, die der Schador auf Frauen ausübt? Ich kann diese Fragen nicht beantworten, die jenseits meiner Kompetenz liegen, sondern nur einige Gedanken anbieten, die aus meiner feministischen und psychoanalytischen Praxis kommen.

Die Gesellschaft des Konsums und des Image hat das Wort *Freiheit* durch das Wort *Wahl* ersetzt. Frauen, die sich verhüllen, sagen uns: „Der Schleier, das ist meine Wahl." Sie vergessen, dass es auch – dass es zuerst – die Wahl ihrer Väter, ihrer Brüder und ihrer Ehemänner ist; aber auch, dass Freiheit aus einem ständigen Überbieten besteht, dass Freiheit eine riskante Erfahrung ist, die sich selbst riskiert zuerst in der Begegnung mit jemand anderem und auf andere Weise in der Singularität. Freiheit ist überhaupt nicht gleichbedeutend mit Ersetzung (von Waren) oder Macht (im Bereich von Familie, Religion und Politik).

Im Geiste des Simone-de-Beauvoir-Preises haben wir der Académie de Paris vorgeschlagen, in den höheren Schulen einen Kurs mit Auszügen aus Schriften von De Beauvoir über Freiheit einzurichten, zu denen die Mädchen und Jungen sich äußern sollten, und wir hofften, dass das geschehen würde. Ich führe Begriffe und Erfahrungen an wie: „Selbst", „Andere/r", „Begegnung", „Überschreitung", „Verlangen", „Mann" und „Frau". Christlicher Humanismus und säkularer Humanismus haben diese Begriffe entwickelt und vertieft, und sie handeln in deren Logik. Sie sind lohnend, emanzipatorisch, riskant und sehr herausfordernd. Werden Konvertiten zum Fundamentalismus durch die aggressive, kampflustige Sichtbarkeit bestimmter Strömungen des Islam gewonnen? Oder ignorieren sie die großartige Komplexität der europäischen Kultur? Oder wird diese Komplexität dürftig vermittelt, langweilig vermittelt, ohne Überzeugung, oder gar mit Scham wegen ihrer Fehler und Verbrechen, ohne ihre Höhepunkte hervorzuheben, die alles in allem darin bestehen, dass Wahrheit als Reise verstanden wird, als Frage nach Identitäten, im Interesse für den Anderen und für die Begegnung?

Manchmal höre ich, dass Frauen den Schleier wählen, weil er ihnen ermöglicht, dem Begehren der Männer zu entkommen. Vorausgesetzt, dass das nicht eine andere Art der Verführung ist, still und heimlich, andeutend, dass es etwas Verführerisches zu sehen gibt – in bestimmten Situationen allein – und deshalb eine andere Strategie des Begehrens ist, von der man annimmt, dass sie dem besonderen Zweck dient, Sicherheit zu gewinnen. Immer die Sicherheit und die permanente Förderung von Mutterschaft. „Polygam verheiratet vielleicht, aber jedenfalls Mutter und Ehefrau", sagen manche Konvertiten.

Dieser Einwand bringt mich zurück auf den Punkt, dass der Säkularismus die einzige Zivilisation ist, in der es keinen Diskurs über die Mutterschaft gibt. In meinem letzten Buch *Pulsions du Temps* sind einige Texte diesem Thema gewidmet. Ich schlage vor durchzudenken, dass es eine mütterliche Erotik gibt, die nicht die Erotik des Liebhabers ist. Ich rehabilitiere das Wort *réliance*, in einem Hin und Her zwischen Altfranzösisch, Französisch und Englisch. *Reliance: relier* (verbinden), *rassembler* (sammeln), *joindre* (zusammenfügen), *mettre ensemble* (zusammensetzen); aber auch *adhérer à* (beitreten), *appartenir à* (angehören), *dépendre de* (abhängen von); und folglich *faire confiance à* (vertrauen), *se confier en sécurité* (sich in Sicherheit wiegen), *faire reposer ses pensées et ses sentiments* (seine Gedanken und Gefühle ruhen lassen), *se rassembler* (zusammenkommen), *s'appartenir* (sich auf sich selbst verlassen). Die mütterliche *reliance* spezifiziert das Gefühl, das Mütter für ihre Kinder haben, zwischen Biologie und Bedeutung, zwischen der Gewalt des Ausstoßens und der Trennung auf der einen Seite und der Berührung, die erforderlich ist für die Übermittlung der Gefühle und der Sprache auf der anderen Seite.[o] Wir glauben zu wissen, was eine „jüdische Mutter" ist, den katholischen Gläubigen dient die Jungfrau und Mutter als Beispiel, aber der moderne Humanismus – bis zu den neuesten feministischen Strömungen, die sich zaghaft darauf einlassen – hat dieses Terrain gemieden.

RK: Was würden Sie vorschlagen zur Rehabilitierung dieses sehr herausfordernden und fast tabuisierten Begriffs von *reliance*? Wie hoffen Sie ihn in der heutigen Gesellschaft zu präsentieren oder im

Sozialpakt einen Platz dafür zu finden? Mir scheint, Ihr neuer Humanismus ruft hier nach einem neuen Feminismus – zumindest hinsichtlich dieser Frage von *reliance*.

JK: Sie haben Recht. Die Frage über die gegenwärtige Tragweite von *reliance* ist von entscheidender Bedeutung. Sie ist von Belang für die Erotik, die der gesellschaftliche Konsens leugnet, insofern er den Bereich der Sexualität nur für idealisierte oder pathologische „Liebe" reserviert. Die Beharrlichkeit der Erotik ist so verletzlich, dass nur größtes Taktgefühl diese zwei Interpretationen vermeiden könnte, die sie in der gesamten Menschheitsgeschichte verzerren. Ist der Mensch in der Lage, die mütterliche Erotik zu desakralisieren? Frauen selbst erfreuen sich daran, mit den offensichtlich libidinösen Vorteilen. Der ‚Heroismus' Freuds wagt hier etwas, wenn er schreibt, dass die einzige Weise, sich vom ‚Respekt' der Frau zu ‚befreien', darin bestehe, ‚sich selbst mit der Vorstellung des Inzests' vertraut zu machen.

Heute sind es zwei Versionen des Mütterlichen, die für die tiefe Logik mütterlicher Erotik kämpfen und sie ohne Sakralisierung fordern: die Geste, die die Bewegung des Fleisches zum Bild vorzeichnet, mit dem und jenseits des Lautes, mit der kindlichen Unerfahrenheit bei der ‚chinesischen Mutter'; und das Lachen Sarahs (als der HErr zu Abraham sagt: In einem Jahr wird deine Frau Sarah einen Sohn haben). Dieser Lacher, der Sarah verändert, zeigt sie doppelt: ungläubig [incredulous] und/oder vertrauend. Er hält den Riss zwischen Glauben und Nicht-glauben durch. Die Krankheit der Zivilisation heute ist in Händen dieser zwei Varianten der mütterlichen Erotik: der kalligrafischen Ungezwungenheit der chinesischen Mutter im globalen Trend und der Weisheit Sarahs, die bereit ist zu sterben, weil sie über Fruchtbarkeit und Unsterblichkeit gelacht hat.

Wir pflegten zu glauben, dass Frauen dadurch frei sein wollen, dass sie aufhören, Mutter zu sein. Wir sehen jetzt, dass sie frei sein wollen zu entscheiden, ob sie Mutter sein wollen oder nicht. Viele, die Mutter zu sein wünschen, schalten gerne reproduktive Techniken ein, ohne Vorurteile. Ist das deshalb so, weil *reliance*, prä-subjektiv, sie vertraut macht mit dieser Enteignung ihrer selbst, die die Wissenschaft mit den neuen Formen der „assistierten" Mutterschaft [maternity] oder einer Mutterschaft „für andere" im intimsten Bereich auferlegt?

„Die freie Frau wird eben erst geboren", schreibt Simone de Beauvoir in *Le deuxième Sexe*.[p] Es wird solange keine freie Frau geben, wie wir keine mütterliche Ethik haben. Sie wird gerade geboren, und wenn es sie gibt, wird es eine Ethik des Vertrauens [ethic of reliance] sein. Während wir darauf warten, wird der Wunsch nach Mutterschaft Zuflucht suchen unter den Schleiern und in den Obskurantismen, die den Ausschluss der Frauen aus der Freiheit des Denkens „Schutz" nennen.

RK: Die Frage der Mutterschaft und mütterlicher *reliance* ist nicht das einzige kontroverse Thema, das Sie in gegenwärtigen europäischen – und tatsächlich internationalen – Debatten über Gender und Sexualität angesprochen haben. Es gibt da auch das strittige und umkämpfte Thema der Schwulenehe, das besonders in Frankreich hitzig debattiert wurde. Und das wirft Fragen auf über das Wiederaufleben eines bestimmten katholischen Konservatismus, verbunden, wie es scheint, mit einer besonderen Art französischer Ausnahmestellung.

JK: Es stimmt, die neue französische Debatte um die ‚Schwulenehe', in der plötzlich eine Generation neuer Katholiken auftrat, hat die öffentliche Meinung überrascht. Das ist ein Euphemismus. Ich stimme nicht überein mit denen, die diese Strömung allein auf Fundamentalismus gegründet sehen. Es gibt viele, die zur Tradition zurückkehren mit einem Bedürfnis zu glauben und einem nicht geringeren Verlangen zu wissen. Man kann hoffen, dass die Kirche in Frankreich das hört, dass es hilft, die Tradition im Sinne einer Reise anzueignen. Es ist „Gott, durch den wir lernen, dass uns nicht gehört, was wir wohl einst zu besitzen wähnten, und dass wir besitzen, was wir wohl einmal als fremdes Eigentum betrachtet hatten".[q]

Überrumpelt und destabilisiert durch die hastige Entscheidung eines Gesetzes zur Ehe für alle, reagiert der Sozialkörper: Hoffnungen und Enttäuschungen, Gelächter und Wut. War es eine französische Ausnahme, während andere Nationen – weise oder resigniert – sich entwickeln und sich anpassen? Französische Leidenschaften, so heftig wie sie sich im Laufe der Geschichte gezeigt haben, wurden zutiefst getroffen. „Keine Götter, keine Meister" öffnen den Weg zu einem Leben, wo nichts verboten ist; es ist unmöglich, den Revolutionen, die sich in den Laboratorien ohne Grenzen abspielen, vorzubeugen oder sie zu verhindern. Die ganze Welt weiß das. Die Frage stellt sich nicht mehr. Dazu kommt: Während die Jurisprudenz die „Situation" managt, fragt sich das französische Symptom – exzessiv, enthusiastisch oder ängstlich –: Wo stehen wir mit dem Menschlichen? angesichts einer überraschten Welt, die indifferent gar nicht viel danach fragt – für den Moment. Wir stehen hier vor einer neuen und besonderen Konfiguration unserer Frage nach Liebe und Gerechtigkeit, nach Grenzen und Überschreitungen.

Bei einem neulich veranstalteten Kolloquium der *Société psychoanalytique de Paris* habe ich die These vertreten, dass die Mehrheit der Männer und Frauen, die die Schwulenehe befürworten, das nicht einfach wegen der Gleichheit vor dem Gesetz tun. Sie befürworten sie, weil sie die Homoerotik als eine normale psychosexuelle Gegebenheit anerkennen. Ferenczi und Freud haben beobachtet, dass Homoerotik Teil der psychischen Anlage aller sprechenden Wesen ist, die durch Erotisierung des Ähnlichen *(la mêmeté)* die Projektionen auf das andere Selbst idealisiert und so teilhat in der Entdeckung des anderen Geschlechts. Religionen, und zwar bemerkenswerterweise monotheistische Religionen, behalten Homoerotik bei und feiern sie. Abraham verzehrt Isaak nicht, nachdem er dazu versucht worden ist, Jesus kehrt zu seinem Vater zurück, und der Gläubige verzehrt den Vater in der Eucharistie.

Homoerotik, auf diese Weise legalisiert und frei von jeder Perversion, erscheint der Mehrheit der Befragten als Double ihrer eigenen *mêmeté*, inhärent in sozialen Bindungen, im Wert der Gleichberechtigung und im Universalismus selbst. Als hätte die – bekämpfte und sogar diskreditierte – Freud'sche Analyse, die postulierte, dass die soziale Bindung homoerotisch ist, das Spiel gewonnen und sich in unserem Bewusstsein festgesetzt. Homoerotik erregt keinen Anstoß mehr; wir anerkennen sie als uns eigen, sagt die Mehrheit der Befragten, während zu gleicher Zeit Homophobie fortbesteht und die mobilisiert, die ihre Homoerotik nicht annehmen und mit ihrer unterdrückten Homosexualität ringen, wie etwa Skinheads und Dealer usw.

RK: Sie wissen, dass für einige die Einführung der Schwulenehe bzw. der Ehe für alle eine Herausforderung des traditionellen Paradigmas der heterosexuellen Ehe darstellt. Und auf einer allgemeineren Ebene wirft sie die ganze Frage der sexuellen und der Gender-Identität auf. Wie hoffen Sie aus Ihrer psychoanalytisch-humanistischen Perspektive diese kritischen Probleme auf eine Weise anzusprechen, die tiefer ansetzt als die übliche ideologische Antwort?

JK: Heißt das, dass Schwulenehe/Ehe für alle das Scheitern der heterosexuellen Ehe bedeutet? Ich glaube, dass diese Vorstellung in allen Fällen eine außerordentliche Brüchigkeit verrät, die vielleicht nicht von ihrer verführerischen Eigenart zu trennen ist. Zugleich offenbart sie die zentrale und unvermeidliche Rolle der Norm, die sie weiterhin über die ursprüngliche Fantasie der Urszene verkörpert, die trotz der Entkopplung von Fortpflanzung und Sexualität weiter besteht.

Hören Sie hin auf die Wünsche, die bei der Verteidigung der Ehe für alle zum Ausdruck kommen. Man schaut vergeblich danach aus, wo die „Werte" sind. Als ob das heterosexuelle Paar und seine Familie das Maß dieser Werte wären. Selbst wenn die konventionelle Moral sie trivialisiert hat und unsere globalisierten Fernsehprogramme sie bis zur Karikatur darstellen, richten sich unsere Fantasien darauf: Reagenzgläser, eingefrorene Eizellen, Spermabanken, sogar auf den Bauch der Frauen, den man für die Zeit einer Schwangerschaft kaufen kann.

Obwohl von den Gegnern des Gesetzes beschworen, mangelt es der Debatte in Frankreich an einer Analyse, einer Rechtfertigung und einer Veranschaulichung der Heterosexualität. Sie beruht nicht nur auf dem anatomischen Unterschied zwischen Männern und Frauen. Heterosexualität kann nicht länger als das zuverlässigste Mittel der Weitergabe des Lebens oder als Garantie des Generationengedächtnisses beschworen werden. Sie offenbart die höchste Intensität der Erotik, woraus sich eine unerträgliche Zerbrechlichkeit ergibt. Es bedurfte der Genialität Freuds, dass formulierbar wurde, was wir im Innersten wissen: Die Zeugung, die die Menschen umtreibt, ist kein natürlicher Akt, und sie ist noch weniger ein souveräner Akt. Und es bedurfte der Genialität Georges Batailles, der in *L'Erotisme* [1957] die Fragilität exponiert, die der Raserei der Urszene innewohnt: ursprüngliche und universale Phantasie, wenn es eine solche gibt: Als Vereinigung und Verwirrung des Mannes und der Frau, überreichlicher Verlust von Energien und Identitäten, Affinität des Lebens zum Tod, ist die Heterosexualität nicht nur eine

Diskontinuität („Ich bin ein Anderer gegenüber dem Anderen'), normalisiert durch Kontinuität (Vereinigung, um Leben ‚zu schenken'). Heterosexualität ist eine Transgression von Identitäten und Codes, die nicht vom Schrecken ausgeht, sondern vom Schmerz und vom Todeswunsch, bewirkt durch das Versprechen des Lebens durch den Tod hindurch [life across death].

„Völlig gegen" die Institution Familie ist die durch die Urszene dramatisierte Genitalität das asoziale Gesicht der Familie: Überschreitung der Verbote, sublime Verwirrung der Obszönität, Offenbarung des „Antagonismus zwischen geschlechtlicher Liebe und Massenbindung", durchbricht die Verbindung von Mann und Frau „die Massenbindungen der Rasse, der nationalen Absonderung und der sozialen Klassenordnung und vollbringt damit kulturell wichtige Leistungen".[9] Die ursprünglichen Fantasien der sprechenden Wesen, die wir sind, werden fest auf dieser glühenden Feuerstelle der Urszene, und nicht auf der Stabilität von Reagenzgläsern und auch nicht von entzückten – homo- oder heterosexuellen – Liebschaften, bei denen man nicht weiß, was das Morgen bringt. Shakespeare, Joyce, Céline, Hilfe!

Der Analytiker nach Freud – ob Mann oder Frau – exploriert, ich wage zu sagen, mehr als je und besser als sonst, die psychischen Räume unserer Zeitgenossen, im Wissen darum, dass die Fähigkeit, sinnvoll zu handeln (Sprechen, Fokussierung der Aufmerksamkeit, Verstand, Denken, schöpferische Tätigkeit) eine Kohäsion–Kohärenz–Identifikation–Unifikation erfordert. Bis jetzt gibt es den Einen, muss es den Einen geben, um sinnvoll sprechen zu können. Kann es das sein, was der Monotheismus feiert, betont, übertreibt, sich zunutze macht, indem er es gebraucht und missbraucht? Die Rolle des Vaters in der traditionellen patrilinearen Familie könnte es sein, diese Funktion, dieses Auftreten zu garantieren und zu optimieren. Der liebevolle Vater der ersten Identifikation; dann der strenge Vater der Verbote und des Gesetzes. Mit der Mutter und ihrer „relianten" Erotik. Mit den Analytikern, die uns heute zuhören und, mehr noch, mit den Symptomen von Trennung und Desobjektifikation, die zum äußersten Übel führen, begegnen wir

---

[9] Sigmund Freud, Massenpsychologie und Ich-Analyse, in: Ders., Kulturtheoretische Schriften. Frankfurt a. M. 1986, 61–134, hier: 132.

einer neuen Fassung der „Vaterfunktion": weder ein Totem-Tier noch Laius-Ödipus noch Abraham-Isaak noch Jesus und sein Vater, der ihn hingibt und wieder auferweckt.

In der Hassliebe der Übertragung wird der Vater nicht nur geliebt und gehasst, getötet und wiedererweckt, sondern buchstäblich auf unseren Couchen annihiliert und dennoch vom Analysanden inkorporiert. Wie in der Urszene? Vielleicht, wenn man an die Explosion der Identitäten und Normen denkt, die bei der Verbindung von Mann und Frau mit der Gemeinschaft bricht und sie mit dem Höhepunkt ihrer Wieder-Geburt – der Zeugung – verbindet.

Es ist diese ständige Auflösung-Wiederzusammensetzung, die Affinität des Lebens zum Tod, bei der der Analytiker gerne sich selbst als Garanten sieht, was unser Verständnis von Süchten, Somatisierungen, Kriminalität und weiteren Borderlines möglich macht. Das Subjekt dieser „neuen Krankheiten der Seele" geht daraus mit einer paradoxen Identität hervor, die an die Braun'sche Bewegung der „Drippings" von Pollock mit dem Titel *One* erinnert. Dies erfolgt mit einer bloßen Handbewegung der Dispersion und Pluralität.

Wohin ist das Eine [the One] entschwunden, wenn der Anfang/der Selbst-Anfang eine Ausstreuung ist? Bin ich noch Eins [One], wenn ich analysiere oder analysiert werde? Gewiss, es gibt meine Identität („Da ist Eins" [One]), aber sie bleibt unbestimmt, ohne festes Zentrum oder todbringende Wiederholung. Ein wenig wie serielle Musik oder wie ein improvisierter Tanz, den dennoch eine darunterliegende Ordnung im Offenen stützt. Weder „toter Vater" noch „Führer"°, ohne dass die Autorität in der Analyse verschwindet; auch nicht in einer rekonstruierten Gesellschaft im Wandel. Meine Identität verbreitet sich in der permanenten Anpassung der beiden Eltern auf der anderen Bühne der Fruchtbarkeit durch den Neubeginn, der aufzieht, erzieht und an ihre Nachkommenschaft weitergibt.

Ich habe die „Ehe für alle" nicht vergessen. Sie wird nicht das Wunschdenken einer zweigeteilten Republik sein, die gespalten ist zwischen den „Modernen" und den „Traditionellen" – den Gays, den Retortenbabys, den PMA, GPA usw. auf der einen Seite und den Nostalgikern der Ordnung auf der anderen. Stattdessen nimmt ein genuiner Patchwork-Quilt Gestalt an, wobei die Improvisationen der einen Modelle der anderen übernehmen und vice versa – kollidierend, innovativ, katastrophal und fröhlich, mit neuen und besonderen Formen der Kindererziehung. Es ist wichtig, jedes Familienprojekt, Adoption, uneheliche Kinder, mit individueller Aufmerksamkeit von Fall zu Fall zu begleiten. Wie immer? Mehr als je zuvor.

Die Fortdauer der biblischen Familie und der chinesischen Familie stehen im Wettstreit um das Schicksal des kommenden Millenniums; es gibt für Europa und Amerika keine andere Wahl. Ohne der Versuchung einer Politik der Psychoanalyse nachzugeben (was eine Negation ihrer Deontologie wäre), ist vielleicht die Psychoanalyse allein befähigt zu einer Antwort auf diese neue Dringlichkeit – nicht das Verschwinden, sondern die Verbreitung des Einen in seiner unermesslichen Einzigartigkeit. Wenn wir davon überzeugt sind, wird es uns gelingen, uns verständlich zu machen.

RK: Die Begegnung zwischen dem biblischen und chinesischen Paradigma des Verstehens scheint für Ihr kulturelles Projekt für einen neuen Humanismus zentral zu sein. Wie hilft dieser Dialog zwischen Ost und West (letzterer verstanden im weiten Sinn der griechisch-römischen, jüdisch-christlichen Kultur) dazu, uns mit der gegenwärtigen – sowohl spirituellen als auch somatischen – Identitätskrise auseinanderzusetzen? Wir sind wieder bei der Frage „Psyche-Soma" angelangt, über die Sie in Ihrem Buch *Theresa, My Love* schreiben. Manche, wie Huntington, sprechen von einem „Zusammenprall der Kulturen", Sie scheinen aber (wie ich auch) das hermeneutische Modell einer „Konversation der Kulturen" vorzuziehen – wenn auch zutiefst kritisch und herausfordernd.

JK: Die Frage des Überlebens – oder nicht – des christlichen Themas der Liebe in der Globalisierung kann nicht der Herausforderung ausweichen, die die Begegnung der Kulturen und damit verbunden die Begegnung mit dem Gemeinwesen und der Gesellschaftsordnung Chinas an unseren post-christlichen Humanismus stellt.

Blaise Pascal hat schon im 17. Jahrhundert die Aufmerksamkeit auf die unvermeidliche Auseinandersetzung zwischen unseren beiden Welten gelenkt, als er in seinen *Pensées* schrieb: „Welche von beiden Geschichten ist die glaubwürdigere: die des Mose oder die Chinas? Es geht nicht darum, das im Großen und Ganzen zu betrachten: Ich sage Euch, dass es hierbei Dinge gibt, die blind machen, und solche, die erleuchten. ... Man muss das also im Detail betrachten, man muss die Schriftstücke auf den Tisch legen."

Einige anthropologische und kulturelle Fakten zeugen von dem Unterschied zwischen chinesischer Psychosexualität und der der griechisch-jüdisch-christlichen Tradition: das starke Überleben der matrilinearen Familie parallel zum patriarchalischen Konfuzianismus; die Dualität von yin/yang, die eine psychische Bisexualität verlangt; die Verschränkungen zwischen Sprache, Musik und Schrift usw. Im Übrigen scheinen manche Entwicklungen unserer Kultur auf ihre Weise „chinesische" Logiken zu entwickeln. Ezra Pound, Colette, Sollers: Sind sie nicht Chinesen unter uns?

Ich behaupte zunächst, dass es zwischen unserer Art und Weise des Lebens und Denkens und der chinesischen Art und Weise eine wirkliche Heterogenität gibt, die wir um der Klärung willen hervorheben sollten. Es gibt eine nicht reduzierbare Singularität, mit der die chinesische Frau und der chinesische Mann an Erfahrungen herangehen, die auch für die Psychoanalyse von fundamentaler Bedeutung sind wie „Leib" und „Seele", die „Mutter" und der „Vater", die „Frau" und der „Mann", aber auch die „Sprache", die „Schrift" oder auch der „Sinn" und die „Bedeutung".

Ich erinnere dann daran, dass die Umwertung dieser Erfahrungen und Kategorien durch die Psychoanalyse uns jetzt schon die Möglichkeit bietet, die „chinesischen Differenzen" [„Chinese gaps"] zur Sprache zu bringen, nicht als enigmatische Sonderbarkeiten, sondern als Facetten der Psychosexualität, zentriert auf Ödipus, die sich aber auch auf andere Konfigurationen hin öffnen, wenn das Sprechen als eine Erfahrung gelebt wird.

Schließen möchte ich aber damit, dass die beste Kenntnis von männlichen und weiblichen chinesischen Analysanden uns dazu einlädt, diese „Differenzen" besser zu erfassen und ihnen Rechnung zu tragen, um der Versuchung des Normativismus und des Reduktionismus, die auch die Psychoanalyse versuchen kann, auszuweichen und dieses Hören auf Singularitäten, das die Ethik der Psychoanalyse bestimmt, vielseitiger zu machen.

Als Zeitgenosse der Jesuitenmission in China war Leibniz – mit den Jesuiten – der Ansicht, die Chinesen würden nicht nur „unseren" Gott nicht kennen, sie verstünden auch die Materie selbst als mit einer Art Vernunft oder Gesetz – dem *li* – versehen. Und Leibniz sieht sich selbst als Visionär eines chinesischen Humanismus, dessen Geheimnis uns noch entgeht und den wir ohne Weiteres als „Arroganz" stigmatisieren. Könnte der Grund dafür sein, dass er in die Logik von Unternehmung und von Konnexion zu passen scheint, in der das Selbst auf einen Schnittpunkt zwischen unendlichen kosmischen und gesellschaftlichen (heute deutlich nationalen, was die Aufhebung möglich macht) Falten reduziert? Könnte überdies die von jüdisch-christlichen Monotheismen geerbte permanente Dekonstruktion/Konstruktion, die den europäischen Humanismus in seinem universellen Bestreben kennzeichnet, ein Handicap sein, das unsere unternehmerische Wettbewerbsfähigkeit beeinträchtigt?

Im Gegenteil, indem man die Logik der inneren Erfahrung ignorieren will, läuft man Gefahr, die Angst vor der Endlichkeit und den Ausbruch von Gewalt zu erfahren, der die Konnektivität in allen Fällen vereitelt – diese ideale Welt der Zusammenarbeit und der Reparatur durch „Homöotechnik", die wir uns von der „Neuen Allianz" in ihrer Komplexität versprechen. Die globalisierte Menschheit [humanity] sucht nach einer Begegnung zwischen der chinesischen Anpassungsfähigkeit an kosmische und gesellschaftliche Intelligenzen einerseits und den griechisch-jüdisch-christlichen psychosomatischen Komplexitäten andererseits.

RK: Und hier kommt Ihre Vorstellung von einem „Multiversum" ins Spiel – als eine Möglichkeit, wie wir unser aktuelles Bedürfnis nach dem Festhalten an einer gewissen Universalität des Einen mit dem gleichzeitigen Wunsch nach Singularität und Streuung [dissemination] in Einklang bringen können. In meiner Schlussbemerkung zu *Anatheism* versuche ich eine ähnliche Frage in der aktuellen Herausforderung des interreligiösen Dialogs anzusprechen, indem ich ein hermeneutisches „Übersetzungs"-Modell zwischen dem Gastgeber und den Fremden vorschlage, dem Einen und dem Anderen, dem Einenden und dem Unterscheidenden. Doch Sie setzen für Ihr Multiversum-Modell derzeit mehr auf die aktuelle Astrophysik, nicht wahr?

JK: In einer Zeit, in der die Astrophysik unser Verständnis des Menschseins neu gestaltet, ist „Multiversum" eine Metapher, die ich bewusst aus der sogenannten Superstring-Theorie entlehne –

aus der Quantenphysik, die zuhauf mögliche Universen hervorbringt, und aus der Flut, die sie ins Leben ruft. Ein Meta-Gesetz lenkt das Ganze: Es gibt eine universelle Menschheit [humanity], deren Begriff und Praxis von einem universalistischen Monotheismus und vom Bruch mit diesem Monotheismus herrühren, aber die Einzigartigkeit jedes seiner Bestandteile – jeder Person – ist von einer solchen Feinheit, dass das allgemeine Gesetz unterschiedliche Modalitäten hat.

In diesem Sinne – und während ein Wind von ungewisser und gebieterischer Freiheit durch die arabische Welt weht – offenbart mir eine Überlegung des Oberrabbiners von Großbritannien eine Bedeutung von Isaaks Opferung, die über den „engstirnigen Partikularismus" hinausgeht und der „Würde des Unterschieds" Ausdruck verleiht. Der Bund soll ein „Band des Vertrauens" sein, in dem sich die „zärtliche Sorge Gottes" manifestiert, zumal der Bund glaubt, dass „ein Bündnis andere Bündnisse nicht ausschließt" und dass demzufolge die traditionellen Feinde Israels – Ägypten und Syrien – „gemeinsam mit Israel auserwählt" werden können. Der Bund würde somit keine Beschränkung von Diversitäten im Einmaligen bedeuten, sondern ein Verdoppeln, Verdreifachen, Vervielfachen *ad infinitum*?

Ich halte fest: Das All-Eine (aus dem Monotheismus der Bibel und der Evangelien) wird umgekehrt, nach außen gekehrt, in das Universelle zurückgeführt. Doch angesichts der entstehenden Diversitäten, die ich eben beschrieben habe – einmalige „Gesichter" oder „Welten" –, ist es heute ein multiversaler Humanismus, der sich zu finden versucht. Und abschließend frage ich: Ist das möglich? Die Realität macht mich skeptisch. Doch wenn es möglich ist, ist es nur möglich mit unseren Überlieferungen des Universellen und deren Modifikationen, die die Sprünge und Krisen des Säkularismus bezeugen.

RK: Eine letzte Frage zu Ihrem letzten Werk über Teresa von Ávila und der kritischen Beziehung zwischen Glaube und Fiktion. Ich würde gerne mehr von Ihnen hören zu Ihrer Idee einer „Schreib-Therapie", die in einigen Ihrer Werke vorkommt, nicht nur über Teresa, sondern auch über so unterschiedliche Gestalten wie Proust, Duras und Colette. Mich fasziniert Ihr Hinweis, dass Schreiben tatsächlich ein Weg sein kann, „Torheit" in „Sinn" zu verwandeln, Psychose in ein Sakrament (im Fall Teresa) - ein Weg, eine neue Beziehung herzustellen zwischen dem, was Sie „Liebes-Denken" [„love-thinking" *(pensée-amour)*] und ein neues „Leib-Denken" [„body-thinking" *(corps-pensée)*] nennen. Sie spielen hier oft auf eucharistische Themen an und sind fasziniert vom Thema des Schreibens als „Transsubstantiation" bei Schriftstellern wie Joyce und Proust. Fühlen Sie hier eine Resonanz in Ihrem eigenen Schreiben?

JK: Teresa und Proust finde ich in dieser Hinsicht besonders interessant. Teresa, Tochter einer „alten Katholikin" [„old Catholic"] als Mutter und eines Marrano [(bekehrten Juden)] als Vater, schreibt, was sie sagen will, damit sie verstanden wird, in Bildern und Gleichnissen [fiction]. Auf diese Weise formt sie sich selbst und wird - durch das Schreiben - eine berühmte Schriftstellerin, eine politische Frau, maßgebend in der Kirchenpolitik, was aus ihr eine Heilige macht. Es ist aber Marcel Proust - Kind einer jüdischen Mutter und eines katholischen Vaters, selbst ironisch und sardonisch, subtiler Analytiker der Homosexualität und Gesellschaft, weder jüdisch noch katholisch und beides zur gleichen Zeit -, der die Erfahrung des Schreibens brillant als Transsubstantiation beschreibt. (Ich versuche das in einigen Details in *Le temps sensible: Proust et l'expérience littéraire* [1994] zu beschreiben.) „Nehmen wir für einen Augenblick an, der Katholizismus wäre seit Jahrhunderten erloschen, die Tradition seines Kultes verloren", schreibt er, während er gegen die Schließung von Kathedralen protestiert und seine Erfahrung als Schriftsteller mit Transsubstantiation gleichsetzt.

RK: Aber wie ist das möglich? Was hat Proust gemeint, wenn er dieses zentrale Mysterium der katholischen Theologie übernimmt und anpasst? Stimmen Sie zu, dass da bei Proust eine Art „anatheistischer" Wiedergewinnung stattfindet, etwas, was ich im 3. Kapitel von Anatheism beschreibe?

JK: Ja, Proust verstand Transsubstantiation auf katholische Weise: mit Bezug auf die Eucharistiefeier, in der das Brot und der Wein durch die Konsekrierung nicht Zeichen oder Figuren des Leibes Christi sind, sondern aktuell Leib [und Blut] Christi [flesh of Christ] werden, transformiert in seine „Realpräsenz". Für Proust nun erfüllt sich diese Transformation - diese Metamorphose des Lebens in menschliche Worte - im Akt des Schreibens, wie er ihn ausführt. Und es ist die Metapher, die – für die, die sie mit ihrem sensoriellen Doppelsinn lesen wollen – die Transsubstantiation bewirkt, die sich der Romancier vorstellt.

In einem Brief an Lucien Daudet erwähnt Proust eine „Urkunde" über seine Taufe und seine Erstkommunion. Während die Taufe am 5. August 1871, in der Kirche Saint-Louis d'Antin, tatsächlich bescheinigt ist, gibt es weder in den Familienarchiven noch im Kirchenarchiv einen Hinweis auf ein „Kommunion-Zeugnis". Im Übrigen erwähnen die Pfarrmatrikel, wie es ein Brief von Pater M. Fillard bestätigt, der in den 1990er Jahren, als ich *Le temps sensible* schrieb, Archivar in Saint Louis-d'Antin war, zur Zeit Prousts die Erstkommunionen nicht, und es wurde in dieser Zeit, ebenso wenig wie heute, bei diesem Anlass kein „Zeugnis" ausgestellt, außer auf ausdrückliche Bitte der Familien. Der Stil von Prousts Brief, der sogar einen „Erzbischof von Saint-Louis-d'Antin" erwähnt, lässt vermuten, dass das genannte „Zeugnis" nichts anderes ist als eine Übertreibung, dazu bestimmt, Daudet vom Katholizismus seines Freundes zu überzeugen. Ein Foto von Proust als eines Erstkommunikanten hätte die Darstellungen der Korrespondenz bestätigen können, es scheint aber in keiner öffentlichen Dokumentation zu existieren. Die Biografen erwähnen indessen den Katechismusunterricht, an dem der junge Proust teilgenommen hat, den seine Mutter für das zarte Gemüt des Kindes als zu streng erachtet hat.

Man muss sich wohl davon lösen zu denken, dass das kleinste Element des Proust'schen Schreibens nicht das Wort-Zeichen ist, sondern ein Doppel: Gefühl [sensation] *und* Gedanke [idea]; dargestellte Wahrnehmung oder inkarniertes Bild. Proust kostet seine *Gefühle* als die *Essenz* der Dinge aus, unter der Voraussetzung, dass sie mit konfliktuellen Wünschen einer *persönlichen Geschichte* verbunden sind; er lebt von der „verwandelten Intelligenz, die sich in Materie verkörpert hat [...] Diese Energieverwandlung, darin der Denker verschwunden ist und die die Dinge zu uns hinführt, wäre das nicht die erste Anstrengung des Schriftstellers hin zum Stil?" Was endgültig nichts anderes ist als eine „Materie, kühl und rosa". Könnte dieser Stil ein Fleisch [flesh] sein? Weil er dir das Deine offenbart?

Proust zufolge ist Schreiben eine Transsubstantiation, denn es ist eine Erfahrung im doppelten Sinn von *Erlebnis*° und *Erfahrung*°,

wie es im Deutschen heißt. Es lässt ein neues Objekt entstehen: unmittelbare Erfassung. Zuerst ein Auftauchen und Aufblitzen *(Erlebnis°)*, wird es dann ein übernommenes Wissen dieses Auftauchens, ruhiges Wissen *(Erfahrung°)*.
Sei es eine erfahrene Emotion oder eine aktive Synthese, oder beides zugleich, die Erfahrung durchdringt die leiblichen [carnal] und verbalen Manifestationen des Subjekts und modifiziert grundlegend seine psychische Kartierung. Erfahrung ist auch nicht vom Verlangen und der Liebe zu trennen. In ihnen und durch sie erlebt sie sich als eine *Umwandlung*. Als Psychologie *und* Darstellung bezeichnet die Erfahrung einen Zug fragiler Vereinigung, schmerzvoll oder freudvoll, des Körpers mit der Idee, die diese Unterscheidungen überholt.

Die Proust'sche Erfahrung ist, würde ich behaupten, doppelt „transsubstanziell". Das Gedächtnis findet, unter den Ideen und unter den Worten, die opake Kraft eines sensorischen [sensorial] Schocks, der das sprechende Seiende in das Sein eintaucht und die ganze Welt in eine subjektive Bilderwelt einschließt. Die Kunst der Metapher und des Satzes besteht darin, diesen Vorgang ins Ontologische zu überführen, die Verbindung der Psyche mit der Welt: das Außen in das Innere zu reinvestieren, das sich daran erfreut, darüber zu sprechen.

Zugleich mit der imaginativen Inkorporierung der Welt, mit dieser Absorption des Ontologischen, übergibt Proust seinen Körper der Literatur und, über sie, der Welt. Fast erstickend in einem Zimmer in der rue Hamelin, ohne Nahrung und ohne Schlaf, ein leichenhafter Asket, bietet er den Gästen seiner Abendmahlzeiten das Beispiel eines Sterbenden, der ihnen seine Auferstehung in einem Buch versichert. Die, die ihn während seiner letzten Jahre gekannt haben, waren beeindruckt von der mystischen Kraft dieser Verwandlung eines Körpers in Literatur, jenseits des akzeptierten Snobismus und des oft widerlichen Geruchs selbstgefälliger Freundschaften. Die Welt verschlingend bis zur Verschmelzung mit dem Herzklopfen der Dinge und dem Spott der Gesellschaft, lässt der Schriftsteller sich ganz umgießen in sein Werk, das den Platz des unendlichen Seins und der Gnade einnimmt. Er fügt dem griechischen Sensualismus ein Christus ähnliches Streben hinzu: Die Mensch gewordene Passion weiht sich dem letzten Kult, dem Kult der Literatur, die ihm als einzige fähig scheint, den Kreis zu schließen, das Wort Fleisch werden zu lassen.

Allerdings wäre dieses Finale zu pathetisch gewesen und damit überhaupt nicht proustisch, wenn ihm nicht die endlosen Spiralen einer ironischen Interpretation vorangegangen wären – anatheistisch, schmerzvoll, eines Besseren belehrt, und endlos zurückkehrend zu all seinen Entwicklungen, wovon man der unbewussten Herkunft aus dem talmudischen Hang zur Entlarvung nachgehen könnte. Ebenso trennt Proust, wie beherrscht von der Gewalt und den Schuldgefühlen der Bibel, die Zärtlichkeit nicht vom Begehren. Diese Vermischung, die eine Offenbarung ist, zeitigt sicher viel Unglück für die Personen und den Erzähler. Aber mit der Zeit löst sich das Unglück – interpretiert in all seinen sensorischen Komponenten und in allen Hinsichten, die die Charaktere einnehmen können, – auf in Posen, Hochstapeleien, äußeren Schein, Eindrücke, Gesichtspunkte, innerhalb des lächerlichen Schauspiels, das sich entpuppt, das „unermessliche Gebäude der Erinnerung"[r] zu sein. Die einzige Würde, die hier zählt, ist die Pose dieses Voyeurs, inkarniert in den Objekten seiner genannten Sinne: der Erzähler.

„Wirklichkeit, dieses Abfallprodukt der Erfahrung", schreibt Proust.[s] Erlauben Sie, dass ich das steigere: Nur eine Erfahrung kann uns noch retten. Die Götter, die die Würde und den Verfall der Menschen zugelassen haben, sind jetzt zu unhörbar oder zu beengend [restrictive]. Die Ethik schafft selten Genuss. Aber die Liebe, wenn wir ihr begegnen, und der Hass, wenn er uns nicht auf der Stelle ausschaltet, wecken immer Bedürfnisse und Verlangen, für die uns Orte und Zeiten fehlen. Die Erfahrung ist die singuläre Konfiguration, durch die wir zu einem Genuss gelangen.

An den Grenzen des Körpers, im Schweigen oder in den Exzessen des Sex, zwischen der Welt und dem, was ich davon sagen kann, ist die Erfahrung diese Dynamik der Liebe und des Hasses, die aus mir eine lebendige Person macht. An den Grenzen eines Glaubens – katholisch, protestantisch, jüdisch, muslimisch, buddhistisch – oder in meiner Einsamkeit im Sein, in den Bedeutungen und Formen; oder auch in der Ergebenheit einer Hingabe, der Zähmung eines Egoismus, der Maßlosigkeit einer Anstrengung – ist die Erfahrung extrem. Sie öffnet mich mir selbst, sie bringt mich ans Ziel [end], sie lässt mich aus mir herausgehen, kurz: sie ist ein Ort, an dem ich den Anderen begegnen oder mich verlieren kann. Eine Chance.

Wir nähern uns dem psychischen Tod; denn der Tod der Werte, über den wir uns beklagen, hat einen Punkt erreicht, an dem es kein Zurück geben könnte. Welch besseres Gegenmittel gegen diese Trägheit, gegen diesen Niedergang einer Zivilisation gibt es, außer dass man sich von der Zeit verschlingen und inkorporieren lässt, dass man sie aufnimmt, sie wieder lebendig werden lässt wie den geflüsterten Satz einer wiedergefundenen Erinnerung bis zur auserlesenen Borte, wo die Welt einen Sinn ergibt und wo der Sinn wahrnehmbar wird? Auf der Suche nach dem Genuss, auf der Suche nach der Erfahrung: Heißt das nicht *À la recherche du temps perdu* zu sein? Können wir dieses Werk noch lesen?

RK: Ich glaube, wir können [we can].

6 Anatheismus, Nihilismus und das schwache Denken

GESPRÄCH MIT GIANNI VATTIMO

Der italienische Philosoph und Politiker Gianni Vattimo ist bestens bekannt für sein Konzept des „schwachen Denkens" (pensiero debole). Schwaches Denken ist der Begriff Vattimos für seine hermeneutische Ontologie: Menschliche Existenz und Wahrnehmung sind immer interpretativ. In einem seiner neueren Werke[a] *ist Vattimo für einen „hermeneutischen Kommunismus" eingetreten, einen Kommunismus, der die großen metaphysischen Annahmen abgestreift hat und gegen den Strom des Kapitalismus durch Arbeit über konkrete Fragen ankämpft – insbesondere über historische Gemeinschaften. Während Vattimo sein Denken von Nietzsche, Heidegger und Gadamer herleitet, hat er in den Werken* Credere di credere [1996][b] *und* After Christianity [2002][c] *schwaches Denken auch in Begriffen seiner eigenen christlichen Tradition als inkarnatorisches Denken artikuliert.*

Wie er im folgenden Gespräch deutlich macht, bedeutet inkarnatorisches Christentum, dass es Gott nur in der Erinnerung [memory] gibt, nur innerhalb unserer besonderen Geschichte, durch die historische Überlieferung, die bestimmt, wie wir Wirklichkeit wahrnehmen. Vattimo geht so weit, dass er seinen inkarnatorischen Glauben „atheistisch" nennt. Atheismus ist ihm zufolge genau die Überzeugung, dass es Gott nicht als höchstes Sein gibt noch als irgendeine Art von „realer" Gegenwart. Tatsächlich lässt seine radikale Zurückweisung eines jeden philosophischen Realismus ihn die Frage stellen, ob Kearneys Vorstellung, zu „Epiphanien" religiöser Erfahrung zurückzukehren, einen Regress in die Metaphysik bedeutet, als wäre eine Art Realität der Lohn für die anatheistische Wende. Am Ende des Gesprächs jedoch verständigen sich Kearney und Vattimo auf eine anatheistische Hermeneutik, der zufolge Wahrheit, Gott und Gerechtigkeit Gegenstand einer „endlosen demokratischen Interpretation" sind.

Das Gespräch fand im Juli 2013 in Vilnius, Litauen, statt. Dem Austausch der beiden ist Vattimos allgemeine Antwort auf Kearneys Buch Anatheism *vorangestellt, die den Kontext für das Gespräch gebildet hat.*[d]

GIANNI VATTIMO (GV): Auf Kearneys hervorragendes Werk antworten heißt, gegenüber dem Buch Stellung zu beziehen. Diese Haltung hermeneutischer Verantwortung wird Kearney gewiss nicht missfallen; von diesem Standpunkt aus muss ich es verstehen und versuchen, andere die Bedeutung dieses Textes verstehen zu lassen und warum das Buch wert ist, gelesen und meditiert zu werden. Ich kann, was ich sagen will, in zwei Wörtern zusammenfassen: *Anatheismus* (der Titel des Buches) und *Kenosis*, ein etwas weniger bekannter griechischer Begriff, der aber Lesern – ob Fachleute oder nicht – der Briefe des hl. Paulus und der Tradition christlicher Mystik wohlbekannt sein dürfte.

Anatheismus

Anatheismus ist die religiöse Haltung, die Kearney für die Spiritualität unserer Zeit befürwortet und empfiehlt; *Kenosis* ist der Begriff, den der hl. Paulus in einer berühmten Passage seines Briefs an die Philipper verwendet, um die Bedeutung der Inkarnation zu benennen. Indem er Mensch geworden ist wie wir, hat der Sohn Gottes sich selbst „erniedrigt" und gedemütigt bis dahin, wie ein Krimineller behandelt zu werden und den Tod am Kreuz zu erleiden.

Auf den ersten Blick könnte das Präfix *ana-* negativ verstanden werden, als wäre Kearneys Absicht eine Negation des Atheismus, in der Weise, wie das Präfix im italienischen Wort *an-alcolico* für alkoholfrei verwendet wird. *Ana-* bedeutet jedoch beides: „Aufstieg" und „Rückkehr" [return]. Kearney hebt aber nicht beide Bedeutungen hervor; er bevorzugt die zweite Bedeutung, die Rückkehr.[1] Ich würde aber nicht sagen, dass die erste Bedeutung, der Aufstieg,

---

[1] Richard Kearney, Anatheism. Returning to God After God. New York 2010, 8.

völlig verschwunden [absent] ist. Wie der Leser feststellen wird, impliziert die Rückkehr für Kearney immer einen Moment voller Erleuchtung, gewissermaßen des Erreichens des Gipfels, der ja in der Mystik mit der dunklen Nacht zusammenfällt, von der viele Mystiker sprechen, aber nichtsdestoweniger den Charakter eines entscheidenden Moments behält. Kearney stellt sich diesen Moment als eine Art von Evidenz vor, in Übereinstimmung mit der Tradition der Phänomenologie, die er von seinem Mentor Paul Ricoeur übernommen hat. Die Bedeutung des Präfixes *ana-* ist deshalb nicht nur eine Frage der Philologie, sie verweist auch, scheint mir, auf den – leichten, aber nicht unbedeutenden – Unterschied, wie ich an den Diskurs Kearneys herangehe, und damit auf den Weg der Interpretation, den ich nur andeuten kann.

Die Kultur, in der wir leben, neigt dazu, sich selbst für den Zielpunkt einer Entwicklung zu halten. In den vorherrschenden philosophischen Systemen (die in Hegel ihren Ursprung haben, aber generell auch positivistisch und von der Aufklärung inspiriert sind) wird diese Entwicklung so aufgefasst, dass sie in den frühen Phasen charakterisiert war durch Theismus und durch eine nicht selten abergläubische Religiosität. Dann entwickelte sich der Fortschritt durch Wissenschaft und Technologie in Richtung auf Nietzsches „Tod Gottes" (die Vorstellung von Gott enthüllte sich für Nietzsche als eine Lüge, die für den technisch-wissenschaftlich entwickelten Menschen nicht länger notwendig war); das heißt in Richtung auf einen zunehmend verallgemeinerten theoretischen und praktischen Atheismus.

Kearney beginnt damit, dass er die Stichhaltigkeit dieses historistischen Aufklärungsnarrativs verneint, und zwar im Licht sowohl seiner persönlichen Erfahrung als auch im Blick darauf, was er richtig als weit verbreitetes Wiederaufleben oder Überleben der Gottesfrage jenseits aller atheistischen Urteile betrachtet. Dieses Phänomen resultiert nicht nur aus dem, was wir die performativen Selbstwidersprüche des „Fortschritts" nennen könnten (wie die Atombombe oder die Schoa), sondern auch aus der Unsicherheit und der Erfahrung von Endlichkeit, die unsere Welt kennzeichnen. Diese Erfahrungen erwecken unsere Welt zu dem Gefühl von Leere und Suspendierung aller Sicherheiten, das Kearney Anatheismus nennt. Wiederum im Einklang mit seiner phänomenologischen

Ausbildung begreift Kearney diese Stimmung auf der Linie von Husserls *epoché* als Suspension der „natürlichen" Haltung gegenüber den Dingen, die die Erhebung zur Wesensschau ermöglicht.

Wir bewegen uns über den „natürlichen" Atheismus unserer Welt hinaus, wenn wir die Leere erfahren, die auch die Offenheit für eine Epiphanie, eine Erleuchtung ist, die uns von Neuem für die Erfahrung Gottes öffnet – welcher Gott es auch sein mag. Die Leere und die Ungewissheit, die uns für den Anatheismus und zu einer neuen möglichen Begegnung mit Gott öffnet, schließt das moderne und spätmoderne Bewusstsein von der Pluralität der Religionen ebenso ein wie das Problem des interreligiösen Dialogs und die mannigfaltigen Wege, die sich in ihm kreuzen und manchmal zusammenprallen. Kearneys Anatheist ist ein Mensch des Dialogs mit fremden Göttern – den Göttern von Fremden. Die in der Suspension von theistischen und atheistischen Absolutheiten wiedergewonnene Religiosität ist auch durch eine Offenheit gegenüber dem Anderen gekennzeichnet. Diese Offenheit war in Glaubensbekenntnissen, die nicht durch die mystische und kulturelle dunkle Nacht gegangen sind, deren Frucht und Ergebnis wir Modernen sind, niemals vorhanden.

In den zahlreichen autobiografischen Digressionen des Buches ruft Kearney seine langen Kämpfe gegen das autoritäre Gebaren seiner eigenen Kirche und anderer Kirchen und von Sekten, mit denen er zu tun hatte, wieder wach. Auf diese Weise ist der Anatheismus nicht nur, im Grunde, der Moment der Suspension und Leere, darauf eingestellt, von Neuem einen „vollen", mehr oder weniger den traditionellen Glaubensformen ähnlichen Glauben zu finden, sondern auch eine Haltung, die jeden wiedergewonnenen Glauben begleiten muss. (Es sieht fast so aus, als würden wir über das Kantische „Ich denke" sprechen!).

Jeder Glaube, auf welche Weise immer er wiedergewonnen wurde, muss ein Gebet zur Folge haben, das um Hilfe zu glauben bittet: „Herr, ich glaube; hilf meinem Unglauben." Das war, wie Kearney uns erinnert, auch das Gebet von Mutter Teresa. Und wir könnten auch an Pascal denken, der Nichtglaubenden empfohlen hat zu beten, um Glauben zu erlangen.

Anatheistischer Glaube kommt so sehr nahe (für kirchliche Orthodoxie vielleicht zu nahe?) an Dichtung und dichterische Imagination heran. An diesem Punkt könnte man Kearney jedoch entgegenhalten, dass sein Gedanke einer Art phänomenologischer Evidenz, die die Leere der anatheistischen Erfahrung auffüllen würde, Gefahr läuft, einer Reprise metaphysischer Religion gefährlich nahe zu kommen. Es muss hier „etwas" geben, eine Art Essenz, auf die wir uns (mehr oder weniger realistisch) zubewegen, wenn man in der anatheistischen Suspension eine Art von Erleuchtung erfährt, eine Art dialektischer Umkehrung von Finsternis in Licht. Was wäre andernfalls der Unterschied zwischen dem dichterischen Mythos und der Religion, die man „glaubt"?

Es gibt heute viele Mythen. In der pluralistischen Welt, in der wir leben, ist es schwer, das nicht wahrzunehmen, neben den unvermeidlichen Erschütterungen, die das für den eigenen Glauben hat, ob theistisch oder anatheistisch. Kearney entscheidet sich dafür, die Narration als seine Arbeitsmethode zu wählen. Aber bieten die vielen, oft faszinierenden literarischen Beispiele, die in Kearneys Buch gefunden und dargelegt werden, auch eine Antwort auf die theoretische Frage betreffend die Möglichkeit, einen anatheistischen Glauben zu leben? Das heißt: einen Glauben zu leben, der nicht nur im Moment radikaler Offenheit – der *epoché* oder der phänomenologischen Suspension aller vermeintlichen Offensichtlichkeit und Gewissheit – neu geboren wird, sondern der, im Gegenteil, beständig als nicht-absolut gelebt werden kann?

Kenosis

An diesem Punkt können wir auf den zweiten Begriff kommen, den ich als Anleitung beim Lesen des Buches vorgeschlagen habe: *Kenosis;* das ist Gottes Erniedrigung und Selbst-Entäußerung, göttliche Preisgabe von Hoheit und Transzendenz. Tatsächlich ist Kenosis für Kearney ebenfalls von zentraler Bedeutung. Aus meiner Sicht, die sonst dem anatheistischen Vorschlag Kearneys sehr wohlwollend gegenübersteht, führen ihn seine phänomenologischen Annahmen zu der Erwartung, dass der Moment der Suspension und Entleerung vorbereitend ist für eine Art von Erfüllung, was ihn dann möglicherweise verführt, Kenosis als eine nur provisorische Stufe zu denken, als würde Gott sich selbst für eine bestimmte Zeit erniedrigen, um uns zu ihm zurückzurufen und uns schließlich an seiner triumphalen Fülle teilhaben zu lassen.

Gottes Erniedrigung wäre so eine pädagogische Unternehmung, eine Art kommunikativer Strategie, die das traditionelle metaphysische Bild Gottes als das subsistierende Sein selbst unverändert ließe. Auch die Nähe religiöser Erfahrung zur Dichtung und sogar (insbesondere) die Rebellion gegen den Absolutismus von Dogmen und Kirchen läuft Gefahr, in den Schatten (oder das Licht) von Gottes provisorischer Selbst-Entäußerung zurückzufallen, der nichtsdestoweniger die unwandelbare höchste Wirklichkeit unserer traditionellen Glaubensbekenntnisse bleibt.

Die Fragen, die sich aus dieser möglichen Interpretation von Kearneys Buch ergeben, sind zahlreich und überhaupt nicht trivial. So ist zum Beispiel Kearneys Entscheidung, auf Atheismus und Theismus im Kontext der abrahamitischen Religionen zu verweisen, in einem bestimmten Sinn historisch und hermeneutisch verführerisch. Würde diese Entscheidung jedoch nicht unterschiedliche Bedeutungen gewinnen abhängig davon, wie Kenosis aufgefasst wird? Ist der sich selbst entäußernde Gott nur eines unter vielen Bildern Gottes, die von bekannten Kulturen angeboten werden? Halten wir daran nur deshalb fest, weil wir zufällig in der jüdisch-christlichen Tradition geboren sind, unter der Voraussetzung, dass wir es letzten Endes loslassen müssen (wie Wittgensteins bekannte Leiter[e]), um Gott zu erreichen, wie er wirklich ist? Wenn Kenosis aber – wie man voraussetzen muss, dass Christen denken – im Gegenteil eine Geschichte ist, die zu Gott selbst gehört und nicht nur zu einem seiner kulturell bedingten Bilder, wie wird anatheistischer Glaube dann in seiner aktuell gelebten Form konfiguriert sein?

Moderne Säkularisierung kann also aufgefasst werden als ein bloß historischer Zufall, der – als *epoché*, Leere, Erfahrung der Verlorenheit – uns auf eine neue religiöse Fülle vorbereitet, oder sonst als eine Berufung, die gelebt werden muss in allen ihren Implikationen, bis dahin, dass man – mit Bonhoeffer, aber vielleicht sogar darüber hinaus – denkt: „Einen Gott, den ‚es gibt', gibt es nicht."[f] Das würde zum Beispiel implizieren, dass jemand Gott exklusiv in der Form des Dienstes an anderen verehrt, nicht nur ohne Dogmen und Gottesdienste, sondern auch ohne Kirchen und Riten und vor allem ohne hierarchische Trennungen zwischen Klerus und Laien, usw. Vielleicht könnten wir sagen, dass aus essenziellen Gründen ein authentisch kenotischer Gott nur erfahren werden kann in einer anatheistischen oder, einfacher, einer anamnetischen Religion. Der Gott, von dem Moses nur den Rücken sehen kann, während er vorüberzieht [vgl. Ex 33,18–34,35], gibt sich uns ebenfalls selbst nur in der Form einer Erinnerung, die nie auf eine vergangene oder zukünftige Präsenz verweist. Wir sind nicht weit entfernt von den Kinderbildern von Weihnachten, dem Kind Jesus, den Dingen, die wir an bestimmten Festtagen und zu bestimmten Zeiten des Jahres ‚erinnern'. Tatsächlich: *Memorys*.

Nur die, die ihre Seele verlieren – nicht nur temporär, um dann das ewige Leben zu gewinnen –, werden sie retten. Räumen wir ein, dass eine Religiosität dieser Art schwer zu entwerfen ist, noch bevor sie schwer zu leben ist. Daran erkennt man, dass es unmöglich ist, ohne ein gewisses Maß an Institutionalisierung – und dann Disziplin, Dogmen und zuletzt Hierarchien – religiös zu sein. Das sind die historisch unausweichlichen Voraussetzungen, vielleicht bis jetzt – oder für immer – der theistisch-atheistischen Überlieferung, von Religionskriegen, gegensätzlichen Absolutismen. Im Hinblick auf Kenosis erinnert Kearney (der so freundlich ist eines meiner Bücher zu zitieren) an den französischen Passionisten Stanislas Breton,[g] der die kenotische Ethik als Teilnahme am Schicksal der ‚Verdammten dieser Erde' liest, der für ihre Befreiung kämpfte, und zu gleicher Zeit meint, dass am tiefsten Punkt der Erniedrigung (eingeschlossen die ethische Erniedrigung derer, die bis zum Tod kämpfen) es eine Art von paradoxem Rücksprung gibt, einen triumphierenden Aufstieg zum Ursprungspunkt.

„Was sonst noch?", könnte man legitimerweise fragen. Kenotische Ethik kann auf monastische Weise gelebt werden – im buchstäblichen Sinn des Wortes: außerhalb der Welt bleiben – oder auch so, dass man arm unter den Armen und Outcasts wird (offensichtlich ohne dass sie daraus einen Nutzen ziehen; eher als ein weiterer Kleiner Bruder von Charles de Foucauld in einer Favela ist ein reicher und geschickter Unternehmer besser). Aber wie könnte man kenotische Ethik politisch umsetzen? Wie macht man daraus das Prinzip einer Revolution? Und warum sollten wir das tun, wenn die Sache die ist, dass wir uns für die Begegnung mit dem Gott vorbereiten, der, wenn man Kenosis nicht ernst genug nimmt, noch immer der unbewegte Beweger der mittelalterlichen Theologie ist?

Eine Intensivierung eines interreligiösen oder interethischen Dialogs sieht nicht wie ein plausibler Schluss von Kearneys Diskurs aus; schließlich ist das nicht wirklich die Lösung, die er vorschlägt. Wie wir, unter anderem, aus der kürzlichen Erfahrung der wirtschaftlichen Krise schmerzvoll gelernt haben, verschleiert die Globalisierung – ich denke auch im Fall der Ethik, der Lehren usw. – nur die Herrschaft eines Teils der Welt über die anderen. Wer kann wirklich daran gehen, eine globale Ethik aufzubauen, ohne selbst auf dem Standpunkt der Souveränität zu beharren oder ihn anzustreben? Kennt irgendjemand mythische Kulturen, die Theorien über multiple mythische Kulturen haben? Eine solche Theorie erfordert, ebenso wie eine globale Ethik, eine Sichtweise der Souveränität.

Auch in dieser Hinsicht ist es besser, eine anatheistische Religiosität zu praktizieren, als einen Weg, für den „Letzten dieser Geringsten" Partei zu ergreifen, unter Beibehaltung einer Position eines gemäßigten Ethnozentrismus (wie bei Rorty): Ich bin mir bewusst, dass ich eine besondere Sichtweise habe, und ich versuche sie auf eine offene, gastfreundliche und tolerante Weise so gut wie möglich zu leben, im Wissen darum, dass in der Menge der Interpretationen einzig die sicher falsch ist, die beansprucht, identisch zu sein mit der Wahrheit. Auch in der Politik werde ich mich entscheiden, mit denen zu kämpfen, mit denen ich am meisten (und reflektiert) übereinstimme (Proletarier mit Proletariern, anatheistische Christen mit anatheistischen Christen, Pazifisten mit Pazifisten), ohne jemals zu meinen, dass ich für die Wahrheit kämpfe oder dass „Gott mit uns" ist. Wenn ich das tue, gehe ich davon aus, dass, wenn es einen Gott gibt (auch im Bonhoeffer'schen Sinn, dass er nicht da ist), er anatheistisch ist wie ich.

RICHARD KEARNEY (RK): Zurück zu dem Partikel *ana-* („nach", auf Englisch „after", auf Italienisch „dopo"). Die Frage, was nachher kommt – nach Gott, nach dem Theismus, nach dem Christentum. Wie beeinflusst dieses „nach" die Beziehung zwischen dem Heiligen und dem Säkularen?

GV: Mir gefällt Ihre Idee des *ana-*. Und mein erster Gedanke ist folgender: Warum soll ich von etwas nach Gott sprechen, wenn ich glaube, dass Nietzsche mit Recht sagt, dass Gott tot ist? Nun, als erstes würde ich sagen, wir erfahren es aus den Evangelien selbst, dass wir, weil Gott tot ist, beides sein können: Christ und Atheist. Es bedeutet nicht, dass Gott verschwindet, sondern dass es einen inkarnierten Gott gibt, der stirbt. Dieser inkarnierte Gott zeigt das Ende des traditionellen metaphysischen Gottes an. So leben wir in der Epoche des Nihilismus, weil der Tod Gottes, im Sinne Nietzsches, bedeutet: Es gibt nicht mehr einen höchsten Wert; es gibt nicht mehr einen höchsten Gott, ein höchstes Sein. Das meinen wir heute, wenn wir – nach Heidegger und Nietzsche – vom „Ende der Metaphysik" sprechen. Ich würde sagen, dass heute beides möglich und notwendig geworden ist, anatheistisch und postreligiös zu werden. Denn es gibt tatsächlich keine grundlegende Struktur des Seins, die wir erkennen, es gibt kein letztes oder jenseitiges Sein in sich selbst, keine hinter der phänomenologischen Erscheinung verborgene noumenale Substanz. Aus diesem Grund ist man eher Christ als Kantianer.

RK: Sie würden sich also auf den Begriff *Christ* oder *ana-Christ* festlegen?

GV: Ja. Zum Beispiel ist der Unterschied zwischen mir und Derrida hier die Frage der Geschichte. Er ist zutiefst und ernstlich ein jüdischer Denker, der nicht glaubt, dass in der Geschichte etwas geschehen ist. Ich glaube, dass in der Geschichte etwas geschehen ist. Und ich bin hier näher bei Hegel als bei Derrida oder bei Kant. Denn Kant glaubte an ein transzendentales Ego, das zeitlos und universal ist, immer dasselbe. Aber nach Hegel, Dilthey und Heidegger können wir nicht länger an eine solche zeitlose Wahrheit außerhalb der Geschichte glauben.

RK: Wie verhält sich das zu Ihrem Verständnis des Nihilismus? Wenn Sie Nihilismus sagen, meinen sie natürlich nicht überhaupt nichts. Es gibt verschiedene Weisen des Nichts, richtig? Oder wie Samuel Beckett es formuliert: „Nichts ist wirklicher als das Nichts."[h]

GV: Wenn ich von Nihilismus spreche, spreche ich nicht von einer Struktur des Seins, die sich als „nichts" offenbart. Nein. Ich spreche von einer Geschichte, in der die höchsten Werte ihren Wert verloren haben – in dem Sinn, dass es den alten Gott nicht länger gibt. Aber nicht in dem Sinn, dass es nichts gibt. Nihilismus bedeutet nicht, dass wir im Nichts versinken. Er muss verstanden werden als eine Erzählung, die Erzählung einer Geschichte.

RK: Und Christus ist eine der Gestalten?

GV: Ja. Und der heilige Paulus ist eine weitere. Ich sage nicht, diese Geschichte ist GESCHICHTE, in Kapitälchen – die Geschichte schlechthin, die einzige Geschichte. Nein. Es ist *unsere* Erzählung, *unsere* Geschichte. Wir sind bezogen auf unsere besondere kulturelle und historische Herkunft. Und in diesem Sinn bin ich, wie Sie auch, zutiefst hermeneutisch. Denn Hermeneutik ist eine Philosophie, die ermöglicht wird durch die Tatsache, dass wir in einem Netz, einem *web* leben – heute in einem weltweiten web (www) der Kommunikation, der Reisen, der vielfältigen Kulturen und Werte, insbesondere seit der Entdeckung neuer Welten, mehrerer anderer Welten, eine Pluralität von bisher unbekannten Kontinenten. Das hermeneutische Motto – „Es gibt keine Fakten, nur Interpretationen" – wäre nicht möglich ohne solche Interkonnexionen und Verwicklungen mit einer Komplexität von Welten und Werten. Und ich glaube, dass all das ein zentraler Teil unserer nihilistischen Geschichte als christlicher Geschichte ist.

RK: Wir teilen eine hohe Achtung für den deutschen Pastor Bonhoeffer, der von den Nazis ermordet wurde. Wie Sie wissen, zitiere ich ihn mit seinem Ruf nach einem „religionslosen" Christentum als einen exemplarischen Anatheisten. Und ich nehme an, dass auch Sie Wohlwollen haben für seinen Ruf nach der Integration des Glaubens in einer säkularen Welt. Besonders, wenn er von einem Gott ohne Religion und Metaphysik spricht und fragt: „Wie sprechen … wir ‚weltlich' von ‚Gott', wie sind wir ‚religionslos-weltlich' Christen …?"[2] Oder wenn er schreibt: „Vor und mit Gott leben wir ohne Gott. … Gott ist ohnmächtig und schwach in der Welt und gerade und nur so ist er bei uns und hilft uns."[3] Würden Sie dieser säkularen Lesart des Göttlichen, die ich mit Bonhoeffer in *Anatheism* zu entwickeln versuche, zustimmen?

---

[2] Dietrich Bonhoeffer, Widerstand und Ergebung. Werke, Bd. 8. München 1998, 405.
[3] Dietrich Bonhoeffer, Widerstand und Ergebung. Werke, Bd. 8. München 1998, 534.

GV: __ Ja, aber ich würde es ontologischer ausdrücken. Die Methode, das „Nichts" des Nihilismus – das „ohne Gott" – zu verstehen, besteht darin, sich klarzumachen, dass Sein nicht etwas ist, das „ist", sondern etwas, das „sich ereignet". Und so ist es nicht etwas, was wir als Gegenwart besitzen, sondern etwas, was wir als Vergangenheit erinnern.

RK: __ Als etwas, was geschehen und vorbei ist?

GV: __ Ja. Schwaches Denken *(pensiero debole)*, wie ich es formuliere, ist eine Geschichte der Wieder-Erinnerung [rememoration] von etwas, das vergessen worden ist. Warum? Weil Metaphysik – die so viel unseres philosophischen und theologischen Denkens beherrscht hat – Seinsvergessenheit ist, wie Heidegger festgestellt hat. So ist Hermeneutik für mich eine Beachtung der Aussage, dass Sein ist, was sich ereignet. Sein ist Ereignis. Aber ist das alles, was ich sagen kann? Es stimmt, dass ich die Tatsache, dass Sein *nicht ist*, sondern sich ereignet, nicht direkt beschreiben kann. Nein. So ist der einzige Weg, das Sein in Beziehung zu den Seienden zu denken, zu erinnern, was sich ereignet hat. Aber was erinnern? An alles erinnern? Jedes Ding? Nein. Erinnern, was vergessen war.

RK: __ Wenn Sein, das vergessen war, geoffenbart wird als nichts [nothing], kein Ding [no-thing], nicht-länger-seiend (d.h. als aufgegeben, ausgeschlossen, abgeschlossen), *nur* *kann* Sein, das vergessen war, erinnert werden? Mit anderen Worten: Wir müssen die Seinsvergessenheit erinnern, die vergessen wurde, um das Sein zu erinnern? Sagen Sie das? Und wenn das der Fall ist, wäre es gleichermaßen für das Vergessen und Erinnern Gottes anzuwenden?

GV: __ Wenn ich nicht erinnere, was vergessen ist, fahre ich einfach fort, was „ist", als Sein zu betrachten, als alles, was es gibt. Und dasselbe trifft auf das Sein und Nicht-Sein Gottes zu. Hier hat Heideggers Kritik der Metaphysik als Ontotheologie Recht, aber das genügt nicht. Es muss mit Benjamin ergänzt und vervollständigt werden. Vergessenes Sein ist, wie Walter Benjamin erkannt hat, das Schweigen der Verlierer. Heidegger bietet interessante Hinweise zum Wiederfinden verlorenen Seins in seinem letzten größeren Vortrag in den 1960er Jahren, *Zeit und Sein*.[i] Aber wir müssen den Verlockungen mystischer Metaphysik von einem ursprünglichen vergessenen Geheimnis widerstehen.

RK: Ein magisches *Geheimnis°*, wo *Geschichte°* [(history)] als *Geschick°* [(destiny)] maskiert wird.
GV: Genau. Denn solch ein mystifiziertes ursprüngliches Geheimnis kann leicht den gewöhnlichen historischen Ruf vergessener Menschen [human beings] ignorieren. Wir sollten, meine ich, Heideggers Schweigen des Seins in Begriffen von Benjamins Schweigen der zum Schweigen Gebrachten verstehen.
RK: Die Stimme der Stummen [voice of the voiceless]. Oder wie der heilige Paulus sagt – ein Satz, den Sie in mehreren Ihrer Schriften zitieren – „die Nichtse und Nobodys" [the nothings and the nobodies]. Vergessenes Seiendes [forgotten being] hat zu tun mit der Macht der Machtlosen, oder? Die Macht des Schwachen? Oder was Jack Caputo, nach Paulus, „die Schwäche Gottes" nennt?
GV: Meine Idee des schwachen Denkens ist genau das – der Gedanke des Schwachen.⁽ʲ⁾
RK: Ein Denken *des* Schwachen, das auch ein Denken *über* das Schwache ist – verstanden als das Besiegte, das Unterdrückte, das Enterbte, Ausgeschlossene.
GV: Ja, und so ist die Umkehrung des metaphysischen Modells des Seins ein Echo der Umkehrung des Gedankens, dass die Geschichte den Siegern gehört. „*Vae victis!* Wehe den Besiegten." Schwaches Denken stellt sich auf die Seite derer, die nichts haben gegen die, die alles haben (oder das meinen). Fragen Sie sich doch selbst: Wer ist durch die Erklärung, dass der Gott des höchsten Seins und höchster Macht tot ist, beleidigt? Es ist nicht der Schwache. Es ist nicht der Unterwürfige. Es sind die, die behaupten, dass das Sein *ist* und dass es *Ihres* ist – ihre Basis, ihre Autorität, ihre Macht. So ist in gewisser Hinsicht das, was ich fordere, ein neuer „schwacher" Weg des Neudenkens von Nihilismus und Kommunismus – und von Christentum. Schwaches Denken ist nicht beliebt bei den Gewinnern, bei den rechtsstehenden Nachrichtenmedien. Die Gewinner können nicht akzeptieren, dass das, was jetzt, gegenwärtig, Ihres ist, nicht ewig ist, endlos, sanktioniert durch göttliches Recht, von Gott abgesegnet. Worauf wir hören müssen, ist deshalb – wenn wir uns selbst von der Sucht gegenwärtiger Macht, gegenwärtiger Präsenz, gegenwärtigen Seins befreien wollen – das Vergessene.
RK: Die bis jetzt unveröffentlichte Geschichte der Verlierer?

GV: ＿ Genau. Denn was wirklich Revolution macht, ist, wie Benjamin sagt, nicht eine wunderbare, brillante Idee oder Ideologie, sondern das Leid der Vergessenen.

RK: ＿ Paul Ricoeur nennt das in seinem Schluss von *Zeit und Erzählung* unsere „Schuld gegenüber den Toten".[k] So wird Revolution eine Negation der Negation, ein Nichtvergessen des Vergessens.

GV: ＿ Ja. Und wenn die Leute mich fragen, *wofür* ich bin, erzähle ich Ihnen zuerst *wogegen* ich bin: gegen das Vergessen der Schwachen und Leidenden. Es gibt einen Vers von Eugenio Montale, den er in der Zeit des Faschismus geschrieben hat: *Codesto solo oggi possiamo dirti, / ciò che non siamo, ciò che non vogliamo* (Das einzige, was wir dir heute sagen können: Was wir *nicht* sind, was wir *nicht* wollen).

Das ist die Haltung des revolutionären Nihilismus. Oder wie ich es oft gerne sage: „Jetzt, da Gott tot ist, können wir einander lieben!" Oder wie Aristoteles angeblich gesagt hat: „Ich bin ein Freund von Platon, aber ich bin noch mehr ein Freund der Wahrheit."

RK: ＿ Das bringt uns zurück zur Frage des *ana-*. Was kommt nach dem Sein und nach Gott?

GV: ＿ Wir beide sind uns diesbezüglich sehr nahe. Aber es gibt auch einige kleine Differenzen in unserer Lesart des „nach", wie ich in meinem Vorwort zur italienischen Übersetzung ihres *Anatheism* versucht habe herauszustellen. Bei meinem ersten Lesen Ihres Buchs hatte ich das Gefühl – vielleicht fühle ich das jetzt weniger –, dass für Sie das „danach" eine Leere ist, in der positive Erleuchtungen und Affirmationen zu uns kommen können. Und das erscheint mir ein bisschen zu mystisch. Aber jetzt tendiere ich dazu, zuzustimmen, dass Hören und Warten auf das, was kommt oder im Raum und in der Zeit von *ana-* aufgeht, auch eine Weise ist zu akzeptieren, dass bestimmte Erleuchtungen kommen können – die gerade nicht eine Rückkehr zu dem alten Gott sind, zum alten Sein, der alten Präsenz. Ich glaube nun besser zu verstehen, was Sie meinen. Ich heiße Hölderlins Empfindung gut: „Nur zu Zeiten erträgt göttliche Fülle der Mensch. / Traum von ihnen ist drauf das Leben."[l] Das war das Epigraf zu meinem ersten Buch über Heidegger: *Essere, storia e linguaggio in Heidegger* (1963). Ich stimme zu, dass Klärungen, *Lichtungen*° geschehen. Aber ich möchte betonen, dass wir das hauptsächlich als einen Traum nach den Ereignissen erleben, niemals in ihrer Unmittelbarkeit oder positiver Präsenz oder Rückkehr zur Präsenz. Erleuchtungen [illumnations] des Seins sind immer, was schon vergangen ist. Wenn es nicht vergangen ist, so deshalb, weil du noch immer verlangst, sie jetzt zu haben, in der Präsenz, als Präsenz oder Re-präsentation, und du ein Metaphysiker bist. Heidegger fiel zurück in die Metaphysik, als er ein Nazi wurde, weil er irrtümlich glaubte, der Nationalsozialismus würde einen neuen leuchtenden Beginn versprechen, der den ursprünglichen Beginn des prä-sokratischen Griechenland – ein Griechenland vor der Metaphysik – wieder aufführen und ersetzen können würde.

RK: So war seine Verführung durch den Nazismus, ironischer- und tragischerweise, eine metaphysische Nostalgie nach den Verlockungen eines prä-metaphysischen Ursprungs, eine regressive Nostalgie nach dem reinen Namen des ersten Anfangs. Was Freud melancholisches Verlangen nach dem „verlorenen Objekt" hätte nennen können. Eine Art metaphysischen Verlangens nach etwas, das niemals tatsächlich existiert hat. Eine missverstandene Sehnsucht, etwas in seiner verlorenen Fülle wieder zu gewinnen. Die illusorische Verlockung einer verlorenen Illusion.

GV: Ja. Und ich würde hier sagen, dass Heidegger seine eigene große Einsicht in die ontologische Differenz vergessen hat. Er missverstand Hitler als den neuen Heraklit. Nach 1934 – und insbesondere nach „Der Ursprung des Kunstwerkes" von 1936 – hat Heidegger sich nicht mehr für Politik engagiert oder Politik kommentiert. Aber er ging weiterhin zurück und zurück auf der Suche nach den ursprünglichen Worten der Dichter und Denker, besonders der prä-sokratischen Denker wie Anaximander und Heraklit. Er fuhr fort, das ursprüngliche Ereignis des in die Wahrheit Kommens des Seins wiederzugewinnen, in Form von poetischem Denken, durch Ersetzung von politischem Handeln durch Werke der Kunst. Er war besessen von der Wiederentdeckung neuer Wege des Beginns, von radikaler Neuheit, vom reinen Sein.

RK: Und was bedeutet Politik heute für Sie? Wie verhält sich ihre Tätigkeit als aktives Mitglied des Europäischen Parlaments zu ihrem eigenen „schwachen Denken"?

GV: Was ich zu tun versuche, ist das Gegenteil von Heidegger. Ich möchte Politik *praktisch* machen durch das Öffnen neuer Horizonte und Paradigmen auf sehr konkrete Weise. Das ist es, was ein hermeneutischer Kommunist zu sein bedeutet, wie ich es (zusammen mit Santiago Zabala) in *Hermeneutic Communism* erläutere.[4]

RK: Sie lesen Marx auf revolutionäre Weise neu, durch Benjamin und Paulus – im Namen der Vergessenen. Aber kann man dasselbe mit dem Christentum machen? Mir scheint, dass Sie den „Nihilismus" des Todes Gottes in einer Weise neu lesen, die christliche Schlüsselbegriffe wie Kenosis, Reich Gottes, Caritas, der Letzte von diesen, neu liest. Diese Begriffe kehren in ihren letzten Schriften häufig wieder. Da ist mehr als eine Umarmung der Leere.

GV: In philosophischen Begriffen ist es eine Ablehnung von Reduktion, eine Zurückweisung der positivistischen Reduktion auf die Vorurteile von Objektivität. Wenn Jesus von der *Parusie* spricht, spricht er negativ, warnt er uns, nicht denen zu glauben, die voreilig sagen: „Hier ist der Messias." Er widersetzt sich der Objektivierung. Er lehnt es ab, positiv zu sagen, was oder wer er ist.

RK: „Wer sagt ihr, dass ich bin?", fragt er seine Jünger. Man könnte sagen, dass Jesus ein ständiges Geben ist, das es ablehnt, ein Gegebener zu werden. Er ist messianisch darin, dass er sich entzieht, sobald er erscheint. *Noli me tangere*. ‚Ich muss fortgehen, damit der Paraklet kommen kann.' [Vgl. Joh 16,7] Er offenbart sich selbst als der Eine, der nicht erfasst, fixiert, determiniert werden kann, der Eine, der immer schon fortgegangen ist und immer noch kommt.

GV: Ja. Ich halte demnächst einen Vortrag zu der Frage: Gibt es einen wirklichen Helden? Ich werde behaupten, dass alle Helden in unserer Kultur für immer tot sind. Du begegnest nie einem Helden. Sie existieren nicht im Jetzt, nur in der Vergangenheit. Du erzählst die Geschichte eines Helden, die Erzählung der Geschichte eines Helden. Aber der Held ist schon tot und weg. Ich meine, es war das, was Heidegger in *Sein und Zeit* andeutet, wenn er schreibt: „Sein – nicht Seiendes – ‚gibt es' nur, sofern Wahrheit ist." Das Ereignis des Seins, wenn es sich ereignet, ereignet sich nur beim Sonnenuntergang. Es ist immer Zwielicht.[5]

RK: Die Eule der Minerva ist schon geflogen, wie Hegel sagt.

---

[4] Gianni Vattimo, Santiago Zabala, Hermeneutic Communism. From Heidegger to Marx. New York 2011.
[5] Martin Heidegger, Sein und Zeit. Tübingen 1993, 230 (§ 44).

GV: Ich denke es gibt Spuren eines apophatischen Christentums bei Heidegger. Sein gibt sich selbst, insoweit es sich zurückzieht, und seine Sicht stimmt auch überein mit dem Satz des Anaximander: „Und was den seienden Dingen die Quelle des Entstehens ist, dahin erfolgt auch ihr Vergehen ‚gemäß der Notwendigkeit; denn sie strafen und vergelten sich gegenseitig ihr Unrecht nach der Ordnung der Zeit', wie er es mit diesen eher poetischen Worten zum Ausdruck bringt."[m] Für Heidegger ist der Tod der Schrein des Seins. Sterben ist ein Öffnen des Raums für andere. Ich bekenne, dass ich persönlich an eine Art von Ewigkeit glaube. Ich glaube immer noch, dass meine Lieben irgendwie weiterleben. Aber vielleicht im Sinne meines Freundes, der sagte: „Gibt es ein Leben vor dem Tod?"

RK: Ich war sehr betroffen, als ich Ihr *Not Being God*[n] gelesen habe, wie sie weiterhin an Vorstellungen wie ewiges Leben glauben und die Hoffnung haben, in irgendeiner Weise ihre Lieben – ihre Tante, ihren Liebhaber – wiederzusehen; und dass Sie ein Abendgebet sprechen und sich auf grundlegende christliche Begriffe berufen wie Liebe, Mitleid, die Kenosis in den Evangelien und bei Paulus. Und doch sagen Sie – immer wieder – „Gott sei Dank bin ich ein Atheist." Ein nettes performatives Paradox! So bin ich neugierig zu erfahren, welche Art von „Atheist" Sie sind. Wie Sie wissen, gibt es einige weitere zeitgenössische Philosophen, die in den letzten Jahren Paulus neu gelesen haben – Agamben, Badiou, Kristeva, Žižek –, und alle behaupten von sich, Atheist zu sein. Und Derrida wiederholte, wie Sie auch wissen, die Tatsache, dass er „zu Recht als ein Atheist durchgeht". Wie verstehen Sie Ihren eigenen Atheismus? Ich persönlich denke, dass Sie ein anatheistischer Atheist sind!

GV: Für mich liegt die Antwort auf diese Frage – und ich vermute auch für Sie? – im Hören auf die Anderen, im Hören auf die Geschichte der Vergessenen. Sogar der Papst muss, wenn er den Dalai Lama trifft, seinem Anderen zuhören, oder etwa nicht? Er verhält sich nicht so, als wäre die Seele des Dalai Lama verloren. *Extra ecclesiam nulla salus!* Nein. Sogar der Papst ist heutzutage ein Anatheist – zumindest erscheint er so im Dialog mit anderen, wenn er Fremde willkommen heißt, wie Sie, Richard, mit Ihrem Begriff der anatheistischen Gastfreundschaft sagen würden. Wie ich es oft sage, bedeutet Sünde, dem Anderen keine Aufmerksamkeit zollen, ihm nicht zuhören. So wie wir in Italien, wenn wir etwas nicht bemerkt haben, sagen: *Che peccato!* Was für ein Jammer! Was für eine Schande! Was für eine Sünde!

RK: Es gibt etwas Ähnliches in der englischen Umgangssprache, wenn man sagt: „I missed it!" – Ich habe es verpasst! Ich habe nicht hingehört; ich habe es nicht gesehen oder erfasst, solange es da war. Ich habe nicht genügend Aufmerksamkeit gezollt – und so ging der Augenblick an mir vorbei. Ich habe das Boot verpasst!

GV: Genau. So ist *Andenken*° für mich eine Weise zurück zu denken, Aufmerksamkeit zu zollen dem, was vergessen war. Es geht hinaus über das, was bloß da ist, um an das zu erinnern, was vergangen ist, um unser Vergessen rückgängig zu machen. Deshalb kann, wer eine Revolution machen will, kein Stalinist sein, denn Stalin hat sich nicht erinnert. Er zollte dem, was fehlte und was verpasst wurde, was verloren und dahin war, keine Beachtung. Er war zu sehr aus auf Sieg, Triumph, Macht.

RK: Die Verlockung des Neuen Sowjet-Menschen. Pure Präsenz. Wäre Stalin zu schwachem Denken fähig gewesen, hätte er nicht diese Millionen ermorden können.

GV: Stalin übernahm einfach das kapitalistisch-militärisch-metaphysische Modell der Macht und gab ihm einen anderen Namen, eine andere Farbe.

RK: Um auf die Frage von Anatheismus und Atheismus zurück zu kommen: Ich erinnere mich an eine „schwache" Lesart des griechisch-orthodoxen Begriffs der *perichoresis*. Eher als das als eine triumphale Ikone reiner Präsenz zwischen den drei Personen der Trinität zu lesen, möchte ich die *chora* in ihrem Zentrum hermeneutisch neu denken: den leeren Raum, der es den drei Personen ermöglicht, sich ständig zu bewegen, wobei jede Platz lässt für die andere, wie in der lateinischen Übersetzung *circum-in-cessio*, wo *cedo* seinen Platz dem zu überlassen bedeutet, der nach dir kommt, dem Fremden, dem, der keinen Platz hat. So, dass die Trinität neu gedacht werden kann als eine ständige Dynamik von Bewegung und Sehnsucht, wobei dem anderen etwas gegeben wird aus dem Raum des Nichts heraus, von dem freien Platz, der offen gelassen wird, vom Nicht-Platz, *u-topos*.

GV: Und dieses Raum-Geben, das Sie beschreiben, erinnert an Anaximanders Wort vom „Zeit-Geben".

RK: Was ich mich frage, ist Folgendes: Können wir Christentum „schwach" neu denken, im Sinne von Zeit und Raum geben? Im Sinn von Aufgeben den Platz des Meisters, um ein „leidender Knecht" zu werden, Füße zu waschen, die Kranken zu heilen, den Vergessenen zuzuhören – der Samariterin, dem Krüppel, dem Ausgeschlossenen, dem Schwachen, dem *alienigena*, wie der geheilte „Fremdling", der umgekehrt ist, um zu danken, im Vers Lukas 17,18 in der Vulgata auf Latein genannt wird.(o) Sich kümmern um das „verlorene Schaf". War nicht Christus selbst ein exemplarischer „Verlierer" in Ihrem Sinn? Ein Fremder, ein *alienigena* wie der geheilte Aussätzige, der umkehrt um zu danken. Von daher die Ironie der triumphierenden Kirche, die den Knecht Christus in einen König und Meister umdreht! Was Dostojewski so brillant in seinem Großinquisitor begriffen hat und was von Ivan Illich(p) so scharf als *corruptio optimi quae est pessima* analysiert wird.

GV: Ich hätte das alles gerne mit unserem neuen Papst Franziskus diskutiert. Ich hätte ihn letztes Jahr in Argentinien anlässlich eines interreligiösen Gesprächs zwischen einem Rabbi, einem Muslim, Bergoglio (Franziskus) und mir fast getroffen. Aber er wurde zum Papst gewählt und musste weg.

RK: *Che peccato! You missed him!*

GV: Ja, ich habe ihn verpasst. Aber ich denke, er hat seinen neuen Job gut begonnen.

RK: Sie meinen also die Kirche ist wiederzugewinnen? Ist ein schwaches, kommunistisches, nihilistisches, hermeneutisches Christentum möglich? Oder, mit meinem Begriff, ein anatheistisches Christentum?

GV: Ich denke, es ist nicht unmöglich. Aber zuerst muss die Kirche sich auf die Säkularisation einstellen. Die Versuchung ist, die Zukunft der Kirche in einer Rückkehr zu einer bestimmten Art von ursprünglicher, reiner Christenheit zu sehen, wie der Vatikan es zum Beispiel in Afrika versucht hat. Sie suchten die Kirche durch Rückkehr zu einem illusorischen Anfang, einer ursprünglichen Zeit der Wunder, zu revitalisieren. Und dann findet man Leute wie den Bischof Emmanuel Milingo, der schwarze Magie praktiziert und es ablehnt, sich auf die säkulare Gesellschaft einzulassen. So besteht die Gefahr eines neuen spirituellen Primitivismus, einer Obsession mit reinen Anfängen, die die westliche katholische Kirche mit Afrika identifiziert. Ich misstraue diesem Versuch, einen prä-säkularen Geist zu rekonstruieren, oder irgendwelchen Bemühungen um große Konversionen, wie ehedem, als Könige ganze Völker mittels Gewalt bekehrten.

RK:__Wie hier in Litauen, wo wir jetzt sprechen – das letzte europäische Land, das evangelisiert wurde, im 14. Jahrhundert. Sie wurden vom einfallenden christlichen Herrscher vor die Wahl gestellt, Christen zu werden oder zu sterben. Aber um auf eine frühere Frage zurückzukommen: In welchem Sinn bleiben Sie ein Atheist?

GV:__In dem Sinn, dass ich nicht glaube, dass es Gott als höchstes Sein gibt.

RK:__In diesem Sinn bin ich ebenfalls ein Atheist.

GV:__Was mir am Atheismus gefällt, ist seine Schwäche, seine Kleinheit. *Ateismo è bello!* Atheismus ist schön, so wie *small beautiful* ist. Warum bin ich noch ein Christ? Weil ich als Christ geboren wurde. Viele glauben, um ein Christ zu sein, brauchst du Beweise der Existenz eines metaphysischen Wesens, Evidenz einer Erstursache des Universums. Das Anfangsmoment des Big Bang. Das sogenannte Gottesteilchen (Higgs). Was mich interessiert, ist nicht das, sondern was *nach* dem Beginn geschieht, die Geschichte, die nach dem Big Bang kommt. Und das schließt Jesus ein. Und ich bin Teil dieser Geschichte. Ich muss nicht zu irgendeinem ersten Ursprung – physisch oder metaphysisch – zurückgehen, und ich sehe nicht, warum irgendeine Theorie, eine Argumentation oder eine Evidenz dieser Art die Geschichte von Ereignissen, die danach folgen und die das Christentum, die Geschichte, in der ich mich selbst finde, einschließen, in Abrede stellen sollte.

RK:__So widersetzen Sie sich dem Gedanken eines einzigen Kontos [account] des Universums – metaphysisch oder wissenschaftlich – zugunsten einer Hermeneutik des Narrativs? Eines weitergehenden hermeneutisches Gesprächs, in dem wir unsere entsprechenden historischen Rollen spielen, mit all der Verantwortung, die einschließt, derer zu gedenken, die verstorben sind – aus der Geschichte gestrichen sind –, und die Erzählungen zu kennen, die aufbewahrt und weitergegeben werden?

GV:__Genau. Ich betrachte mich selbst nicht als ein Mitglied der Menschheit. Ich bin nicht ein Subjekt irgendeiner abstrakten Menschheit. Ich bin ein einzelner Mensch, der teilhat an einer Geschichte anderer Menschen. Wir müssen auf die Idee eines „universalen Blicks von nirgendwo" [„Universal View from Nowhere"]⁽ᑫ⁾ verzichten. Das ist eine Weise der Normalisierung, der Kapitalisierung. Ich möchte einen Glauben fortbilden, der nicht in diesem abstrakten, homogenisierendem Sinn universalistisch ist. Mein einziger Sinn des Universalen ist die geteilte Hoffnung auf die kommenden Neuen.

RK: Und wer sind diese „Neuen"? Nachbarn? Fremde? Treten Sie für eine Form des Kommunitarismus ein?

GV: Ich bin Kommunitarier, insofern ich gegen einen vorbestimmten Universalismus bin. Wenn ich Nordamerika besucht habe und mit Identitätspolitik konfrontiert wurde, sah ich oft den Kommunitarismus als eine Gefahr von engem Provinzialismus und Nationalismus. Aber jetzt denke ich: Wenn es ein legitimer Widerstand gegenüber kapitalistischem Universalismus ist, warum nicht? Wenn die Israelis sich abmühen, ein Land zu schaffen, bin ich bei ihnen; aber wenn sie dominant werden und andere Gruppen, die für ihr Land kämpfen, unterdrücken, ist es nicht gut.

RK: Wie sehen Sie die Rolle, die Ihr hermeneutischer Kommunismus im Europäischen Parlament spielt?

GV: Heute befindet sich Europa in einer Krise, wo alles einer Art von ökonomischem Terrorismus unterworfen ist. Es gibt da ein neues disziplinarisches Ethos von Angst, Strenge, Gehorsam, Unterwerfung, Sicherheit. Europa lebt in einer Art Zwielicht. Es steht in Gefahr, eine große internationalistische Bank zu werden. Es muss sozialistisch werden. Lenin sagte, Kommunismus sei Elektrifizierung und die Sowjets. Aber was wir jetzt in Europa haben, ist Elektrifizierung ohne Räte [electrification without soviets]. Gemeinden sind ohne Macht.

RK: Das erinnert mich daran, was Alasdair MacIntyre am Ende von *After Virtue*⁽ʳ⁾ über die Notwendigkeit eines neuen Trotzki oder eines neuen heiligen Benedikt sagt. Obwohl, in Ihrem Fall wäre es wohl eher ein neuer Lenin und ein neuer heiliger Franziskus?

GV: Ich mag MacIntyre. Er hat in seiner frühen Zeit gute Arbeiten über Religion und Säkularisierung gemacht.

RK: Er hat darüber mit Paul Ricoeur ein Buch geschrieben.⁽ˢ⁾

GV: Ich mag besonders Ricoeurs *Le conflit des interprétations*,⁽ᵗ⁾ und ich war sogar versucht, einmal etwas zu schreiben wie *Das Spiel* *der Interpretationen* [*The Play of Interpretations*], in Aufnahme von Gadamers Begriff von *Spiel*. Aber meine Differenz gegenüber Ricoeur war, dass er oft eine scharfe Unterscheidung zwischen dem Säkularen und dem Religiösen zog, zwischen Philosophie und Theologie. Wer entscheidet? Ich meine, dass er die Verbindung zwischen dem Säkularen und dem Heiligen nicht genügend theoretisch durchdacht hat; es sind nicht getrennte Welten. Das Religiöse ist unentwirrbar mit der Säkularisierung verbunden.

RK: Damit bin ich einverstanden. Tatsächlich ist eine meiner wiederholten Versicherungen in *Anatheism*, dass das Heilige im Säkularen ist, obwohl es nicht vom Säkularen ist. Man kann beides nicht einfach trennen. Sie sind einander innerlich, und das Christentum hat in seiner Bejahung des täglichen Lebens (*saecularis* als zeitlich) selbst eine große säkulare Bedeutung, wie Charles Taylor in *Ein säkulares Zeitalter* herausstellt. Es ist Teil unserer hermeneutischen Geschichte.

GV: Das ist es, wo ich manchmal mit Derrida eine Schwierigkeit habe. Für ihn geht es im Messianischen über die Ankunft von etwas absolut Anderem, von etwas noch nie Dagewesenem und Überraschendem. Aber Hitler war ebenfalls absolut neu, noch nie dagewesen und überraschend. Meine Antwort auf Derrida ist „Jesus". Der Messias ist schon gekommen und gegangen. Teil unserer Geschichte. Und das ist der Grund, warum wir *Andenken*° brauchen. Wieder das „an-" von *ana-*: das hermeneutische Zurück-denken, die von Heidegger und Benjamin verlangte Wieder-Erinnerung. Wie oben erwähnt, sind Ereignisse nicht völlig neu, sondern vergessene Dinge, die erinnert werden – wir erkennen ein Ereignis dadurch wieder, dass wir uns erinnern zu erinnern, dass es geschehen ist, als Vergangenheit. *Andenken*° ist wieder achten auf das, was fehlt, erinnern, was vergessen ist. Sein ist nicht das, was da ist – ein Seiendes oder eine Kombination von Seienden, Gegebenheiten, Wirklichkeit –, *es gibt*° es als ein Ereignis, das immer gerade fehlt, vergessen ist, vorbei ist. Sein ist, was es gibt, was aber nur erfasst wird als etwas, was schon geschehen ist, insofern es niemals gegenwärtig, besessen, gegeben ist – es ist niemals Gegenwart, sondern immer eine Temporalität von *différance*.

Und aus diesem Grund wiederhole ich: Wenn Heidegger uns auf „die lautlose Stimme des Seins" zu hören heißt[(u)] (als das, was sich zurückzieht und verbirgt), muss dieses ontologische Hören ergänzt werden durch ein politisches Hören auf die Stimmen der vergessenen Generationen, derer, die zum Verstummen gebracht und verhüllt wurden durch die Ungerechtigkeiten der Geschichte, ausgelöscht in der offiziellen Version von Geschichte – der triumphierenden Erzählung, geschrieben von den Starken und Mächtigen (Kaiser- und Königreiche, Kirchen, siegreiche Staaten oder Staatsmänner). In unserer modernen Zeit könnten wir auch, mit Adorno, von der „totalen Verwaltung" der Dinge sprechen – Kapitalismus, Technokratie, Konsumerismus, Globalisierung. Ana-Denken ist im Gegensatz dazu Hören auf die Verlierer, auf die Erzählungen, die in der Zivilisation der Gewinner (namentlich derer, die die Tricks von Vernunft und Bestimmung, Theodizee und Metaphysik) vergessen sind. Die Stille, auf die wir heute hören müssen, ist die Stille der zum Schweigen Gebrachten.

So bedeutet das *ana-* des Erinnerns nicht alles erinnern, jedes Ereignis, sondern die Ereignisse der Vergessenen. Das ist das, was das *ana-*, das „re-" in Revolution erfordert und verspricht. Nihilismus ist insoweit revolutionär, dass er behauptet, dass das Sein insofern ist, als es nicht ist. Wie ich vorhin erwähnte, gilt für Heidegger: „Sein – nicht Seiendes – ‚gibt es' nur, sofern Wahrheit ist." Mit anderen Worten: Nimm Seiendes, Gegebenheiten, Fakten, nicht als das letzte Wort. Überwinde sie in Richtung auf das, was mehr ist, anders ist, vergessen von Seienden. Oder wie Zabala in seinem Buch *The Remains of Being* schreibt, Seiendes ist „Spuren von Sein" [remnants of Being].[6] Nihilismus in diesem Sinn ist Verweigerung: die Nihilation der Präsenz als einer dominierenden Macht. Nihilismus ist antimetaphysisch, wenn wir Metaphysik als die Behauptung verstehen, dass Sein ist, was „ist" – nämlich ein totales Seiendes.

RK: Wie könnte schließlich jemand diesen hermeneutischen Nihilismus des Seienden in ein christliches Denken über Gott übersetzen?

GV: Ich komme zurück auf den heiligen Paulus und seinen Ausdruck *hos me*: „als ob nicht" [as if they do not] (1 Kor 7,29–31). Das ist ein paulinisches Äquivalent der ontologischen Differenz: Seien-

---

[6] Santiago Zabala, The Remains of Being. Hermeneutic Ontology After Metaphysics. New York 2009, 17; 21; 23.

des ist anders als das, was es ist. Es ist Nihilismus definiert als eine bestimmte Achtung für Distanz und Differenz. Wie Max Scheler von der phänomenologischen *epoché* sagt, gibt es uns eine Form von „moralischer Distanziertheit", eine Form von Freiheit der Negation und Suspension. Heidegger hatte schon früh eine ähnliche – ganz paulinische und christliche – Einschätzung der Phänomenologie, aber als er Nationalsozialist wurde, verriet er diese Sicht. Er wurde zum Nazi, als er aufhörte Paulus (und Husserl) zu lesen und Hölderlin zu lesen begann. Sein anfänglicher Impuls als ein christlicher Hermeneutiker war, die alte Metaphysik des Seins und eine bestimmte calvinistische Lehre der Prädestination zurückzuweisen. Er wollte das Sein – und Gott – vor der Theodizee bewahren, um sie stattdessen als Ereignis neu zu denken und zu erinnern *(Andenken°)*. Aber die Verlockung von Hitler war die Versuchung, zu einer metaphysischen Politik des reinen Ursprungs zurückzukehren – wie so viele deutsche Romantiker sie in Beziehung zum alten Griechenland fantasierten, das große Beginnen, als alles eins war. Er verriet so nicht nur sein revolutionäres paulinisches Christentum, sondern auch seine große Einsicht in die Historizität des Seins als Ereignis, als ein Geschehen der Differenz, als Gabe [gift] („gibt es").

Wenn ich also Christ bin, so deshalb, weil ich mich weigere, meine Historizität und Geschichte preiszugeben. Christentum ist meine Kindheit – die Religion meiner Kindheit, die Religion unserer Kindheit. Es war das Christentum, das uns geformt [shaped and formed] hat. Und während ich, wie gesagt, gegenüber dem autoritären System der römisch-katholischen Kirche sehr kritisch bin, anerkenne ich auch, dass ich ohne sie nicht diese christliche Geschichte hätte, sowohl hinsichtlich dessen, was ich als Heranwachsender gelernt und empfangen habe, als auch als Mitglied einer historisch-kulturellen Gemeinschaft.

Aber, ich wiederhole, ich erhebe keine universalen Ansprüche für mein Christentum – keine Vogelperspektive, dass es die einzige Religion ist, die einzige wahre Wirklichkeit. Wahrheit unterscheidet sich von Wirklichkeit darin, dass sie nicht absolut ist, sondern immer im Bezug auf diesen oder jenen Glauben steht. Und wenn wir religiöse Wahrheit einmal als einen Gegenstand des Glaubens oder der Verpflichtung (Treue) anerkennen, anerkennen wir auch das Element des Unglaubens. „Ich glaube; hilf du meinem Unglauben."

Da anerkennen wir Religion – in meinem Fall das Christentum – als ein Spiel von Interpretationen, von Glauben und Unglauben, als einen schwachen *(debole)* Glauben im strengsten Sinn des Wortes. Wahrheit muss als eine Reihe von interpretativen Paradigmen (im Sinne von Kuhn) anerkannt werden, nicht als Korrespondenz zu einer objektiven „Wirklichkeit" außerhalb. Die Wahrheit des Seins ist nicht, was ist, sondern was nicht ist. Und, angewendet auf die Religion, bedeutet das, woran Bonhoeffer uns erinnert, dass es einen Gott, den es gibt, nicht gibt. Gott ist – wie das Sein – kein Objekt. Gott „ist" nicht. Die Gottheit kündigt sich selbst an durch Subtraktionen, Rückzug, Kenosis, freie Negation, so wie Christus vom Gewinnen seiner Seele durch ihr Verlieren spricht. Oder wenn Paulus im Brief an die Philipper von der Wahrheit des Christentums als Kenosis schreibt, göttliche Selbst-Entleerung, Privilegierung der Nichtse [nothings] und Nobodys, des „Geringsten von diesen". Wir haben hier einen Gott, der aufhört als Imperator-Vater zu herrschen, der auf souveräne Macht verzichtet, um als Christus unser Bruder zu werden, nicht ein Meister, sondern ein Freund und Knecht. Die Versuchung der Kirche ist es, Gott oder sich selbst für eine Art zeitloses höchstes Sein zu halten – und doch brauchen wir die Kirche für die Weitergabe der Geschichte, der Erzählung, des Zeugnisses Christi durch die Zeit.

RK: Wie würden Sie zusammenfassend eine anatheistische Hermeneutik definieren?

GV: Ich würde sagen: Sie ist weder idealistisch noch realistisch. Idealisten klammern sich an metaphysische Illusionen erster Anfänge, während Realisten Reaktionäre sind, die sich an ein metaphysisches Modell der Wirklichkeit klammern. Sie lehnen Hermeneutik ab, weil Hermeneutik das Modell der Wahrheit als Übereinstimmung, Diskussion, Dialog, Gespräch vorschlägt. Hermeneutik führt zu einer Politik – oder einer Kirche – des Pluralismus. Warum? Weil sie ständig die Frage stellt: „Wer sagt das?" Sie fordert autoritäre Charaktere heraus, indem sie fragt: „Gemäß welcher Autorität entscheidest du das?" Nehmen Sie die absolute Autorität der Wirtschaftswissenschaft in der heutigen Weltpolitik – in der EU oder in den USA. Wer sind die Ökonomen, die entscheiden? Das ist eine Frage der Ideologie, und sie ruft ihrerseits nach der Anerkennung, dass Wahrheit – Sein, Gott, Kunst, Gerechtigkeit, Wissenschaft –

eine Sache endloser demokratischer Interpretation ist. Hermeneutik lehnt es ab zu glauben, dass eine Person, Wissenschaft oder Doktrin die Wahrheit hat. Sie zweifelt Macht als Eine, die Eine, die offizielle Wahrheit an. Die einzige Wahrheit ist „Treue", das Spiel zwischen Glauben und Nichtglauben. Beten zu glauben. Das ist vielleicht ein gutes Motto für eine anatheistische Hermeneutik.

7 Was ist Gott? „Ein Gebrüll auf den Gassen"

GESPRÄCH MIT SIMON CRITCHLEY

Simon Critchley ist ein britischer Philosoph und Publizist, der nun eine Hans-Jonas-Professur für Philosophie an der New School for Social Research in New York innehat. Critchleys interdisziplinäre Forschungsinteressen reichen von kontinentaleuropäischer Philosophie, Literatur und Psychoanalyse bis hin zu Fragen der Ethik und der politischen Theorie. Nach seinem ersten maßgeblichen Werk The Ethics of Deconstruction *über Levinas und Derrida veröffentlichte Critchley eine Aufsatzsammlung über Literatur, Tod und Ethik mit dem Titel* Very Little ... Almost Nothing, *in der er zum ersten Mal von der „atheistischen Transzendenz" sprach, wie er es nannte, ein Thema, das er auch in seinem jüngsten Buch,* The Faith of the Faithless, *wieder aufgreift.*

Critchleys Grundannahme besteht darin, dass soziales und politisches Engagement stets irgendeine Art von Glauben erfordert, irgendeine Vision und Verpflichtung, die über Beweise und Gewissheiten hinausgehen. Er argumentiert, dass sogar „jene, die nicht glauben können, sich nach religiöser Wahrheit und nach einem rituellen Rahmenwerk sehnen, an das sie glauben können".[1] Sogar die Menschen ohne Glauben müssen demnach einen Glauben haben, und solch ein Glaube kann nicht selbst-generiert sein, sondern bedarf einer grenzenlosen externen Forderung. Wie Levinas besteht auch Critchley darauf, dass diese grenzenlose Forderung ethisch sein muss, aus einem persönlichen Verhältnis erwachsen muss und daher niemals eine abstrakte Sache, wie zum Beispiel eine Revolution, über die Menschen stellen kann. Religion wird häufig als Anbetung der Gewissheiten fehlinterpretiert, doch Critchley argumentiert, dass wahre religiöse Denker uns tatsächlich beibringen können, dass der Glaube mit sehr

---

[1] Simon Critchley, The Faith of the Faithless. London 2012, 3.

wenig, fast nichts zu tun hat. Wie das nun folgende Gespräch zeigt, entspricht Critchleys atheistische Transzendenz insofern Kearneys Anatheismus, als beide den Glauben eher als eine Wette denn als Gewissheit begreifen.

Dieser Austausch fand im Mai 2013 an der New School in New York statt.

RICHARD KEARNEY (RK): ⎯ Simon, Sie sprechen von einem ‚Glauben der Glaubenslosen', während ich von einem ‚Gott nach Gott' spreche. Meine Frage lautet nun: Wie unterschiedlich sind diese Positionen? Lassen Sie mich mit einer Unterscheidung beginnen, die wir beide zwischen *belief* (ein propositionales Glauben [believing], dass etwas namens Gott existiert oder nicht existiert) und *faith* (als unendliche Forderung, als Verlangen, Hoffnung und Vertrauen) machen. Sie sprechen vom Glauben als höchster Fiktion, aber ich möchte gern wissen, welchen Inhalt, welche Substanz, welche Wahrheit so eine Glaubensfiktion, falls überhaupt, für sich beansprucht. Ihr glaubensloser Glaube [faithless faith] ist eindeutig tief mit dem Mystischen verbunden – genau wie meine Vorstellung von Anatheismus –, doch wenn man das, was Sie als „mystischen Nihilismus" und „mystischen Anarchismus" bezeichnen, bis zum Ende denkt, was erhält man dann? Etwas (Theismus)? Nichts (Atheismus)? Oder wären Sie offen für die Möglichkeit, dass man etwas dazwischen oder jenseits beider Begriffe erhalten könnte? Sowohl Theismus als auch Atheismus; weder Theismus noch Atheismus. Was ich als Anatheismus bezeichne? Kurz gesagt, wenn Glaube [faith] kein Dass-Glaube [„*believing that*"], sondern ein Vertrauensglaube [„*faith in*"] ist, was ist dann ein Vertrauensglaube [*faith in*]?

SIMON CRITCHLEY (SC): ⎯ Es kann sehr einfach sein, wie wenn ich davon spreche, an einen anderen Menschen, dem anderen Menschen zu glauben. Der Anspruch ist also – auf der einen Seite – sehr grundlegend: Welche Bedeutung die Religion – oder Transzendenz – auch immer hat, ihr Inhalt findet sich in der menschlichen Beziehung. Hier bleibe ich Levinas eng verbunden. Und so unterscheide ich nicht nur zwischen *belief* und *faith*, sondern auch zwischen Religion (das Band, das mich mit anderen einer Gemeinschaft verbindet) und Theologie (ein Diskurs, begründet auf einer transzendenten metaphysischen Gottheit, der ich sehr misstrauisch gegenüberstehe). Es gibt einen Moment in *Ulysses* – und ich weiß, dass Sie darüber nachgedacht und geschrieben haben –, wo Stephen Dedalus mit dem Lehrer, Mr. Deasy, spricht und Gott erwähnt ...

RK: Was ist Gott? „Ein Gebrüll auf den Gassen!" [„A shout in the street!"]

SC: Exakt. Es ist ein Geschrei [shout] von draußen. Es ist ein Schrei [cry] von draußen, gehört, aber unerwartet. Die einfache Antwort auf Ihre Frage lautet also, dass der Inhalt von *faith* „anders" ist. Die schwierige Antwort dagegen ist, einzuräumen, dass *faith* etwas Komplexeres, Subtileres ist. Was passiert, wenn man das Gebrüll auf der Straße, *nicht* hört? Oder man hört es und sagt: „Halt's Maul! Hör auf zu schreien! Ich unterhalte mich gerade!" Und wenn man es nicht als Aufruf hört? Damit *faith* also einen Inhalt hat, muss es eine gewisse subjektive Disposition dafür geben.

RK: Eine Disposition, den Ruf zu empfangen [to receive the call], zu hören [to listen], zu empfangen [to receive].

SC: An Personen wie Paulus und Augustinus interessiert mich vermutlich, dass ihre Disposition ein merkwürdiger Mix aus Innen und Außen ist. Ich dachte neulich über Bekehrung nach. Über das Verhältnis von Glaube und Philosophie, vor allem in Augustinus' *Confessiones*, in denen es einen speziellen subjektiven Moment der Unruhe und des Aufruhrs gibt und Augustinus subjektiv zu einer radikalen Zweifelserfahrung tendiert. Dann geschehen diverse Dinge, er entfernt sich vom Haus und hört einen Ruf [call]: *„Tolle lege!"* (Nimm und lies!). Augustinus geht also wieder ins Haus, schlägt aufs Geratewohl die Bibel auf und liest die Paulus-Stelle, in der es in etwa heißt: „Du sollst nicht Unzucht treiben, du sollst kein schlechter Mensch sein"[a] und so weiter – und dann ist er beruhigt. Was bedeutet es, diesen Ruf [call] zu hören? Was macht Augustinus dazu bereit, ihn zu hören und sich dann zu bekehren, zu diesem speziellen Zeitpunkt und nicht zu einem anderen?

RK: Und warum soll man in diesem Zusammenhang von Gott sprechen [why call it God]? Ist nicht auch die Armut ein Schrei [cry] auf den Gassen? Auch Sex ist ein Schrei auf der Straße. Revolution ist ein Schrei auf der Straße. Warum Gott? Mit anderen Worten, warum deutet man den Schrei nicht ethisch oder politisch, sondern religiös? Warum wollen Sie die Religion nicht ganz loslassen – wie so viele moderne Denker nach Freud, Marx und Nietzsche es getan haben – und von Humanismus sprechen [call it humanism]?

SC: Weil das, was mich an dem Ruf interessiert – im intuitiven Register des subjektiven und intersubjektiven Lebens –, bei religiösen Denkern wie Paulus, Augustinus, Pascal und Kierkegaard zu finden ist. Diese Menschen stellen exakt die richtigen Fragen, wie mir scheint, auf exakt die richtige Weise – auch wenn ich ihre theologischen Schlüsse, ihre Antworten nicht akzeptieren kann.

RK: Sie behaupten also, religiöse Schriftsteller sagen uns „mehr" über den Menschen – subjektiv und intersubjektiv – als nicht-religiöse Schriftsteller?

SC: Ja, gewissermaßen schon. Und um Ihre Frage nach dem Humanismus zu beantworten, würde ich sagen, dass alles davon abhängt, was Sie darunter verstehen. Wenn Sie den liberalen Humanismus meinen, eng verbunden mit einem Fortschrittsgedanken, der auf dem Glauben an die wissenschaftliche [scientific] Entwicklung basiert – ist das für mich ein „theologisches" Dogma, das von etwas wie dem Glauben – *faith* – konfrontiert und herausgefordert werden muss.

RK: Sie würden also dieser Art von weltlichem Dogmatismus den Glauben entgegenstellen?

SC: Ja, weil ich ihn als eine sehr schädliche weltliche Theologie betrachte, die meint, dass die Wahrheit auf naturalistische Schilderungen dessen reduzierbar ist, was Menschsein bedeutet, und dass Menschen, die anderer Meinung sind, dumm oder auf gewisse Weise unmenschlich sind!

RK: Ja, der exklusive säkulare Humanismus (wie Charles Taylor ihn in *A Secular Age* nennt) kann zuweilen sehr intolerant sein.

SC: Wie alle Dogmen zu verschiedenen Zeiten.

RK: Religiöse wie nicht-religiöse.

SC: Genau. Es geht also darum, die Subtilität, Komplexität und gedankliche Tiefe über das Menschliche zurückzugewinnen, die man bei echten religiösen Denkern findet. Ich finde es eigentlich nur in der religiösen oder mystischen Tradition, und das war bei mir immer der Fall. Die Philosophen, die einige Leute nicht mehr zu den Philosophen zählen – wie Levinas und Heidegger –, sind Denker, die aus einem Verhältnis zum Religiösen heraus sehr tiefgründig denken, und genau deshalb widme ich in *Faith of the Faith-*

less zum Beispiel ein langes Kapitel Heideggers Lesart der Paulusbriefe. Sie können *Sein und Zeit* vorwärts und rückwärts lesen, von oben nach unten und über Heideggers Verhältnis zu Kant sprechen und wie sehr er methodologisch Husserl zu Dank verpflichtet ist, oder das Buch als eine *Relecture* von Aristoteles, und so weiter. Doch für mich ist das alles vollkommen irrelevant ohne das essenzielle „Bekehrungsdrama", von dem dieses außergewöhnliche Buch handelt.

RK: ___Ich stimme Ihnen zu. Doch man könnte sagen, dass das, was an *Sein und Zeit* religiös oder paulinisch ist, eher seine „Struktur" als seine Substanz ist – Bekehrung als ein strukturelles Ereignis der Subjektivität, um Badious Ausdrucksweise zu benutzen. Doch damit etwas „religiös" genannt werden kann, ist im Allgemeinen irgendeine Dimension von göttlicher Alterität oder Wahrheit erforderlich, irgendein transzendenter oder heiliger Ruf, nicht wahr? Und ich bin nicht sicher, ob diese Alterität in *Sein und Zeit* präsent ist. Im Gegensatz zu Levinas, der in *Totalität und Unendlichkeit* und auch anderswo in solchen Begriffen spricht. Und auch Sie selbst tun das, in *Faith of the Faithless*, wenn Sie in einer Art und Weise, die man in *Sein und Zeit* nicht findet, von Liebe und Gastfreundschaft und dem unendlichen Ruf sprechen. Sie verweisen auf Kierkegaards „Werk der Liebe", auf den Glauben als Treuegelöbnis, unterzeichnet von Liebe, auf Paulus' Macht der Machtlosen als radikale Hetero-Affektivität und unendliches Wollen und so weiter. Also lautet meine Frage auch hier: *Wer* ruft, wenn der Ruf unendlich fordernd ist? Ist da jemand in dem „Niemand", der ruft? Ist da etwas in dem „Nichts", das unendlich fordert?

SC: ___Ja. Da ist etwas, das ruft, aber es muss auch *gehört* werden. Bei Levinas etwa ist die Ethik, wie Sie wissen, eine Beziehung mit dem Anderen, ein Verhältnis unendlicher Verantwortlichkeit – also ist der „Inhalt" der ethischen Beziehung, die auch religiös genannt wird, der Andere. Doch wenn man sich Levinas' späteres Werk ansieht, scheint er tatsächlich zu argumentieren, dass das, was Vorrang hat, tatsächlich eine Art subjektive Struktur ist, die er „Substitution" [Stellvertretung[(b)]] nennt, das Andere im Selben, Verfolgung. Fast so, als müsse, ehe man in der Lage ist, den Ruf zu hören, eine gewisse Bekehrung in unserer Subjektivität vonstattengehen.

RK: ⎯ Eine Art Wende, ein Bruch, eine Umkehr? Etwas wie die sokratische *periagoge* oder die biblische Antwort auf den Ruf [summons] „Wo bist du?"

SC: ⎯ Ja. Meines Erachtens müssen zwei Dinge zusammenpassen. Es muss einen Inhalt geben – einen Ruf –, aber auch eine Wahrnehmung des Rufs. Man kann den Ruf hören oder auch nicht – wie in den klassischen Debatten über das leere Grab oder den auferstandenen Christus.

RK: ⎯ Ich verstehe, was Sie mit der Levinas-Analogie sagen wollen. Doch um zum „Schrei auf der Straße" zurückzukehren, so gibt es, meine ich, sehr unterschiedliche Schreie, genau wie es unterschiedliche Reaktionen gibt, nicht wahr? Einmal heißt es „Wo bist du? Gib mir zu essen! Füttere mich! Kleide mich! Gib mir Wasser zu trinken! Hilf mir!" Ein andermal: „*Schnell*°, ab in die Gaskammer!" Es gibt schließlich einen Unterschied zwischen „Hail Mary" und „Heil° Hitler"! Sie sind ontologisch oder ethisch weder dasselbe noch ähnlich, noch gleichursprünglich. Zugegeben, sie sind alle ihrer *Struktur* nach Schreie, aber jeder wird in einem radikal anderen „Geist" übermittelt, geäußert, gerufen. Ich benutze das Wort „Geist" hier im Sinne der Hermeneutik des Ignatius von Loyola mit seiner „Unterscheidung der Geister". Es gibt, um es kurz zu sagen, einen gewaltigen Unterschied zwischen dem Schrei, der tötet, und dem Schrei, der liebt, dem Schrei, der Leben nimmt, und dem Ruf, der Leben schenkt, dem Schrei, der ein Ja oder ein Nein fordert [calls].

Sie selbst scheuen sich nicht, von einer Ethik und Politik der „Liebe" zu sprechen. Stephen Dedalus' „Schrei auf der Straße" wird, wie ich *Ulysses* lese, schließlich Mollys letzter Liebesschrei: „… und ich hab ja gesagt ja ich will Ja."[c] Ihr Hunger nach Leben gibt ihrer Vergangenheit eine Zukunft, öffnet ihr Gedächtnis (das sie in ihrer halbwachen morgendlichen Rückbesinnung [rememoration] auf den Tag abruft) für zukünftige Möglichkeiten von Eros und Agape, enthalten in der Versprechung ihrer abschließenden Worte: „Ich *will* Ja". Wie Joyce in einem Brief an seinen Freund Valery Larbaud schrieb: „*Pénélope* le dernier cri."[d]

Nun, ich glaube nicht eine Minute an den unendlich fordernden Ruf [call] in Ihrer Ethik, Politik und Religion der Liebe – sogar die berühmte „unentgeltliche Liebe", die Sie in Ihrem *Hamlet*-Buch

Stay, Illusion! feiern – ist dazu *neutral*. Das spezifische Wesen, die spezifische Intention, der *Sinn* des Rufs ist absolut ausschlaggebend. Liebe ist nicht Hass! Ich sehe nicht ein, wie man jede wertende Unterscheidung bezüglich der Natur des Anderen, der ruft [calls] und schreit [cries], umgehen kann. Der ethische Ruf [call] fordert Liebe und Gerechtigkeit – was, wie Levinas sagt, den religiösen Ruf *par excellence* definiert. Ist es nicht so? Es ist der Ruf der Witwe, der Waisen, der Fremden – zumindest in der jüdisch-christlichen Tradition, doch auch im Buddhismus und in allen großen Weisheitsüberlieferungen. Wo also ist das „Gute" in alledem? Wo ist Gott in dem Schrei, der unendlich fordert?

SC: Ich sehe schon, was Sie sagen wollen. Knifflig. Der Ruf kann um Hilfe bitten oder drohen. Und meine Antwort auf den Ruf kann barmherzig oder gewalttätig sein. Ich glaube wirklich nicht, dass es ein logisches oder philosophisches Verfahren gibt, um diese Dinge zu klären. Ich glaube, wir müssen akzeptieren – und das ist etwas Schwieriges, das ich von Levinas gelernt habe –, dass es sich hier um etwas Irreduzibles handelt. Der Andere ist das einzige Wesen, das zu töten ich mir wünschen kann. Warum? Weil die andere Person sich weigert, negiert zu werden. Wenn ich meinen Kaffee trinke oder eine Banane esse, verinnerliche ich sie und negiere sie als Andere. Diese Anderen beugen sich vor mir. Der andere Mensch aber ist nicht von dieser Art. Und deshalb will ich den Anderen total negieren. Es gibt immer diese schwierige, aber widerwärtige Tatsache – mit der Nähe von Liebe und Hass, von Friede und Gewalt umgehen zu müssen.

RK: Jetzt sprechen Sie von einer subjektiven Interpretation oder Aktion gegenüber dem Anderen. Und hier ist auch mein Problem mit Levinas – die fehlende Unterscheidung [discrimination and discernment] im Hinblick auf unterschiedliche *Arten* von Anderen. Für Levinas scheinen sie alle zu einem verschmolzen zu sein. Genau wie bei Derrida, der es ihm gleichtut, indem er sagt, dass „jeder Andere ganz anders ist" *(tout autre est tout autre)*. Der Andere kann ein Gott oder ein Ungeheuer sein, für Levinas macht das keinen Unterschied. Nur, wie ich (das angeklagte/missbrauchte Selbst) es erlebe, wie das menschliche Subjekt den Anderen als Ersatz, Geisel, Kenosis erträgt, nur das zählt. Der Andere braucht in dieser Art Ethik nicht gut zu sein, „ich" aber schon. Wieder geht alles auf Sub-

jektivität zurück! Doch was ist mit der „Transzendenz" des Guten [Good], das *vorgängig* [prior] nach dem Guten [good] meiner Antwort ruft [calls]?
SC:⎯Levinas spricht sehr wohl von der vorgängigen [prior] Transzendenz des Anderen.
RK:⎯Stimmt. Und hier benutze ich Levinas gegen Levinas. Weder Sie noch Levinas scheinen irgendeinen gnostischen Gut-Böse-Gott zu befürworten (wie in Jungs *Antwort auf Hiob*), noch eine Theodizee (à la Leibniz), die das Böse und die Gewalt als Teil irgendeines ultimativen holistischen Guten betrachtet. Ihr unendlich fordernder Ruf ist im Grunde das Gute, welches das Gute zum Guten auffordert [calling], nicht? Sie sprechen nicht von der unendlichen Forderung beispielsweise nach Folter, nur von der Forderung nach Liebe, Glaube, Gerechtigkeit – stimmt's? Für mich sind sich *Faith of the Faithless* und *Anatheism* völlig einig in ihrer Ablehnung eines metaphysischen All-Gottes oder einer Theodizee. Und wir beschwören beide mystische Beispiele für unser Glaubensmodell. Wir sind beide fasziniert von Gestalten wie Eckhart oder der Begine und Mystikerin Marguerite Porete, die auf dem Scheiterhaufen starb, weil sie ein Liebesgedicht über Gott verfasst hatte – besonders gefällt mir Ihre Ansicht zu Marguerites Vorstellung von „hinreißend fern/nah" (worüber ich auch einen Beitrag für den Katalog zu Sheila Gallaghers jüngster Kunstausstellung geschrieben habe).[e]

Sie kreisen unentwegt um Begriffe wie *Mystizismus* und *unendliche Forderung*, *Bekehrung* und *Liebe*, in einem „starken" Sinn. Es geht nicht um eine beiläufige, ungezwungene Erwähnung. Es ist kein weichgespülter New-Age-, Alain-de-Botton-Humanismus. Erschließen Ihre Vorstellungen von einem mystischen Atheismus und Anarchismus nicht etwas Neues? Etwas Zusätzliches? Etwas unendlich Anderes oder vielleicht auch göttlich Anderes? – jenseits des alten Gottes von metaphysischer Souveränität – was Heidegger als Ontotheologie bezeichnete? Ich versuche auch, mich in diese Richtung zu bewegen, wie Sie wissen, wenn ich vom Doppel-A in Anatheismus spreche: A-dieu, sowohl als Abkehr *(ab deo)* von als auch als Hinwendung *(ad deum)* zu Gott. Und hier fühle ich mich Levinas sehr nah, wenn er davon spricht, dass das Judentum der Welt den Atheismus liefert, als eine Trennung von der heidnischen Verschmelzung und Macht *(le sacré)* zugunsten einer Ethik des Heiligen *(le saint)*. Und ich denke, dass diese doppelte Bewegung eine Art doppelter Atheismus ist: der Atheismus des Atheismus, der Abschied vom Abschied! Man könnte auch von einem doppelten Nihilismus sprechen, eine Auslöschung des Nichts, die etwas erschließt, wie mir scheint – etwas Neues, etwas Anderes, „überhaupt etwas und nicht vielmehr nichts"!

SC: ___Ich nenne es „Bekehrung" – eine Umkehr, eine Hinwendung. Meiner Meinung nach ist es die Hinwendung zum *Sound* auf der Straße. Aber lassen Sie mich ein anderes Beispiel geben: Erst neulich dachte ich wieder an die berühmte Großinquisitor-Episode in *Die Brüder Karamasow*. Sie kennen die Szene, in der nach einem Autodafé in Sevilla im 16. Jahrhundert Christus erscheint. Und der Großinquisitor lässt Christus verhaften, und die Szene spielt sich ab, und Jesus sagt kein Wort, und dann erzählt der Inquisitor seine Geschichte. Und aus dem, was er sagt, wird Folgendes klar: Es ist in Ordnung, wenn Christus in die Wüste geht und den drei Versuchungen des Teufels widersteht, der Inquisitor aber, der das auch versucht hat, kam zu dem Schluss, dass das Glück der Menschen höher stehe als die Freiheit der Menschen. Und hier fängt die Debatte an interessant zu werden. Die Position Christi, die als Glaube an Gott erscheinen könnte, ist tatsächlich eine Bejahung der Freiheit. Der Glaube ist nur insofern Glaube, als er sich frei als solcher bekennt. Und das ist das Paradox des Glaubens. Wenn Glaube mehr ist als das, ist er kein Glaube mehr, weil ich mich nicht frei dafür entscheide.

Wozu Christus uns also auffordert, ist die radikale Bejahung der Freiheit in Relation zur „Fragilität" unseres Verhältnisses zum Glauben. Die Großinquisitor-Geschichte enthält das völlig aufrichtige Geständnis, dass die Botschaft Christi nicht tragfähig war und daher – von der *Ecclesia triumphans* – ersetzt werden musste durch das Wohlergehen der Gläubigen, ein Wohlergehen des Trostes und der Zufriedenheit, herbeigeführt durch die drei Versuchungen „Wunder, Geheimnis und Autorität". Das ist die Gegenbotschaft der Kirche, die zu verwalten der Inquisitor gelobt hat. Und so finden wir uns inmitten der fesselnden [intriguing] Frage, ob denn der fragile und radikale Glaube, den Christus vertritt – die Freiheit authentischen Glaubens –, mit den politischen und kirchlichen Institutionen irdischer Macht kompatibel sei oder nicht. Für mich ist der

Sinn der Geschichte, dass Christus nicht als allmächtige Figur wiederkommt. Er taucht als fragiler Mensch auf, der verhaftet und weggeführt wird – wir sind nicht sicher, wohin. Die Geschichte endet mit seinem Verlassen des Raums.

RK: Und dem Kuss. Küsst Christus den Inquisitor nicht auf den Mund? Und Dostojewski sagt uns, dass dieser Kuss ihm im Herzen brennt.

SC: Genau. Und dann gehen wir davon aus, dass Christus wie der übelste Ketzer [the worst of heretics] auf dem Scheiterhaufen verbrannt wird. Worauf Dostojewski uns aufmerksam macht, ist die notwendige „Schwäche" des Glaubens, nicht wahr? Sehr paulinisch, wie Sie sagen. Und wer mehr verlangt, verlangt das Falsche. Der Glaube ist eine Art Engagement und Überzeugung – aber keine Gewissheit. Und ich meine, dass viele nicht religiöse Menschen genau das an der Religion missverstehen. Es gibt gewisse religiöse Menschen, die behaupten, Gewissheit zu haben, aber ich glaube, das ist geflunkert. Die wahrhaft religiöse Disposition ist die Bejahung des Glaubens, die sich durch den Zweifel vollzieht. Der Feind des Glaubens ist meiner Meinung nach also die Gewissheit, wogegen der Zweifel den Glauben befeuert. Sie sagen dasselbe in *Anatheism*. Und ich meine immer, dass nicht-religiöse Menschen glauben, es gebe irgendein verborgenes Geheimnis, irgendeine magische, unsichtbare Zutat, die alles verwandeln wird. Doch der Glaube ist tatsächlich genau das Gegenteil. Beim Glauben geht es darum, mit weniger zurechtzukommen, anstatt mit mehr. Und das ist interessanter.

RK: So befasst sich paradoxerweise die echte religiöse Haltung mit der Ungewissheit, während die antireligiöse nach Gewissheit trachtet – und wenn sie die nicht im Glauben findet, wo sie ohnehin nicht hingehört, lehnt sie sie von vornherein ab. Beim Glauben geht es *nicht* um Macht, Magie und Autorität, wie Dostojewski uns in Erinnerung ruft. Das ist die Versuchung, der Irrtum des Inquisitors, der Köder des All-Gottes. Wogegen der wahre Glaube, wie Dostojewski sagte, aus dem „Fegefeuer der Zweifel" erwächst. Was Keats über die „negative Fähigkeit" [„negative capability"] sagt, ist ebenfalls relevant, sowohl für die Imagination als auch für den Glauben – die Fähigkeit, „sich in einem Zustand voller Unsicherheiten, Geheimnisse und Zweifel zu befinden, ohne sich nervös nach Tatsachen & Vernunft umzusehen".² Dieses „nervöse Umsehen" ist eine Versuchung, sowohl für den religiösen wie auch den anti-religiösen Dogmatiker.

SC: ＿Ja, ich stimme zu, dass dies eine weitaus interessantere Sichtweise ist.

RK: ＿Nun, hier kommen mir zwei Dinge in den Sinn. Lassen Sie uns kurz von Dostojewski noch einmal auf Joyce zurückkommen – seltsam, wie wir so sehr auf die Literatur zurückgreifen, wie immer, wenn wir vom Glauben sprechen. Wallace Stevens und Oscar Wilde sind so wesentlich für Sie – von Letzterem haben Sie sogar Ihren *„faith of the faithless"*-Gedanken übernommen. Joyce, Virginia Woolf, Proust und Hopkins sind wesentlich für mich in meinem Buch über den Anatheismus. Um also kurz auf Joyces „Gebrüll [shout] in den Gassen" zurückzukommen, so sehe ich drei interessante Lesarten für diesen Schrei [cry]: nämlich als *heilig*, als *erotisch* und als *ethisch*. Da wir den heiligen Schrei bereits angesprochen haben, möchte ich noch ein paar Worte zu den anderen beiden sagen.

Mollys erotischer Liebesschrei ist die Krönung des Buches. Ihr finales „Ja" ist aufgeladen mit den Liebesseufzern der Sulamith im Hohen Lied, in die sich ihre persönliche Sehnsucht nach Leidenschaft, Lust und Eros mischt. Es ist ein witzig-erotischer Schrei [cry], der eine Zukunft eröffnet. Er wird vielleicht von Stephen Dedalus gehört, als er den Garten der Blooms verlässt und wieder auf die Straße hinaustritt. Und von uns Lesern. Dann ist da der ethische Schrei der Witwe, der Waise, des Fremden, der im gesamten Buch widerhallt: Gib mir zu essen, kleide mich, kümmere dich um mich, erinnere dich an mich – kurz: Wo bist du? Hier klingen Jesaja [58], Matthäus 25 an, zum Beispiel in der Eumaeus-Episode (Kutscherkneipe) und in weiteren Szenen. Von zentraler Bedeutung ist auch der Schrei des Gewissens, den Stephen Dedalus als „Dere gewizzede biz" [*agenbite of inwit*]⁽ᶠ⁾ erlebt, vom altenglischen Begriff für Schuld abgeleitet – in seinem Fall der Geist seiner Mutter. Er hatte sich geweigert, auf dem Sterbebett mit ihr zu beten, doch auch die „Mütter der Erinnerung" schreien, um nicht in Vergessenheit zu geraten,

---

² John Keats, Letter to George and Thomas Keats, December 21, 27 (?) 1817, in: The Norton Anthology of English Literature. Bd. 4, New York ⁸2006, 942 f.

die „Töchter Erins", die an die Verhungerten und Vergessenen der Großen Hungersnot erinnern (ein Ruf, der auch in den Bitten der Wäscherin aus Liffey in *Finnegans Wake* anklingt – *mememormee, mememormee*). Diese Gewissensrufe [cries of conscience] – oft über mehrere Generationen – sind das, was Ricoeur und Vattimo (im Gespräch hier in diesem Band) als zum Schweigen gebrachte Stimmen der Geschichte bezeichnen, Stimmen, die an unsere „Schuld gegenüber den Toten" erinnern. Der alte Ruf [cry] *Zakhor!* (Erinnere dich!). Und zu den Toten gehört nicht nur Stephens Mutter, die als Geist wiederkehrt, sondern auch Blooms emigrierte Mutter (die ihm zum Andenken eine Kartoffel zusteckte, die er seither in der Hosentasche trägt) und sein früh verstorbener Sohn Rudy. Dieser Wiederaufruf [recall] an das Gewissen – ethisch, politisch, persönlich –, die Begrabenen und Vergessenen zu ehren, durchsickert Joyces Werk.

SC: Es ist unsere Solidarität mit den Toten, sowohl geschichtlich wie auch individuell. Ich denke speziell an die Nacht-Episode, in der der Ruf des toten Sohnes (Rudy) so anrührend und eindringlich ist.[g]

RK: Der Ruf [call] zu erinnern, zwischen Vater und Sohn, ist der Schlüssel für Joyce. Wie Haines zu Beginn des Romans sagt, dreht sich alles um die „Vater-Sohn-Idee. Der Sohn im Kampf um Versöhnung mit dem Vater."[h] Und dass Stephen die Szene mit Prinz Hamlet und dem Geist König Hamlets aufgreift, ist grundlegend: „Gedenke mein!"[i] Wenn Gott also ein Gebrüll [shout] auf den Gassen ist, dann kann das eine ganze Reihe von Bedeutungen haben – Bedürftigkeit, Eros, Erinnerung, Gewissen. Wenn es aber ein göttlicher Schrei *ist*, dann kann es kein Schrei sein, der zu Hass oder Mord aufruft.

Ich glaube, dass die Rolle, die in Ihrem glaubenslosen Glauben und in meinem anatheistischen Glauben „Gottes Schrei" [God's cry] spielt, eine Menge gemeinsam hat. Aber es gibt auch Unterschiede. Und ich vermute, dass einer dieser Unterschiede die Frage der Heiligkeit betrifft. Ich möchte den Glauben nicht von seinen Sakramentalitäten und Schriften befreien müssen, um zu bewirken, dass er als bloße „Struktur" von Subjektivität dient. Manchmal kommt es mir so vor, wie wir oben bereits besprochen haben, dass es Ihnen weit mehr um die Struktur als um die Substanz des Glau-

bens zu tun ist, und dennoch beschwören Sie unentwegt gewisse christliche Traditionen (Paulus, Augustinus, Porete und die Mystiker). Ihre Vorstellung vom Glauben kommt nicht aus dem Nirgendwo, *ex nihilo*, aus ihrem eigenen Denken! Sie schreiben sich immer wieder in spezifische hermeneutische Traditionen und mystische Narrative ein – und ich bin da völlig einverstanden mit Ihnen.
SC: __ Stimmt.
RK: __ Lassen Sie mich noch bei der Schlüsselrolle des Narrativs im Glauben verweilen. Nehmen wir das sehr praktische und therapeutische Beispiel der Anonymen Alkoholiker. Hier durchlaufen Abhängige, wie Sie wissen, einen Heilungsprozess, bei dem sie von einem Eingeständnis völliger Hilflosigkeit zu einer Form der „Genesung" gelangen, indem sie sich einer „höheren Macht" überlassen.
SC: __ Die Sprache ist sehr religiös.
RK: __ Stimmt. Es ist ein wenig wie bei den Quäkern – so ein Treffen steht sowohl den Gläubigen als auch den Glaubenslosen [faithless] offen. Wir wären beide willkommen! Es gibt keinen Vertrag, keine Ausweise, keine Krankenblätter, um aufgenommen zu werden, keine Bezahlung. Man lauscht einfach dem Ruf [cry] der Anderen, und sie lauschen dem Ihren – und irgendetwas geschieht. Die Heilung geschieht. Und die Statistik zeigt, dass sie weitaus effektiver durch das Zwölf-Schritte-Programm der Anonymen Alkoholiker geschieht als durch jedes andere klinische, ärztliche oder psychiatrische Verfahren. Wenn hier Glaube im Spiel ist – an etwas, das die Anonymen als „höhere Macht oder wie immer man es nennen möchte" bezeichnen –, ist es kein propositionales *Glauben, dass* eine metaphysische erste Ursache oder ein höheres Wesen irgendwo dort oben existiert. Es geht dabei, um auf unsere Diskussion zu Beginn zurückzukommen, vielmehr um einen *Glauben an* etwas: der Glaube als Treuegelöbnis, als Vertrauen, Wahrheit, Verlobung.
SC: __ Und als Praxis. Es gibt einen Fortschritt. Zwölf Schritte, nicht wahr?
RK: __ Richtig. Und bei dieser Praxis geht es um eine Reise des Loslassens und der Genesung. Eine gewöhnliche religiöse Geschichte, die aber auch Atheisten oder Nichtglaubenden [nonbelievers] offen steht, sofern sie bereit sind, zuzulassen, dass ihnen zu ihrer Heilung etwas anderes zu Hilfe kommt. Die höhere Macht, die beschworen

wird, kann, wie gesagt, sein „wie immer man sie nennen möchte". Man kann sie, wie Levinas und Sie selbst es tun, als Spur des Anderen im Antlitz der anderen Person definieren. Könnte sie dann nicht auch Simon Critchleys ‚Glaube der Glaubenslosen' beinhalten? Ich glaube schon. Was denken Sie?

SC: ⎯ Ich stimme Ihnen zu. Einer der aufregendsten Momente meines Lebens war im letzten Jahr, als ich eine E-Mail von Wayne Kramer erhielt, einem der Gründungsmitglieder von MC5, der legendären Punk-Band aus Detroit. Als ich selbst ein Punk war, gab es drei Bands, die wir uns anhörten: Iggy and the Stooges, Velvet Underground und MC5. MC5 war die erste und die radikalste; sie waren revolutionäre Kommunisten. Und Wayne Kramer, der in New York lebte und ein ernsthaftes Drogen- und Alkoholproblem hatte, landete im Gefängnis; und während dieser Zeit bildete er sich weiter, ging zu den Anonymen Alkoholikern und wurde nüchtern. Tja, er schickte mir eine E-Mail, weil er *Infinitely Demanding*[j] gelesen hatte und glaubte, wir sollten miteinander reden. Also trafen wir uns und redeten, und wie sich herausstellte, ist Kramer ein Mann von enormer moralischer Ernsthaftigkeit, der jetzt etwas tut, was sich Jail Guitar Doors nennt, wo sie Gitarren in Gefängnisse bringen und den Insassen helfen.

Ich möchte damit sagen, dass es hier eine Nähe zwischen uns gibt. Also möchte ich darauf zurückkommen, was Sie über den Eros und das Heilige gesagt haben und auf die unterschiedlichen Schreie in *Ulysses*. Für mich – und andere sind derselben Meinung – ist *Ulysses* ein Buch über Selbstbestimmung [Home Rule] und die Unmöglichkeit von Selbstbestimmung. Die Politik des Buches ist kompliziert, wie Sie wissen, weil Joyce nicht den einfachen Weg nahm.

RK: ⎯ Er trug stets einen britischen Pass bei sich und war sehr kritisch, was den ethnischen oder tribalen Nationalismus anbelangte – Kathleen Ni Houlihan verspottete er als eine „alte Gummy Granny".

SC: ⎯ Stephen kann nicht nach Hause zurück, und das Zuhause ist kein Zuhause für Bloom. Da ist die letzte Szene, wo sie beide dicht nebeneinander im Garten urinieren und ihrer beider Piss-Strahlen sich kreuzen – und auseinander gehen. Doch diese Art von Überschneidungen ist keine Versöhnung in irgendeinem glücklichen Heim.

RK: Es ist nicht Hegel.

SC: Nein. Es findet unter dem Fensterbrett des Schlafzimmers statt, in dem Molly Bloom schmachtet, mit ihrer ganz anderen Vorstellung von Verlangen und Eros. Und das ist für mich der springende Punkt des Buches – und sein Geheimnis. Denn wenn ich an Liebe denke, meine ich keinen sentimentalen Liebesbegriff, sondern einen erotischen. Die Frage ist, wie Lacan sagt, ob man am selben Ort lieben [love] und begehren [desire] kann. Wir sind sehr gut darin, an verschiedenen Orten zu lieben und zu begehren. Wir begehren in Relation zu allem möglichen profanen und perversen Zeug (wir brauchen das nicht zu vertiefen), und die Liebe wird sehr oft geheiligt und scheinheilig. Das große kulturelle Thema, das Joyce – durch Molly – aufwirft, ist die Frage, wie Liebe und Eros sich kreuzen. Darum geht es in *Ulysses*. Molly versucht, am selben Ort zu lieben und zu begehren – in Relation zu Bloom mit seiner männlichen Impotenz, zu ihrem toten Kind, zu ihrem ehebrecherischen Geliebten.

RK: „Er so gut wie jeder andere"[k], wie Molly über ihren Geliebten unter der maurischen Mauer in Gibraltar, den sie sich in Erinnerung ruft, sagt. Es ist ein klassisches Beispiel für „metonymisches Begehren", nicht? Doch versetzt mit liebevoller Zuneigung zu diesem ersten Liebhaber und den nachfolgenden, einschließlich Bloom selbst – der, „Kindmann müde, das Mannkind im Mutterschoß"[l], Mollys Eros mit „mehr Entsagung als Eifersucht, weniger Neid als Gleichmut" hinnimmt.

SC: Wir sind uns in sehr vielem einig. Doch ich glaube, dass es einen interessanten Unterschied zwischen uns geben könnte, was katholische und protestantische Haltungen angeht. Das ist in gewisser Weise seltsam, weil ich überhaupt nicht in diesen Begriffen denke. An all den religiösen Gestalten, die mich interessieren, fasziniert mich allerdings die Religion als anti-institutionelle Kraft, welche die sakramentale Autorität und Tradition der Kirche ablehnt. Bei Paulus – hier sind wir uns einig – beschäftigt uns nicht die Ablehnung des Judentums; vielmehr holt er das Alte im Hinblick auf das Neue zurück. Doch bei jemandem wie Martin Luther oder Marguerite Porete gibt es *Protest*, eine antinomistische Auseinandersetzung. Die Belange der Religion, die mich antreiben, sind die des radikalen

Protestes und der Verweigerung, bis hinauf zu gewissen Ausdrucksformen amerikanischen Christentums im 19. und 20. Jahrhundert.

RK: Ich nehme an, Sie würden das Erbe nonkonformistischer Bewegungen wie das der Quäker und Shaker mit einschließen, wie das der Mormonen, die Sie unlängst in einem Artikel der *New York Times*[m] interessanterweise verteidigen.

SC: Ja, und die gesamte Emanzipationsgeschichte schwarzer Christen in den USA, mit der ich mich in letzter Zeit viel auseinandergesetzt habe. Ich bin gerade an einer Lese- und Forschungsstudie mit einem afroamerikanischen Studenten an der New School, und er bringt mich dazu, noch einmal James Cones *Black Theology and Black Power* zu lesen. Cone hat dieses erstaunliche Argument, dass Black Power die einzige konsequente Erfahrung des Christentums ist. Es hat Ähnlichkeiten mit Bonhoeffers Idee von einem radikal ikonoklastischen Glauben.

RK: Was Bonhoeffer als „religionsloses Christentum" bezeichnet.

SC: Richtig. Der Glaube und allein der Glaube. Und das bedeutet, dass wir nicht nur die Stände der Geldwechsler umstoßen, sondern den ganzen Tempel ausradieren, und die Kirchen genauso. Das ist, denke ich, die Richtung, die ich einschlage.

RK: Ich bin mir nicht sicher, ob ich genauso viel ausradieren würde wie Sie – im Anatheismus geht es darum, Revisionen zu entwickeln und das zurückzuholen, was an der Tradition noch lebensbejahend und emanzipatorisch ist – aber ich teile selbstverständlich Ihren Sinn für den Protest. Die radikale prophetische Christlichkeit Ricoeurs und Bonhoeffers – wie sie in der Vorstellung eines postreligiösen und postatheistischen Glaubens zum Ausdruck kommt – spielt in *Anatheism* eine wesentliche Rolle. Außerdem kam meine Mutter aus einer protestantischen Familie.

SC: Und meine aus einer katholischen!

RK: Dann sind wir beide theologische Bastarde [mongrels]! Doch ich stimme mit Ihnen überein in Ihrer kritischen Revolte gegen die Autorität einer triumphalen kirchlichen Macht – aber ich will nicht das gesamte Sakramentale loswerden. Deshalb komme ich in *Anatheism* auf Joyce zurück und auf Merleau-Pontys Vorstellung von profaner Sakramentalität – Joyce, der die sakramentalen Epiphanien des Fleischlichen, Erotischen, Alltäglichen feiert; Merleau-Ponty, der (mit Paul Claudel) behauptet, dass es keinen Gott jenseits von uns gibt, sondern *unter* uns. Gott als transzendentes Wort, das Fleisch geworden ist, hinabsteigt in die Immanenz der Welt, das Heilige im Säkularen und durch das Säkulare (im eigentlichen Sinn von *saecularis* – normale Zeit und normaler Raum). Das Sakramentale als eucharistische Inkarnation – *amor mundi*. Und ich würde auch Gerard Manley Hopkins auf die Liste setzen, mit seiner wundervollen scotistischen „Diesheits"-Poetik. Das Göttliche in der *haecceitas* der Dinge. Die Sakramentalität des Alltäglichen. Hier trenne ich mich von Levinas' Allergie gegen das „Heilige" (mit ihrer Blindheit gegenüber Animalität und Natur) und einer gewissen Form von protestantischem Puritanismus, der das Heilige vom Fleisch entleert und dabei die Großartigkeit und das Geheimnis des sakramentalen Überschusses, des Exzesses und Sublimen entwertet und meidet. Ich misstraue der puritanischen Geringschätzung des Genusses inmitten des täglichen Lebens (was Yeats als „verkommenen Trödelladen des Herzens" bezeichnet hat). Ich hege eine große Sympathie für Hester Prynne![n]

SC: ___ Bei Levinas war diese Allergie gegenüber der Natur auch von geschichtlichen und politischen Gründen geprägt – sein Grauen angesichts der totalitären Verschmelzung von Paganismus und dem nationalsozialistischen Körper- und Naturkult ...

RK: ___ ... den er mit Hitlers *Blut-und-Boden°*-Kult verband und sogar mit einer gewissen Heideggerschen Sehnsucht nach der präsokratischen *physis*.

SC: ___ Ja, und dies treibt Levinas dazu, eine Ethik des Heiligen *(le saint)* zu formulieren, losgelöst vom Begriff des Sakralen *(le sacré)*, verstanden als Natur, Irrationalität, Animalität, Tierhaftigkeit.

RK: ___ In Levinas' Fall hat dies eine spezielle Aufladung. Doch die Andersheit [alterity] der Natur ist etwas, das mehrere Richtungen der westlichen Philosophie, die weitgehend auf der platonischen Metaphysik und dem ethischen Monotheismus basiert, auf eigenes Risiko geleugnet oder verworfen haben. Dies ist etwas mit enormen Konsequenzen für unser Verständnis vom Göttlichen (von der Umwelt ganz zu schweigen), was wirklich sakral ist und was nicht. Es hat zu dem geführt, was Charles Taylor zu Recht unsere gegenwärtige Kultur der „Exkarnation" nennt. Unser langer Missbrauch der Natur und der Tiere im Westen verheißt nichts Gutes.

SC: Es sei denn, man wird Franziskaner. Bei Franziskus gibt es eine „unendliche Forderung", die sich auf alle Kreaturen und alle Seienden [beings] erstreckt – menschlich oder nicht menschlich.

RK: Richtig. Und um bei Franziskus zu bleiben, möchte ich dem Gott nach Gott eine „Irdischheit" – christlich wie dionysisch – zurückgeben, damit er sich nicht in apophatische Abstraktion oder gar in nichts auflöst. Statt des X-Zeichens für „nichts" – das Nichts, das unendlich fordert und bettelt, aber nie in Fleisch und Blut da ist – will ich eine radikalere, alltägliche Fleischwerdung. Eucharistien des Alltags, für alle und jeden verfügbar – und das ohne jede Einschränkung.

Ich stelle jetzt zwei Dinge für Sie heraus: erstens die Sakramentalität des Fleisches (Molly Bloom und Franziskus sind meine Schutzheiligen!); und zweitens die Alterität einer „höheren Macht", wie sie in Zwölf-Schritte-Reisen der Heilung und Genesung beschworen wird, die natürlich die „Macht der Machtlosen" im radikalsten und außergewöhnlichsten Sinne des Wortes darstellt. Beides – die Sakramentalität der Diesheit und die Transzendenz des Heilens – weist auf etwas hin, was jenseits der Macht des menschlichen Subjekts, des *Cogito*, der Subjektivität liegt. Beides deutet, *tout court*, auf etwas jenseits des Menschlichen, doch das feiert und vergrößert und belebt gewissermaßen das Menschliche. Ich spreche nicht von einem metaphysischen Gott „dort oben" am platonischen Himmel, sondern von einem Gott, der sich nach dem Tod Gottes erhebt, der nichtsdestoweniger „irgendwo" ist – irgendwo außerhalb meines Egos und doch vor meinen Sinnen!

SC: Ich auch. Ich übergebe mich der Größe. Absolut. Und Übergeben kann nicht unfrei sein. Freiheit ist wesentlich. Das ist die Schwierigkeit. Was bedeutet es, sich frei zu ergeben? Das ist die Frage, in diesem Punkt stimme ich mit Ihnen überein. Aber der „Gott unter uns" – das ist vielleicht ein Unterschied zwischen uns.

Ich erinnere mich an eine Vorlesung vor etwa fünfzehn Jahren (in Louvain), in der Didier Franck sprach. Hinter ihm hing ein großes Kreuz, und als man ihm eine Frage zu Merleau-Ponty stellte, antwortete er, er müsse, wenn er über den Leib bei Merleau-Ponty nachdenke, immer an *le corps glorieux* denken – den verklärten Leib Christi. Es ist, als sei bei Merleau-Ponty ein Gott unter uns, ein endloses, nahtloses Feld, ein Fluss des Fleisches, zu dem wir alle gehören. Dies ist eine Art ontologische Version des mystischen Leibes Christi. Ich anerkenne, dass es eine großartige Lehre ist, aber ich habe ein Problem, wenn sie auf eine Phänomenologie des Fleisches angewandt wird. Dies könnte ein Unterschied sein. Ich vertraue dem Gott des Fleisches unter uns nicht so sehr und fühlte mich schon immer zu jenen religiösen und spirituellen Bewegungen hingezogen, die dem Fleisch misstrauen – aus Gründen, die mir nicht völlig zugänglich sind. Obwohl ich persönlich nicht den Glauben der Katharer teile, finde ich sie faszinierend. Es ist eine Art früher Ultra-Protestantismus – eine völlige Ablehnung des Fleisches der Welt und eine Bejahung des Jenseits. Doch dann stimme ich wieder nicht mit ihnen überein, weil das Ganze mit einem gewissen Perfektionismus-Kult verschnürt ist.

RK:__Was nach gnostischem Dualismus und Asketismus riecht.

SC:__Genau. Für mich stellt sich also immer die Frage nach dem Verhältnis zwischen *sarx* (Fleisch) und *pneuma* (Geist). Ich möchte immer eine gewisse ambivalente Position befürworten, bei der wir einen Fuß im Geist und einen anderen im Fleisch haben. Wir sind amphibische Wesen, die sich unentwegt in zwei Elementen bewegen. Wir sind exzentrische Geschöpfe, was uns selbst betrifft. So kann jede Befürwortung des reinen Geistes zu weit gehen und jede Befürwortung der reinen Immanenz des Fleisches ein Rückfall sein …

RK:__In eine Form der Verschmelzung.

SC:__Ja, und ich möchte eine Art Lücke zwischen Fleisch und Geist bewahren. Ein anderes Interesse von mir ist daher die Frage des Humors, wo ich Leute wie Bachtin und Eagleton widerspreche, die das Lachen als karnevaleske Eruption von niedrigeren stofflichen körperlichen Strukturen feiern. Es ist großartig – Lachen als Revolution des Fleisches!

RK:__Eine Art Rabelais'scher Exzess!

SC:__Genau. Doch was mich am Humor interessiert, ist nicht dieser komische Karneval, sondern die „Schwierigkeit" bei unserem Verhältnis zum Fleisch. Ich denke also an jemanden wie Bergson, wo die „Humor"-Erfahrung aus der Ambiguität des Wissens fließt, ob wir mit dem Menschlichen oder dem Mechanischen zu tun haben, mit einer Person oder einem Ding. Das ist komplex und verwirrend. Oder, wie Beckett sagt, in einer fast logischen Behauptung,

„Hätte ich Verwendung für meinen Körper, würde ich ihn aus dem Fenster werfen. Aber vielleicht ist es das Wissen um meine Ohnmacht, die mich zu diesem Gedanken ermutigt."[o] Es ist ein perfektes Beispiel dessen, was Beckett – ich glaube, in seinem langen Essay zu Proust[p] – als eine „Syntax der Schwäche" bezeichnet. Weder das eine noch das andere. Der Körper ist bei Beckett überall. Seine Texte sind voller Körper, aber Körper, die seltsam von Stimmen bewohnt werden. Nun möchte ich gern Ja sagen, ja zu Mollys Ja. Doch es gibt etwas für mich fast zu triumphal Fleischliches an Joyce. Das ist einerseits großartig – lesen Sie Joyces Briefe an Nora; er liebte das Fleisch wirklich! Doch in anderer Hinsicht ist es zu viel.

RK: In diesem Zusammenhang pflichte ich Ihnen bei, dass ich wahrscheinlich mehr Katholik bin und Sie mehr Protestant sind. Aber mir gefällt die Vorstellung einer fruchtbaren Spannung oder Mischung zwischen beiden. Ich glaube, das ist heilsam und kreativ. Joyce, der Katholik, Beckett, der Protestant – und jeder trägt eine Spur des anderen in sich. Beide sind im Herzen tragikomisch, oder *jocoserious*, um einen Lieblingsbegriff aus *Finnegans Wake* zu benutzen. Aber ich glaube, man kann dieselbe kreative Spannung bei bestimmten religiösen Gestalten finden, die uns beide interessieren. Marguerite Porete ist ein Paradebeispiel mit ihrer mystischen Vorstellung vom *sehr liebenswerten Fernnahen*. Das Ferne ist die Höhe, das Vertikale, Transzendente – der unendliche Ruf [cry], der vom Anderen kommt und niemals aufhört. Das Nahe ist das Fleisch, die Diesheit des Hier und Jetzt. Der Ruf [cry] kommt von draußen, aber von draußen *auf der Gasse*, nicht vom Himmel. Der unendlich fordernde Ruf [cry] des Fremden kommt von oben, zugegeben; aber er wird von uns hier unten willkommen geheißen, gehegt, gehört. Das „Ferne" inkarniert sich im „Nahen", das für mich die theo-erotische Ekstase des Fleisches ist, völlig immanent und fleischlich. Und vielleicht sollten wir sogar von zwei Rufen [cries] sprechen: dem „fernen Ruf" des Außenseiters, der von radikaler Andersheit [alterity] ist; und dem „nahen Ruf" von innen – d. h., vom Exzess an Innerlichkeit und Immanenz (Heideggers Ruf [call] des *Gewissen*°s nicht ganz unähnlich, oder Descartes' unendlicher Idee in uns).

Und was ich an Mystikern wie Marguerite Porete, Teresa von Ávila und Johannes vom Kreuz – vor allem im *Cántico espiritual*[q] – so spannend finde, ist die Mischung aus radikaler Erotik und radikaler Askese. Johannes und Teresa waren insofern Reformer, als sie die Unbeschuhten Orden ins Leben riefen; sie protestierten gegen die Sklerose und Laxheit der Kirche, auch wenn sie dann im Nachhinein als „Heilige" der Gegen-Reformation gefeiert wurden. Zu ihren Lebzeiten wurde Johannes in ein Verlies gesperrt, und gegen Teresa ermittelte die Inquisition (als Marranin). Porete wurde 1310 in Paris verbrannt, genau wie andere Mystikerinnen der Beginen-Bewegung, die von Meister Eckhart unterstützt wurde.

Und was mich an all diesen dissidenten Mystikerinnen und Mystikern interessiert, ist die Tatsache, dass sie radikale Reformer waren, die gleichzeitig vom Ruf [call] des immanenten Universums, des mystischen Leibes beansprucht wurden – was Porete als „Zunichtewerden" [„ravishing combustion"] beschreibt, sobald das Ferne das Nahe kreuzt, „wie ein kurzer Blitz". Poretes Ekstase, die in ihrem Liebesgedicht an Gott zum Ausdruck kommt, war eine Flamme von leidenschaftlicher Liebe [amorous passion] und leidenschaftlicher Aufopferung [sacrificial passion]. Fleischliche Glückseligkeit und Auslöschung. Eine doppelte Passion. Eine explosive Kollision von Transzendenz und Immanenz, Lust [desire] und Liebe. Sie bieten eine schöne Lesart davon in *Faith of the Faithless*.

SC: Vielen Dank. Genau darauf kommt es mir natürlich an. Wie andere bereits dargelegt haben, war für die Mystikerinnen die Erfahrung des Heiligen absolut körperlich. Und abgesehen vom heiligen Franziskus bildeten nur Frauen Stigmata aus –

RK: Vergessen Sie den armen Padre Pio nicht!

SC: Für gewöhnlich ist der weibliche Körper der Ort, wo dergleichen geschieht. Wir haben Juliana von Norwich, die ihre Finger in Christi Wunden legt und, als das Blut fließt, eine Art fleischlicher Lust empfindet. Aber es ist bereits ein gewandeltes Fleisch, ein spiritualisiertes oder sakramentalisiertes Fleisch.

RK: Wie bei Margareta Maria Alacoques Tausch der Herzen – wenn sie ihre Hand in Christi Brust legt und sein Herz mit ihrem tauscht!

SC: Außergewöhnlich. Und was mich interessiert – ich weiß nie genau, warum mich interessiert, was mich interessiert –, ist die Frage, wie dieser mystische Eros in Verbindung steht mit der Thematik der Askese. Lassen Sie es mich erklären. Ich glaube, dass mein Interesse verschnürt ist mit der Flachheit von Lust in der gegenwärtigen Welt. Wir haben die Vorstellung, dass körperliche Lüste da sind, komplett. Man kann sie perfektionieren, man kann zum Yoga gehen, ins Fitnessstudio und sich auf vielerlei Weise mit Medikamenten behelfen. Der Körper ist etwas, was bedient werden will. Der Schmerz muss um jeden Preis vermieden werden. Diese Einstellung lässt eine ganze Menge der vergangenen Geschichte des Körpers unkenntlich werden – wo religiöse Traditionen, vom heiligen Antonius und monastischen Bewegungen an, mit der Neu-Organisation des Fleisches befasst waren, mit dem Neu-Denken und Neu-Erleben des Körpers. Was die Mystikerinnen tun, ist eine radikalere Version davon – und es führt mich zu der Frage, was mystische Askese heute bedeuten würde. Ich habe den Verdacht, dass sie in Praktiken abgewandert ist, die wir als Störungen beschreiben würden – Anorexie, Piercing, Ritzen, Bulimie, was immer –, die es zu „behandeln" gilt. Wogegen solche Praktiken früher als geistliche Übungen gelten konnten.

RK: Das war doch sicher deshalb, weil es eine „Disziplin" für solche Praktiken gab – eine Tradition, ein Narrativ, das solche Gewohnheiten leitete und heiligte. Wogegen sie heutzutage oft einer Laune oder Marotte geschuldet sind, einem unbegleiteten Experiment oder eigensinnigen Projekt. Eine Art *ascétisme sauvage*, wenn Sie so wollen. Etwas, das ausprobiert, anprobiert werden muss, dann katalogisiert oder fixiert.

SC: Ja. Es erinnert mich an die Geschichten von Mystikerinnen wie Margery Kempe oder Christina die Wunderbare, Frauen, die keine eigenen Werke verfassten, sondern von Bettelmönchen und -brüdern begleitet wurden, die ihre Lehren und Leben niederschrieben. Ich bin begeistert von der Bewegung der Beginen in Belgien und den Niederlanden. Ihre Leben wurden zum Stoff für außergewöhnliche Geschichten. Christina die Wunderbare zum Beispiel warf sich in einen eiskalten Fluss, in dem sie drei Tage lang blieb, und dann in einen brennenden Ofen, und sie wurde in einen Vogel verwandelt, und bei ihrer Beerdigung erhob sie sich aus ihrem Sarg und hockte auf der Dachtraufe der Kirche, von wo aus sie die Gläubigen heftig tadelte! Aber die Sache ist – Sie haben Recht –, dass man damals diese gemeinsamen Geschichten über geistliche Praktiken hatte. Wenn wir heute so etwas hätten, was nicht als eine Batterie von „Störungen" angesehen würde, die es zu behandeln gilt –

geleitet von irgendeiner Vorstellung von einem normalen Körper mit normalen Bedürfnissen –, könnten wir vermutlich besser damit umgehen. Es gibt viel zu lernen von der religiösen Vergangenheit über das Verhältnis zum Körper.

RK: Das ist die Vergangenheit. Was ist jetzt zu tun? Heute, hier und jetzt, 2013 in New York City?

SC: Ich bin sicher, Sie könnten auf der 14. Straße einem Dutzend wunderbarer Christinas begegnen.

RK: Und was würden Sie zu Ihnen sagen?

SC: Zu Christina, jetzt, hier? Tja, das Ganze hat sich so grundlegend verändert, hat sich in alles Mögliche verwandelt. Sehen Sie sich nur den schwindelerregenden Erfolg von *Fifty Shades of Grey* an. Er ist symptomatisch für eine Sehnsucht nach etwas, obwohl ich nicht glaube, dass man es in *diesem* Buch finden wird. Ich glaube, dass wir in der Tat an einem sehr schlimmen Ort sind, weil es nicht wirklich eine Möglichkeit gibt, wie man über solche Dinge nachdenken kann. Ich bereite gerade ein Seminar zum Thema Mystik vor und habe versucht, eine Reihe von Texten zusammenzustellen, mit deren Hilfe wir uns dem Thema annähern. Wir besprechen nicht nur die Mystikerinnen, sondern auch Dionysius Areopagita, Cusanus, Eckhart, und einige modernere Personen wie Bataille und Amy Hollywood. Ich finde die Herausforderung faszinierend.

RK: Würden Sie sich dann, im Licht all dessen, als mystischen Anarchisten bezeichnen?

SC: Nein, ich würde mich als jemand bezeichnen, der gern ein mystischer Anarchist *wäre*.

RK: In einigen Ihrer neueren Aufsätze und Bücher scheinen Sie davon angezogen zu sein.

SC: Das ist auch so. Es ist eine äußerst mächtige Verführung. Und was mich am meisten interessierte, als ich in *Faith of the Faithless* darüber schrieb, war die Erfahrung von Unzufriedenheit bei vielen der jungen Studenten, die ich an der New School habe. In den Jahren vor der Occupy-Bewegung fielen mir Gruppen auf wie *The Invisible Committee*, die eine Geschichte des Widerstands zusammensetzen wollten. Ich verstehe, warum sich jemand von der Welt lossagen und das TGV-Netz sabotieren will. Das begreife ich. Man kann den Widerstand nicht nur verurteilen; man muss versuchen, ihn zu verstehen.

RK: __Und was ist mit der Unzufriedenheit des Bombenlegers am Marathontag in Boston? Dschochar Zarnajew war schließlich nicht Marguerite Porete.

SC: __Nein, aber wir müssen darüber nachdenken. Wir erleben einen verzweifelten Versuch, diese Leute zu „Anderen" zu machen, um uns selbst das Narrativ zu geben, in dem wir uns gut fühlen können, Amerikaner zu sein. Sie haben in Ihrem Artikel über die Bomben für die *Irish Times* darüber geschrieben.[r] Ich glaube, es ist schwierig. Ich bin nicht sicher, ob man irgendetwas tun kann oder sollte, sobald das übliche Händeringen um die Ereignisse vorbei ist – wäre nur die Überwachung besser gewesen und so weiter und so weiter. Doch was in diesen Brüdern vor sich ging, ergibt einen Sinn für mich. Ich würde nicht so weit gehen, Bomben zu bauen! Aber wir müssen versuchen, es zu verstehen.

RK: __Spinoza sagte einmal, wenn schreckliche Dinge geschehen, beklage dich nicht, mach kein Geschrei; versuche zu verstehen.

SC: __Ja. Und wir wollen eine solche Verzweiflung auf keinen Fall verstehen. Es wird immer Menschen geben, die in langen schwarzen Mänteln herumlaufen und unzufrieden sind und deprimierende Musik hören und all ihre Klassenkameraden umbringen wollen – das finde ich völlig normal. Was also tun? Versuchen zu verstehen, dann den Zugang zu Waffen beschränken, damit es für diese Jugendlichen schwieriger wird, ihre natürlichen Massenmord-Fantasien auszuagieren. Was wir niemals tun wollen, ist unseren Anteil an etwas akzeptieren – nicht einmal unsere Verantwortung und Schuld –, wo wir scheinbar „Opfer" sind.

Im Augenblick arbeite ich an der ersten griechischen Tragödie, *Die Perser* von Aischylos. Ein sehr interessantes Stück, das am persischen Hof spielt, in Susa. Wir sehen Frauen, die die Niederlage der Athener in der Schlacht von Salamis proben – die nur sieben Jahre vor der Entstehung dieses Stücks stattfand, 480 v. Chr. Und dann haben wir die Hauptszene, in welcher der Geist des persischen Königs Darius erscheint und seinen Sohn Xerxes ermahnt, weil er die heiligen Altäre der Griechen entweiht hat, bevor er sich an die Griechen wendet und sie mit den Worten ermahnt: Wenn ihr glaubt, ihr seid anders, es dann aber doch meinem Sohn gleichtut, werdet ihr in derselben Situation enden.

Oder, um ein anderes Beispiel zu nehmen, Euripides' *Troerinnen*:

Es spielt gleich nach der Zerstörung Trojas – der „Vergewaltigung Trojas" [„rape of Troy"], wie es genannt wurde. Eine Schar von Frauen versammelt sich um Kassandra, um ihr Schicksal zu beklagen. Kassandra hält eine erstaunliche Rede, in der sie prophezeit, dass sie als Haussklavinnen verkauft und als Konkubinen missbraucht werden, und sie sagt, dass darin ihr Vermächtnis und ihre Geschichte lägen – Menschen zu sein, die sich an Troja *erinnern* und an das, was die Griechen uns angetan haben. Sie sind die Barbaren, nicht wir. Dies also ist das Größte, was passieren könnte – sich erinnern zu können. Auf diese Weise nutzten die Griechen ihre Kunst, um zu feiern, wer sie waren und gleichzeitig kritisch über ihre eigene Schuld nachzudenken, über ihre Selbst-Verstrickung in ihre eigenen historischen Narrative.

RK: Wollen Sie damit sagen, dass wir diese Fähigkeit zur kritischen Selbstbetrachtung verloren haben?

SC: Ja. Wir sind verzweifelt darauf aus zu beweisen, wie unschuldig wir sind. Wir finden immer jemanden, dem wir die Schuld geben. Aber politische Situationen sind weitaus komplexer, und wir müssen Möglichkeiten tragischer Ambiguität anerkennen.

RK: Am Ende eines Ihrer Kapitel in *Faith of the Faithless* beziehen Sie sich auf Pascals Satz, dass Liebe ohne Gründe ist. Daher meine letzte Frage an Sie: Wir sind uns in vielem einig, und doch gibt es Unterschiede. Wir haben es bereits in den verschiedenen intellektuellen Beugungen gesehen zwischen dem, was unsere eher „katholischen" oder eher „protestantischen" Dispositionen genannt werden könnte (ich spreche absichtlich von *Disposition* und nicht von *Position*). Auch wenn diese Dispositionen keine explizite Treuepflicht gegenüber den jeweiligen kirchlichen Institutionen erfordern, so prägen sie dennoch unsere unterschiedliche Haltung, wenn es kritisch wird.

Ich bin ganz bei Ihnen, was den Pascalschen Gedanken der „Liebe ohne Grund" angeht – eine Variante von Angelus Silesius' mystischem Nachsinnen über die „Rose, die ohne Warum erblüht". Ja. Aber ich würde nicht so weit gehen wie Sie und Derrida – oder Agamben oder Caputo, was das betrifft – und eine „Messianizität ohne Messianismus" begrüßen, das heißt, einen Glauben ohne spezifische hermeneutische Überlieferungen, Übermittlungen, Narrative und Praktiken, die mit sich bringen, dass man zur Geschichte gehört. Nicht nur in der Vergangenheit – eine vergangene Geschichte der Mystik –, sondern die Geschichte jetzt, heute. Solch ein Zugehörigkeitsgefühl ergänzt meiner Meinung nach das ebenso wesentliche Bedürfnis nach kritischer Distanz und liefert ein gewisses gemeinschaftliches Teilen von Bedeutung und Wert, eine gewisse gemeinsame oder quasi-gemeinsame Erzählung über das, was getan werden kann und sollte. Gemeinsame Geschichten führen zu gemeinsamen Taten. Und im dekonstruktiven Atheismus von Derrida oder Agamben zum Beispiel sehe ich weder das eine noch das andere (obschon sie beide vom messianischen Mystizismus fasziniert sind). Ihre „Messianizität" ist die des einsiedlerischen, alleinstehenden, einsamen Mystikers. Der asketische Glaubensritter allein auf dem Berg Moriah, wie Derrida einmal bekannte. Er gestand mir außerdem, dass nur Kierkegaard sein Denken maßgeblich beeinflusst habe. Ich war überrascht; doch bei näherem Nachdenken ergibt es durchaus Sinn. Immer wenn ich Kierkegaards *Furcht und Zittern* lese, sehe ich, höre ich Jacques Derrida, allein auf dem Berg, von unentscheidbaren Stimmen bestürmt im unmöglichen Augenblick der Entscheidung. Für mich ist dies eine allzu isolierte und isolationistische Philosophie – eine Haltung, die im Wesentlichen jede praktikable Ethik oder Politik entbehrt, keinerlei hermeneutische Richtlinien aufzuweisen hat, wie wir zwischen Geistern unterscheiden und gemeinsam für gemeinsame Ziele agieren. Wissen Sie, was ich meine?

SC: Aber ja. Zwei Zeilen von Pascal: „Das Herz hat seine Gründe, die die Vernunft nicht kennt" und „Zwei Exzesse – die Vernunft ausschließen; nichts zulassen außer der Vernunft". Ein Problem bei Liebesfragen ist, dass wir bei einer Art Irrationalismus landen könnten, wo wir Liebe (was immer das bedeutet) komplett vom Leben (regiert von Gesetz und Vernunft) trennen. Ich meine, dass man bei Agamben diese Art radikal anomischer oder antinomischer Sicht findet. Bei Pascal hingegen ist die ‚Feuernacht', der Bekehrungsmoment, rational nicht erklärbar, doch man muss im Nachhinein rational dafür Rechnung tragen, durch Lesen, Studieren, Kontemplation, Interpretation – wodurch die Dinge klarer und wirksamer werden.

Ich denke hier auch an Paulus, denn ein Weg, den das Wiederaufleben des Interesses an seinem Werk nimmt, ist, ihn in Begriffen einer radikalen Trennung von Liebe und Gesetz, von Unvernunft und Vernunft zu lesen. Man findet es in Agambens und Badious Lesart von Paulus[s] – selbst in der von Heidegger. Bei Paulus werden Liebe und Glaube stets in Relation zum Neuen verkündet, dem auferstandenen Christus. Doch das bedeutet nicht, dass das Neue vollkommen vom Alten geschieden ist. Paulus beschreibt sich selbst explizit als einen „Hebräer, von Hebräern ... schuldlos unter dem Gesetz" [vgl. Phil 3,5f.]. Nicht wahr? Ich sehe also die wahrhaft christliche Botschaft als etwas, das immer dieses Verhältnis zwischen Liebe und Gesetz aufweist, zwischen Vernunft und Unvernunft. Und genau deshalb, wenn sie nur noch Sache des Glaubens ist, birgt sie eine Gefahr. Die Gefahr des Fanatismus, kurz gesagt. Wahrscheinlich muss es irgendein Element von „Begeisterung" geben, um uns vor dem fahlen Rationalismus zu retten. Es gibt das Bedürfnis, von Dingen verzückt zu werden, die noch nicht rational erklärbar sind. Doch das bedeutet nicht, dass wir die Traditionen der Vergangenheit einfach über Bord werfen können. Es bedeutet, dass die Vergangenheit radikal *neu gedacht* werden muss.

RK: Das ist, wie ich es verstehe, das Ana- von Anatheismus. Das „Wieder-, Nach-, Zurück-Denken, um nach vorn zu gehen". Wir haben beide vor Kurzem Bücher über Mystisches geschrieben, wobei wir doch in unserem eigenen Diskurs und im Verständnis unserer Leser eine gewisse logische Grundlage, Vernünftigkeit und Rationalität voraussetzen, nicht wahr?

SC: Stimmt.

RK: Aber lassen Sie mich folgende Frage stellen: Wenn Sie ein Gebet des Glaubens beten – wenn auch des Glaubenslosen –: Zu wem beten Sie dann? Zu was beten Sie? Welche Worte kommen, wenn Sie rufen [call] oder auf den „Schrei auf den Gassen" antworten?

SC: Ich betrachte das Gebet vermutlich als den grundlegendsten Aspekt von Sprache. Das Gebet als die Dimension des Versprechens, des Vertrauens.

RK: Des Rufs [call]?

SC: Ja. Obwohl der Inhalt variieren kann. Er kann lauten „Hier bin ich. Ich antworte." Oder auch „Nein, ich will das nicht tun. Ich will auf den Ruf nicht antworten. Ich protestiere, widerspreche, mache mich los, bleibe stumm." Ich glaube, dass das Gebet für mich eine ähnliche Rolle spielt wie für Levinas, wenn er vom „Sagen" innerhalb der Struktur des Gesagten schreibt, oder wie für Derrida und de Man, wenn sie von der „versprechenden" [„promissory"] Dimension von Sprache sprechen.

RK: ⎯ Aber das ist doch alles sehr ontologisch. Was ich frage, ist, ob es heutzutage einen praktischen oder gar liturgischen Ausdruck geben kann für den Glauben der Glaubenslosen. Oder ist diese Frage, diese Suche nach einem zeitgenössischen mystischen Leben etwas, von dem Sie das Gefühl haben, dass es endgültig verschwunden ist? Ich habe die Zwölf-Schritte-Bewegung der Anonymen Alkoholiker vorgeschlagen als mögliches Modell, aber ich könnte viele andere öffentliche Beispiele erwähnen, wie die Arbeit von Jean Vanier mit den Behinderten oder die Berrigan-Brüder und Dorothy Day auf der Suche nach Gerechtigkeit.

SC: ⎯ Nun, das Treffen der Anonymen Alkoholiker, wie Sie es beschrieben haben, wäre eine Version. Das wäre der Traum. Mein Buch [über den Glauben der Glaubenslosen] beginnt damit, wie Oscar Wilde in seiner Gefängniszelle von einer Bruderschaft der Glaubenslosen träumt.

RK: ⎯ Doch im weiteren Verlauf des Buchs kommen Sie nicht mehr darauf oder was das *real* bedeuten könnte – bezogen auf gesellschaftliche und gemeinschaftliche Bewegungen, auf eine Art gelebte *ecclesia* des Alltags – zurück. Der gesamte Text ist meines Erachtens von einem impliziten Streben nach einer „Politik" eines solchen Glaubens geprägt. Etwas mehr als der Schrei *de profundis* eines inhaftierten Dichters[t] – ein einsamer Ruf aus dem Gefängnis oder der Wüste. Können Sie ihn ein wenig ausgestalten?

SC: ⎯ Na schön. Ich weiß noch, wie mein Freund und Doktorvater Robert Bernasconi mir die Vorstellung von „Kirche" nahebrachte, nicht als Substantiv, sondern als Verb. Kirche war nicht etwas, das als Bauwerk existierte, sondern etwas, das man haben oder nicht haben konnte, etwas, das man „tut". Wie in: Ich will Kirche tun oder Kirche machen; Junge, heute haben wir aber mal Kirche gemacht! Für mich gibt es also spezielle Momente, in denen man sagen könnte, dass man Kirche macht, und wo das eine offene Frage ist. Schließlich kann man sich in einem physikalischen Raum namens Kirche befinden und keine Kirche machen. Ich würde mir zu gern vorstellen können, eines Tages in einer Kirche Kirche zu machen. Aber auf dieser Stufe werden meine Interessen zu sehr „ästhetisiert".

RK: Sind solche Momente für Sie in gewissen Kunstwerken oder Dichtungen zu finden oder in so etwas wie der Occupy-Bewegung oder einem inspirierenden Seminar mit Studenten zum Thema des mystischen Anarchismus, wenn etwas Besonderes geschieht? Meinen Sie das?

SC: Ja. Das ist Kirche. Das kann Kirche sein. Eines der höchsten Vergnügen in meinem Leben ist die Möglichkeit, etwas arrangieren zu können – ein Treffen, bei dem mehrere Leute, die einander nicht kennen, miteinander in Kontakt kommen, und es funktioniert. Sie wissen schon, ein Abend, an dem etwas unverhofft Interessantes passiert – beim Kaffee oder beim Abendessen. Und die Kirche war ursprünglich nichts anderes – man kam an einem Tisch zusammen, aß und trank. Das kann in der Tat heilig sein.

Ich will mich hier nicht ins Schrullige versteigen, aber ich habe immer geglaubt, dass die Welt ein gewalttätiger, enttäuschender Ort ist; und ich war immer überrascht, dass die Leute nicht noch schlimmer sind, als sie sind. Ich glaube, das liegt daran, dass gewisse Orte und Praktiken verfügbar sind, wo ehrliches Wohlwollen und Gemeinschaftsgefühl entstehen können. Dann sind wir in Bestform. Doch das Problem ist, dass es uns nicht oft gestattet ist, so zu sein, wegen der ideologischen Strukturen, in denen wir leben. Und sobald die Occupy-Bewegung von den Medien übernommen und individualisiert und verunglimpft wird, dann wird daraus eine Schlammschlacht. Falls es einem tatsächlich *gelingt*, dies alles auszusortieren und den Menschen zu gestatten, auf eine Weise zu interagieren, die nicht verklemmt ist, dann kann etwas geschehen. Ich glaube durchaus an ein grundlegendes Wohlwollen, das Menschen füreinander hegen können, und das ist heilig für mich – das ist Glaube.

RK: Ich nenne es die anatheistische Wette der Gastfreundschaft: der Moment, wenn ein Gastgeber einen Fremden trifft und der *hostis*-Feind zum *hostis*-Gast wird. (Wir haben im Lateinischen für beide dasselbe Wort, wie in allen indo-europäischen Sprachen.) Solche Augenblicke eines unmöglichen, überraschenden, unerwarteten Willkommens sind heilig. In *Anatheism* zerteile ich die Wette der Gastfreundschaft / Feindschaft in drei Momente: Protest, Prophezeiung und Sakrament. Ihr *Faith oft he Faithless* ist meiner Meinung nach voller Protest und Prophezeiung (wie bei Levinas), aber das Sakramentale fehlt sehr oft. Das katholische Moment, das den Protestanten begleitet. Für Sie ist es bei Tisch, wo man auf das Wohlwollen und Wohlsein seiner Tischgenossen vertraut, nicht wahr?

SC: __ Ja. Doch ich bin mir nicht sicher, ob *Faith of the Faithless* schon ganz beim Sakramentalen angekommen ist. Das ist eine Arbeit, die noch geleistet werden muss. Arbeit eines anderen Tages.

8 Der Tod des Todes Gottes

GESPRÄCH MIT JEAN-LUC MARION

Jean-Luc Marion ist wohl der originellste und kreativste lebende französische Philosoph in der phänomenologischen Tradition. Er ist auch der bedeutendste Vertreter der ‚theologischen Wende' in der Phänomenologie, der durchweg argumentiert, dass die Phänomenologie offen sei für die Transzendenz und damit impliziert, dass eine Religionsphänomenologie eine legitime philosophische Aufgabe sei. In seinen Aufsätzen, zusammengefasst in dem Band Le visible et le révélé *(2005), zeigt Marion, wie die Offenbarung in der Phänomenologie als Gabe [donation] durch saturierte Phänomene [phénomènes saturés] verbucht werden kann.*

Der Begriff Gabe basiert auf der Lösung Husserls und Heideggers für die Trennung des Geistes von der Außenwelt und dem daraus resultierenden Subjektivismusproblem: Es gibt keine Lücke zwischen Geist [mind] und Welt [world], weil Phänomene sich dem Bewusstsein in ihrem wahren Sosein [character] offenbaren. Wir konstruieren Objekte der Wahrnehmung nicht subjektiv; sie werden vielmehr „gegeben". Marion stellt dann die Frage, wie die göttliche Offenbarung, die laut Definition vollkommen frei sein muss, ihre eigenen Erscheinungskategorien zu bestimmen, wahrheitsgemäß erscheinen kann, wenn das Wahrnehmungsraster unseres Verstandes, wie Heidegger richtig behauptet hat, durch unsere kulturellen und sprachlichen Horizonte geformt wird.

Marions Antwort auf dieses Problem sind ‚saturierte Phänomene', die uns in solch einer Überfülle gegeben werden, dass sie unsere Intentionen überrennen und übertreffen und uns gleichsam zwingen, unser vorgefasstes, apriorisches Wahrnehmungsraster aufzugeben, wenn wir auf ihren Ruf antworten. Solche Phänomene formen tatsächlich uns und nicht wir sie. Beispiele solcher Phänomene sind historische Ereignisse, passive körperliche Empfindungen wie Leiden oder der moralische Imperativ, der vom Gesicht eines anderen ausstrahlt. Das stärkste saturierte Phänomen, das die menschliche Intentionalität überwältigt, ist für Marion jedoch die Epiphanie oder Offenbarung. Für Christen, so Marion, geht diese Super-Saturiertheit der Offenbarung auf das unmögliche Christusereignis selbst zurück und erklärt die subversive, ikonoklastische Natur des Christentums, das unsere eigenen idolatrischen Glaubenskonzeptionen umkehrt [overturns].

Was ist dann der Unterschied zwischen Theologie und Phänomenologie? Der Unterschied ist, dass die Phänomenologie mit dogmatischen Beschränkungen, welche Phänomene legitim oder möglich sind, aufräumt. Die Möglichkeit von Gottes Offenbarung ist noch nicht die Affirmation ihrer Tatsächlichkeit. Diese Affirmation erfordert den Glauben, und nur mit dem Glauben wird aus der Phänomenologie Theologie.

Marions Wiederbelebung von legitimen religiösen Phänomenen verbindet sich just in diesem Punkt mit Kearneys Anatheismus. Wie Marion bejaht auch Kearney den Gott, der sein kann. *Die anatheistische Bewegung schwebt zwischen Negation und Affirmation vor der Aktualität des Glaubens, um frei zu wählen – und Gott anders zu denken.*

Das Gespräch zwischen Marion und Kearney fand im Januar 2012 in Marions Bibliothek in Paris statt.

JEAN-LUC MARION (J-L M): Ich finde den Begriff Anatheismus äußerst passend, um heutzutage über Gott nachzudenken. Es ist eine sehr kraftvolle Art und Weise, um den Zustand zu beschreiben, in dem wir uns inmitten der modernen Nihilismus-Phase befinden – nach dem Tod Gottes. Der Tod Gottes selbst hat eine Geschichte.
RICHARD KEARNEY (RK): Können Sie uns sagen, was diese Geschichte Ihrer Ansicht nach zur Folge hatte?
J-L M: Zunächst wird der Tod Gottes durch den Atheismus verborgen. Damit meine ich, dass Nietzsches Aussage vom Tod Gottes im Kontext der Debatte um die Existenz oder Nicht-Existenz Gottes rezipiert wurde. Sie wurde, um genau zu sein, als das Verschwinden Gottes rezipiert. Doch das blieb oberflächlich, weil es die Frage nach dem „Wesen" [„essence"] Gottes übersah. Die Unfähigkeit, von der *Existenz* Gottes zu sprechen, heißt auch, dass man unfähig ist, die

Essenz Gottes zu definieren. Das ist das, was Nietzsche ein „Idol" nannte. Und er hatte Recht.

Daher würde ich sagen, dass aus anatheistischer Sicht das Verschwinden Gottes weniger etwas mit dem Tod Gottes als solchem zu tun hat als vielmehr mit unseren idolatrischen Konzeptionen von Gott. Mit anderen Worten: Wir treten jetzt in ein klareres Verständnis von der Tatsache ein, dass das, was mit dem Tod Gottes zur Debatte steht, nicht Gott ist, sondern unser Verständnis von Gott. Was also wirklich auf dem Spiel steht, ist nicht die Frage von Atheismus versus Theismus als solche. Der Unterschied zwischen denen, die sagen, sie seien gläubig, und denen, die nicht glauben, ist mittlerweile minimal, ja, unbedeutend. Nein, die ganze Polemik über die unterschiedlichen Darstellungen von Gott ist längst überholt; sodass wir heute sagen können, dass der Tod Gottes den Tod des Todes Gottes impliziert. Wir treten in das kritische Verhältnis zwischen Idolen und Ikonen ein.

RK: Könnten Sie erklären, was Sie mit dieser Unterscheidung genau meinen, speziell in Bezug auf die anatheistische Debatte?

J-L M: Während Idole von unserer Weise auf Gott zu blicken herrühren, zeugen Ikonen davon, wie Gott uns in den Blick nimmt *(des prises en vue par le regard de Dieu)*. Es sind Gegensätze. Letzteres impliziert eine komplexe, hoch entwickelte phänomenologische Erfahrung davon, dass wir von dem angesehen werden, der nicht gesehen werden kann [the irregardable].

RK: Das heißt, wir blicken auf Idole, während Ikonen auf uns blicken. Steht dies im Bezug zu Ihrer inneren Umkehrung der Husserl'schen Phänomenologie, zu dem, was Sie als „Gegen-Intentionalität" bezeichnen?

J-L M: Es ist eine Frage des Erkennens der idolatrischen Natur der klassischen Formeln hinsichtlich propositionaler Glaubensvorstellungen über die Existenz oder Nicht-Existenz Gottes. Was mich interessiert, ist die Frage, wie der Anatheismus uns helfen könnte, die aktuelle Situation eines Übergangs vom Tod Gottes zum Tod des Todes Gottes zu definieren. Wir befinden uns nicht mehr in einer atheistischen, sondern in einer post-atheistischen Gesellschaft. Und hier können wir vom doppelten Sinn des *ana-* in Anatheismus sprechen. Nämlich als Nicht-Theismus und als Rückkehr zu etwas jenseits [beyond] von Atheismus und Theismus. Ich würde von einer *remontée à l'anatheisme* sprechen.

Problematisch ist hier der Begriff *Theismus*, weil er selbst an die Metaphysik geknüpft ist. Aus diesem Grund befürworte ich Ihren Begriff *Anatheismus*, der dieses zweite Präfix-A nach dem ersten enthält. Ein Doppelpräfix in anderen Worten, mit dem man zunächst den Theismus (Atheismus) hinter sich lässt und dann dieses Hinter-sich-Lassen hinter sich lässt und einen dritten Weg findet, den hyperbolischen Weg der mystischen Theologie. Man bewegt sich in ein neues theologisches Sprachregister, das eine bessere Beschreibung bietet.

RK:___Wie würden Sie dies mit dem dekonstruktiven Weg verbinden, den Heidegger nach Nietzsche einschlug? Wie ergänzt oder verdrängt er ihn?

J-L M:___Wir können die anatheistische Situation hier mit zwei Hauptbegriffen verbinden. Wir können von der metaphysischen „Destruktion" sprechen im Sinne von Heideggers *Abbau*° und fragen, wie die Dekonstruktion vom Tod Gottes sich zur Dekonstruktion der Metaphysik verhält. Dies ist der Hauptstoß von Jean-Luc Nancys jüngstem Nachdenken über die „Dekonstruktion des Christentums".[a] Was hier meines Erachtens aber fragwürdig und unklar bleibt, ist der Begriff „Christentum" *(Christianisme)*. Wie Nancy darlegt, ist das Christentum keine normale Religion, sondern die Religion des Ausstiegs aus der Religion (entlehnt aus Max Webers und Marcel Gauchets Formel: *la sortie de la religion*[b]). Die Wahrheit des Christentums ist daher nicht, als eine Religion unter anderen zu fungieren – überlegen für die einen, gleichberechtigt oder gar unterlegen für andere –, sondern die Religion als Idolatrie verschwinden zu lassen, wobei Idolatrie hier als der menschliche Versuch zu verstehen ist, Gott aus unserer menschlichen Perspektive, von unten *(d'en bas)* zu konstruieren und zu konzipieren. Aus diesem Grund wurden die ersten Christen oft als Atheisten verfolgt und verurteilt.

RK:___Und später etliche christliche Mystiker wie Eckhart und andere. Sogar Teresa von Ávila und Johannes vom Kreuz hatten Ärger mit der Inquisition.

J-L M:___Genau. Und warum? Weil sie sich weigerten, Gott mit einem Einheits- und Identitätskult gleichzusetzen – also mit einer

Nation, einem Stamm, einer Gesellschaft. Sie widerstanden der „identitären" Versuchung *(la tentation identitaire)*. Das Christentum ist von Beginn an ein radikales Engagement für einen Universalismus jenseits religiöser oder sektiererischer Unterscheidungen zwischen christlich und jüdisch et cetera, zu Gunsten einer vertikalen Vergegenwärtigung der Person vor dem Vater. Und diese Vergegenwärtigung zerstört die religiöse Relation und ersetzt sie durch etwas anderes.

Wir sollten das Christentum also nicht mit Religion verwechseln, ich würde sogar sagen, dass das Christentum die Religion des Ausstiegs aus den Religionen ist. Nancy hat Recht, auf einer Ebene von der Dekonstruktion des Christentums zu sprechen, wenn er auch die vorgeordnete Frage stellt: Woher kommt diese Dekonstruktion? Nämlich von Christus selbst. Die dekonstruktive Kraft des Christentums hat ihren Ursprung in Christus; etwas vollkommen Anderes tritt in Erscheinung: das außergewöhnliche Ereignis, dass ein Mann behauptet, Gott zu sein, dann stirbt und aufersteht, und dass manche Menschen ihm glauben. Das ist das unglaubliche Ereignis *(l'événement invraisemblable)*. Ist das eine Religion? Fraglich. Lässt es auf eine Darstellung von Gott schließen? Ebenso fraglich. Geschieht es in der Welt oder jenseits der Welt? Das ist noch fraglicher. Die Charakterisierung dieses Ereignisses und die Wiederholung des Ereignisses in der Glaubenspraxis basiert nicht auf einem „religiösen" Phänomen als solchem. Und das ist, wie ich meine, wirklich essenziell. Was Sie als Anatheismus beschreiben, ist meiner Ansicht nach zutreffend für den finalen Moment der Geschichte der sichtbaren Diskrepanz zwischen dem christlichen Ereignis und irgendeiner Religion. Über einen langen Zeitraum wurde das christliche Ereignis erzählt, verkündet, kundgetan, „als ob" es nur eine Religion unter anderen sei – heidnisch, jüdisch, islamisch –, gebunden an eine Nation oder eine Gruppe von Nationen, an ein Territorium oder einen Staat. Dies war die klassische Position der politischen Religion.

RK:__Und sie ist noch immer nicht ganz verschwunden. Man findet sie noch immer in modernen Staatsreligionen im Westen – in England oder den nordischen Ländern, zum Beispiel, in denen der Monarch verpflichtet ist, sich zur nationalen protestantischen Religion zu bekennen – ebenso wie in einigen nicht-westlichen Theokratien.

J-L M: Diese politische Idolatrie ging oft Hand in Hand mit einer konzeptuellen Idolatrie – nämlich der reduktiven Identifikation des Ereignisses des Christentums mit der höchsten Form von Wissen (dem System christlicher Metaphysik). Wir erlebten also eine doppelte Idolatrie, die dazu diente, den radikalen christlichen Widerstand gegen jede Form von Idolatrie zu vertuschen. Und der Tod Gottes ist gewissermaßen das Ende des historischen Verrats gegen das Christentum. Nach dem Tod Gottes finden wir uns in einer Phase wieder, in der das Christus-Ereignis nicht mehr als ein neues Religionsthema verstanden werden kann und sollte. Und diese Tatsache ist mit dem Begriff *Anatheismus* sehr gut eingefangen, insofern er auf etwas verweist, das *mehr* ist als Religion, das alle Arten einer Identifikation von Gott mit nicht-göttlichen Körpern – politisch, moralisch, sozial, metaphysisch, ideologisch, et cetera – ablehnt. Wir könnten also sagen, dass sich mit dem Anatheismus die Frage nach der „Bedeutung" des Todes des Christentums sozusagen zum ersten Mal auftut.

RK: Aber warum heute? Warum kommt Ihrer Ansicht nach der anatheistische Moment heute, im Kielwasser von Nietzsche und Heidegger und den negativen Folgen vom Tod Gottes? Warum muss er Teil einer historischen oder philosophischen Genealogie sein, statt einfach im christlichen Ursprungsereignis zu geschehen? War der Anatheismus nicht schon im Christusereignis selbst enthalten? Und in der ursprünglichen Bewegung der Wüstenväter und der ersten mystischen Theologen wie Gregor von Nyssa und Dionysius Areopagita?

J-L M: Doch, natürlich. Der anatheistische Moment ist so alt wie das Evangelium selbst. Doch wie wir alle wissen, erhob sich von Anfang an, vom ersten Augenblick, als Christus auf die Welt kam, heftiger Widerstand! Dies ist im Kern der Unterschied zwischen Christus und den Pharisäern. Die Evangelien sind darin sehr klar. Die pharisäische Bewegung sah sich zutiefst dem Bund zwischen Gott und Israel als Volk verpflichtet, als Nation, als Staat. Konflikte und Widersprüche waren von Beginn an unvermeidlich.

RK: Aber könnte man nicht sagen, dass der Anatheismus bereits da war – nicht nur mit Christus und als Christus, sondern *vor* Christus? Schließlich erklärt Jesus: „Bevor Abraham war, bin ich" [Joh 8,58]. Und aus diesem Grund sehe ich die abrahamitische

Wende bereits in der abrahamitischen Abkehr von der Idolatrie im Buch Genesis, in Jakobs Kampf mit dem Engel, im mosaischen Exodus und der Ankündigung durch die Propheten, dass eine messianische Ära der Gerechtigkeit kommen werde. Würden sie mir nicht beipflichten, dass dies bereits Bewegungen einer anatheistischen Dekonstruktion sind – oder zumindest einer Proto-Dekonstruktion?

J-L M: Natürlich. Sie haben Recht. Der Anatheismus ist bereits da, sobald man erkennt, dass Gott ein namenloses Ereignis ist, sobald man erkennt, dass alle Namen, Bilder oder Darstellungen, die wir Gott zuschreiben, bereits so tun, „als ob" Gott dieses oder jenes wäre. Exodus 3,14 macht dies klar: Gott weigert sich, in einem richtigen Namen eingefangen oder eingesperrt zu werden. Es gab stets eine bedeutungsschwangere und irreduzible Spannung zwischen der Entscheidung für Israel als einzigartigem Volk und der ursprünglichen Berufung [vocation] zu universeller Auserwählung. Die gesamte heilige Geschichte des Alten Israel weist viele kritische Zeichen dieser Spannung auf.

RK: Sie würden also sagen, dass diese Reibung zwischen dem Sich-Befreien von Idolen und der Versuchung, Gott mit einem besonderen Territorium, Land, oder Volk zu identifizieren, immer schon da war?

J-L M: Ja. Und sie manifestierte sich in der doppelten Bedeutung von Jerusalem als einer realen Stadt und als einer eschatologischen Stadt. Dies galt sowohl für das Judentum als auch für das Christentum. Es war den Christen von Anfang an klar, obwohl sie es später oft aus den Augen verloren haben. Und ich sehe dies als zentral für das anatheistische Erwachen. Das Christus-Ereignis rief eine neue Gemeinschaft ins Leben, die ihren Samen in einer neuen Zivilisation – eigentlich verschiedenen Zivilisationen – verbreitete; und das bedeutete, alle möglichen Gelegenheiten zu erleben, diese Spannung einer doppelten Zugehörigkeit zu einer historischen und einer eschatologischen Stadt zu verkörpern. Die Geschichte des Christentums ist die Geschichte unterschiedlicher Versuche, die anatheistische Berufung anzunehmen oder ihr auszuweichen. So erleben wir neben einem wahren anatheistischen Christentum eine lange Litanei von Evasionen, die vom Heiligen Römischen Reich und Byzanz bis zur mittelalterlichen Christenheit und nachfolgenden christlichen Königreichen, Nationen und Staaten führten – und noch später zu säkularisierten christlichen Staaten, multireligiösen und säkularen Staaten, die einen Teil der christlichen Tradition mit anderen heiligen [sacred] und weltlichen [secular] Traditionen mischen. Und am Ende dieser ganzen Geschichte haben wir den Tod Gottes, der das Ende jeder weiteren Kompromissmöglichkeit zwischen dem christlichen Ereignis und soziopolitischen Entitäten kennzeichnet.

RK: Ziehen Sie in Betracht, dass sich die Geschichte vom Tod Gottes, unterschiedlich artikuliert von Nietzsche und Heidegger, zu radikaleren dekonstruktiven Äußerungen bei Derrida und bei Ihnen (in Werken wie *L'idole et la distance*) entwickelt, ganz zu schweigen von Mitreisenden wie Jean-Luc Nancy, Jean-Louis Chrétien, John D. Caputo oder Gianni Vattimo? Wie verorten wir das post-Nietzsche'sche, post-Heidegger'sche Dekonstruktionsmoment in unserer westlichen Geistesgeschichte?

J-L M: Nun, wir müssen wohl Nietzsche vertrauen, wenn er sagt, dass wir uns jetzt in einer Situation des Nihilismus befinden, die etwa in der zweiten Hälfte des 19. Jahrhunderts anfängt und zwei Jahrhunderte dauern wird. „Was ich erzähle, ist die Geschichte der nächsten zwei Jahrhunderte", proklamiert Nietzsche. Und wir sind erst in der Mitte! Und jetzt erkennen wir, dass die Entscheidung über das Christus-Ereignis nicht nur die religiöse Idolatrie als solche betrifft, sondern jede Form von Idolatrie. Die Frage, wie wir das Christus-Ereignis repräsentieren, bezieht sich, wie bereits gesagt, nicht mehr auf die alte Frage der Existenz oder Nicht-Existenz Christi, weil wir nicht länger behaupten, irgendeine Kenntnis der „Essenz" Gottes zu haben. Die entscheidende Grenze verläuft nicht mehr zwischen zwei unterschiedlichen Arten der Repräsentation. Wir sind jetzt insofern alle Anatheisten, als wir alle eine gemeinsame Erfahrung teilen, keine Darstellung von Gott mehr zu haben. Wenn ich das mit meinen nicht gläubigen Kollegen diskutiere, sind wir uns alle einig. Wenn die Leute also sagen, dass es nach dem Ende der Repräsentation Gottes keinen Gott mehr gibt, bleiben sie innerhalb der Metaphysik, die voraussetzt, dass es etwas geben könne, das sich als Repräsentation ausgibt. Sie reden am Thema vorbei.

RK: Doch was bedeutet es wirklich, wenn man sagt, es gebe keine „Essenz" Gottes? Warum ist dies ein so wesentlicher Punkt für Sie?

J-L M: __Lassen Sie mich Bezug nehmen auf Kants Kritik am ontologischen Gottesbeweis. Es ist in der Tat, wenn ich so sagen darf, ein sehr schwaches Argument. Kant argumentiert: „Sein" [to be] heißt *gedacht* werden zu können (*gedacht°, denken°*) und zusätzlich außerhalb des Denkens *gesetzt°* zu sein. Aber was bedeutet es zu sagen, es gebe kein mögliches „Gesetztsein" [„position"] für die Existenz Gottes? Bedeutet es, dass es keinen Zugang zur Existenz Gottes gibt? Aber man könnte einfach einräumen, dass diese Definition von Sein sich nicht auf Gott anwenden lässt und dass dies just Teil dessen ist, was für etwas gelten sollte, das den sehr seltsamen Titel „Gott" verdient. Schließlich, wenn etwas, das Gott genannt wird, nicht als eine Ausnahme von der üblichen Regel erscheint, sollte es nicht verdienen, Gott genannt zu werden.

Und dann haben wir Kants zusätzliches Argument der Absurdität – dass nämlich, falls der ontologische Beweis schlüssig wäre, in der realen Welt „mehr" wäre als in meinem Verstand, gegen die traditionelle Definition von Wahrheit als *adaequatio rei et intellectus;* denn wenn dasselbe Ding, das die Vollkommenheit von Gottes Essenz in meinem Verstand hat, seine Existenz zudem außerhalb meines Verstandes hat, dann bestünde keine Gleichheit zwischen der Essenz, die in meinem Verstand existiert, und demselben Ding, das jetzt außerhalb meines Verstandes existiert, weil das reale Ding größer wäre als meine mentale Repräsentation. Und dieses Argument beweist durch Absurdität, dass es selbst absurd ist.

Kants Einwand greift überdies genau den Kernausdruck des sogenannten ontologischen Arguments des heiligen Anselm wieder auf, demzufolge das, was wir „Gott" nennen könnten, größer sein müsste als jede Repräsentation oder jeder Gedanke, den wir von ihm haben können. So ist Kants Argument *gegen* die Existenz Gottes exakt dasselbe wie das Argument Anselms *für* die Existenz Gottes. Wir sollten uns nicht dagegen sträuben, Anselms Argument eher wieder aufzugreifen [revisiting] als das Argument Kants, denn wenn wir je etwas wie „Gott" denken können, sollten wir imstande sein, an etwas denken zu können, das größer ist als das, was wir denken können. Es ist ein Paradoxon – ein Paradoxon, das nur im Fall Gottes zutrifft. Nur solch ein Paradoxon ist wahr von Gott als Gott. Wenn es kein solches Paradoxon wäre, dann würden wir überhaupt nicht an Gott denken, sondern an ein Idol (ein metaphysisches Idol).

Wenn also Jean-Luc Nancy und andere sich in dem intellektuellen Bemühen engagieren, den leeren Platz Gottes zu dekonstruieren, übersehen sie zuweilen die Tatsache, dass das eigentliche Erbe des „Christentums" für das menschliche Denken genau darin besteht, dass der Platz Gottes leer *ist* – und leer sein muss. Meine Frage an Nancy lautet: Was bedeutet es zu sagen, der Platz Gottes ist leer? Wenn er nicht leer ist, würde er ein Teil der Welt bleiben, die nicht für Gott ist, weil Gott keinen anderen Platz hat als diesen (alles bleibt *in* Gott und Gott *nirgendwo außer in sich*). Folglich müssen wir die Tatsache sehr ernst nehmen, dass dies, falls Gott Gott ist, eine *Ausnahme* [*exception*] sein muss.

RK: Aber was meinen Sie mit Ausnahme? Eine Ausnahme wovon?

J-L M: Eine Ausnahme von spontanen Repräsentationen und Konzeptualisierungen, die zur Endlichkeit verdammt sind. Hierin sind wir uns gewiss einig. Die Anerkennung der unausweichlichen Endlichkeit jeder möglichen Repräsentation von Gott, die Anerkennung dieses „Widerspruchs" ist vielleicht selbst ein Tor zu Gott, wenn wir ihn ganz annehmen. Doch es ist wichtig, den Widerspruch zu durchkreuzen, anstatt ihn als letzten Schritt oder Endpunkt in der Suche nach Gott anzusehen.

RK: Der Widerspruch ist nicht nur ein Stillstand oder Entzug.

J-L M: Genau. Er ist das Spiel dieser Sprache, im Sinne von Wittgensteins „Sprachspielen".

RK: Ich pflichte Ihnen bei, was die Notwendigkeit angeht, über Repräsentationen Gottes hinauszugehen, im Sinne politischer und metaphysischer Idolatrien, aber in *Anatheism* bestehe ich auf der unverzichtbaren Rolle narrativer Imaginationen und Zeugnisse. Ich bin vorsichtig, wenn es darum geht, leere Räume allzu leer zu lassen, und so heiße ich eine heilige Epiphanie-Poetik in den Werken von Joyce, Proust und Woolf gut: Stephens Definition von Gott als einem „Gebrüll auf den Gassen", Prousts *petits miracles*, Woolfs „tägliche Wunder" [„daily miracles"] und so weiter. Es besteht hier ein Anspruch auf die Entfaltung einer gewissen dichterischen Freiheit in unseren Sprachspielen über Gott, ein Anerkennen der essenziellen Rolle von Metaphern, Symbolen, Bildern und Geschichten in unserer Annäherung an Gott. Und dies alles nenne ich einmal eine „Hermeneutik sakramentaler Imagination", wobei ich sowohl der theistisch-metaphysischen Idolatrie als auch der reinen atheistischen Negation widerstehe.[c] Ich will mich mit anatheistischen Traversalen der Widersprüche und Kreuzungen bei den Visionen [in the imagining] und Revisionen [reimagining] des Heiligen befassen. Und ich schlage vor, dass diese poetischen Zeugnisse wiederum ergänzt und erweitert werden durch ethische Zeugnisse sakramentalen Handelns in den Leben exemplarischer Anatheisten wie Dorothy Day, Etty Hillesum oder Jean Vanier, um einige zeitgenössische Figuren zu nehmen – Leben, die das Heilige verkörpern und ihm Gestalt geben. Dies signalisiert eine *Kataphase* von Imagination und Zeugnis, die als unverzichtbarer Kontrapunkt zur Apophase reiner Dekonstruktion fungiert.

J-L M: Ich gebe zu, dass dieser Wechsel zum Narrativ – ob Fiktion oder historisches Schicksal – mit einer entscheidenden Hermeneutik verbunden ist. Ich bin ganz Ihrer Meinung, dass wir nichts erleben können, ohne es in irgendein Narrativ, öffentlich oder privat, zu kleiden. Und wenn wir „Narrativ" sagen, „Geschichte", mit ihren Wiederholungen und Innovationen, sowohl performativ als auch kreativ, rückwärts und vorwärts, *Zukunft und Ankunft*°. In solch einer Hermeneutik der Identität – sowohl in Ihrem Werk als auch bei Ricoeur, zum Beispiel – steht wieder einmal das „Ereignis" auf dem Spiel. Und das Ereignis, in meinem speziellen Werkzeugkasten, wie auch in dem Ihren, konfrontiert uns letztlich und unausweichlich mit demselben Paradoxon: Etwas Unmögliches ist *de facto* passiert – und ist, noch dazu, kompromisslos passiert. Der Erzähler ist bereit, diese Tatsache bis zum Tod zu bezeugen, doch heißt das nicht, dass er selbst oder ein Akteur der Geschichte erklären kann, wie das Ereignis so inszeniert wurde. Narrative können Zeugnis ablegen von dieser sehr seltsamen Situation angesichts unseres normalen Zugehörigkeits- und Identitätsgefühls. Denn das Paradoxe ist, dass das Unmögliche möglich wird, ohne verständlich zu werden. Das Ereignis, wenn das Unmögliche möglich wird, bleibt unverständlich [unintelligible] und ist nach wie vor nicht in Begriffe zu fassen [unconceptualizable]. Und doch erzeugt dieses sehr paradoxe Ereignis die sehr seltsame Wirkung, Effektivität und Realität, die ein völlig neues Feld von Möglichkeiten eröffnen.

RK:⎯Gott wird also zum unmöglichen Möglichen, zum Möglichen jenseits des Unmöglichen, zur Unmöglichkeit von Unmöglichkeit.

J-L M:⎯Ja. Und wenn wir erkennen, wie dieses effektive Ereignis ein neues Spektrum an Möglichem eröffnet, dann erleben wir unsere Situation als Geschichte, Schicksal und Zukunft. Und just dieses Schicksal ist der Widerspruch des Konzepts, und genau das bezeichne ich als das Christus-Ereignis – das Paradigma schlechthin der seltsamen Situation. Es besteht für mich infolgedessen keine Schwierigkeit, das zu akzeptieren, was Sie in *Anatheism* über die sakramentale Imagination und das narrative Zeugnis sagen. Denn diese Arbeit ist notwendig, um zu beschreiben, wo genau wir, die wir im Feld des „wahr gemachten Unmöglichen" [„impossible made real"] leben, uns hier und jetzt befinden. Wie die Geburt meines Enkelkindes neulich. Das Unmögliche, das wirklich wurde! [The impossible made actual!] Niemand kann verstehen oder erklären, was bei so einem Ereignis vor sich geht.

RK:⎯„Un petit miracle."

J-L M:⎯Genau. Und für den Tod gilt dasselbe wie für die Geburt. Wir halten den Tod für eine schreckliche Prüfung und Qual. Aber was wissen wir schon? Tatsache ist, dass wir nicht das Geringste darüber wissen. Wir wissen gar nichts. Wir projizieren all unsere Ängste, Befürchtungen, Vorahnungen hinein, aber wir wissen es einfach nicht.

RK:⎯Würden Sie dann sagen, dass das Christus-Ereignis das Paradigma für all diese anderen Schlüsselereignisse von Geburt und Tod ist – oder kurz gesagt, für alle Ereignisse?

J-L M:⎯Ja. Christ zu sein bedeutet zu sagen, dass das Christus-Ereignis das Paradigma für alle Ereignisse ist.

RK:⎯Was mich an den Dichter Gerard Manley Hopkins erinnert, der – Duns Scotus und Ignatius folgend – von der All-Gegenwart Christi in allen Personen und Dingen schrieb. Und Hans Urs von Balthasar, der Ihr Denken so stark beeinflusst hat, entwickelt dies in seinem theologischen Kommentar zu G. M. Hopkins' christlicher Dichtung.[d] In der Einführung zu *Anatheism* zitiere ich Hopkins als den anatheistischen Dichter schlechthin – weil er nach dem Verschwinden Gottes in der dunklen Nacht der Seele zu Gott zurückkehrt, wie er es in seinen „Dunklen Sonetten" so kraftvoll bezeugt hat.

J-L M: Lassen Sie es mich wiederholen: Was den Christen vom Nicht-Christen unterscheidet, liegt nicht in unterschiedlichen Wegen der Repräsentation von Gott, sondern in der Erfahrung (oder nicht) des Paradoxons des Christus-Ereignisses, wie es sich im nicht-metaphysischen Verhältnis zwischen dem Möglichen und dem Unmöglichen offenbart. Im normalen Leben beginnen wir mit dem, was möglich ist – machbar, praktikabel, umsetzbar, denkbar –, und machen weiter. Doch beim Ereignis beginnen wir mit dem Unmöglichen und bewegen uns in die Gegenrichtung. Von diesem Moment an hat man die Gelegenheit, neue Möglichkeiten „nach" dem Unmöglichen zu erkunden, das nach Maßgabe des Spektrums effektiver Möglichkeiten „vor" dem Ereignis völlig undenkbar gewesen wäre.

RK: Aber wenn Sie sagen, dass Christen und Nicht-Christen die Basis-Erkenntnis teilen, dass unsere „Ideen" und „Repräsentationen" von Gott jetzt erloschen sind, würden Sie dann auch behaupten, dass das „Unmögliche nach dem Möglichen" auch für Nicht-Christen (sogar Anti-Christen) verfügbar ist? Oder ist es das ausschließliche Vorrecht von Christen?

J-L M: Ich würde sagen, dass jeder, der das Ereignis erlebt und versteht, was er erlebt, schon ein Christ ist – *anima naturaliter Christiana*, wie Tertullian richtig gesagt hat.

RK: Schön und gut. Aber wo bleiben die Nicht-Christen oder Nicht-Gläubigen, die für sich beanspruchen, das Ereignis des Unmöglichen, das möglich wird, zu erleben (Derrida zum Beispiel, der sagt, er sei Atheist, behauptet das)? Oder denken Sie an die Anonymen Alkoholiker, bei denen von einer „höheren Macht" die Rede ist, „wie immer man sie definiert", deren Gnade das Unmögliche möglich macht (nämlich die Heilung von der Sucht). Es bleibt sehr offen und ökumenisch – alle Atheisten und Agnostiker sind zugelassen. Oder wären Sie jemandem wie Karl Rahner näher, der von „anonymen Christen" spricht? Dies würde darauf hinauslaufen zu sagen, dass diejenigen, die erfahren, wie das Unmögliche möglich wird, bereits am Christus-Ereignis teilhaben, auch wenn sie es nicht wissen.

J-L M: ___ Ich frage mich, ob die Idee des „anonymen Christen" in anderen Religionen oder Nicht-Religionen nicht eine abstrakte These ist. Ich weiß von keiner anderen Kultur, in der die Menschen so denken, ohne sich auf den einen Moment in der Geschichte zu beziehen, wo die Kontradiktion des Ereignisses als Kern gilt – nämlich das Christus-Ereignis. Als gäbe es irgendeine Art von „reiner Natur", die vor dem Ereignis existierte. Wir finden solch eine abstrakte Hypothese in der spanischen Spätscholastik, wo man die Idee einer makellosen Existenzform vor der Schöpfung oder der Erbsünde postulierte, eine reine Unschuld, exemplifiziert vielleicht von den Indianern der Neuen Welt. Doch auch sie haben ihre Geschichten und Historien. Und sie sind anders.

RK: ___ Dann stimmen Sie mit Lévi-Strauss überein, wenn er sagt, es gebe unabhängig von der Kultur keine Natur?

J-L M: ___ Natürlich. Für mich bleibt die Idee eines anonymen Christen sehr abstrakt. Es ist ein großer Unterschied zwischen einem Konfuzianer und einem Christen. Und die Idee, dass es irgendeine vorherige „reine Natur" gebe, ergibt keinen Sinn.

RK: ___ Aber kann man das Christus-Ereignis erfahren, ohne je am historischen Narrativ der christlichen Offenbarung teilgenommen zu haben?

J-L M: ___ Ich frage Sie: Gibt es heute irgendeinen Ort auf der Welt, wo man sich des Christus-Ereignisses nicht zumindest ansatzweise bewusst ist? Meine Antwort lautet nein. Es ist zu spät.

RK: ___ Zu spät für die Unschuld oder die Unwissenheit? Zu spät für einen Raum, der frei ist von Offenbarung?

J-L M: ___ Ja. So wie es zu spät ist für irgendeinen Ort in der Welt, der frei ist von Technologie. Selbst in der tiefsten Sahara ist es dafür zu spät. Es gibt das allgegenwärtige Handy. Es ist überall. Wir müssen die Geschichte ernst nehmen.

RK: ___ Aber wenn es jetzt zu spät ist, war es jemals zu früh? Was ist mit einer vorchristlichen Offenbarung des Ereignisses? Was ist mit Abraham?

J-L M: ___ Ja, der Fall des Alten Testaments ist verwirrend. Abraham und seine Nachkommen sind unentwegt offen für Nicht-Juden außerhalb des auserwählten Volkes. Der Priester Melchisedek kam von auswärts, genau wie Hiob und Jona. Je mehr sich die Wahl auf das jüdische Volk konzentriert, desto stärker das Bestehen auf den

Nicht-Juden, die just aus der Offenbarung an die Juden die universelle Wahl und Rettung heraussuchen. Schon ab den frühesten Genealogien des Alten Testaments – und erneut in der von Matthäus und Lukas erzählten Genealogie, die zu Christus führt – finden wir mehrere Nicht-Juden in Davids Stamm – vor David zum Beispiel Ruth, die Moabiterin, und Urias Frau Bathseba, eine Hethiterin, die David heiratete und deshalb eine Vorfahrin Christi war. So kann man sagen, dass Christus sowohl Jude als auch Nicht-Jude war. Damit will ich sagen, dass es nicht möglich ist, eine strenge Linie zu ziehen zwischen denen, die am Ereignis teilhaben, und denen, die nicht teilhaben. Diese Öffnung hin zum Universellen gibt es nicht erst im Christentum; sie war schon vorher da.

RK:⎯Was also hindert Sie daran, auch noch den letzten Schritt zu tun und zu sagen, dass wir es mit einer Art Natur-Theologie zu tun haben und dass wir, unserer Natur gemäß, allesamt irgendwie prädisponiert oder offen sind für das Christus-Ereignis?

J-L M:⎯Ich sehe, was Sie meinen. Aber warum an der Vorstellung von natürlich und nicht-natürlich kleben? Dieser Unterschied ist doch von Anfang an unscharf. Die Unterscheidung natürlich-übernatürlich, heidnisch-auserwählt ist von Beginn an unscharf.

RK:⎯Dann gibt es also die anatheistische Vorstellung einer radikalen Offenheit für den Fremden, den Anderen, den Ausländer *ab initio*?

J-L M:⎯Ja. Der Anatheismus ist die wahre Situation. Die falsche Situation war die Vorstellung, dass das Christus-Ereignis nur eines unter anderen ist und dass wir die verschiedenen Ereignisse in irgendein vergleichendes oder sequenzielles System einreihen könnten.

RK:⎯Supersessionismus ... Apologetik ... komparative Phänomenologie der Religionen?

J-L M:⎯Ja, Reduktion des Christus-Ereignisses auf eine Geschichte der Religionen. Warum nicht? Aber es trifft nicht den Punkt.

RK:⎯„Bevor Abraham war, bin ich." [Joh 8,58] Um also zu unserem Ausgangspunkt zurückzukommen, was verstehen Sie heute unter Anatheismus *jetzt* – das heißt im Hinblick auf unsere gegenwärtige philosophische und kulturelle Situation in der Geschichte?

J-L M:⎯Im Anatheismus braucht man nicht von Präzedenz oder Konsequenz zu sprechen. Man braucht nicht zum „Theismus" als etwas zurückzukehren, das vorher kam, oder zum „Atheismus" als etwas, das nachher kam. Dies ist eine Angelegenheit der Geschichte und der Metaphysik, vielleicht sogar der Metaphysikgeschichte. Die Frage für uns heute ist nicht die Entscheidung darüber, was das passendste oder am meisten zufriedenstellende Konzept vom „Wesen" [„essence"] Gottes sei. Die Entscheidung ist eher eine „ethische" Frage, in Levinas' Sinn. Gott ist eine Angelegenheit von Entscheidung und Antwort, nicht von Gedanken und Sätzen; von Ereignis eher als von Sein [being] und Wesen [essence].

RK: Wie ich sehe, schließen Sie sich hier Levinas' ethischem Verhältnis zum Ereignis des Anderen außerhalb von Geschichte oder Hermeneutik an. Man könnte sogar eine Art Kierkegaard'sche Wette beschwören, obwohl das nicht Ihr Stil ist. Meine Frage an Sie wäre jedoch: Warum ist das nicht Dezisionismus? Oder Fideismus? Oder sogar die Derrida'sche Vorstellung, dass wir nur im „Dunkeln lesen können"? Dass unsere Entscheidungen nicht von uns selbst kommen, sondern von irgendeinem Anderen in uns? Ohne Wissen? *Sans voir, sans avoir, sans savoir.* Ich erforsche eine Anzahl von Parallelen zwischen Anatheismus und Dekonstruktion. Ich will das Rätsel der Gabe [gift] offen halten – so hervorragend erforscht von Ihnen und Derrida. Aber ich würde auch gern eine gewisse Unterscheidungshermeneutik beibehalten, eine Dimension praktischer Weisheit (Aristoteles) und Urteilskraft (Kant), die unsere Wetten der Gastfreundschaft und der Gabe leitet und orientiert.

J-L M: Ich glaube, dass der Anatheismus definitiv eine Offenheit für das Ereignis als das Unmögliche umfasst.

RK: Und für die Ankunft [advent] des wieder Möglichen, nach dem, durch das und jenseits des Unmöglichen.

J-L M: Ja. Ich glaube, darin sind wir uns einig. Aber Vorsicht: Dies ist bereits der Horizont Nietzsches, wenn er von unseren Erwartungen spricht hinsichtlich des Letzten Menschen, Dionysos, des Neuen Gottes, des Einen, der kommen wird [the One to Come], des Gekreuzigten und so weiter.

RK: Oder auch der Horizont Heideggers, wenn er davon spricht, dass wir auf die Rückkehr der Götter warten, auf die Ankunft [arrival] des Letzten Gottes, die Ankunft des Seins [advent of Being]. Ich denke an seine berühmte Aussage in seinem *Spiegel*-Interview: „Nur noch ein Gott kann uns retten."

J-L M: ＿Es ist alles eine Frage unserer Disposition für das Kommen des Ereignisses. Wir können uns über die Identität des Ereignisses einig oder uneinig sein – und das ist unvermeidlich, zumal das Ereignis just etwas ist, was sich unseren Identifikationen entzieht! Wir identifizieren das Ereignis nicht. Das Ereignis identifiziert uns. Es ist nicht unsere Entscheidung. Es ist [die Entscheidung] des Ereignisses.

RK: ＿Dann ist es für Sie nicht eine Sache von Dezisionismus oder Voluntarismus, sondern eher die Wahl einer Antwort, einer Antwort auf einen Ruf [call]. Auf eine vorhergehende Behauptung. Doch bleibt nicht sogar in diesem Fall das Problem, wie man unterscheidet zwischen Nietzsches Dionysus oder Heideggers Letztem Gott oder Derridas messianischem Anderen? Oder Christus? Worin besteht der Unterschied zwischen diesen verschiedenen Antworten auf das Ereignis und unseren verschiedenen Antworten auf diese Antworten?

J-L M: ＿Das sind wichtige Fragen. Aber die wichtige Sache für jetzt ist, dass wir alle aus der Metaphysik herauskommen, weil die Frage nicht eine Frage nach „Fundamenten", „Ersturursachen" et cetera ist, sondern nach dem Erwarten der Zukunft, des Ereignisses. Eine Umkehrung der Metaphysik. Ich würde sagen, dass alle ernsthafte Philosophie sich darüber heute einig ist. Das ist die neue Situation. Und es ist etwas *Reales*. Was die neue Zeit bringt, kann ich nicht voraussagen. Aber wir müssen diese Situation nehmen, wie sie ist.

Und dies wirft die Frage nach der Vernunft [reason] auf. Die Staatenlenker von heute – politische Führer, Wirtschaftsführer, sogar Kirchenführer – scheinen sich dessen nicht bewusst zu sein. Sie benutzen immer noch die alten Rollen, im Bemühen, die Zukunft vorherzusehen, auf die nächste Krise vorzubereiten, die neue Ära, et cetera. Doch dies ist nur eine maskierte Form der alten Sehnsucht nach einer „Ersturursache", einem Fundament oder Plan, übertragen auf die Zukunft. Sie glauben, dass wir die Zukunft vorhersagen können, als wäre das Ereignis ein Zeitpunkt, der von uns projiziert oder produziert werden könnte – eine Zeit, die aus uns hervorgeht. Die wahre Situation, in der wir uns seit den Weltkriegen befinden – vielmehr seit dem, was wir treffender als Dreißigjährigen Weltkrieg bezeichnen sollten (1914–1944) –, ist das Erleben des Endes vom Projekt der Aufklärung, einem Projekt, das die Vernunft [reason] auf die Rationalität reduziert hat, indem es behauptete, dass wir die Herren der Geschichte seien, die Ingenieure des technologischen Zeitalters der Welt, ohne Offenheit für unvorhersehbare Ereignisse. Wir erleben jetzt das Ende von alldem und erkennen, dass wir nicht die Herren oder Eigentümer der Zukunft sind.

RK: ___ Aber was meinen Sie, wenn Sie von einer Vernunft [reason] nach der Rationalität sprechen? Können Sie mir ein paar Beispiele geben?

J-L M: ___ Mit „Rationalität" meine ich das Prinzip der ausreichenden Vernunft (Leibniz), das später als das Prinzip der effizienten Rationalität verstärkt wurde, was heutzutage oft als technologische Vernunft bezeichnet wird. Das geht zurück auf die Disjunktion zwischen Bacons *De augmentis scientiarum* und dem Anspruch auf Weisheit. Foucault hat hierüber geschrieben, aber man findet es auch in der Theologie. Es bezieht sich auf den Moment, in dem die direkte Verbindung zwischen der Zunahme von exaktem Wissen und der Erziehung zur Weisheit gekappt wird. Nietzsche sieht dies auch, ohne zum Kern des Problems vorzudringen. Und Spinoza erscheint als Schlüsselfigur mit seiner Behauptung, dass wir desto „weiser" werden, je mehr wir „wissen", *more geometrico*. Bacon, Descartes und Leibniz waren sich allesamt bewusst, dass diese Verbindung zerrissen war, nur Spinoza wusste es nicht. (Spinoza war kein Revolutionär, sondern ein zutiefst konservativer metaphysischer Denker – der letzte Mediävist gewissermaßen, jedoch ohne den Standard des religiösen Aufgebots.) In vielerlei Hinsicht war Spinoza der letzte, der glaubte, dass Rationalität dasselbe sei wie Vernunft [reason]. Und dies resultiert in der Überzeugung, dass wir das einzige und ultimative Fundament sind, Alpha und Omega, Anfang und Ende – eine Überzeugung, die, auf die logische Spitze getrieben, sich im gesamten enzyklopädischen Projekt ausdrückt …

RK: ___ … das letztlich ein humanistisches Projekt ist, ob wir das Fundament als individuell betrachten (*res cogitans*, transzendentales Ich, souveräner Bürger) oder als Kollektiv (Gattung, Menschheit, Gesellschaft). Aber viele würden sagen, dass wir uns heute in einer post-humanistischen Situation befinden.

J-L M: ___ Ja, in der Tat.

RK: ___ Und erfordert diese post-humanistische, post-metaphysische, post-theistische, post-atheistische Situation, philosophisch gesprochen, nicht, dass wir uns in einer anatheistischen Disposition der Gastfreundschaft zum Fremden befinden, der immer an unsere Tür klopft? Wie wenn Gide fordert, dass unser „Verlangen weniger eine Erwartung sein soll als eine Bereitschaft zum Willkommen." (*„désir soit moins une attente qu'une disposition à l'accueil"*).[e] Aber meine Frage bleibt: Wenn so viele Denker heutzutage diese postmetaphysische Offenheit für das unvorhersehbare, nicht-repräsentierbare, nicht-konzeptualisierbare, nicht-beherrschbare Ereignis teilen, wie können wir – falls das überhaupt möglich ist – zwischen der anatheistischen Disposition und der dekonstruktivistischen Position von Nietzsche, Heidegger, Derrida (und wir könnten Caputo, Nancy, Agamben und auch Sie, hinzufügen) unterscheiden, über die wir gesprochen haben?

J-L M: Wir können noch einen Schritt weitergehen, und vielleicht haben wir das schon getan. Ich glaube, es gibt *vestigia* in der Welt. Sogar in der nihilistischen Situation. Ausradiert ist die Vorstellung, dass alles in Begriffen von „Wert" betrachtet wird. Die Bewertung selbst wird zweckentfremdet [alienated]. Das System, in dem alles in den Wert von Vermögen und Eigentum umgewandelt wird, wie an der Börse – Waren, Güter, Menschen, das Leben selbst. Alles wird zur Tauschsache, vom Menschen beherrscht und gemessen. Die Aufgabe der Philosophie besteht also nicht darin, auf die gegenwärtige Weltfinanzkrise zu reagieren, zum Beispiel, indem sie zu den Werten zurückkehrt. Das genau ist das Problem – die Allgegenwärtigkeit des Wertekalküls [omnipresence of calculation in terms of values]! Wenn die Moral auf diese Wertekrise antworten soll, kann sie das nicht in Form von Werten. Man kann eine Bewertungs-Vergiftung nicht mit noch mehr Bewertung bekämpfen.

RK: Sie sagen also, dass die Werte das Problem sind, nicht die Lösung.

J-L M: Genau. Es ist natürlich ein grundlegendes Argument bei Nietzsche – der Teufelskreis des Nihilismus. Eine weit bessere Antwort ist meiner Meinung nach also aufzuzeigen, wie wir tagtäglich bereits reale Dinge erleben, die nicht als Werte erfahrbar oder repräsentierbar sind, sondern nur als das Unmögliche: Geburt, Tod, Eros, Gott. Dies sind Ereignisse, Unmöglichkeiten aus Sicht der metaphysischen oder humanistischen „Bewertung".

RK: __Diese unmöglichen Ereignisse sind das, was Sie in *Étant donné*⁽ᶠ⁾ als „saturierte Phänomene" bezeichnen und was ich in *Anatheism* „Epiphanien" nenne.
J-L M: __Genau. Sie widerstehen jeder möglichen Bewertung. Wir könnten allenfalls sagen, dass wir es sind, die von ihnen bewertet werden! Ereignisse sind bereits da, bevor wir sie repräsentieren. Was also erforderlich ist, ist eine neue Hermeneutik unserer nihilistischen Welt, die herauspicken kann, was sich nicht auf die Frage nach dem Wert reduzieren lässt. Hier können wir dem begegnen, was Sie als das Ereignis radikaler Gastfreundschaft bezeichnen und was ich Gabe [gift] nenne.
RK: __Und Sie würden mir beipflichten, dass uns eine Hermeneutik narrativer Imagination und Unterscheidung helfen könnte.
J-L M: __Ja, das ist der einzige Weg. Unsere Geschichte zu erzählen [tell] und wieder zu erzählen [retell], sodass wir uns selbst erklären können, wie sich unterscheiden lässt, wo statt eines ‚Wertes' ein ‚saturiertes Phänomen' ist. Es ist eher eine Angelegenheit, um Levinas' Sprache zu benutzen, von vertikaler Wahl [election] statt von horizontaler Selektion [selection]. Und in diesem Prozess könnten wir unsere wirkliche Identität entdecken, nicht als etwas, das wir uns selbst geben, sondern als etwas, das uns gegeben wird.

9 Anatheismus und radikale Hermeneutik

GESPRÄCH MIT JOHN CAPUTO

John Caputo ist ein amerikanischer Religionsphilosoph, dessen Interesse besonders der Phänomenologie, der Hermeneutik und der Dekonstruktion gilt. Er ist weithin bekannt, weil er Derridas Dekonstruktion in eine „radikale Hermeneutik" weiterentwickelt hat, eine Philosophie, die alle essenzialistischen Behauptungen untergräbt und sich dagegen verwehrt, dem Spiel der Interpretation Einhalt zu gebieten.[1] Diese radikale Hermeneutik ist eng verbunden mit Caputos Interesse an Theopoetik, einem Terminus, der von Fachleuten unterschiedlich definiert wird, der aber die Vorstellung in sich trägt, dass sich sowohl Gott als auch das Leben am besten poetisch beschreiben lassen und nicht rationalistisch. Die Theopoetik, zumindest in Caputos radikaler Hermeneutik, aber auch in Kearneys Anatheismus weist Konnotationen an poiein *auf, an ein Machen oder Neumachen Gottes kraft unserer Imagination.*

Dieses „Anders"-Denken Gottes [imagining God „otherwise"] findet sich sowohl in Kearneys Anatheismus-Projekt als auch in Caputos jüngsten Erweiterungen der radikalen Hermeneutik zur Theologie. In seinem Buch The Weakness of God *(2006) verfolgt Caputo eine „Poetik des Unmöglichen" – ein evokativer, kein normativer oder logischer Diskurs über Religion. Die Poetik des Unmöglichen evoziert die disruptive Kraft von Gott als einem Ereignis, das bei jeder Drehung unsere Erwartungen untergräbt und uns so für die „lebens-umwandelnde Kraft" von Gottes Reich öffnet.*

Im nachfolgenden Gespräch bittet Caputo um Klarstellung von drei Elementen in Kearneys Anatheismus: Erstens – erliegt Kearney mit Ricoeur und Gadamer der Versuchung eines Krypto-Hegelianis-

---

[1] John D. Caputo, More Radical Hermeneutics. On Not Knowing Who We Are. Bloomington 2000, 3.

mus, indem er entgegengesetzte Meinungen auf einem „dritten Weg" versöhnen will? Zweitens – ist Kearneys Verständnis von der göttlichen Kenosis näher an der klassischen Theologie oder an Caputos radikalerer Auslegung des Begriffs? Und drittens – welche Art von Wahrheit ist nach Meinung der Anatheisten im interreligiösen Dialog am Werk? Sind unsere Wahrheitsüberzeugungen absolute oder historisch determinierte Wahrheiten?

Dieses Gespräch zwischen Caputo und Kearney fand im März 2012 an der Harvard Universität statt. Anschließend hatten die Zuhörer Gelegenheit, an beide Sprecher Fragen zu richten.[2]

JOHN (JACK) CAPUTO (JC): ⎯ Richard Kearney hat eine klare, einfallsreiche, faszinierende und handfeste Beschreibung des Glaubenslebens in der postmodernen Welt geliefert, einer Welt, die von kultureller Vielfalt und religiösen Konflikten geprägt wird, von erstaunlichen Umwandlungen, die von den neuen Informationstechnologien herbeigeführt wurden, sowie einer streitbaren materialistischen Religionskritik. Der Titel *Anatheism* ist vom Präfix *ana-* hergeleitet, das hier in der Bedeutung von „zurück" oder „wieder" verwendet wird. Es handelt sich demnach um einen Theismus, der nach dem Theismus kommt, der zum Theismus zurückkehrt, nachdem er einen gewissen Nicht-Theismus oder Atheismus durchschritten hat. Kearney identifiziert ihn gekonnt in verschiedenen postmodernen Bewegungen.

Richard vertritt eine Wiederentdeckung [recovery], Neuentdeckung [rediscovery] oder Rückgewinnung [retrieval] des Glaubens inmitten einer Welt, die von militanten Glaubensüberzeugungen und militanten Angriffen auf den Glauben geprägt ist. Diese Rückkehr zum Glauben nach dem Zweifel beschreibt der Untertitel *Returning to God After God*. Die hier beschriebene Bewegung verläuft vom Theismus über den Atheismus oder Nicht-Theismus und wieder zurück, eine *Vorwärts*-Wiederholung. Das Projekt ist meines Erachtens von Paul Ricoeur (dessen Standpunkte im 3. Kapitel von *Anatheism* diskutiert werden) inspiriert, mit dem Kearney in Paris studiert hat und der den Glauben als eine „zweite Naivität" zu be-

---

[2] Dieses Gespräch wurde von William Chaddock transkribiert.

zeichnen pflegte, zu der man zurückkehrt, nachdem die erste Naivität von Kritik und Misstrauen verunsichert wurde. Ricoeur beschrieb es auch als eine „Hermeneutik der Affirmation", die auf eine „Hermeneutik des Verdachts" folgt. Man geht durch eine Phase des Atheismus / Verdachts, um zur Affirmation / zum Glauben zurückzukehren, der nunmehr geprüfter, reifer und komplexer ist als in seiner anfänglichen, naiveren Form. Ricoeur folgend, setzt sich Kearney für einen kritischeren Theismus ein, der sich vom einstigen Dogmatismus befreit hat, einen Theismus, der selbst einer unentwegten Erneuerung oder Wiederholung bedarf. Er ist also, um sehr genau zu sein, „hinter Gott", also hinter ihm her, auf der Suche nach Gott, aber auch nach Gott, wie „nach dem Atheismus" oder „nach dem Zweifel" oder „nach dem Tod Gottes".

Kearney zufolge lässt sich dieses Paradigma auf eine große Bandbreite an Phänomenen in Philosophie, Religion, Politik und Kunst anwenden. Kearneys Fähigkeit, sich in diesen verschiedenen Bereichen zu bewegen und eine große Menge an Literatur zu umspannen, um seine These voranzutreiben, ist bescheiden gesagt eindrucksvoll – eigentlich eine Tour de Force. Das Paradigma ist elementar für die mystische und negative Theologie, wo unser Gottesverständnis den Abgrund oder die dunkle Nacht des Nicht-Wissens durchschreiten muss. Es findet sich auch in der Theologie der Inkarnation, wo die Transzendenz Gottes das Fleisch eines Menschen durchschreitet; in der Struktur der Gastfreundschaft, wo die Konsolidierung des Heims vom Besuch des Fremden unterbrochen wird, was entweder Widerstand oder Willkommen hervorruft. Solch eine Gastfreundschaft, so Kearney, ist die Struktur schlechthin der biblischen Religionen, emblematisch dargestellt mit dem Besuch der drei Engel bei Abraham und Sarah, dem Besuch Gabriels sowohl bei Maria in der berühmten Verkündigungsszene und bei Mohammed in seiner Höhle. Gastfreundschaft, könnte man meinen, steht für Kearney ganz oben auf der Liste der Tugenden – der sowohl die Gastfreundschaft meint, die die Religion ist, als auch die Gastfreundschaft zwischen den Religionen. Das Buch bietet alles, was wir inzwischen von Richard Kearney erwarten.

Richard und ich führen seit Jahren einen vertieften, fruchtbaren Dialog, und ich möchte bei dieser Gelegenheit anmerken, dass die Ankunft des irischen Fremdlings aus Dublin in der „Neuen Welt" für mein berufliches Leben ein großer Segen war. Richard und ich genießen eine produktive Nähe und Differenz. Wir belegen denselben Raum zwischen Philosophie und Theologie, Philosophie und Religion, Philosophie und Literatur, allerdings weiß Richard eine ganze Menge mehr über Literatur als ich. Obwohl wir aus unterschiedlichen Ländern kommen, haben wir ähnliche Fragen und Anliegen, und wir teilen viele Hintergrund-Praktiken und -Annahmen. Wir finden immer wieder zusammen.

Der Unterschied liegt in den Gestalten im Hintergrund, die uns beide inspirieren. Meine Vermutung ist – und ich glaube nicht, dass ich mich irre; Richard würde das wohl auch sagen –, dass der zeitgenössische Philosoph, der ihm am meisten bedeutet, Paul Ricoeur ist. Vielleicht kann Richard später dazu Stellung nehmen. Die Gestalt hingegen, die für mein Werk am wichtigsten ist, ist Jacques Derrida. Wir haben also diese massive Überschneidung: Wir kennen beide die mittelalterliche scholastische Tradition, hatten traditionelle Einführungen in die Philosophie und teilen ein gemeinsames katholisches Erbe. Ich glaube, wir spielen beide hermeneutische Melodien – aber mit unterschiedlichen Vorzeichen. Er vertritt eine eher dialektische Hermeneutik, ich eine eher dekonstruktivistische oder, wie ich sie gerne nenne, radikale Hermeneutik. Man erkennt diesen Unterschied an Richards Fokus auf eine Hermeneutik oder Poetik des Möglichen und an meinem Fokus auf eine Hermeneutik oder Poetik des Unmöglichen.

Wenn ich an meinen Dialog mit Richard denke, denke ich an den Bau der transkontinentalen Eisenbahn in den Vereinigten Staaten: Eine Gruppe beginnt an der Ostküste, die andere an der Westküste, und beide hoffen, dass sich die Gleise in der Mitte treffen. Wenn es für uns eine Mitte gibt, ist es die „Möglichkeit des Unmöglichen". In einem großartigeren Maßstab könnte man auch an die Decke der Sixtinischen Kapelle denken, an das Bild der *Erschaffung Adams*, wo Gott und Adam sich bemühen, die Fingerspitze des anderen zu berühren.

RICHARD KEARNEY (RK):__Und wer von uns ist Adam?
JC:__Ich natürlich.
RK:__Nein, ich bin Adam!
JC:__Hier in Boston, inmitten all dieser Iren, würde ich nicht davon träumen, einen höheren Status als den von Adam anzustreben.

In Boston sind Sie es, Richard, der den Mantel der Allmacht umlegen muss! Die Schlüsselfigur also, über die wir beide immer wieder nachsinnen, der Punkt, wo sich die Fingerspitzen unserer Arbeit berühren, worüber wir beide auf die eine oder die andere Weise immer sprechen, ist diese Figur der Möglichkeit des Unmöglichen, die Poetik des Möglichen, des Un-möglichen. Der Bindestrich im Un-möglichen – das ist die Nähe unserer Distanz, die Distanz in unserer Nähe. Erlauben Sie mir jetzt, drei Fragen zu diesem wichtigen Buch zu stellen.

Erstens: Eines der Dinge, die mir immer suspekt waren, sowohl in Ricoeurs als auch in Gadamers Hermeneutik, ist eine nachklingende bleibende Präsenz eines gewissen Hegel. Damit meine ich, dass sowohl Gadamer als auch Ricoeur die Hermeneutik auf eine Weise betrachten, die Horizonte zusammenschweißt oder durch einen Verdachtsmoment geht und dann zu einer höheren Einheit zurückkehrt, zu einem robusteren Anfang, einem robusteren Glauben, einer robusteren Affirmation. Richard weiß das, und er trifft Vorkehrungen, um dem nicht allzu freie Hand zu lassen. Er warnt uns explizit davor, den Anatheismus als eine Form von Hegelianismus zu behandeln. Ich meine keinen starken Hegelianismus mit dem absoluten Geist und dem *Begriff* und der Teleologie, sondern ein gewisses hegelianisches „Moment", das ich in *Radical Hermeneutics* in Bezug auf Gadamer als einen „Geheimkabinett"-Hegelianismus bezeichnet habe. Ich meine damit das Versöhnungsmoment, die tiefere, reichere, reifere Verschmelzung von zwei Momenten, die, für sich genommen, einseitig und abstrakt sind. Ich höre das im Anatheismus – das Schema Theismus – Atheismus – Anatheismus; Glaube – Zweifel – zweiter Glaube; Position, Opposition, Komposition. Während ich also weiß, dass Richard zu vermeiden sucht, aus dem Anatheismus ein allzu simples Versöhnungsschema zu machen, habe ich nach wie vor die Sorge, dass er in seinem geheimen Kämmerchen Hegel sitzen hat.

Lassen Sie es mich anders sagen: Wenn ich an Theismus und Atheismus denke, denke ich an Verdrängung statt an eine Bewegung vorbei [past], darüber hinaus [beyond], dahinter her [after them]. Der Grund, warum diese beiden Dinge einander ausspielen, ist meiner Ansicht nach, dass mit beiden etwas nicht stimmt.

Jetzt gilt es vorsichtig zu sein, weil das bis jetzt nur ein gutes hegelianisches Argument ist. Die Postmodernisten warnen uns stets, dass Hegel fast unumgänglich ist. Argumentierst du „gegen" Hegel, bist du am Ende seine Opposition, seine ureigene Opposition, und wirst als ein negatives Moment in der hegelianischen Maschine im Ganzen geschluckt! Hegel würde sagen, dass beide Positionen „abstrakt" sind, und doch versöhnt werden müssen, indem man durch sie hindurchgeht und dabei zulässt, dass sich ihr Schwung [momentum] in eine höhere Einheit entfaltet. Aber ich will nicht, dass sich ihr Schwung entfaltet. Ich will sie zum Stillstand bringen, sie untergraben, bevor sie ins Rollen kommen.

Was für mich am Theismus und am Atheismus nicht stimmt, ist, dass beide von Anfang an das sind, was wir „Positionen" nennen, wogegen ich die Positionen selbst verrücken möchte, bevor die Opposition in diesen Positionen aufkommt. Ich trachte nicht nach einer höheren Komposition, sondern will jede an ihrem Platz zerlegen [decompose], dekonstruieren. Ich will die Diskussion über beide beenden und zusehen, dass es eine fundamentalere Unentscheidbarkeit gibt, die beide befällt – nicht „nach" ihnen, sondern „vor" ihnen, nicht „über" ihnen, sondern „unter" ihnen, mit dem Vorrang einer Unentscheidbarkeit, die nicht transzendental ist, sondern quasi-transzendental.

RK: _Unter_ Theismus und Atheismus? Ich bin dabei.

JC: Darunter, ja; eine Unentscheidbarkeit, die vor beiden liegt. Ich glaube nicht, dass unsere Leben eingeschränkt werden, wenn wir eine dieser Positionen einnehmen. Was unser Leben kennzeichnet, was uns zu denjenigen macht, die wir sind, ist der Umgang mit ihrer Unentscheidbarkeit, mit der unentscheidbaren Fluktuation, in der „gegensätzliche" Positionen wie diese eingeholt werden. Auf sehr konkrete Weise heben sie meines Erachtens nie vom Boden ab, erreichen nie den Schwung [momentum] oder die Positivität einer Position. Ich will diese Positionen relativieren, bevor sie sich aufmachen, nicht „nach" ihnen kommen. Wie Richard sagt, statt Anatheismus könnten wir auch von „Ana-Atheismus" sprechen. Das sagen sie doch in Ihrem Buch?

RK: Ja.

JC: Dies verdient Aufmerksamkeit, weil es mir dabei hilft, diese Positionen zu relativieren, mir dabei hilft zu sagen, dass es eine tiefere „Affirmation" unter ihnen gibt, etwas, was affirmativer ist als Positionen „positiv" sind, etwas, was sowohl unter dem Theismus als auch unter dem Atheismus verläuft, was uns dazu bringt, mit der Diskussion aufzuhören, die Unterscheidung zwischen Theismus und Atheismus abzulösen. Ich würde also diese Positionen nicht aus irgendeiner willkürlichen Laune oder einem Relativismus heraus relativieren, sondern im Namen einer vorherigen Affirmation oder einem tieferen Sinn von Eingeständnis, einem aufrichtigen Eingeständnis, dass wir „verloren" sind. Dieses „Verloren"-sein wird nicht beseitigt oder gelöst oder bewältigt von irgendeinem Postulat oder einer Position, auch wenn Sie sie „anatheistisch" nennen, sondern ist co-konstitutiv für eine tiefer liegende Sehnsucht oder Affirmation.

Zweitens: Richard und ich teilen die Kritik an der klassischen Theorie der Allmacht, Gottes als Herrscher. Wir interessieren uns beide für den Begriff der *kenosis* und für die kenotische Gestalt Jesu. Die Geschichte weist zahlreiche göttliche und heroische Gestalten in der Antike auf, die von einer Frau geboren, aber von einem Gott gezeugt wurden. Was Jesus einzigartig macht, ist jedoch, dass er nicht der klassische griechische Gott oder der typische heidnische Held ist, der seine Feinde unterwirft, der seine göttliche Herkunft durch die Macht manifestiert, mit der er seine Gegner schlägt. An der Göttlichkeit Jesu ist anders, dass dieses göttliche Wesen ein Opfer ist – gekreuzigt, gedemütigt –, und dass seine Lehre nicht von göttlicher Rache kündet, sondern von kompromissloser Vergebung.

Nun sagt Paulus, dass Jesus das Bild des lebendigen Gottes ist. Wenn wir das ernst nehmen sollen, dann ist Gottes Bild Schwäche, eine Art schwache Kraft, schwache Stärke, wie die schwache Kraft der Vergebung. Erinnern wir uns an die Erzählung vom Großinquisitor in Dostojewskis *Brüder Karamasow*. Als Jesus von ihm in der Menge erkannt wird, wird er verhaftet. In einem langen Monolog warnt der Kardinal-Großinquisitor Jesus, wie viel Macht er über ihn hat; er erklärt ihm, er werde ihn am Morgen hinrichten lassen, wie er es mit so vielen anderen getan hat, die es gewagt haben, ihm zu trotzen. ‚Warum bist du zurückgekommen, um dich in das Werk der Kirche einzumischen?', fragt er. Jesus hört sich den Monolog schweigend an, und als er vorüber ist, tritt Jesus auf ihn zu und küsst ihn. Dieser mächtige Mann, der Kardinal-Großinquisitor, ist entwaffnet – mit einem Kuss. Der Kuss ist die schwache Kraft, wie die Vergebung; wenn es überhaupt eine Macht ist, dann ist es die Macht der Schwäche.

Es gibt zwei Möglichkeiten, über die *Kenosis* nachzudenken, diese Selbst-Entäußerung Gottes. Die erste ist die klassische Kenosis-Lehre, die auf die bekannte Aussage des Paulus im Brief an die Philipper 2,6–8 zurückgeht. Hier sagt Paulus über Jesus: „Er war Gott gleich, hielt aber nicht daran fest, Gott gleich zu sein, sondern er entäußerte sich und wurde wie ein Sklave." Der klassischen Überlieferung zufolge hält Gott in Christus aus freien Stücken seine Macht zurück und entäußert sich in jemanden, der den Menschen gleich war, der sich erniedrigte und gehorsam war „bis zum Tod, bis zum Tod am Kreuz". Christus hält es nicht für nötig, nicht einmal für geziemend, seine göttliche Macht zur Schau zu stellen, sondern nimmt freiwillig Menschengestalt an.

In diesem Fall wird die kenotische Handlung, die Selbstentäußerung von Göttlichkeit, freiwillig vollzogen. Doch dies markiert meiner Meinung nach nicht die Abdankung von unumschränkter Macht, sondern eine im höchsten Maße souveräne Macht. Gibt es eine größere Macht als die Macht, die Ausübung der Macht, die man noch immer hat, zurückzuhalten? Zeigt dies nicht, wer *wahrhaftig* mächtig ist? Solch eine *kenosis* ist, würde ich sagen, kein Sichselbst-der-Macht-Entledigen, sondern in Wahrheit eine Ausübung von *Ultra*-Macht, von *Ultra*-Souveränität.

Das ist die klassische Darstellung [theory of religious truth], die ich aus just diesem Grund ablehne. Die andere mögliche Lesart von *kenosis*, die ich vertrete, ist nicht so klassisch und keineswegs orthodox. Diese andere Darstellung kommt zunächst bei den deutschen Idealisten auf, die einen Ausspruch von Meister Eckhart auf radikale Weise wiederholen: dass Gott uns ebenso braucht wie wir Gott. Gott ist kein übermächtiger Akteur, auch kein Überwesen, sondern eine Macht, die in die Welt kommen muss, um Wirklichkeit zu gewinnen. Gott als solcher, in seinem reinen „*an sich sein*", ist ein abstraktes Sein, ein Begriff, der in der Welt Wirklichkeit werden und in der und durch die Menschheit göttlich werden muss, sodass Gott wirklich und wahrhaftig erst dann Gott ist, wenn wir mitkommen. Das göttliche Leben ist in uns inkarniert, und wir sind diejenigen, die all das schwere Hochheben bewältigen, weil Gott als Gott eine

Art abstrakter, ein-seitiger Begriff ist, dem es an unabhängiger Wirklichkeit mangelt. Erst in *uns* wird Gott zu Gott.

Das ist eigentlich die erste Version vom Tod Gottes. Gott stirbt wirklich am Kreuz – und was danach kommt, ist der Heilige Geist; das heißt, die menschliche Gemeinschaft im Heiligen Geist oder des Heiligen Geistes. Gott als höchste Macht ist vorbei. Natürlich ist sogar diese Position für mich zu „stark" – womit ich zu metaphysisch meine. Meine eigene Sicht auf die „Schwäche" Gottes ist weniger metaphysisch, aber auch radikaler, da sie die Schwäche des Ereignisses beschreibt, das im Namen Gottes beherbergt wird. Dies geht weiter als die deutschen Idealisten, die eine ganze Menge der klassischen metaphysischen Theologie von der Transzendenz auf die Ebene der Immanenz übertragen und versetzt haben. Doch das jetzt weiterzuverfolgen, würde uns in eine andere Richtung führen. Worauf es mir ankommt, ist, dass es eine andere Tradition gibt, in der Gott und die göttliche Allmacht wirklich radikal in die Welt entäußert werden.

Was ich also wissen möchte: Wie weit geht Richards Kritik an der Allmacht und der Souveränität Gottes? Ist dies eine klassische Vorstellung von *kenosis*? Ist es etwas wie die Hegel'sche oder deutsch-idealistische Darstellung der Entäußerung göttlicher Souveränität? Ich glaube, wir brauchen Klarheit darüber, was diese Vorstellung der Entäußerung göttlicher Souveränität bedeutet und wie sie sich zur klassischen Theorie verhält.

Drittens möchte ich schließlich gerne mehr erfahren über Ihren Begriff von „religiöser Wahrheit", eine Frage, die sich, meine ich, aufgrund Ihrer Arbeiten zum interreligiösen Dialog und zur Gastfreundschaft dem Fremden gegenüber stellt. Man könnte die Frage nach dem Verhältnis zwischen den Glaubensinhalten und „religiösen" Überlieferungen auf der ganzen Welt – was wir im Westen, im christlichen Latein, als „Religionen" bezeichnen – sicherlich als eine Frage der Gastfreundschaft beschreiben. Nun möchte ich aber wissen, was unter dem Einfluss dieser Gastfreundschaft mit der „Wahrheit" geschieht; welche Art von Wahrheit in diesen verschiedenen und sich unterscheidenden religiösen Traditionen Bestand hat?

Lassen Sie mich erläutern, was ich meine. Richard und ich werden manchmal eingeladen, an christlichen Hochschulen zu sprechen, die oft konservative evangelikale Einrichtungen sind. Die

Studenten und Lehrenden dort haben oft eine sehr rigide Vorstellung von religiöser Wahrheit, die etwa folgendermaßen lautet: „Jesus ist der Sohn Gottes. Diese Aussage ist entweder wahr oder nicht wahr. Dieser Punkt ist das Entscheidende, und Sie sind in diesem Punkt entweder für uns oder gegen uns." Diese Leute sind vielleicht sehr höflich gegenüber anderen Leuten, geben vielleicht sogar zu, dass andere eine Menge richtig machen und Traditionen haben, die ansonsten wertvoll sind, aber zu einigen zentralen Punkten wie diesem müssen sie sagen: Wenn andere das leugnen, liegen sie entweder falsch oder sind ignorant. Selbst wenn diese Leute sagen, dass sie im politischen Zusammenhang mit der Vorstellung von religiöser Toleranz einverstanden sind mit einer demokratischen Religionsfreiheit und keine staatlich verordnete Religion befürworten, behalten sie sich das Recht vor, im Hinblick auf die religiöse Wahrheit zu sagen, dass andere „falsch" liegen; sie sind frei, aber in diesem Fall frei, falsch zu liegen. Das ist eine Version der religiösen Wahrheit, und sie ist nicht unüblich.

Die andere sieht etwa folgendermaßen aus. Erst vor Kurzem habe ich eine Woche im Sultanat Oman verbracht, das ein prosperierender, toleranter und westlich wirkender islamischer Staat ist. Der Islam ist dort Staatsreligion, aber die Gesetze garantieren Nicht-Muslimen Religionsfreiheit. Es gibt Kirchen und Synagogen. Frauen werden gut behandelt, ermutigt, zur Schule zu gehen und an den Universitäten zu studieren, und erhalten hohe Stellungen im Rat des Sultans.

Ich habe mich dort mit einem Philosophieprofessor unterhalten, und er sagte zu mir: „Sehen Sie, ich bin Moslem, weil ich im Oman geboren bin, genau wie meine Eltern. Praktisch jeder, den ich kenne, ist ein Moslem. Ich wurde als Moslem in einem islamischen Land geboren. Und der Grund dafür, dass Sie Christ sind, ist, dass Sie in einer christlichen Welt geboren sind." Ich glaube nicht, dass er bestritt, dass wir die Dinge untersuchen und uns zu eigen machen müssen, die wir erben, aber wir wissen alle, wovon er spricht.

Es gibt also noch eine andere Theorie religiöser Wahrheit. Es gibt viele verschiedene Religionen, und dass wir einer bestimmten angehören, ist zum großen Teil ein Zufall der Geburt. Man würde nicht sagen wollen, dass irgendeine davon wahr ist auf Kosten der Wahrheit der anderen, wie es diese konservativeren Christen tun, genauso wenig wie man sagen würde, dass eine bestimmte Sprache wahr ist. Es gibt vielfältige religiöse Überlieferungen, von denen jede auf ihre eigene Weise wahr ist – und zwar mit einer Wahrheit, die den anderen nichts von ihrer Wahrheit nimmt.

Im ersten Fall haben wir eine eher absolutistische Auffassung von Wahrheit und im zweiten Fall eine eher kontext-bezogene. Welche Vorstellung von religiöser Wahrheit ist in Ihrer Arbeit über Hermeneutik, Gastfreundschaft und religiösen Pluralismus enthalten?

RK: Danke, Jack. Das sind große Fragen. Was Ihre erste Anmerkung zu Gadamer/Ricoeur versus Derrida angeht, haben Sie wohl Recht. Ich möchte nur hinzufügen, dass ich zwar Ricoeur eine Menge verdanke, einer der Gründe dafür allerdings ist, dass er am Ende von *Zeit und Erzählung*, Bd. 3: *Die erzählte Zeit*, ein Kapitel mit „Auf Hegel verzichten" überschreibt. Nun können Sie sagen: „Tja, das zeigt doch nur, dass es eine Versuchung gibt." Und das stimmt. Aber der Verzicht auf Hegel ist absolut wichtig. Und hier würde ich Levinas für ebenso wichtig erachten wie Ricoeur, was den Bruch mit jeder Art von Totalität angeht – von Levinas verstanden als eine totalisierende Seins-„Gleichheit", ein System unvermeidlichen Fortschreitens auf die Vollendung aller Stückchen der Geschichte zu, eine Eliminierung der Einzigartigkeit. Ich teile Levinas' ethische Kritik an einer solchen Totalität, genau wie ich Ricoeurs wiederholtes Bestehen auf einem irreduziblen „Konflikt der Interpretationen" teile – ein „radikaler Pluralismus", der das genaue Gegenteil von Hegels Absolutem Geist und dem Absolutismus fundamentalistischer Religionen ist. Natürlich kann man Hegel nicht mit Fundamentalismus gleichsetzen, außer, dass beide auf sehr unterschiedliche Weise die Vorstellung von Wahrheit als letztlich „dasselbe" beinhalten. Gadamer dagegen steht Hegel zuweilen näher. Seine „Horizontverschmelzung" lässt den radikalen „Konflikt der Interpretationen" vermissen, den wir in Ricoeurs Hermeneutik finden, der dieses Moment kritischen Verdachts und diakritischen Urteilsvermögens in sich trägt, welches das Ziel des spekulativen Idealismus verstört. Gadamer ist im Herzen Hegelianer. Ricoeur ist Post-Hegelianer – oder, wie er es auszudrücken pflegte, ein „posthegelianischer Kantianer."

Dann die Frage der Versöhnung. Um auf meine Lesart von *perichoresis* zurückzukommen, stimme ich weitgehend mit dem überein, was Sie sagen. Sie sprechen von diesem Raum vor der Dichotomie in Theismus und Atheismus. Dort sehe ich zunächst auch den Anatheismus verortet. Die Frage, ob es nach diesem Raum etwas gibt, eine Unentscheidbarkeit, wenn es darum geht, sich zwischen Theismus und Atheismus zu entscheiden – und ich bin für eine solche Entscheidung –, das mag ein Unterschied zwischen uns sein. Ich behaupte, die Re-Positionierung, die auf die anfängliche Dis-Positionierung des Anatheismus folgt, kann auf neue Art entweder atheistisch oder theistisch sein. Und diese neuen theistischen oder atheistischen „Re-positionen" müssen erneut dis-positioniert, ersetzt und *aftered* werden durch ein neues anatheistisches Moment – und unendlich so weiter. Der Anatheismus hat kein Ende. Er ist sozusagen vor dem Anfang und nach dem Ende.

Und das ist für mich das Interessante an der Figur der *perichoresis:*[a] Die Bewegung scheinbaren Kommunizierens [communing] und Vergegenwärtigens [presencing], wo alles rekapituliert wird, ist selbst begleitet von einer Gegenbewegung radikaler Distanzierung und Deplatzierung. Es gibt zwei Schritte im selben Tanz. Annäherung und Rückzug. Verorten und Entorten. Konvergieren und Divergieren. Eine Person löst die andere ab. *Circum-in-cessio* sowohl als *cedere* wie auch als *sedere*. Es ist nicht so, dass man je bei einem endgültigen Glauben oder einer endgültigen „Position" – einer absoluten Konfession namens Anatheismus – ankommen würde, nachdem man Theismus und Atheismus durchschritten hat. Und es geht auch nicht darum, vom ersten Glauben zu einem zweiten Glauben zu gelangen, wie es Ihnen zufolge Ricoeur empfiehlt. Es gibt einen dritten und vierten und fünften Glauben. Es ist ein Glaube nach dem anderen, *ad infinitum*.

Man denke nur an Fanny Howes wundervollen Satz: „Ein Gast muss den Gastgeber verlassen, um Gast zu bleiben." Denn wenn der Gast zu lange im Haus bleibt, nachdem der Gastgeber ihn willkommen geheißen hat, wird er entweder den Gastgeber ersetzen oder eins werden mit dem Herrn des Hauses. Die Türen schließen sich, und es gibt keinen wirklichen Gastgeber oder Gast als voneinander zu unterscheidende Andere mehr, getrennte Individuen, die nehmen und geben. Das ist keine Gastfreundschaft. Das ist Verschmelzung. Oder auch falscher Ökumenismus, um den Begriff des interreligiösen Dialogs zu verwenden – ein *„you-come-in-ism"*, wie es einmal ein irischer Kardinal ausgedrückt hat. Der Gast muss also imstande sein, den Gastgeber zu verlassen, um ein Gast zu bleiben, um ein Fremder zu bleiben.

Und hier – und ich würde es mit Position und Disposition ausdrücken – würde ich gern an André Gides wunderbaren Satz über das Verlangen erinnern: „Dein Verlangen soll weniger eine Erwartung sein als eine Bereitschaft zum Willkommen." (*„désir soit moins une attente qu'une disposition à l'accueil"*).[b] Bei der Gastfreundschaft geht es darum, das Verlangen zwischen Gastgeber und Gast am Leben zu erhalten – und, wie die *perichoresis* zeigt, zwischen dem Menschlichen und dem Göttlichen im theo-erotischen Tanz. Wenn das Verlangen Gott verlässt, wenn es keine Lücke, keinen Spalt, keine Deplatzierung in Gott gibt – das *diastema* zwischen jeder der Personen und die *chora*, um die sich alle drei bewegen –, dann hört Gott auf und ist tot.

Diese Bilder und Begriffe sind natürlich allesamt Figuren unserer Imagination, Zeichen und Symbole, die zum Glück im Laufe der Geschichte eine Veränderung, einen Wandel, eine Mutation erfahren. „Höchste Fiktionen"[c], wie Wallace Stevens es ausdrückt, was meines Erachtens nicht gleichbedeutend ist mit falsch oder illusorisch. Näher kommen wir der „Wahrheit" vielleicht nicht. Jede Religion, die etwas taugt, ist ein Schlachtfeld der Bilder, Tropen, Narrative, Metaphern und Metonymien – die aber stets etwas bezwecken und veranschaulichen, ein „Wahrheits"-Moment. (Ich werde gleich auf Ihre Frage hierzu zurückkommen.) Ich würde also sagen, dass der Chora-Raum des Eros, der innerhalb dieses anatheistischen *perichoresis*-Bildes gehalten werden muss, Disposition als *Disponibilität* [*disponibilité*] ist, eine Offenheit oder Verfügbarkeit für den Fremden, für den stets zurückkehrenden und ankommenden Anderen. Eros als die Unmöglichkeit von Abschließung.

Für mich ist, kurz gesagt, die *perichoresis* das Gegenteil eines allmächtigen Gottes. Sie ist weit entfernt von der Vorstellung von Gott als einer metaphysischen Macht, die beschließt, sich zu uns Sterblichen herabzulassen, indem sie sich in eine Welt entäußert und zu Fleisch wird: Christus. Ich glaube, was Paulus im Brief an die Philipper mit der „Schwäche" Gottes meint (was Sie besser wissen, Jack, als irgendjemand sonst), ist nicht, dass Gott all-mächtig war und dann beschloss, schwach zu werden, sondern dass Gott, als

Christus, der Versuchung der Allmacht widerstand – genau wie er den Versuchungen Satans in der Wüste widerstand (mit drei Arten von Macht, wie Dostojewski uns in der Großinquisitor-Szene so brillant vor Augen führt: Geheimnis, Autorität und Wunder). Was Christus zurückwies – das Christentum jedoch allzu oft idolisierte – ist das *eidolon* der Allmacht, die Illusion von souveräner Macht, worin im Grunde die große Versuchung jeder Religion besteht, die süchtig machende Verlockung der Totalität, gegen die es unentwegt anzukämpfen gilt. Ich sehe also die Identifizierung von Christus mit dem Fremden als die Zurückweisung dieser Versuchung. Und, wie Paulus eingesteht, ist Jesus ‚in allem wie wir versucht worden'. Er kannte jede Dunkelheit. Und es gibt nichts Dunkleres als die Verlockung totaler Macht.

Wie das Evangelium uns mit der Szene der Versuchung Jesu in der Wüste in Erinnerung ruft, muss Jesus unentwegt mit sich ringen – „Weg mit dir, Satan!" [Mt 4,10] –, wie Jakob am Jabbok mit seinem inneren Engel ringen musste, um zum anatheistischen Moment der Schwäche, Verletzlichkeit, Liebe zurückzukehren – zum nackten, notleidenden Gesicht, zur Witwe, zur Waise, zum Fremden. Das ist doch die wahre Radikalität von Matthäus 25, nicht? Christi Identifizierung mit dem Fremden als dem „Geringsten" *(elachistos)*. „Was ihr für einen meiner geringsten Brüder getan habt" – nicht für den größten –, „das habt ihr mir getan" [Mt 25,40]. Das Christentum ist der Triumph über die Macht mit Machtlosigkeit. Das ist ganz schön revolutionär!

Und so komme ich jetzt zu Ihrer Frage über die „Wahrheit". Wenn Christus sagt: „Ich bin der Weg und die Wahrheit und das Leben. Niemand kommt zum Vater außer durch mich" (Joh 14,6), dann klingt das ziemlich exklusivistisch, nicht? Und ob es das tut. Es sei denn, Sie lesen das „außer durch mich" als die Ausnahme der Ausnahme – als den Ausschluss des Ausschlusses. Mit anderen Worten: Alles hängt davon ab, wer „ich" ist! Wer ist der Christus, der hier spricht? Und deshalb bestehe ich darauf, dass wir Johannes 14 anatheistisch lesen, im Licht von Matthäus 25. Denn was er eigentlich sagt, ist, dass man den Messias nur in den Geringsten finden kann. Das Unendliche [infinite] ist das Infinitesimale. Gott ist der Gast, dem wir jeden Tag begegnen und den wir akzeptieren oder ablehnen, füttern oder fortschicken, lieben oder hassen, umsorgen oder töten können. Christ ist kein anderer als der *hospes*, den wir so oft übersehen oder stehen lassen. Wenn also bei Matthäus Jesus sich viermal mit dem Fremden identifiziert, der von denen, die nach dem großen, allmächtigen Alpha-Gott suchen, nicht erkannt wird, meint er, dass niemand vom Göttlichen ausgeschlossen wird. Das Göttliche ist in allen Fremden, denen wir begegnen, und wir begegnen ihnen in jeder Straße – und sogar in denen, die uns am liebsten sind, in uns selbst.

Ich spreche hier nicht von Karl Rahners Idee des „anonymen Christen". Sie kennen die Aussage: Wir begegnen alle Christus, nur wissen die meisten Menschen das nicht. Jeder ist Christus und das Christentum regiert die Welt. Ihr alle seid Christus *incognito* (ob es euch gefällt oder nicht). Es kann gleichsam etwas Imperialistisches an dieser Art Inklusivismus sein. Ich spreche dagegen vom Fremden in *jeder* Religion, nicht nur in der christlichen, eponym oder anonym. Man braucht nicht getauft zu sein oder gereinigt im Blut des Lammes, um den Fremden zu sehen. Im Judentum und im Islam gibt es, wie ich in *Anatheism* vermerke, ebenfalls Narrative von heiliger Gastfreundschaft. Und im Buddhismus und Hinduismus und in anderen Religionen auch, wie ich an anderer Stelle aufzuzeigen versucht habe.[d]

Die „Wahrheit" radikaler Gastfreundschaft findet sich also in jeder dieser Religionen, wenn auch auf sehr unterschiedliche Weise. Sie ist in jedem Fall anders. Und ich meine, dieser Ethik in der eigenen Religion – wenn man eine annimmt, wie ich mein Christentum – zu entsprechen heißt, durch andere zu reisen; heißt Durchquerung anderer Glaubensüberzeugungen, anderer Religionen, fremder Glaubensinhalte, fremder Götter. Ich glaube tatsächlich, dass dies für die Wahrheit von Religion essenziell ist – verstanden als radikale Offenheit für den Fremden, als radikaler Pluralismus, nicht als totalisierender Inklusivismus. Als Rahner (der große jesuitische Theologe) nach Kyoto ging und die buddhistischen Mönche als „anonyme Christen" begrüßte, begrüßten sie ihn ihrerseits, und das zu Recht, als „anonymen Buddhisten"! Und ich glaube fairerweise, dass Rahner dies gut aufnahm.

Was also die Wahrheit betrifft, würde ich sagen, sie ist eine kenotische Entäußerung auf den anderen zu, in der Hoffnung, die Geste radikaler Gastfreundschaft kann irgendwann zu einem Friedensversprechen führen. Ich würde die Wahrheit als Treuegelöbnis sehen – ein Versprechen, ein Schwur, eine Verpflichtung – zu größerem Frieden, größerer Liebe, größerer Gerechtigkeit, wie wenn ein Shakespeare-Charakter sagt: „Bei meiner Treu." Dies ist möglich in allen Religionen, hat aber immer andere Stimmen. Das heißt, ich bin für Babel, erinnere daran, dass wir alle „nach" Babel leben. Übersetzung ist hier der Schlüssel. Sie fördert den polysemischen Pluralismus und widersteht der großen Versuchung der Monolingualität – der Traum von einer reinen, perfekten, ursprünglichen Sprache. Der Triumph eines *Logos*, eines totalisierenden, subsumierenden, konsumierenden Wortes wäre das Ende wahrer Religion. So ist also die Wahrheit die Erkenntnis, dass wir die absolute Wahrheit niemals absolut erreichen. Aber es ist das Gelöbnis, das Vertrauen, die Hoffnung, dass der Friede zwischen mir und den anderen, zwischen Gastgebern und Fremden, vielleicht möglich wird durch die radikale Offenheit und Empfänglichkeit für Gastfreundschaft.

Frage und Antwort
[im Austausch] mit dem Auditorium

FRAGESTELLER 1: __ Ich habe eine Frage an Professor Kearney. Ich weiß Ihren letzten Punkt zur religiösen Wahrheit zwar zu schätzen, hatte aber sofort die Vorstellung – ich hoffe, Sie verzeihen mir das absurde Beispiel –, Karl Rahner würde zu einer Versammlung von, sagen wir, Axtmördern gehen. Würde er dann auch sagen: „Ich halte Sie alle für anonyme Christen?" Hatte es nicht etwas mit der Art und Weise zu tun, wie der buddhistische Glaube dort in Kyoto verkörpert wurde? Mit anderen Worten: Ist die Frage nach der religiösen Wahrheit nicht immer auch eine Lebensfrage? Nicht jeder Beliebige wurde als ein anonymer Christ identifiziert. Was also war Karl Rahners Kriterium für die Wahrheit, und was ist das Ihre? Ich meine, es ist doch nicht jeder ...

RK: __Die Frage ist großartig. Ehrlich gesagt finde ich schon, dass es potenziell alle [anybody and everybody] *sind*. Warum? Weil es immer die Möglichkeit gibt, dass die Leute, egal, wie abscheulich und abstoßend sie sein können, anatheistisch einen Moment wiedergewinnen – wie es Etty Hillesum in den Konzentrationslagern erlebte –, und sei es auch wirklich nur ein Moment, wo es einen Sprung der Offenheit gibt für eine Einsicht oder eine Geste der Liebe oder der Gerechtigkeit.

So gibt es in jedem Menschen – wie feindselig er auch sei – die Möglichkeit, dass etwas geschehen kann, dass die Feindseligkeit sich in Gastfreundschaft verwandelt. Oder auch nicht. Aber möglich ist es. Und aus diesem Grund ist der anatheistische Fremde nicht nur der gute Buddhist in Kyoto. Nicht wahr? Oder der hungrige Bettler auf der Straße mit einem gutmütigen Gesicht. Es ist auch die Person mit der Waffe. Absolut. Und wenn man demjenigen mit der Waffe nicht die Hand entgegenstreckt – wenn Gandhi dem britischen Offizier, der ihm auf den Kopf schlug, nicht die Hand gereicht hätte, wenn John Hume nicht Gerry Adams und den bewaffneten Kämpfern der IRA die Hand gereicht hätte (wofür er vom politischen Establishment als Verräter verunglimpft wurde), wenn Nelson Mandela den Verfechtern der Apartheid, die ihn unterdrückten, nicht die Hand geschüttelt hätte ... wenn sie diese undenkbar gastfreundlichen Gesten nicht gewagt hätten, dann hätte es in Indien, Nordirland, in Südafrika und sonst wo niemals Frieden gegeben. Ohne dieses unmögliche Händeschütteln hätte sich gar nichts getan. Wenn man dem Teufel nicht die Hand reicht, kann das Göttliche niemals kommen.

Den Fremden willkommen zu heißen, im radikalsten Sinne des Wortes, heißt darauf gefasst sein, mit dem Feind zu sprechen. Der *hostis* ist (wie die ursprüngliche Doppelbedeutung des Wortes sagt) sowohl der Feind als auch der potenzielle Freund. Und hierin besteht das wahre Risiko, denn Sie haben schon Recht: Wenn man nur herumgeht und zu freundlichen Buddhisten, freundlichen Hindus und freundlichen Atheisten sagt: „Ihr seid wie wir", dann ist das einfach. Ist man aber mit dem Fremden konfrontiert – wie Abraham in der Wüste, Maria in ihrem Zimmer, Christus am Kreuz –, ist die erste Reaktion Angst, Schrecken und Verwirrung. Und oft, wenn es diesen ersten Moment des Nicht-Wissens nicht gibt, dann ist es keine wirkliche, wahrhafte Gastfreundschaft. Den Fremden zu beherbergen ist ein Risiko und eine Wette, ein waghalsiger Sprung, ein Abenteuer. In all diesen Fällen geht die Angst der Liebe und dem Verzeihen voran.

Lassen Sie mich ein anderes, aktuelleres Beispiel geben. Dorothy Day, die in mehreren Slums in amerikanischen Großstädten „Häuser der Gastfreundschaft" eingerichtet hat, hat in einem ihrer Tagebücher eine wunderbare Überlegung: Eines Nachts, schreibt sie, habe ein Fremder um drei Uhr Morgens an die Tür geklopft – betrunken, schmutzig, fluchend. Was ist da zu tun? Wenn man glaubt, wie sie es tat, dass Christus in jedem ist, lässt man ihn dann ein, trotz seines furchterregenden Äußeren und seines potenziell destruktiven Verhaltens? Vertraut man darauf – Vertrauen als Gelöbnis und Wahrheit, wenn Sie so wollen –, dass vielleicht etwas in ihm ist, das einen Sinneswandel bewirkt, wenn man die Tür öffnet, den Mann hereinlässt und dieser die Schwelle überschreitet? Es ist sehr riskant, weil sie, wie sie sagt, ein Haus hat mit misshandelten Frauen, obdachlosen Mädchen, verletzlichen jungen Männern und Kindern, die sie möglicherweise erneut in Gefahr bringt, indem sie diesen Mann hereinlässt. „Woher weiß ich, ob es sich um Jack the Ripper oder um Jesus Christus handelt?", fragt sie.

Dies ist der eigentliche Moment der anatheistischen Wette, und wenn es nicht die Wahl zwischen zwei Möglichkeiten gibt, dann ist es kein Akt radikaler Gastfreundschaft. Es ist ein *fait accompli*, eine vollendete Tatsache. Es muss eine verantwortungsvolle hermeneutische Einsicht geben, ob man das Richtige tut. Doch es muss den Moment des Nicht-Wissens geben, den Moment der „negativen Fähigkeit", in dem man „überlegt" (*dialogizomai* – wie Maria) in Furcht und Zittern, ehe man antwortet. Man ist verstört, während man überlegt. Und das Überlegen ist der Moment der hermeneutischen Entscheidung – zwischen Geistern [spirits], zwischen Gesichtern, zwischen Körpern [bodies], Geistern [minds] und Seelen [souls]. Es gibt nichts Schwierigeres, Gefährlicheres und Waghalsigeres als den Schritt vom Krieg zum Frieden, von Feindschaft zu Gastfreundschaft.

JC: Wollen Sie damit sagen, dass die Wahrheit dahinter, die tiefe Wahrheit der Religion die Gastfreundschaft ist, eine Art ethisch-religiöse Gastfreundschaft, und dass alle großen religiösen Traditionen ihre eigenen Gestalten und ihre eigenen Narrative haben, mit denen sie dies zum Ausdruck bringen, dass aber der Kern religiöser Wahrheit Gastfreundschaft gegenüber dem Fremden ist?

RK: Exakt. Doch dies geht stets mit der Möglichkeit der Feindseligkeit einher, in jeder Religion. Religion ist also nicht zwangsläufig gut.

JC: ___ Ja. Ich lasse das jetzt beiseite. Wir haben hier eine andere Auseinandersetzung. Aber lassen Sie mich die Frage klarer formulieren. Wie steht's um etwas wie die Verkündigung? Was ist der „Wahrheitsstatus" der Verkündigung? Es ist eine Darstellung [figure] von etwas, nicht wahr? Zunächst: Es war niemand dabei, der die Unterhaltung aufgezeichnet hätte. Zweitens: Die Hälfte der Leute im Neuen Testament hat die Geschichte nie gehört. Ich wage sogar zu sagen, dass auch Maria die Geschichte nie gehört hat. Nehmen wir das Lesepult im Hintergrund von Botticellis Gemälde, auf das Sie anspielten. Die Chancen, dass Miriam von Nazareth, ein junges Landmädchen in einem staubigen kleinen Dorf im Galiläa des 1. Jahrhunderts, des Lesens mächtig war, wäre ein größeres Wunder als die Verkündigung!

Es gibt also eine Wahrheit der Gastfreundschaft, und dann gibt es diese religiösen „Gestalten" [figures]. Diese religiösen Gestalten repräsentieren keine Tatsachen. Es sind Geschichten [stories], und verschiedene Religionen haben verschiedene Geschichten, und die Geschichten, die jemand kennt, sind ein Zufall der Geburt. Aber das bedeutet nicht, dass sie keine Wahrheit anderer Art in sich tragen, und das ist die Wahrheit, auf die es mir ankommt.

RK: ___ Biologie ist kein Schicksal. Geburt ist kein Fatum.

JC: ___ Ich stimme Ihnen zu. Ich wollte nichts anderes andeuten.

RK: ___ Und ja, natürlich sind es spezielle, exemplarische Geschichten, heilige Geschichten. Sie werden heilig genannt, weil sie zu einem Kanon gehören, von dem eine Anzahl von Menschen sagt, sie seien ihnen heilig. Sie sind keine Fakten; sie sind Narrative, wieder übersetzbar in Handlungen, je nachdem, wie die Menschen diese Narrative „re-figurieren" oder neu inszenieren. Die Menschen strecken sehr wohl die Hand der Freundschaft aus. Sie tun das Heilige und machen so das Unmögliche wieder möglich – just wie es in den heiligen Geschichten heißt. Die heiligen Geschichten der Bibel lassen so neue historische Handlungen entstehen (in unserer Zeit Menschen wie Gandhi, Martin Luther King, Etty Hillesum, John Hume, Nelson Mandela), die wiederum neue existenzielle Zeugnisse bilden, die sich in ein bestehendes Narrativ heiliger Gastfreundschaft einschreiben. (Dies umfasst eine Art heilige Geschichte, wenn Sie so wollen, von dem, was ehedem *communio sanctorum*, „Gemeinschaft der Heiligen" genannt worden wäre.) Es geht um die

Bewegung zwischen Praxis und *Poiesis*, zwischen Aktion und Narration.

Lassen Sie mich eine meiner Lieblingsgeschichten von so einer bahnbrechenden Geschichte in der Geschichte Irlands erwähnen. Im 16. Jahrhundert, nach der Invasion der Anglo-Normannen, kam es zwischen den Butlers und den Fitzgeralds zu einem erbitterten Krieg. Sie metzelten einander nieder in einem endlosen Rachezyklus, nicht unähnlich dem Wie-du-mir-so-ich-dir-Blutbad, das in den 1970er und 1980er Jahren in Nordirland stattfand. Es ging hin und her, endlose Feindseligkeit, bis irgendwann Gerald Fitzgerald, der Earl of Kildare, sagte: „Das ist lächerlich." Also ging er hinauf zu den Butlers, die in der Kathedrale von Dublin belagert wurden, und sagte: „Lasst mich hinein." Er klopfte an die Tür, ein Fremder, der als Bittsteller zu seinen Erzfeinden ging. „Lasst mich hinein." Und die Butlers erwiderten: „Nein, kommt nicht infrage. Wir trauen dir nicht." Und Fitzgerald sagte: „Ich komme als Freund, nicht als Feind" (*hostis* kann wie gesagt „Freund" oder „Feind" heißen), und um es zu beweisen, forderte er sie auf, ein Loch in die mächtige hölzerne Eingangspforte zu hacken (das Loch ist immer noch da!), damit er den Arm hindurchstecken konnte. Das taten sie, und er legte die Rüstung ab und steckte den nackten Arm durch das Loch. Da fassten seine Feinde Vertrauen zu ihm, weil er sich ihnen radikal ausgesetzt hatte; er war absolut verwundbar. „He chanced his arm", „Er hat seinen Arm aufs Spiel gesetzt", wie man noch heute in Irland sagt. Er hat gewettet und gewonnen. Die Butlers hatten die Wahl, ihm die Hand abzuhacken oder sie zu schütteln. Sie schüttelten sie – und der Krieg war vorbei.

Ich meine, Levinas' Argument mit dem nackten Gesicht ist ähnlich: Es entwaffnet einen. Gandhis Gesicht entwaffnet die britische Regierung. Es ist immer wieder geschehen. Martin Luther King erwirkte für die Schwarzen in seinem Land grundlegende Rechte. Es funktioniert, wenn auch vorläufig. Schritt für Schritt. Stück für Stück. Geschichten bewirken Handlungen, die wieder neue Geschichten über diese Handlungen hervorbringen. Oder, um es in der Fachterminologie von Ricoeurs hermeneutischem Zirkel narrativer Handlung auszudrücken: Wir bewegen uns von der Aktion (Präfiguration) zum Text (Konfiguration) und wieder zur Aktion (Refiguration). Es ist eine fortwährende Dialektik zwischen Geschichte und Historie, Zeugnissen und Ereignissen – eine, die das Unmögliche bewirken kann, wie sie es, zumindest für eine Weile, auf bemerkenswerte Weise in Indien, Irland und Südafrika getan hat.

FRAGESTELLER 2: Ich habe nur rasch eine Frage zum Glauben und zu dem atheistischen Moment, der dem Glauben vorangeht. Wenn Maria in einem atheistischen Moment von Furcht und Zittern verharrt und dann „Ja" sagt, wird dann dieses atheistische Zögern in den Glauben verschluckt? In den Glauben aufgelöst? Oder bleibt der atheistische Moment als eine Art Begleitung des Glaubens zurück? In diesem Fall könnte man doch sagen, dass der Glaube mangelhaft war?

RK: Nun, darauf eine rasche Antwort: Ich würde Marias „Überlegen" als anatheistisch bezeichnen und behaupten, dass dieser Moment tatsächlich im Glaubensakt erhalten bleibt. Ich würde diesen Rest allerdings nicht als mangelhaft bezeichnen, sondern vielmehr als treu und gewissenhaft gegenüber der zutiefst menschlichen Natur von Marias Wette. Würde das anatheistische Abwägen völlig verschwinden, würde der Glaube zur Gewissheit erstarren. Und ich glaube, *das* wäre mangelhafter Glaube, dogmatischer Glaube. Maria wird wie jedermann immer wieder aufgefordert, ihren Glauben zu erneuern – von dem Moment an, als Jesus als Kind im Tempel verschwunden war, bis hin zum Kreuz und zur Auferstehung. Die Pietà muss voller anatheistischer Überlegung und Abwägung gewesen sein. Es gibt keinen Glaubenssprung, der ein für alle Mal getan wird – nicht für Abraham, nicht für Maria, nicht für Jesus, für niemanden. Wenn es um den Glauben geht, sind wir alle auf die eine oder andere Weise Anatheisten.

FRAGESTELLER 3 (F3): Könnten Sie kurz etwas erläutern, was Sie beiläufig erwähnt haben, den mystischen Eros. Oft bezieht sich dieser Eros auf etwas außerhalb des Diskurses, auf eine mächtige Stimmung oder Emotion, die einen Kollaps der Alterität, der Andersheit auslöst. Wie spielt eine solche mystische Erfahrung in die anatheistische Begegnung hinein?

RK: Im Hohelied – das Raschi als das heiligste Buch in der Bibel bezeichnete, obwohl es von bestimmten jüdischen und christlichen Autoritäten jahrhundertelang mit dem Bann belegt und zensiert worden war – findet sich ein Lied der Sehnsucht [desire] nach jemandem, der aus dem Nirgendwo kommt. Die Wachposten versuchen die verliebte Sulamith zurückzuhalten, aber sie befreit sich endlich für die Liebe. Und dann ist es umkehrbar, weil der Geliebte, der zu ihr kommt, auch unbenennbar ist, und zuweilen weiß man nicht, wer spricht – Salomo, der Schäfer oder der Herr selbst? Die Liebende oder der Geliebte? Und diese Unbestimmtheit, diese Interanimation beider Liebender ist ein endloses Spiel des mystischen Eros, weil sie sogar in den intimsten Momenten einander fremd bleiben.

Und dies präfiguriert oder dient als eine Art Paradigma für ähnliche isomorphe Momente bei allen großen Mystikern – von Dionysius Areopagita über Teresa von Ávila und Johannes vom Kreuz bis hin zu den Beginen und Marguerite Porete –, die allgemein eine Sprache des Eros, der theo-erotischen Leidenschaft sprechen. Es ist keine Sprache der Agape – auch wenn die beiden nicht unvereinbar sind. Wie Dionysius sagt, wird „der Name Eros und Agape gemäß den heiligen Offenbarungen in ein und derselben Bedeutung verwendet".[e] Sie sind untereinander austauschbar. Aber in der mystischen Begegnung ist es im Allgemeinen Eros, der lauter singt.

Ich würde also sagen, dass es einen anatheistischen Moment des Begehrens gibt, das immer auf etwas oder auf jemanden gerichtet ist, den du nicht kennst. Und Teresa sagt dies in *Wohnungen der inneren Burg:* Du dringst immer tiefer zum Herzen vor, durch die verschiedenen Kreise und Kammern, bis du den intimsten, inneren Raum des Herzens erreichst – wo du dem Liebsten begegnest. Aber es ist im Moment des Nicht-Wissens, in dem du diese Begegnung mit dem Fremden findest – dem Anderen, der im tiefsten Punkt in dir wohnt. Es ist ein Moment tiefen Vertrauens. In diesem Sinne ist das Begehren der Katalysator eines mystischen Dynamismus hin zu dem Gott, der immer im Kommen ist, aber nie ganz ankommt [arrives].

F3: __ Es gibt also keine vollständige Vereinigung?

RK: __ Es gibt einen Moment des mystischen Austausches, aber er wird erst *nach* (*ana–*) dem Ereignis erkannt. Und wie Teresa von Ávila sagt: Das Ereignis dauert vielleicht nur eine Sekunde. Es gibt dieses wunderbare Bernini-Portrait des schönen Engels, dessen Speer in Teresas Herz, ihren Schoß, eigentlich ihre Eingeweide trifft, und es ist ein sehr erotisch-ekstatischer Moment. Aber es ist kein

Moment, der dauern kann. Er verschwindet sofort, und nach dem Ereignis fragst du dich, was genau es eigentlich war. Es muss also fortwährend *wieder* (*ana-*) herbeigesehnt werden. Es ist niemals ein endgültiger Vollzug, bei dem du die mystische Vereinigung ein für alle Mal erreicht hast.

FRAGESTELLER 4 (F4):__Ich habe eine Frage an Professor Caputo. Vielleicht könnten Sie erklären, was genau die theologische Unentscheidbarkeit vom bloß neugierigen Agnostizismus oder vom misstrauischen Agnostizismus unterscheidet [separate].

JC:__Unentscheidbarkeit ist die Bedingung der Möglichkeit einer tieferen Affirmation, bei der es nicht darum geht, bloß neugierig oder misstrauisch zu sein, und die als agnostisch zu beschreiben falsch wäre, auch wenn sie von einer Art Nicht-Wissen strukturiert wird. Was mich interessiert, ist die Struktur der Affirmation, die den Positionen, die wir einnehmen, zugrunde liegt. Wir sagen: Die Hermeneutik schreitet den ganzen Weg aus. In einer Angelegenheit wie der Religion bedeutet das, dass das, was wir denken, die Gedanken, die wir haben, die Geschichten, die wir erzählen, die Narrative, die wir rezitieren, kontingent und überkommen sind. Sie sind lokal verortet, und sie sind tief verbunden mit der Sprache, die wir geerbt haben. Sie sind Zufälle der Geburt. Das ist gut so. Ich glaube keineswegs, dass dies ihren Wert untergräbt. Ich glaube, dass dasselbe auf die Literatur zutrifft: Die Literatur, die wir zu lesen und zu lieben, zu zitieren und zu rezitieren lernen, ist die Literatur, die wir in unserer Muttersprache erben. Auch das ist ein Zufall der Geburt. Und so können diese Unterschiede auf lange Sicht nicht zählen.

Was jedoch zählt, sind die zugrunde liegenden Affirmationen, die in den verschiedenen Überlieferungen dargestellt und angewandt werden. Der Agnostizismus ist für mich genauso eng oder uninteressant wie der Theismus oder der Atheismus. Der Agnostizismus ist nur mehr Gerangel und Positionierung, mehr Positionalität – in diesem Fall der Versuch, eine Pose von positionalem Equilibrium oder positionaler Äquidistanz einzunehmen. Der Begriff Agnostizismus wurde zum ersten Mal von Thomas Huxley vorgeschlagen, als Konkurrenzposition zum Atheismus. Dergleichen kommt auf im Zusammenhang einer Debatte über einen monotheistischen Gott, und es ist eine Funktion dieses Diskurses. Es ist eine Position, die man spielen kann, wenn man bei dieser Art von Spiel mitspielen möchte.

So kommt es zum Beispiel bei manchen Menschen zu dramatischen, berühmten Konversionen von einer Position zur anderen – Atheisten werden Theisten, Theisten werden Atheisten. Na und? Es gibt keine zugrunde liegende Auswirkung auf das Raster, keine Signifikanz für die zugrunde liegende Tiefendimension der „Affirmation", von der ich spreche. Unterschiedliche Leute werden an unterschiedlichen Punkten des Rasters stationiert, und dieselbe Person könnte sich sogar von einem Punkt zum anderen bewegen, könnte zu einem Moment ihres Lebens zutiefst theistisch sein und zu einem anderen zutiefst atheistisch und schließlich agnostisch werden. Dies ist eine Reise, die von einer Person unternommen wurde, die vielleicht irgendeine nicht-objektivierbare und nicht-repräsentierbare Affirmation bejahte oder suchte, die durch all diese Positionen führt, von denen jede ein Versuch ist, etwas letztlich Nicht-Repräsentierbares zu präsentieren. Mich interessiert diese tiefere Struktur des Selbst und des Unterwegs-Seins, die all diesen verschiedenen Positionen zugrunde liegt. Ich will die Unterscheidung zwischen einer präsentierbaren Position und einer nicht-präsentierbaren Affirmation hervorheben, und eine Affirmation ist etwas, worüber sich Menschen aus sehr verschiedenen Welten unterhalten können, obwohl sie verschiedenen Welten angehören und verschiedene Sehnsüchte haben.

F4: Ich möchte Richard Kearney eine Frage stellen. Ich würde gern wissen, wie weit Sie diese Idee von Unsicherheit im Moment des Risikos und der Wette treiben wollen. Alle Beispiele, die Sie geben, handeln von einem Moment der Unsicherheit, in dem Gastfreundschaft gewährt wird. Aber muss man immer unsicher sein, überlegen, raten, wetten, bevor man sich einem Gast gegenüber als Gastgeber verhält? Könnte Unsicherheit sich nicht auch als Furcht ausdrücken?

RK: Das ist eine gute Frage. Ich glaube, wenn man davon eine Statistik erstellen würde, dann würden die meisten menschlichen Erfahrungen radikaler Unsicherheit als Furcht erlebt. Und wenn die Angst tief genug geht, äußert sie sich nicht selten als Phobie und Gewalt. Es ist ein Rückzug des Selbst, während der Andere zum Sündenbock gemacht wird, sehr oft zum Feind. Im Moment der Unsicherheit kann es daher in beide Richtungen gehen. Und vielleicht sind die Momente der Gastfreundschaft die „unmöglichen" Momente, die selten kommen. Es lässt sich nicht sicher voraussagen. Und vielleicht kommen sie weitaus häufiger, vorläufiger, vorübergehender und werden dann wieder in die Angst verschlungen, in eine Verschlossenheit für andere. Es gibt keine Garantie.

Die Beispiele, die ich genannt habe, sind – ich gebe es zu – entscheidende Eröffnungsmomente von Gastfreundschaft. Doch es gibt unzählige Gegenbeispiele von Unsicherheit, die zur Abschließung führt – Fundamentalisten, die sich an falsche Gewissheiten klammern, Kriege gegen Feinde (einschließlich der höchst bösartigen Religionskriege). Die Unsicherheit löst oft genug die Furcht vor dem Anderen aus, die uns wiederum dazu bringt, uns im Dogmatismus einzuschließen. Doch der Statistik zum Trotz lebt man noch immer in der Hoffnung, dass das Unmögliche möglich werden kann, und deshalb ist es wichtig, immer wieder exemplarische Fälle davon abzurufen und nachzuzählen – Geschichten [stories], Historien [histories], Erinnerungen, Mythen, Gleichnisse, Zeugnisse.

FRAGESTELLER 5 (F5): Sie versuchen, so scheint es, den Wert und das Verdienst des anatheistischen Moments als einen Moment von Unentschiedenheit und Unentscheidbarkeit zu zeigen, und doch müssen wir uns just dann für Gastfreundschaft oder Feindseligkeit entscheiden. Aber könnte Unentscheidbarkeit nicht eine Wahl sein, nicht zu wählen [choosing not to choose]? Eine Wahl gerade des Unentscheidbaren selbst?

RK: Das ist eine wunderbare Frage. Aber lassen Sie mich auf Anhieb sagen, dass die anatheistische Entscheidung kein Dezisionismus ist. Sie speist sich, würde ich sagen, aus narrativen Erinnerungen, Überlieferungen und Erbschaften – wie bei Maria, die am Lesepult liest (auch wenn sie, wie Jack angedeutet hat, vielleicht gar nicht lesen konnte). Auch wenn wir Analphabeten sind, sind wir dennoch durch andere Geschichten hermeneutisch informiert; unsere Wahl und unsere Aktionen kommen nicht von ungefähr. Wenn es also eine Wette auf Gastfreundschaft gegen Feindseligkeit gibt, dann deshalb, weil sich andere Menschen schon vor uns in dieser Situation befunden haben, es getan haben und auf der anderen Seite als bessere Menschen herausgekommen sind, verändert, aufgeschlossen, verwandelt. Sie haben diesen unmöglichen Sprung von Feindschaft und Angst in die Überraschung und Gnade gewagt.

Wir werden also von Beginn an von diesen Geschichten hermeneutisch informiert. Und hier sind Jack und ich uns einig. Wie Aristoteles sagt, wenn du eine Tugend lehren willst, erzähle eine Geschichte. Wenn du jemandem Geduld beibringen willst, definiere die Geduld nicht als abstrakte Tugend; erzähle die Geschichte von Penelope. Mut: erzähl die Geschichte von Achilles. Weisheit: erzähl die Geschichte von Teiresias. Man erzählt die Geschichte, und die Menschen werden dadurch hermeneutisch geformt [formed] und informiert [informed]. Die Gastfreundschaft entsteht nicht aus dem Nichts. Es ist eine Geschichte mit einer Historie, und wir sind alle Teil dieser Historie – oder sollte ich „Historien" sagen, weil es viele unterschiedliche Weisheitstraditionen, Mythologien und Literaturen gibt, wo Gastfreundschaft über Feindseligkeit siegt. In der westlichen religiösen Tradition, der Jack und ich entstammen, sind die heiligen Geschichten von Abraham und Maria exemplarisch, aber keineswegs exklusiv. Es gibt viele andere.

F5: Aber warum soll man sich entscheiden, gastfreundlich zu handeln, anstatt in der Unentscheidbarkeit zu verharren?

RK: Weil der Moment kommt, in dem du handeln musst. Jemand ertrinkt; ich bin unsicher, ob ich es riskieren soll. Aber du handelst. Du springst hinein und versuchst, die Person zu retten. Wie Kierkegaard sagte: „Gott ist eine Tat." Oder Augustinus: „Du tust die Wahrheit [*facere veritatem*] …"(f) Es kommt der Punkt, wo das Abwägen endet und das Handeln beginnt. Doch selbst dann verschwindet das Nicht-Wissen nie. Sogar nachdem du gesprungen bist, könntest du sagen: „O Gott, warum bin ich in den Fluss gesprungen? Die Person ist untergetaucht und verschwunden. Ich friere zu Tode, und ich werde wahrscheinlich sterben. Vielleicht hätte ich das nicht tun sollen." Das ist jetzt fleischlich: Dein Körper denkt das. Du hast keine Zeit, darüber nachzudenken wie Descartes oder Kant. Es gibt kein Apriori, wenn es darum geht, gastfreundlich zu handeln. Du bist niemals sicher. Du bist nie absolut sicher. Wenn du es wärst, dann glaube ich nicht, dass du gastfreundlich wärst. Sie verstehen, was ich meine? Du wärst für den Rest des Lebens ein vorprogrammierter Heiliger. Und ich glaube nicht einmal, dass die Götter derart heilig waren.

JC: Gestatten Sie mir, ein kleines Postskriptum anzufügen. Ich bin dagegen, Unentscheidbarkeit als „Wahl, keine Wahl zu treffen" [choosing not to choose] zu beschreiben. Unentscheidbarkeit ist die Bedingung der Möglichkeit einer Wahl; andernfalls ist die Wahl regelgeleitet, und es ist einfach zu wissen, was zu tun ist, da gibt es kein Problem. Das Gegenteil von Unentscheidbarkeit – das ist ein Fachterminus in der axiomatischen Theorie – ist nicht eine Entscheidung, sondern Programmierbarkeit, was bedeutet, dass eine Wahl von einem Programm oder einer Regel diktiert wird. Dann bleibt nicht viel von einer Wahl übrig. Entscheidungen müssen Entscheidungen sein, sie haben Zähne in sich, genau dann, wenn du nicht weißt, was tun, wenn du mit einer radikalen Unentscheidbarkeit konfrontiert bist, selbst wenn die Notwendigkeit der Handlung selbst sich dir aufdrängt.

Begreifen Sie also die Unentscheidbarkeit nicht als „Wahl, keine Wahl zu treffen" – oder bringen Sie das wenigstens nicht mit mir oder Derrida in Verbindung, auch nicht mit Richard, würde ich meinen. Das ist ein Satz aus *Entweder-Oder*, wo Kierkegaard den Ästhetiker beschreibt.[8] Das ist sicher keine Unentscheidbarkeit, die über jeden Ästhetizismus hinausgeht. Unentscheidbarkeit ist *Furcht und Zittern*; die Situation, mit der Abraham konfrontiert war, als er zwischen Isaak und Gott gestellt war; der Konflikt, nicht zu wissen, was zu tun ist im Angesicht zweier gleichermaßen unmöglicher Optionen. Nur wer nicht weiß, was zu tun ist, wird etwas tun, was wirklich Zähne hat. Nur wer gelähmt ist, wird imstande sein, sich zu bewegen. Nur wenn etwas unmöglich ist, wird eine wahre Entscheidung möglich. Das ist Unentscheidbarkeit.

FRAGESTELLER 6 (F6): Worin besteht dann der Unterschied? Wie der Agnostizismus ohne Atheismus, Theismus usw. nicht existieren würde, steht doch die Unentscheidbarkeit in einem Verhältnis zur Entscheidbarkeit?

JC: Die Unentscheidbarkeit ist mit der Entscheidung verwandt als die ihr zugrunde liegende Bedingung. Entscheidbarkeit ist ihr Gegenteil; es bedeutet, dass es eine Formel gibt, eine formelle Regel, welche die Entscheidung leitet. Der Unterschied zwischen Entscheidbarkeit und Unentscheidbarkeit ist der Unterschied zwischen dem Formalisierbaren und dem Nicht-Formalisierbaren. Aber Unentscheidbarkeit ist nicht das Gegenteil einer Entscheidung; sie ist vielmehr die Bedingung der Möglichkeit von Entscheidung.

Was hat das nun mit Affirmation zu tun? In religiösen Angelegenheiten sind konfessionelle Positionen größtenteils durch Zufälle bedingt, wie die Geburt, zum Beispiel, ob ich Moslem bin oder Baptist. Aber die zugrunde liegende Affirmation, wie die Gastfreundschaft, die Richards Fokus ist, reicht tiefer, berührt die Ebene einer aufrichtigen Entscheidung und ist in der Lage, sich in unterschiedlichen, sogar gegensätzlichen „Positionen" zu zeigen – wie Theisten und Atheisten, die sich gleichermaßen für die Rechte der Geringsten unter uns engagieren, oder Theisten und Atheisten, die gleichermaßen entschlossen sind, Privilegien und Hierarchien beizubehalten.

RK: Ich würde gern zur Diskussion über den Begriff *Position* etwas hinzufügen. Wie ich es verstehe, kommt jede Position von einer Dis-position und ist stets offen für neue Dis-positionen. Eine Position einzunehmen bedeutet zu sagen: „Hier stehe ich". Verharrst du allerdings zu lange in einer Position, besteht die Gefahr, dass sie starr wird, arrogant, eine Weigerung, sich zu verändern. Aus dem „Hier stehe ich / Hier stehen wir", kann Paisleyismus oder Thatcherismus oder noch Schlimmeres werden. „Was wir haben, das behalten wir." – „Wir ergeben uns nicht." – „Wir gehen hier nicht weg." Dann kommst du in die Belagerungs- oder Festungsmentalität. Andererseits ist eine Position, die fortwährend von einer Dialektik der Dis-position und Re-position informiert wird, eher, was Jack als Affirmation bezeichnet. Ein Ja zur Aktion, die sich frei und aufmerksam bewegt im Verhältnis zu einem Nein von Bindungslosigkeit; eine kluge und empfindsame Fragilität. Verstehen Sie, was ich meine?

F6: Ja schon, aber ich bin mir noch immer nicht im Klaren über das genaue Verhältnis zwischen Unentscheidbarkeit und Position.

JC: Wenn Derrida in Fällen wie diesen gedrängt wurde, sich zu diesem Punkt zu äußern, sagte er (und Richard hat vorhin darauf Bezug genommen): „Ich gelte zu Recht als Atheist." Er sagte nicht: „Ich bin *(je suis; c'est moi)* ein Atheist", weil es sein Sein [being] in einer Position gewissermaßen verfestigen würde. Er sagt, wenn ihr meine „Position" auf einer Karte der intellektuellen oder kulturellen Geografie verorten wollt, könntet ihr sagen, sie sei „Atheismus".

Nach den Maßstäben des örtlichen Rabbiners oder Priesters ist Derrida natürlich ein Atheist. Doch das schneidet offenbar nicht sehr tief in die eine oder andere Richtung, und er könnte sich ohne Weiteres zwischen Positionen hin und her bewegen, die mal atheistisch, mal sehr jüdisch erscheinen. Diese Beschreibung bringt uns bei ihm nicht sehr weit. Womit er sich befasste, waren Fragen der Gerechtigkeit, der Gastfreundschaft, der Vergebung, des Geschenks und so weiter.

Sie haben Recht: Für die Arten von tieferen Affirmationen, die wir machen, ist es absolut unmöglich, nicht zu reflektieren und die Form der kulturellen Möglichkeiten anzunehmen, die wir geerbt haben. Wir beginnen, wo wir sind; wir sprechen die Sprache, die wir erben. Wir treffen eine Wahl innerhalb des Rahmens, in dem wir uns befinden. Aber wir versuchen, dabei eine gewisse Wachsamkeit auszuüben, eine gewisse ironische Distanz gegenüber den ererbten kulturellen Positionen zu wahren, um zu den tieferen Affirmationen durchzubrennen. Aber das wird uns nie gelingen; andernfalls würden wir behaupten, zur reinen transzendentalen Reflexion imstande zu sein, was jeder Phänomenologe nach Husserl verworfen hat. Es würde erfordern, dass wir uns aus unserer Sprache und Kultur herausziehen und uns von oben betrachten, was wir niemals tun werden können.

FRAGESTELLER 7 (F7):__Gibt es sowohl eine schlechte als auch eine gute Bedeutung von *ana-*? Gibt es so etwas wie einen *ana-*Genozid? Kann *ana-* regressiv sein?

RK:__Die Unterscheidung, die ich machen würde, ist in etwa diese: *Ana-* ist eine Affirmation; es ist ein „Ja" zum Fremden, der kommt. Ein Ana-Genozid wäre mithin, so wie ich ana- definiere, nicht möglich. Ein Genozid löscht Fremde aus. Es gibt sicherlich schlechte Formen der Wiederholung, eine reaktionäre Rückkehr zur Gewalt aus Rache, in Rache-Zyklen, die zum Genozid führen können. Die Gewalt ist eine wiederkehrende Sucht: Kosovo, Nordirland, der Nahe Osten. Man wird gelähmt und süchtig nach Gewalt, und in diesem Fall ist es ein Wiederholungszwang im Sinne Freuds – eine süchtig machende Verschließung, aus der man sich nicht mehr befreien kann, die sich rückwärts wiederholt; wogegen *ana-* eine Wiederholung nach vorne ist, wie Kierkegaard es versteht.

F7: Ich würde gern auf die Wette der Gastfreundschaft zurückkommen. Kann sie auch in die andere Richtung gehen? Kann Gott je zum Gastgeber werden? Es ist etwas Schönes und Zwingendes am schwachen Gott, aber kann ein schwacher Gott einen beherbergen?
RK: Eine großartige Frage. Ich denke, das Beherbergen ist umkehrbar. Man findet es im Evangelium, um das christliche Beispiel zu nehmen. „Klopft an und es wird euch geöffnet." [Mt 7,7] Hier ist Gott Gastgeber, und wir sind die Gäste. Aber im Buch der Offenbarung ist es Gott, der an die Tür klopft [vgl. Offb 3,20] und als Gast aufgenommen werden will, während wir die Gastgeber sind. Gott spielt sowohl den Gastgeber als auch den Gast. Und wenn der Gastgeber nicht auch Gast werden kann, haben wir Probleme, wie mir scheint. Es muss in beide Richtungen gehen, damit der verwundbare, fragile, ohnmächtige Gott – für den sowohl Jack als auch ich eintreten – vorherrschen kann. Es ist ein vorübergehendes Zuhause. Gott hat nicht ein Haus, sondern viele Häuser. Und Gäste müssen sie alle auf verschiedene Weise betreten, damit Gott gastfreundlich bleibt. Und umgekehrt. Auch die Menschheit [humanity] hat viele Häuser (Kirchen, Tempel, Synagogen, Moscheen, Krippen, Hütten!), und wir müssen offen sein für den Fremden als Gast, um gastfreundlich zu bleiben, ob dieser Fremde menschlich ist oder göttlich. Und das ist eine Frage, die wir irgendwann stellen müssen: Wo ist die Grenze zwischen der einen Sorte Fremder und der anderen? Gibt es eine Grenze? Gibt es einen Unterschied? Das ist eine fundamentale Frage.

Manchmal gibt es nur einen hauchdünnen Unterschied zwischen dem *hostis* als Gastgeber oder Gast, Freund oder Feind, menschlich [human] oder göttlich [divine]. Wie soll man den Unterschied feststellen? Und warum sollen wir den Fremden, der uns zu unmöglicher Liebe und Gerechtigkeit auffordert, überhaupt „Gott" nennen? Warum ihn „heilig" [„sacred"] nennen? Es ist die Frage nach den Grenzen des Humanismus. Ich persönlich halte es für wichtig, sich an die radikale Rolle des Fremden in großen religiösen Texten zu erinnern, und ich glaube, dass dies tatsächlich dazu beitragen kann, dass der Humanismus humanistischer wird. Das dialogische Verhältnis zwischen dem humanistischen Atheismus und dem Anatheismus ist für mich eine zentrale und permanente Frage.

10 Theismus, Atheismus, Anatheismus

PODIUMSDISKUSSION MIT DAVID TRACY,
MEROLD WESTPHAL UND JENS ZIMMERMANN

Im nachfolgenden Gespräch wird Richard Kearneys Buch Anatheism *von einem Theologen und zwei theologisch interessierten Philosophen besprochen.*

David Tracy ist ein bekannter katholischer Theologe an der University of Chicago Divinity School, der maßgebliche Werke über Hermeneutik und Theologie (The Analogical Imagination: Christian Theology and the Culture of Pluralism *und* On Naming the Present. Reflections on God, Hermeneutics, and Church) *verfasst und einen großen Beitrag zum interreligiösen Dialog geleistet hat. In seiner Arbeit spricht sich Tracy oftmals für einen hermeneutischen Glauben aus und holt den unbegreiflichen Gott der Mystiker zurück, einen Gott, der sich in Schwäche und Leid offenbart. Tracy teilt diese Betonung des unbegreiflichen Gottes mit Kearneys Anatheismus, aber er fragt auch kritisch, ob Kearneys Berufung auf die radikale apophatische Tradition einem anderen apophatischen Strang genügend Beachtung schenkt: den klassischen christlichen Mystiken des Wortes, der Dreifaltigkeitsmystik und der Liebesmystik. Denn diese Mystiken bejahen die Apophase, wissen aber auch um eine post-apophatische, affirmative Dimension, ohne die, so befürchtet Tracy, der Anatheismus möglicherweise nicht in der Lage ist, sein volles Potenzial zu entwickeln, andere religiöse Traditionen miteinzubeziehen.*

Kearneys zweiter Gesprächspartner, Merold Westphal, ist eine Autorität in Sachen Kontinentalphilosophie, Phänomenologie und Existenzialismus, mit Hauptaugenmerk auf Kierkegaard und international bekannt. Westphal ist auch ein philosophischer Theologe und besonders gut mit der Tradition der Reformierten Christen vertraut. Wie Kearney ist auch Westphal einem hermeneutischen Wahrheitskonzept verpflichtet, aber er hat Sorge, dass der Anatheismus allzu leicht traditionelle christliche Vorstellungen von Gott und der

Theologie aufgibt. Er greift die biblischen Konzepte von der Souveränität und dem Opfer Gottes heraus, um seinem Verdacht Ausdruck zu verleihen, dass Kearney in seinem Aufruf zu einer anatheistischen Alternative Gefahr läuft, diese Konzepte zu karikieren.

Die abschließende Antwort auf Kearneys Anatheism *kommt von Jens Zimmermann, einem deutsch-kanadischen Philosophen und Theologen, der den Canada Research Chair in Interpretation, Religion and Culture im kanadischen Vancouver innehat. In seiner eigenen Arbeit bezieht sich Zimmermann auf die philosophische Hermeneutik und existenzielle Phänomenologie (Heidegger, Levinas und Gadamer), um für einen religiösen Humanismus als Bindeglied zwischen säkularem und religiösem Denken einzutreten. Wie die beiden vorherigen Gesprächspartner bejaht auch er die Bedeutung von Kearneys Werk, hat jedoch Fragen bezüglich anatheistischer Interpretationen der Dreifaltigkeit und der Theologie Bonhoeffers. Zimmermann fragt sich, ob Kearneys Anatheismus der Inkarnation und ihrer hermeneutischen Implikationen in vollem Maße gerecht wird.*

Mit charakteristischer Verve und Einsicht spricht Kearney die Bedenken aller Teilnehmer an und schließt das Gespräch, indem er die Absichten seiner Arbeit im Licht der Interaktionen mit seinen Gesprächspartnern in diesem Band neu formuliert.

Dieses Kolloquium zu Kearneys Werk fand am 21. April 2010 am Boston College statt und wurde von der Theologin Catherine Cornille geleitet.

David Tracy

Ich verfolge Richard Kearneys bemerkenswerte Karriere seit vielen Jahren. Ich habe aus seiner Philosophie so viele wichtige Gedanken erfahren, dass ich hier nur einige davon auflisten kann. Erstens, seine Vorstellung einer Poetik jenseits von Dialektik und Rhetorik in seinem ersten Werk *Poétique du possible*.

Zweitens, in diesem selben frühen Werk findet man Kearneys ersten Entwurf dessen, was zur überaus wichtigen Kategorie des „Möglichen" wurde – eine Kategorie, die erst Jahre später ihre bedeutendste Artikulation findet, in seinem Neudenken [rethinking] und Zurückholen [retrieval] von Cusanus' *„possest"*-Konzept in seinen eigenen Begriff vom möglichen Gott jenseits des jetzt geläufigeren Begriffs des Unmöglichen – bei Silesius, Kierkegaard, Derrida, Caputo, Marion und anderen –, nämlich Kearneys „möglicher Gott jenseits des Unmöglichen" oder, im Titel des bahnbrechenden Buches *The God Who May Be*, das vor *Anatheism* erschienen ist.

Drittens hat Kearney, in Übereinstimmung mit seinem wichtigsten Mentor Paul Ricoeur, durchweg eine sehr subtile Philosophie beibehalten, die auf dem hermeneutischen Charakter allen Denkens besteht, einschließlich des Denkens jeder Phänomenologie, die sich selbst, durch die *epoché*, sowohl frei von Hermeneutik als auch frei von jeder Theologie wähnt, die von sich behauptet, nicht-hermeneutisch zu sein. Wie Kearney in *Anatheism* argumentiert[a], bedeutet „Im Anfang war das Wort" auch „Im Anfang war die Hermeneutik". Tatsächlich: Hermeneutik bis nach ganz unten.

Viertens hat Kearneys Hermeneutik auch einen fortschrittlichen Begriff der Hermeneutik des Narrativs hervorgebracht – der, wie ich meine, sogar über den von Ricoeur hinausgeht – und es kommt hinzu, dass er tatsächlich Narrative schreibt, zwei wunderbare Romane. Es ist immerhin ungewöhnlich, in der Moderne einen begnadeten Philosophen zu finden, der auch gute Romane oder Theaterstücke schreibt: Gabriel Marcel, Jean-Paul Sartre, Simone de Beauvoir, Georges Bataille, Iris Murdoch und eben Richard Kearney. Ebenso ungewöhnlich ist es, einen Romanautor zu finden, der in der Lage ist, eine Romantheorie zu erstellen. Hier brauchte Dostojewski in gewisser Weise Bachtin, Proust brauchte Kristeva und der Joyce von *Finnegans Wake* brauchte Derrida, während der Joyce des *Ulysses*, wie Sie aus diesem Buch erfahren, Kearney brauchte.

Fünftens öffnet sich Kearneys Hermeneutik bereitwillig dem Dialog und der Auseinandersetzung mit Derridas offiziell oft antihermeneutischen Argumenten gegen Gadamer (vor allem im berühmten Disput in Paris von 1981) und John Caputos Ansprüchen auf eine post-hermeneutische Philosophie jenseits von Gadamer, Ricoeur und Levinas gleichermaßen. Kearneys dialogische und pluralistische Hermeneutik ist einzigartig – sie gründet auf den großen hermeneutischen Traditionen von Heideggers *Sein und Zeit* und auf der komplexen post-Gadamer'schen Hermeneutik von Paul Ricoeur und ist dabei noch in der Lage, auf seine Art mit den dekonstruktivistischen Positionen Derridas und Caputos in einen Dialog zu treten, mit ihnen zu streiten und von ihnen zu lernen. Richard Kearney hat ein Recht, wenn er es will, zu beanspruchen, dass er über die Jahre faktisch kumulativ artikuliert hat, was man, wie ich ihn lese, als „neue Hermeneutik" bezeichnen könnte, analog zu und in der Tat oft in dialogischer Auseinandersetzung mit Jean-Luc Marion, Jean-Louis Chrétien, Jean-Yves Lacoste und anderen, die beanspruchten, eine „neue Phänomenologie" entwickelt zu haben. Ich hoffe, Richard Kearney wird eines Tages weiterentwickeln, was er über all die Jahre entwickelt hat, nicht nur neue hermeneutische Kategorien, die uns helfen könnten – wie seine Kategorien „Fremde" und „Monster", der *possest* Gott, der Gott, der sein kann, und die hermeneutische Wette in diesem Buch als eine anatheistische Wette –, sondern auch ein philosophisches Neudenken, wie eine neue Hermeneutik heute formuliert werden könnte im dialogischen Verhältnis sowohl zur neuen Phänomenologie als auch zur Dekonstruktion, was er ja tatsächlich auch tut.

Pierre Hadot – der leider vor drei Tagen verstorben ist – hat uns in seinen meisterhaften Arbeiten zur antiken Philosophie daran erinnert, dass die Philosophie der Alten nicht nur eine theoretische Sicht der Realität beschreibt, sondern auch eine Lebensweise entwirft, mit den dazugehörigen „täglichen geistigen Übungen", die wechselseitig mit dieser Vision oder Theorie der Wirklichkeit verknüpft sind. Meiner Ansicht nach besteht eine der größten Aufgaben in der zeitgenössischen Theologie und Philosophie darin, eine Vision oder Theorie der Wirklichkeit mit einer Lebensweise zu vereinen, wie man es in mehreren solchen Versuchen sehen kann, zum Beispiel bei Wittgenstein oder dem späten Foucault oder bei Lonergan.

Mehrere moderne Philosophen haben tapfer versucht, die fatalen Trennungen zu heilen, die von der klassischen Aufklärung der Moderne erzwungen waren. Erstens die Trennung von Denken und Fühlen; daher Kearneys Romane und seine häufigen philosophischen Wiederentdeckungen der literarischen und philosophischen Traditionen Irlands, Traditionen, die besonders reich sind an leidenschaftlichen und tiefsinnigen Philosophien und Literaturen, von Johannes Scotus Eriugena bis zu Seamus Heany. Zweitens die Trennung von Form und Inhalt; daher Kearneys Hermeneutik als narrative Hermeneutik. Drittens die Trennung der Theorie von der

Praxis, einschließlich der Theorie von der Lebensweise. Der Anatheismus ist eine Lebensweise, eine Wette für eine Lebensweise, die an die Vision oder Theorie des Gottes geknüpft ist, der sein kann. Daher besteht Kearney im dritten Teil von *Anatheism* [Three: Postlude] darauf, dass eine anatheistische Wette für den Philosophen zu einer intellektuellen und spirituellen Lebensweise werden solle, indem er die „fruchtbare Spannung zwischen Theismus und Atheismus unserer Tage" annimmt und somit auf die radikal apophatisch-mystischen Denker in allen Traditionen zurückgreift – zum Beispiel in der christlichen Tradition auf Meister Eckhart oder Marguerite Porete. Denn just durch ihre dunklen Nächte und ihre Nichts-Erfahrungen erzeugen die apophatisch-mystischen Traditionen einen Schock, wie Stanislas Breton sagt – einen Nichts-Schock, der einen zum gewöhnlichen Leben zurückführt, zur Schönheit der Dichtung selbst in der Natur (wie bei Johannes vom Kreuz, Gerard Manley Hopkins und Teresa von Ávila) und zu den Kämpfen für eine kommende unmögliche Gerechtigkeit und Liebe in unseren radikal ungerechten Gesellschaften und einer globalen Situation, die oft von massivem Leid geprägt ist (wie bei Walter Benjamin, Simone Weil, [Jacques] Derrida, [Gustavo] Gutiérrez, [André] Breton, [Mahatma] Gandhi, Dorothy Day und Jean Vanier.)

Kearneys Buch *The God Who May Be* definiert, meine ich, seinen bislang wichtigsten Beitrag zur aktuellen Diskussion über Gott (oder anatheistisch gesprochen, über den Gott nach dem Tod eines bestimmten Gottes). Kearneys Beitrag zur theoretischen Seite dieser Debatte ist klar: eine Wiederentdeckung der Vorstellung von Gott als *possest* (*posse* und *esse* zusammen), wie sie der unvergleichliche Nikolaus von Kues hatte, in einer zeitgenössischen Theorie von Gott als Möglichkeit jenseits des Unmöglichen. Dieser Begriff ist besonders wichtig, weil eines der großen Rätsel im westlichen Denken die Frage ist, warum das Werk des Nikolaus von Kues – die erste bedeutende Synthese nach den Problemen des Nominalismus im 14. Jahrhundert – im 15. Jahrhundert nicht weiterverfolgt wurde. Jetzt wird es das.

Anatheism beschreibt eine Lebensweise, wie Kearney sie versteht, die intrinsisch in Bezug steht zu seiner eigenen Theorie von einem cusanisch apophatischen, mystischen, philosophischen Gott, der sein kann [*possest*]. Dieses neue Buch verwendet gewisse Fragmente (genauer gesagt Fragmente aus verschiedenen Traditionen) so, dass die Fragmente in Kearneys Werk zu dem geworden sind, was ich persönlich als „*frag-events*" bezeichnen würde – das heißt, im Zerschmettern der Fragmente offenbart sich der unendliche mögliche Gott, der sein kann, und eine spirituelle Lebensweise, welche die Ergebenheit vor diesem Gott begleitet; nämlich Gastfreundschaft dem Fremden gegenüber, Engagement für die Getretenen und Unterdrückten, mittels der neuen Liebeswette, die Gerechtigkeit erwirkt nach dem Erlebnis der dunklen Nacht des Todes eines gewissen Gottes. Demnach lebt man in einem offenen Raum, wo man lernen kann, wieder auf all die Stimmen der Traditionen zu hören, besonders auf die Stimmen der Unterdrückten und auf die bruchstückhaften Erinnerungen der Leiden der Unterdrückten, um Walter Benjamin oder Johann Baptist Metz zu zitieren und mit neuer Hoffnung auf eine kommende messianische Gerechtigkeit in Derridas Worten.

Kearneys hermeneutische anatheistische Wette sollte daher nicht als ein neuer theoretischer „Ismus" gelesen werden, der andere Ismen wie den Theismus, den Atheismus, den Gnostizismus, Pantheismus oder Panentheismus ersetzt, sondern als eine Lebensweise, die direkt mit der Theorie/Vision von dem „Gott, der sein kann" in seinem vorhergehenden Werk verknüpft ist. Das Buch *Anatheism* ist eine plausible und oft bewegende Schilderung von der einen großartigen Option unserer heimgesuchten und vielversprechenden Zeit. Das Buch scheint zuweilen in der Versuchung, diesen radikal apophatischen, anatheistischen Weg zum einzigen Weg zu erklären, wie man heutzutage verantwortungsvoll und philosophisch von Gott sprechen kann. Ich gebe zu, dass ich einem „Nur" nur dann vertraue, wenn es zu diesem Zeitpunkt für den Sprecher notwendig ist, wie bei Martin Luthers „Hier stehe ich" oder Richard Kearneys kreatives und mutiges „Hier stehe ich" in *Anatheism*. Doch solch ein „Nur" kann auch zu einem pluralistischeren Standpunkt führen – sogar bei Luther, wenn die finnische Schule Recht hat. In Kearneys Fall ist es der pluralistische Standpunkt im übrigen *Anatheism*.

Es sollte stets apophatische Momente geben in jedem ernsthaften Versuch, „Gott zu denken", oder was ein Jude, Christ oder Moslem –

der radikale Monotheist – mit Gott meint, wie man deutlich bei Thomas von Aquin sieht. In der radikal apophatischen christlichen mystischen Tradition jedoch, die Kearney hauptsächlich als Zeugen anruft, kann das Apophatische als ein Moment – aber nicht der endgültige Moment (in meiner Lesart; er betont das nicht) – in einem umfassenderen mystischen Denken dienen, wie im einflussreichen Dionysius Areopagita, dessen finales Wort weder der kataphatische Gott des Guten noch das apophatische Nichts ist, sondern das liturgisch gewandelte mystische Wissen seines abschließenden Werkes *De mystica theologia*.

Ich hoffe daher, dass Richard Kearney in seiner künftigen Arbeit seinen neuen apophatischen, anatheistischen Ansatz mit den anderen drei großen Formen der christlichen Mystik verknüpfen möge (er arbeitet hier auch seine Spiritualität aus): Mystik des Wortes, trinitarische Mystik und Liebesmystik. Diese drei anderen klassischen mystischen Wetten besitzen alle apophatische Momente, wenn auch selten einen so radikalen Apophatismus wie die von Eckhart oder Johannes vom Kreuz oder Vladimir Lossky oder der Anatheismus von Richard Kearney. Aber ohne weitere Aufmerksamkeit auf diese anderen drei Wege könnte der anatheistische Weg versucht sein, seine Türen allzu schnell vor gewissen post-apophatischen (nicht nicht-apophatischen) Optionen religiösen Lebens zu verschließen, in den Monotheismen und in allen großen religiösen Traditionen, einschließlich Taoismus, Bhakti-Hinduismus und Bodhisattva-Buddhismus und dem kommunal-kosmischen und natur-orientierten Charakter der meisten indigenen Religionen wie den Religionen der amerikanischen Ureinwohner. Doch dies ist nur ein Aufruf, den anatheistischen Weg nicht einfach als den einzigen Weg anzusehen, wie sich heute verantwortungsvoll über Gott nachdenken lässt, auch nach dem Tod eines bestimmten Gottes. Der anatheistische Weg ist jedoch mit Sicherheit ein zentraler und wichtiger Weg für uns alle, zu versuchen, Gott nach dem Tod Gottes neu zu denken.

Ich beschließe diese kurzen Überlegungen mit dem Wunsch, drei Kategorien in *Anatheism* zu verdeutlichen: Macht, Kenosis und Messianismus. Selbst wenn meine Anregungen zu diesen Kategorien von Kearney akzeptiert würden, würden sie das zentrale anatheistische Paradigma seines bemerkenswerten Buches nicht anfechten. Ich lege sie einfach nur vor, weil ich hoffe, dass alternative Lesarten – über Macht, Kenosis und Messianismus – dazu beitragen mögen, gewisse Argumente in seinem Buch zu stärken oder sich zumindest als drei weitere Strebebögen erweisen, um die anatheistische Kathedrale zu stützen.

Erste Frage: Ist Kearneys Ausdruck „Gottes ohnmächtige Macht" (analog zu John Caputos *The Weakness of God* in seinem gleichnamigen Buch) wirklich ein so klares Konzept, um ohne weitere Klarstellungen als der bevorzugte Weg zu dienen, um das kenotische, verletzliche Leiden und am Ende den gekreuzigten Gott zu verstehen? Ich persönlich glaube das nicht – zumindest nicht ohne die zusätzliche Klärung der in Wechselbeziehung zueinander stehenden Kategorien von Macht und Kenosis, wie sie in *Anatheism* angewandt werden.

Logischerweise ist „Macht" ein relationaler Begriff. Macht erfordert mehr als einen Begriff für eine komplette Aussage. Und wenn mehr als einer der Begriffe eine Person ist, dann wird Macht auch ein sozialer Begriff, eine soziale Relation (wie David Hume und Friedrich Nietzsche argumentierten).[1] Die Beziehungen von Macht bilden überdies ein Spektrum von Herrschaft und Zwang auf einer Seite des Spektrums, bis hin zu Einfluss, Überredung, Liebe auf der anderen Seite, mit Autorität in der Mitte des Spektrums (Autorität wie in „ein klassischer Text ist autoritativ", nicht autoritär wie in „autoritäre politische Systeme").[2] Aber es ist ein Spektrum. Ich behaupte, dass das Reden über die Schwäche und Stärke Gottes oft zu sehr von einer Vorstellung von Macht als *bloßer* Herrschaft abhängt.

Der monotheistische Gott der Bibel und des Koran wird in verschiedenen Abschnitten der Bibel und des Koran in allen drei Alternativen dargestellt. Die Macht Gottes wird zwar oft als Herrschaft [domination] und Zwang [coercion] dargelegt – am auffälligsten im Buch Hiob, in der Vorstellung von Gott als reiner Macht – wie in anderen Texten und anderen Traditionen, wie die Offenbarung

---

[1] Vgl. Stanley I. Benn, Art. Power, in: The Encyclopedia of Philosophy. Bd. 6. Reprint, hg. v. Paul Edwards. New York 1972, 424–427.
[2] Siehe Hannah Arendt, What Is Authority? in: Dies., Between Past and Future. New York 2006, 91–141.

Krishnas als reine Macht in der Bhagavad Gita, wie im Gott Dionysos in Euripides' *Bacchae* oder theologisch in der strengen calvinistischen Vorstellung von doppelter Prädestination. All dies sind Vorstellungen von Gottes Macht als Herrschaft.

Die Macht Gottes wird jedoch in der Bibel und im Koran auch als Einfluss [influence] und Überredung [persuasion] porträtiert – und besonders die außergewöhnlich persuasive und in der Tat transformative Macht von Gottes Liebe, Gerechtigkeit und Barmherzigkeit in den drei Monotheismen (wie bei Alfred North Whitehead).[3] Das prophetische Judentum betont schließlich – worauf Derrida, aber auch Kearney insistiert –, dass Gottes messianische Gerechtigkeit noch kommen wird. Im Judentum betont überdies Franz Rosenzweig das Hohelied als Schlüsseltext der hebräischen Bibel und somit die erotische Liebe als Schlüsselkategorie für ein Verständnis von Gott. Das Christentum betont die Liebe üblicherweise vor allem in der wichtigsten christlichen Metapher im Ersten Johannesbrief: „Gott ist Liebe" [1 Joh 4,7–21]. Der Islam betont in jedem Korantext die gütige und barmherzige Macht Gottes [Allah], wie in dem wiederkehrenden Refrain an Gott [Allah] „den Allerbarmer, den Barmherzigen".

In allen drei Traditionen besteht eine große ethische, politische und philosophisch-theologische Aufgabe darin, die richtigen Beziehungen zwischen den zwei göttlichen Kräften herauszuarbeiten: Gerechtigkeit und Liebe. Manchmal werden Gerechtigkeit und Liebe, als Kräfte, dialektisch verknüpft, wie in Reinhold Niebuhrs reformierter theologischer Ethik, wo die Liebe, für Niebuhr, als ein dialektisch unmögliches Ideal fungiert, darauf ausgerichtet, die menschliche Gerechtigkeit zu gewährleisten. Manchmal sind Gerechtigkeit und Liebe analog verknüpft, wie in Thomas von Aquins Paradigma, wo die Gnade (in diesem Fall die göttliche Liebe) die Natur (in diesem Fall die philosophische Gerechtigkeit) nicht zerstört, sondern vervollkommnet.

Bezogen auf den gekreuzigten Gott des Kreuzes (nicht nur bei Moltmann; auch Augustinus spricht vom gekreuzigten Gott) ist es

---

[3] Siehe Alfred N. Whitehead, Gott und die Welt, in: Ders., Prozeß und Realität. Entwurf einer Kosmologie. Übers. v. Hans Günter Holl. Frankfurt a. M. ²1984 [engl. Orig.: 1929], 612f.

natürlich theologisch korrekt, vom ohnmächtigen Gott der Kreuzigung zu sprechen (und wenn Sie [Hans] Urs von Balthasar folgen: im Abstieg zur Hölle). Meiner Einschätzung nach ist der gekreuzigte Gott, wenn auch real, keine ganz akkurate Redeweise für die anderen kenotischen Handlungen Gottes in der Schöpfung, im Bund und in der Inkarnation, die ans Kreuz führt, was wiederum im Gefüge des christlichen Symbolsystems zur Auferstehung, zu Pfingsten und in der eschatologischen Zukunft zur Wiederkunft Christi führt. Demnach ist es biblisch und theologisch sinnvoller, von der Macht Gottes entweder als Selbstbeschränkung (im Bund) zu sprechen – wie in vielen Bundestheologien, zum Beispiel bei Calvin (oder noch vor Calvin bei den Nominalisten) –, oder, was ich bevorzuge, als ein kenotisch (soll heißen unendlich liebend und dabei unendlich mächtig durch unendliche Liebe) verletzlicher und leidender Gott und am Ende der ohnmächtige gekreuzigte Gott am Kreuz. Doch nur in der Unendlichkeit von Gottes Liebe ist es vollkommen passend, wie ich meine, von Gott als ohnmächtig zu sprechen. Ansonsten wird Kenosis (durch Schöpfung, Bund, Inkarnation und dann weiter zur Auferstehung) falsch beschrieben, wenn man Macht nur als Beherrschung denkt. Gottes Macht ist die große Macht der reinen, grenzenlosen Liebe, wie in Wesleys berühmtem Hymnus, und Liebe ist nicht Macht als Herrschaft. Liebe ist Macht als eine Ermächtigung und Überredung zu einem neuen kooperativen, nichtwetteifernden [noncompetitive] Leben mit Gott.

Verknüpft mit dieser Vorstellung von göttlicher Macht als unendlicher Liebe ist die christliche theologische Kategorie der Kenosis, nach dem Hymnus im Brief des Paulus an die Philipper, eine äußerst umstrittene Kategorie in der Geschichte der Philosophie und der Theologie, besonders in der Neuzeit seit Hegel. So tiefschürfend und immer noch sehr einflussreich Hegels kenotische, philosophische Theologie – oder treffender theologische Philosophie – auch ist, so hat Hegel meines Erachtens nicht dabei geholfen, den Kern [heart] einer christlichen theologischen Vorstellung von Gottes Macht als Kenosis zu begreifen. Sergei Bulgakows russischorthodoxe theologische Transformation von Hegels Kenosis-Begriff in Verbindung mit seiner theologischen Transformation der Mythologie- und Offenbarungsphilosophie des späten Schelling ist meiner Einschätzung nach eine weitaus verlässlichere Anleitung für einen angemessene Verwendung von Kenosis in der modernen Theologie.

Nach meinem eigenen Verständnis ist Kenosis die sich selbstentäußernde, göttliche Liebe, die Gottes Liebe als Liebe durchgängig im gesamten Symbolsystem ausdrückt: Schöpfung, Bund, Inkarnation, Kreuz, Auferstehung und Wiederkunft des Messias – das „noch nicht". Wird die göttliche Macht nur als beherrschend und zwingend in Betracht gezogen und spricht man zu schnell vom „schwachen" Gott (wie Caputo), dann wäre Gottes liebendes Verhältnis zu uns – das für den Christen doch in den innertrinitarischen [intra-Trinitarian] Relationen der Liebe als der Bedingung der Möglichkeit von Kenosis gründet – als ein kompetitives Verhältnis zwischen Gott und den Menschen konstruiert, zwischen einem starken Gott (also wie in dem alten, metaphysisch allmächtigen, ontotheologischen, doppelt prädestinierenden Gott) und einem schwachen (also unfreien und gezwungen) Menschen. Nun ist Kearneys gesamte Position klar gegen die streng calvinistische Position, die ich eben erwähnt habe, gerichtet. Deshalb könnte meiner Meinung nach eine Klärung der Kategorien „Macht" und „Kenosis" dazu beitragen, seine Vorhaben zu stärken.[4]

Eine weitere Klärung: Die neutestamentliche Eschatologie schließt ein „noch nicht" mit ein, das gut als die messianische Gerechtigkeit beschrieben werden kann, die kommen soll [Messianic justice to come] – für Christen in der Wiederkunft des Messias; für Juden im Kommen des Messias; für schiitische Muslime in Überlieferungen zum künftigen Kommen des Verborgenen Imam. Die neutestamentliche Eschatologie ist aber faktisch eine fruchtbare Spannung zwischen einem „schon" und einem „noch nicht" in Begriffen der Zeitlichkeit. Die neutestamentliche Eschatologie beinhaltet faktisch, ich wiederhole, das Kommen des messianischen Christus [the Messianic Christ to come] und die Wiederkunft, was ein „noch nicht" umfassen muss. Viele gute Theologen – Johann Baptist Metz und Jürgen Moltmann zum Beispiel – haben versucht, die Macht der Wiederkunft zurückzuholen und die Wiederkunft nicht einfach den Fundamentalisten zu überlassen, was die meisten

---

[4] Für eine weitere Klärung siehe Emilio Brito, Art. Kenose, in: Dictionnaire critique de théologie. Hg. v. Jean-Yves Lacoste. Paris 1998.

liberalen Theologen zugegebenermaßen tun. Ich selbst habe es jahrelang getan; Rahner hat es getan; Bultmann hat es getan. Nichtsdestoweniger wird Christus für den Christen in der Zukunft kommen (schon; noch nicht). Christus wird kommen, weil er für den Christen schon gekommen ist, weil er fortfährt zu kommen in seiner fortwährenden Präsenz unter uns, im Wort, im Sakrament, und indem er das Ringen um Gerechtigkeit und Liebe für alle vorantreibt – vor allem für die Witwen, Waisen und Fremden, wie in Kearneys wunderbarem Werk. Und Christus wird wieder kommen.

Doch meine Fragen sind nur drei kleine Klärungsfragen zu Kenosis, Macht, Messianismus und Eschatologie. Wichtiger ist: Richard Kearneys erstaunliche intellektuelle und spirituelle Reise sollte sich, wieder einmal, für seine Leser als Gelegenheit zum Feiern erweisen. Alle ernsthaften Denker, die sich der Schwierigkeit bewusst sind, Gott (angemessen und verantwortungsvoll) zu denken, mögen frei sein, Gott neu zu denken im reichen und emanzipierenden Kontext der anatheistischen und epiphanischen Gedanken von Richard Kearney.

Merold Westphal

Ich bedanke mich für die Einladung, an dieser Veranstaltung teilzunehmen, und freue mich auf das Gespräch mit Richard Kearney und anderen Freunden. Ich glaube, dass dieses Buch drei mögliche Reisen beschreibt: vielleicht eine biografische Reise, die gewissermaßen seine Reise ist; eine kulturelle Reise, die erläutert, was manchmal mit dem Begriff *Rückkehr der Religion* gemeint ist – und beide dürften zumeist deskriptiv sein. Doch glaube ich, dass es am meisten Nutzen bringt, das Buch als Rezept zu lesen, als Schilderung einer Reise, die zu unternehmen er uns allen empfiehlt: eine Reise weg von gewissen Göttern in eine Wüste der Orientierungslosigkeit, um auf einen besseren Weg umorientiert zu werden. Und in diesem Sinne will ich darüber sprechen.

Es gibt eine Menge an diesem Buch, das mir gefällt. Richard ist nicht nur ein charmanter Bursche, er schreibt auch charmant, nämlich angenehm, klar und kraftvoll. Was ich besonders mag an diesem Buch, ist beispielsweise sein hermeneutischer Charakter und die wiederholte Verwendung des Begriffs „Wette" in dieser Verbindung, die er von seinem Lehrer Paul Ricoeur übernommen hat und so effektvoll einsetzt. Ich bin begeistert, wie er das Motiv des Fremden einsetzt, aufbauend auf seine Ausführungen in *Strangers, Gods and Monsters*. Das Schöne an der Fremden-Metapher ist, dass er sie sowohl mit Bezug auf Gott verwendet als auch mit Bezug auf den Nächsten – die Witwe, den Fremden, die Waise. Ich mag die Vorstellung, dass einer Umorientierung eine Orientierungslosigkeit vorangehen muss und dass wir, wenn Gott ein Fremder ist, der immerzu als Fremder zu uns kommt, darauf gefasst sein sollten, die Orientierung zu verlieren, um anschließend umorientiert zu werden. Es gefällt mir, dass das Buch als Höhepunkt das Nachdenken über Dorothy Day, Jean Vanier und Mahatma Gandhi bietet, wodurch das Buch gewissermaßen ein Kommentar zu Galater 5,6 wird: Das einzige, was zählt, ist „der Glaube, der durch die Liebe wirkt".

Allerdings mache ich mir um den Glauben ein wenig Sorge. Ich nehme an, man hat mich nicht nur für ein Love-in hierher eingeladen – obwohl ich Richard aufrichtig liebe –, sondern, wie David Tracy es so hübsch ausgedrückt hat, um einige Fragen zur Klärung zu stellen. Wie könnte man es freundlicher ausdrücken?

Der erste Hinweis, dass Klärungsbedarf besteht, ist, was mir eine Reihe von falschen Antithesen zu sein scheint, die mit einiger Regelmäßigkeit im gesamten Buch auftauchen: eine allmächtige Kausalität oder ein sich selbst entäußernder Dienst, als wäre dies ein Entweder/Oder beziehungsweise ein Nullsummenspiel – Gott als Souverän oder als Fremder. Warum kein souveräner Fremder? Souveränität oder Gastfreundschaft. Warum könnte der König kein Fest veranstalten? Dienst oder Blutopfer, der Arbeiter-Priester oder Metaphysik. Und so möchte ich einige der Themen aufgreifen, in denen diese Art von Alternativen, die mir unnötig erscheinen, zum Vorschein kommen. Nachdem ich schon mit Jens gesprochen und gehört habe, was David Tracy gesagt hat, habe ich den Eindruck, dass es gewissermaßen so aussehen wird, als hätten wir uns gegen den Anatheismus zusammengerottet, da wir einige sehr ähnliche Fragen stellen.

Als ich sagte, ich mache mir um den Glauben Sorgen, hätte ich auch sagen können, dass es auf dieser Reise vom Glauben durch eine Strecke Wüste, durch eine Phase Dunkelheit, durch manchen

Zweifel, durch etwas Orientierungslosigkeit, keinen einzigen klar ausgearbeiteten Weg gibt, der zum Anatheismus zurückführt. Kearney will, dass wir mit leichtem Gepäck reisen, allzu leicht, wie es mir scheint. Und das erste, was wir über Bord werfen sollen, unnötigerweise, finde ich, ist die Souveränität Gottes.

Hier möchte ich an etwas appellieren, was ich als „Naas-Fehlschluss" bezeichne. Michael Naas hat ein wunderbares Buch über Derrida geschrieben, in dem er eine Derrida'sche Dekonstruktion der drei Souveränitäten anbietet: des souveränen Ichs, des souveränen Staates und des souveränen Gottes.[b] Er bietet etwas an, was aussieht wie eine Dekonstruktion des souveränen Ichs und des souveränen Staates, aber als ich das Buch zum ersten Mal las, konnte ich keine Dekonstruktion des souveränen Gottes finden. Also las ich es ein zweites Mal, und ich fand sie noch immer nicht. Das einzige, was ich fand, war Filiation – das war der Schlüsselbegriff.

Was mit dem souveränen Gott nicht stimmt, ist die Tatsache, dass der souveräne Staat sich die Privilegien angeeignet hat, die traditionell einem souveränen Gott zugeschrieben wurden. „Menschlich, allzu menschlich"; wenn der souveräne Staat sich selbst vergöttlicht und sich als Souverän aufspielt, als über jedem Gesetz stehend, ausgenommen die Gesetze, die er sich selbst gibt, bricht die Hölle los – buchstäblich. Ich sagte zu Michael Naas: „Das ist das einzige, was ich finde. Es sieht aus wie eine Beschwerde über den Staat, nicht über Gott. Das ist doch kein Grund, warum Gott nicht souverän sein sollte; es ist ein Grund, warum Staaten keinen Anspruch auf Souveränität erheben und sich vergöttlichen sollten." Und seine Antwort war: „Nun ja, Sie haben wahrscheinlich Recht. Man könnte wahrscheinlich eine Derrida'sche Dekonstruktion von Gott vornehmen, aber das habe ich wohl in diesem Buch nicht getan."

Die Logik des Naas-Fehlschlusses ist etwa folgende: Da ist eine Polizeibehörde, die eine gewisse legitime Autorität innehat, und sie verfügt über eine gewisse Macht, die ihr verliehen wurde, ihre Autorität auszuüben. Doch eine kriminelle Bande hat sich gestohlene Polizeiuniformen angezogen und begeht jetzt unter dem Deckmantel der Polizei und in deren Namen Verbrechen. Es sind Gewaltverbrechen wie Mord und Vergewaltigung und so weiter. Die Lösung wäre nun, die Autorität der Polizeibehörde zu beschneiden und ihre Macht zu verkleinern.

Das ergibt für mich nicht sonderlich viel Sinn. Wenn man das Problem hat, dass Leute, die nicht legitim über Autorität verfügen, sich diese widerrechtlich aneignen und mit dieser Autorität dann böse Dinge tun, die sie ohne diese Autorität nicht tun würden, besteht die Lösung darin, gegen die widerrechtliche Aneignung vorzugehen, nicht gegen die legitime Autorität, deren jemand sich widerrechtlich bedient. Und es kommt mir so vor, als würde unser guter Freund Jack Caputo, wenn er von der Schwäche Gottes spricht, und gelegentlich auch Richard in *Anatheism*, das begehen, was ich als Naas-Fehlschluss bezeichne. Er will ganz klar, dass wir einen souveränen Gott aufgeben, und er spricht zu oft darüber, dass die Religion die Herrschermacht annimmt und zur Theokratie wird. Er spricht von einer souveränen Macht, die allzu leicht auf menschliche Behörden übertragen werden kann. Und wer wollte das bestreiten? Die Geschichte ist voller Beispiele dieser Art. Doch es scheint mir, als bestünde die Lösung für dieses Problem nicht darin, die Souveränität Gottes aufzugeben, sondern sich über menschliche Körperschaften zu beschweren, die sich vergöttlichen und im Namen Gottes Böses tun.

Ein zweites Argument, das wir für die Aufgabe der Souveränität Gottes angeboten bekommen, ist das Kenosis-Argument – die Berufung auf diesen wunderschönen Hymnus im Brief an die Philipper [2,5-11], der davon spricht, dass Jesus „sich entäußert" hat (davon handelt das griechische Wort *kenosis*). In dem Text gibt es ein zweifaches Sich-Entäußern. Zuerst entäußert sich der Sohn, indem er Mensch wird. Er entäußert sich seiner göttlichen Macht und seiner Privilegien. Und dann, als Mensch, entäußert er sich, indem er „gehorsam bis zum Tod, bis zum Tod am Kreuz" ist. Somit hat man ein Bild von Jesus als einem schwachen und entäußerten Menschen.

Es gibt zwei Gründe, warum mir nicht einleuchtet, dass dies irgendwie ein Beweis für die These von der „Schwäche Gottes" oder ein Grund für das Aufgeben von Gottes Souveränität sein soll. Der erste Grund hat etwas mit dem trinitarischen Kontext zu tun, in dem die Stelle steht. Weder im Brief an die Philipper noch in irgendeiner anderen Schrift von Paulus gibt es irgendeinen Hinweis darauf, dass Gott-Vater oder Gott-Heiliger-Geist sich ihrer göttlichen Autorität und ihrer göttlichen Macht entäußert hätten. Der

Sohn hat dies bereitwillig getan in seiner Relation zum Vater, aber der Vater ist nicht entäußert. Es ist nur Hegel und Hegel folgend Vattimo und Altizer, die die Inkarnation als Tod von Gott-Vater interpretieren und als völliges Herabsteigen der Gottheit auf die Erde. Und dann ist der Tod Jesu der Tod einer besonderen Gottheit auf Erden. Mit anderen Worten: Die Auferstehung ist einfach nur die Entdeckung, dass die irdische Göttlichkeit die menschliche Gemeinschaft ist und mit keinem menschlichen Individuum wie Jesus gleichzusetzen ist. Das ist eine hauptsächlich hegelianische Doktrin der Dreifaltigkeit, die sowohl Vattimo als auch Altizer wieder – entschuldigen Sie den Ausdruck – auferwecken wollten. Doch das ist sicherlich nicht Paulus, und man kann sich für eine Vorstellung von einem Gott, der sich seiner Göttlichkeit, Macht und Autorität entäußert hat, nicht auf die paulinische Kenosis berufen.

Der zweite Grund ist schlicht textlich. Liest man den Hymnus in Philipper 2 bis zum Ende – geschweige denn den Rest des Briefs, den Rest der paulinischen Schriften und die Gleichnisse Jesu – also nur bis zum Schluss dieses Hymnus, so stößt man auf die Worte: „Darum hat ihn Gott über alle erhöht und ihm den Namen verliehen, der größer ist als alle Namen, damit alle ... ihr Knie beugen vor dem Namen Jesu und jeder Mund bekennt: Jesus Christus ist der Herr – zur Ehre Gottes, des Vaters." [Phil 2,9–11] Das ist ein Bild eines souveränen Gottes. Die Kenosis ist nicht die Kenosis der gesamten Dreifaltigkeit, und selbst für den Sohn ist es nur eine temporäre Kenosis. Am Ende der Geschichte, wie es just dieser Hymnus vorgesehen hat, ist Jesus derjenige, vor dem jedes Knie sich beugt und jeder Mund bekennt, dass Jesus Christus der Herr ist, zur Ehre Gottes, des Vaters.

Nun ist aber das Wort *Herr* in diesem Kontext zweifach aufgeladen. Wären in der Kirche von Philippi jüdische Leser oder Zuhörer gewesen, hätten sie erkannt, dass „Herr" in der jüdischen Übersetzung der hebräischen Schriften – der Septuaginta – die Übersetzung für JHWH ist. Die meisten Gläubigen in Philippi waren Heiden, und das Wort *Herr* hatte für sie Anklänge an einen der Titel, mit denen der Kaiser auf sich selbst Bezug nahm. Wenn Jesus also Herr ist, ist die Behauptung hier, dass Jesus einerseits ebenso vollumfänglich Herr und Herrscher des Universums ist wie es der Gott Israels ist; und andererseits ist Jesus, und nicht der Kaiser, der Herr der

Welt. Das ist kein Hymnus auf die Schwäche Gottes. Das ist ein Hymnus auf die Souveränität Gottes.

Ich weiß, dass *Anatheism* nicht vorgibt, ein theologisches Werk zu sein; es ist ein philosophisches Werk. Man darf also Texte von Homer, Shakespeare, von wo auch immer herausgreifen und sie für das eigene phänomenologische, hermeneutische Projekt arbeiten lassen. Man braucht nicht die Zwänge auf sich zu nehmen, die man als Theologe hätte. Greift man sich aber die Textstellen aus der Bibel heraus, die man mag, und lässt diejenigen fort, die man nicht mag, besteht die Gefahr, dass der Text, der daraus resultiert, wie Jean-Luc Marion in seinem *Gott ohne Sein*[c] so kraftvoll aufzeigt, ein Spiegel des Autors wird oder der Gemeinschaft, aus der heraus der Autor spricht, und das Ergebnis ist ein Gott, der nach unserem Bild geschaffen wurde, wer immer wir gerade sind. Die Philosophie hat dafür einen Namen. Sie nennt es „Ideologie", wenn unsere Theorien Spiegelungen derer sind, die wir sind, und uns wiederum als Rechtfertigungen derer dienen, die wir sind. Und mir drängt sich diesbezüglich ein Verdachtsmoment auf, und ich berufe mich dabei auf Richards Lehrer, Paul Ricoeur.

Das andere Thema, zu dem ich etwas sagen möchte, ist das Opfer. Im biblischen Theismus spielt das Opfer eine wichtige Rolle. Es ist sowohl in der hebräischen Bibel als auch im Neuen Testament ein zentrales Thema. Richard ist darüber besorgt. Er spricht von regelmäßigem Blutvergießen, das einen göttlichen Blutrausch befriedigen soll. Er spricht davon, dass Fremde zu Sündenböcken gemacht werden, und von einem menschlichen Blutrausch, der sich regelmäßig wiederholt. Er verknüpft dies mit dem Opferbegriff und schlägt vor, dass wir zu einem Gott zurückkehren sollten, der, wenn ich ihn richtig verstanden habe, nicht mehr mit dem Begriff Opfer verknüpft ist. Ich möchte etwas zur biblischen Opfervorstellung sagen, so wie ich sie verstehe, die nahelegt, dass es keinen Grund gibt, sie aus dem Gepäck zu nehmen, um auf dem Weg zurück zu Gott leicht zu reisen.

Zunächst einmal ist die Sünde, schon in der Schöpfungsgeschichte der Genesis, aus biblischer Sicht in den Augen Gottes ein todeswürdiges Vergehen [capital offense]. Diese Vorstellung mag uns abstoßend vorkommen. Sie entspricht sicher nicht unseren Befürchtungen zum Thema Todesstrafe, wie sie vom Staat praktiziert wird. Es beunruhigt uns auf verschiedene Weise. Aber lassen Sie mich folgenden Hinweis einwerfen: Wenn Gott tatsächlich immer wieder als ein Fremder zu uns kommt, wie Richard insistiert, dann ist einer der Wege, wie Gott für uns ein Fremder sein könnte, der Gott, für den die Sünde ein todeswürdiges Verbrechen ist, bei dem jene, die das Geschenk des Lebens missbraucht haben, dieses verwirkt haben.

Im zweiten Schritt zitiere ich aus zwei Schriften, einmal aus dem Alten Testament und einmal aus dem Neuen. Bei Ezechiel heißt es: „So wahr ich lebe – Spruch Gottes, des Herrn –, ich habe kein Gefallen am Tod des Schuldigen, sondern daran, dass ein Schuldiger sich abkehrt von seinem Weg und am Leben bleibt. Kehrt um, kehrt euch ab von euren bösen Wegen! Warum denn wollt ihr sterben ...?" [Ez 33,11] Und im Zweiten Petrusbrief wird dann ein Gott dargestellt, der nicht will, „dass jemand zugrunde geht, sondern dass alle zur Umkehr gelangen". [2 Petr 3,9] Wir haben hier nicht das Bild eines blutrünstigen Gottes. Wir haben das Bild eines liebenden Vaters, der nicht das Gesetz gegen jene anwenden will, die schuldig geworden sind.

Was also tut Gott? Gott sieht zweierlei Ersatz vor. Im Alten Testament sieht er Tieropfer vor. Es gibt ein besonderes Opfer, das kein Opfer ist; der Sündenbock ist im engeren Sinne des Wortes einer, der in die Wildnis geschickt wird. Aber im weiteren Kontext des Opfersystems sind meiner Meinung nach all die Sühnopfer, die tatsächlich das Schlachten des Opfertiers beinhalten, Sündenböcke. Sie bürden dem Sündenbock die Sünden der Menschen auf, damit das Urteil Gottes in Kraft treten kann, ohne dass man den Gott Ezechiels und den Gott aus dem Zweiten Petrusbrief zu missachten braucht, der keinen Gefallen am Sünder als solchem findet, sondern ihm die Möglichkeit der Reue offenlassen möchte. Im Neuen Bund gibt es das einzige Menschenopfer, an dem der biblische Gott interessiert ist. Es ist nicht das Opfer von Abrahams Sohn durch Abraham. Das wurde verhindert. Es ist das Opfer von Gottes Sohn durch Gott, mit Einverständnis des Sohnes. Jesus als das Lamm Gottes, das die Sünden der Welt hinwegnimmt, ist der Sündenbock. Jesus ist derjenige, auf den die Sünden der Welt gelegt wurden, damit der Zorn Gottes auf diesen einen Sündenbock niedergehen kann und auf niemanden sonst.

Nun, das alles ist theologisch; es erscheint mir ziemlich direktes Christentum. Mein Punkt ist der: In diesem biblischen Narrativ darüber, dass Gott Ersatzopfer vorsieht, die unsere Sünden sühnen, gibt es nichts, was gemahnt, dass wir losgehen und in einem regelmäßig sich wiederholenden Blutvergießen irgendjemanden opfern sollten. Und ich gebe Ihnen nur folgendes Beispiel: Die Nazis waren an einem gewaltigen Gemetzel beteiligt, aber ich habe nirgendwo gelesen, dass sie das, was sie taten, als ein Opfern von Juden als Sühne für ihre arischen Sünden verstanden. Diese ganze Vorstellung ist einfach nur unbegreiflich. Um von religiösen Rechtfertigungen von Gewalt wegzukommen – und das wollen wir wohl alle –, brauchen wir nicht die biblische Vorstellung des Opfers abzuschaffen, weil es in der biblischen Vorstellung von Opfer nichts gibt, was die Vorstellung suggeriert, auch nicht mit ihr vereinbar ist, dass eine Menschengruppe das Recht hat, „im Namen Gottes" andere Menschengruppen zu töten, und dies irgendwie als ein Sühneopfer für ihre eigenen Sünden betrachtet.

Jens Zimmermann

Wie meine Kollegen bin auch ich dankbar, an dieser Diskussion über Anatheismus teilnehmen zu dürfen, eine von vielen Gelegenheiten, bei der Richard Kearney just die Gastfreundschaft praktiziert, die er in seinem jüngsten Buch *Anatheism* predigt. Im Grunde ist Anatheismus ein zutiefst hermeneutisches Projekt, das zwischen verschiedenen religiösen und nichtreligiösen Transzendenz-Konzeptionen zu vermitteln sucht, damit man nach dem Tod des Gottes der Metaphysiker und Philosophen erneut von Gott sprechen kann. Dieser Versuch beinhaltet, dass man anatheistische Elemente aus allen religiösen Traditionen zieht, um einen Dialog zu ermöglichen.

Die Hermeneutik beinhaltet, wie wir von Gadamer wissen, immer die Übersetzung einer Sprach- oder Gedankenwelt in eine andere. Solch eine Übertragung erfordert eine zweifache Denkanstrengung: Es gilt, die Leitfragen des Dolmetschers sowie die Traditionen, die sie leiten, bewusst zu machen, und zudem die Position oder das Argument eines anderen so nachdrücklich wie möglich wiederzugeben. Nur dann kann das transformative Ereignis vonstattengehen, das Gadamer als „Horizontverschmelzung" bezeichnete, bei dem der Horizont des Dolmetschers mit dem eines anderen auf eine Weise verschmilzt, die seine eigene Sicht auf ein Themengebiet erweitert. Besonders Richards Lehrer Ricoeur bestand darauf, die Andersheit in der Übertragung [interpretation] lebendig zu erhalten, damit die Reibung des Unterschieds bestehen bleibt und eine Transformation des eigenen interpretativen Rahmens bewirkt. Hermeneutik ist niemals Assimilation, sondern ein transformativer Dialog, der es uns gestattet, Dinge *wieder* zu sehen, aber mit neuen Augen.

Wenn ich Richard richtig verstanden habe, liegt dieser hermeneutische Übersetzungsprozess, um wieder von Gott zu sprechen, im Zentrum des Anatheismus. Genau wie meine beiden Kollegen bewundere ich sehr, wie Richards Anatheismuskonzept das dringende Bedürfnis unserer Zeit nach Dialog und nach Möglichkeiten, das Reden von Gott wiederzugewinnen, auffängt. Gleichzeitig frage ich mich, ob Anatheismus hermeneutisch genug ist – d.h., ob er genügend Geduld hat, den doppelten Anspruch auszuhalten, die eigene Tradition zu verstehen und zugleich die Spannung des Unterschieds auszuhalten, indem man die Sicht des anderen so stark wie möglich macht. Es kommt mir so vor, als sei der anatheistische Gastgeber zuweilen allzu sehr darauf erpicht, den Charakter seiner Gäste nach seinem eigenen Bild zu formen, anstatt ihnen zu erlauben, sich selbst vorzustellen. (Ironischerweise sind es vielleicht gerade Gäste aus seiner eigenen christlichen Tradition, die an der Assimilation seitens des Anatheismus leiden.)

Richard scheint das selbst zu spüren, wenn er auf theologische Kritiken seines Werks antwortet. Je mehr er die Philosophie in die Grenzregionen der Theologie hineinzieht, desto häufiger werden seine Appelle an die dichterische oder, wie er es ausdrückt, „häretische Freiheit" [„heretical license"], mit der Begründung, dass er eher Philosophie betreibe als Theologie. Das Komische an der Theologie ist jedoch, dass man, sobald man sich genauer mit Theologie befasst und biblische Texte liest, eigentlich Theologie betreibt, ob man will oder nicht. Wann immer man über die Bedeutung von biblischen Texten reflektiert oder über Gott räsoniert, betreibt man im Grunde Theologie. Die Frage lautet nun: Wie exakt geht der

Anatheist mit den christlichen Traditionen um und „übersetzt" bereits existierende theologische Konzepte?

Ich möchte ganz kurz einen Blick auf die anatheistische Behandlung von zwei zentralen christlichen Lehren werfen, die Inkarnation und die Trinität, um darzulegen, was mir an der Fähigkeit des Anatheismus, religiöse Konzepte getreu zu übertragen, Sorgen bereitet. Merold hat bereits auf den problematischen Widerspruch von Kenosis und göttlicher Souveränität hingewiesen. Für Kearney ist die Selbstentäußerung Gottes in der Inkarnation anatheistische Kurzschrift für Gottes Verstrickung in der Welt; für die Einheit von weltlich und heilig; für eine Religion der Demut und des Dienstes statt einer Religion der institutionalisierten Macht, der politischen Herrschaft, des Triumphes und nationalistischer Bestrebungen.[5] Dennoch sind diese lobenswerten Aussichten um den Preis des Errichtens einer Reihe von anscheinend dogmatischen binären Oppositionen erkauft. Das anatheistische Christentum stellt den Gott der Kenosis dem souveränen Gott entgegen, den Gott des Werdens dem Gott des absoluten Seins, den Gott des Mitleids dem Gott des Gerichts; es stellt den Gott des Tatsächlichen dem Gott des Möglichen entgegen, den unaussprechlichen Gott dem Gott des Dogmas. Weisen diese binären Oppositionen nicht auf einen Gott hin, der zu klein ist, zu sehr von der Imagination der Kontinentalphilosophie domestiziert und zu wenig von den tatsächlichen biblischen Texten und ihren interpretativen Traditionen geformt?

Die traditionelle Christologie hat diese simple Opposition vermieden und die essenziell paradoxe Natur des Christentums erfasst, die sich in einer Reihe von „sowohl/als auch" ausdrückt: sowohl Gott als auch Mensch; sowohl transzendent als auch immanent; sowohl selbstgenügsame, souveräne Gottheit als auch kenotischer, leidender Gottesknecht. Der katholische Theologe Henri de Lubac bestand zu Recht darauf, dass die große Anziehungskraft des Christentums und sein inhärentes Potenzial zur Selbstkritik, Selbsterneuerung und fortwährender Selbstanpassung – kurz, seine anatheistischen Qualitäten – eher vom Aufrechterhalten des Paradoxes

---

[5] Richard Kearney, Anatheism. Returning to God After God. New York 2010, 133–165.

abhängen als von seiner Auflösung.[6] Mit den Augen der größeren christlichen Tradition betrachtet, ist Richard Kearneys Reden von Gott mit unnötigen binären Oppositionen durchsetzt.

Es ist eine verwirrende Widersprüchlichkeit, dass der Anatheismus die Inkarnation feiert, indem er Gott in der sakramentalen Präsenz und in dichterischen Refigurationen des Fremden findet, während er zugleich so viel polemischen Energieaufwand dafür einsetzt, dass er Immanenz und Transzendenz gegeneinander stellt, göttliche Präsenz und Absenz, göttliches Sein [being] und Werden [becoming]. Einer der Schutzheiligen des Anatheismus, Dietrich Bonhoeffer, zeigt uns, dass es keiner solchen Antinomien bedarf, um den Gott der Metaphysik zu stürzen. Bonhoeffers Vorstellung eines „religionslosen Christentums" heißt nämlich, dass wir Präsenz in der Welt nicht räumlich oder metaphysisch definieren sollten; das große Geheimnis von Gottes Menschwerdung und Sterben am Kreuz, während er das tragende Zentrum der Wirklichkeit geblieben ist, untergräbt solche räumlichen [spatial] Ansprüche. Gottes Solidarität mit den Menschen bis zur völligen Machtlosigkeit im Tod kennzeichnet Bonhoeffers nichtreligiöse Interpretation des Christentums. Religiöse Interpretationen verherrlichen einen Gott der Macht, einen Gott, der Feinde besiegt, den Stammesgott. Das Christentum dagegen spricht von Gott, der für alle Menschen [for the sake of all human beings] stirbt. Das nichtreligiöse Christentum ist Teilhabe an Gottes Sein, wie es sich in Jesus ausdrückt: die Freiheit, für andere zu sein.[7]

Nun klingt dies alles in der Tat sehr anatheistisch, nur dass Bonhoeffer nirgends den Glauben dem Dogma entgegenstellt, die Präsenz der Eschatologie, die Immanenz der Transzendenz oder Gottes Sein seinem Werden. Gott ist noch immer allwissend, allmächtig und souverän. Bonhoeffer vermeidet anatheistische Antinomien aufgrund seiner hohen Christologie. In seinem Buch *Ethik* argu-

---

[6] Henri de Lubac, Paradoxes of Faith. San Francisco 1987, 9–16; dt.: Paradoxe des gelebten Glaubens. Düsseldorf 1950, 7–17.
[7] Dietrich Bonhoeffer, Widerstand und Ergebung. Werke, Bd. 8. München 1998, 534. – Vgl. auch: „Unser Verhältnis zu Gott ist kein ‚religiöses' zu einem denkbar höchsten, mächtigsten, besten Wesen – dies ist keine echte Transzendenz –, sondern unser Verhältnis zu Gott ist ein neues Leben im ‚Dasein-für-andere', in der Teilnahme am Sein Jesu." (558).

mentiert er, dass die gesamte Realität auf den Christus ausgerichtet und von ihm regiert ist, in dem alle Dinge ihr Sein [being] haben. Bonhoeffer glaubte, dass die Realität eine einzige *Christuswirklichkeit*° sei. Diese eine Christuswirklichkeit ist die Basis für ein theologisches Einbinden der Welt, das zutiefst hermeneutisch ist, ohne die Art von Opposition zwischen göttlicher Kenosis und Souveränität zu befürworten, die Kearney zu vertreten scheint. Bonhoeffer argumentierte, dass alle Offenbarung durch menschliche Vermittlung – durch Sprache, Geschichte, Tradition und das Ausleben des Glaubens in konkreten Lebenslagen – zu uns komme, genau wie Gott sich uns offenbarte, indem er Mensch wurde. Das Heilige, wie Bonhoeffer es gerne darlegte, findet sich nur im Profanen und die Offenbarung nur im Rationalen. Für ihn ist Theologie definitionsgemäß hermeneutisch, während Gott souverän bleibt. Göttliche Souveränität und Hermeneutik schließen sich demnach nicht gegenseitig aus.

Überdies gewährleistet nach Bonhoeffer die Inkarnation, dass die göttliche Souveränität die eigentliche Grundlage für einen christlichen Humanismus ist, für ein Leben im Dienste der Nächstenliebe und des menschlichen Gedeihens. Gottes souveräne Herrschaft über die Realität musste christologisch interpretiert werden, und die göttlichen Attribute mussten im Lichte des Gottes interpretiert werden, der um der Welt willen Mensch wurde, der unser Leiden und unsere Geschichtlichkeit teilt und in dem wir somit *ontologisch* mit jedem Menschen als Bruder oder Schwester verbunden sind: „Sofern wir teilhaben an Christus, dem Menschgewordenen, haben wir teil an der ganzen Menschheit, die von ihm getragen ist. Weil wir in Jesu Menschheit uns selbst angenommen und getragen wissen, darum besteht nun auch unser neues Menschsein darin, dass wir die Not und die Schuld der andern tragen. Der Menschgewordene macht seine Jünger zu Brüdern aller Menschen."[8] Göttliche Macht und Schwäche sind demnach keine Gegensätze, die Allmacht drückt sich als Liebe bis zum Tod aus, der menschlichen Solidarität zuliebe [for the sake of human solidarity].

Dieselbe inkarnatorische Dynamik speist auch Bonhoeffers Sicht auf die Kirche, die – im Gegensatz zu Critchleys Behauptungen –

---

[8] Dietrich Bonhoeffer, Nachfolge. Werke, Bd. 4. Gütersloh 1989, 301.

bei Bonhoeffer noch immer eine zentrale Rolle innehat für die Vermittlung von Gottes Präsenz. Allerdings definiert Bonhoeffer die Kirche, sozusagen anatheistisch, als „Christus, der in der Gemeinschaft existiert", deren Mitglieder zu philanthropischen Abbildern Christi geformt werden, zu Menschen, die „für andere existieren" – und Bonhoeffer meint *alle* anderen. Bonhoeffers inkarnatorischer Anatheismus ist also im Kern auch ein Humanismus und liefert damit einen Anknüpfungspunkt, nach dem Kearney explizit greift.

Bonhoeffer mag die ergiebigste Stimme für den Anatheismus sein, weil er wie Kearney angesichts des theologischen Establishments äußerst ernüchtert war. Und doch hinderte ihn seine zutiefst chalcedonensische Christologie daran, den traditionellen christlichen Lehren über Gottes Freiheit und Souveränität eine anatheistische Sprache entgegenzusetzen. Der Anatheismus würde von einer besseren Bekanntschaft mit Bonhoeffer und anderen theologischen Denkern, wie Eberhard Jüngel, in hohem Maße profitieren, die gezeigt haben, dass Gottes Sein und Werden keine Antinomien sind.[9]

Mein zweites Beispiel für eine mögliche anatheistische Fehldeutung der christlichen Tradition ist Kearneys Übersetzung der Trinität mit Hilfe der postmodernen Philosophie. Erneut geht es Kearney darum, ein unpersönliches, gesichtsloses Konzept postmoderner Transzendenz, die Derridanische *chora/khora*, in persönliche Begriffe zu revidieren. Derrida bemächtigt sich dieser platonischen Vorstellung eines unpersönlichen, neutralen Gefäßes der Formen als ein Bild für den nicht-objektivierbaren, unpersönlichen, nicht nennbaren Anderen der Dekonstruktion. Richard wundert sich zu Recht über diese willkürliche Wahl, doch anstatt *chora* Gott gegenüberzustellen, integriert er dieses Konzept in die christliche Trinität.[10] Diese Integration schafft jedoch erneut ein unorthodoxes Hybrid der patristischen *perichoresis,* anstatt zuzulassen, dass traditionelle und vertretbarerweise der Bibel mehr entsprechende Beschreibungen von Gott auftauchen.[11]

---

[9] Siehe: Eberhard Jüngel, Gottes Sein ist im Werden. Verantwortliche Rede vom Sein Gottes bei Karl Barth. Eine Paraphrase. Tübingen 1965.
[10] Richard Kearney, Strangers, Gods and Monsters. New York 2002, 204–205.
[11] *Perichoresis* und das lateinische Äquivalent *circumincessio* beschreiben die innige Relation der drei „Personen" in der Gottheit als gegenseitige Einwoh-

In Richard Kearneys Version „bewegen sich verschiedene Personen endlos um ein leeres Zentrum *(chora)*, in stetem Abstand zueinander, der Vertraute zum Fremden, der Einheimische zum Ausländer. Ohne die *Lücke* in der Mitte könnte es keinen Sprung geben, keine Liebe, keinen Glauben."[12] Richard muss sich natürlich keine Sorgen machen, dass die christliche Tradition so einen leeren Raum, so eine Lücke in der Trinität nicht kennt, zumal er eine „schwache" oder „anatheistische" Lesart der Trinität anbietet, um triumphalistische Interpretationen der vollen trinitarischen Gegenwart zu kompensieren. Die Abwesenheit einer Lücke in der traditionellen christlichen Trinitätslehre hat jedoch ihren Grund. Richard erkennt die trinitarische Gemeinschaft zu Recht als die höchste Intimität und das höchste Vertrauen, ohne die Individualität aufzugeben. Dieses theologische Ideal für die interpersonelle Gemeinschaft zerfällt jedoch, sobald ein unpersönliches, leeres Zentrum der Trinität etwas ins Herz der göttlichen Gemeinschaft platziert, das nicht persönlich und Gott fremd ist. Um die Sprache der Glaubensbekenntnisse zu benutzen: Kearney führt hier eine andere Substanz als *homoousia* in die Personengemeinschaft ein. Es gibt natürlich etwas anderes in der trinitarischen *circumincessio*, aber es ist nicht unpersönlich oder ein „leerer Raum", sondern vielmehr Gottes Menschheit in Christus.[13]

Im Gegensatz zu Kearneys Spekulationen stellt Andrei Rubljows Dreifaltigkeitsikone keine drei Engel dar, die um einen *leeren* Kelch sitzen. Kearney deutet dieses „leere" Gefäß passenderweise als „die Lücke in Zeit und Raum, wo der radikal Andere ankommen

---

nung ohne Vermischung. Johannes Damascenus verwendet den Begriff ebenfalls, zur Interpretation des Menschlichen und Göttlichen in der Inkarnation. Siehe: Exposition of the Orthodox Faith, in: The Nicene and Post-Nicene Fathers. Second Series. Peabody, MA 1999, 9, 91 [Johannes Damascenus, De fide orthodoxa, I 14; IV 18: PG 94, 860 B; 1184 CD]. Siehe dazu und zum Folgenden: Jens Zimmermann, Incarnational Humanism: A Philosophy of Culture for the Church in the World, Downers Grove, Illinois: IVP Academic, 2012, 240–248.

[12] Richard Kearney, Anatheism. Returning to God After God. New York 2010, 56.

[13] Richard Kearney, Strangers, Gods and Monsters. New York 2002, 207.

kann".¹⁴ Das Problem ist nur, dass der Kelch nicht leer ist, sondern just die Opfergabe enthält, welche die Gastfreundschaft so wesentlich für den christlichen Glauben macht. Mit der Inkarnation ist der radikal Andere schon gekommen, als Gott, der einer von uns geworden ist. Rubljows Ikone reiht sich in eine lange ikonografische Tradition ein, die Genesis 18 – Abrahams Bewirtung von drei göttlichen Besuchern – christologisch deutet. Brotlaibe und Kalb, den Gästen von Sarah angeboten, wurden zum Typus für die Opferung von Christi Leib am Kreuz und das Mahl daher zum Typus für das eucharistische Mahl. Die ikonische Tradition reduzierte später das Bild des Mahles zu einem Kelch, der einen Kalbskopf enthielt, als Darstellung für das Opfer Christi, den ultimativen Akt göttlicher Hochherzigkeit und Gastfreundschaft. Rubljows Ikone folgte dieser Tradition. Weit entfernt davon, eine „Lücke" zu repräsentieren, stellt Rubljows Kelch die eucharistische *Präsenz* Christi dar. Der Kelch verweist nicht auf einen leeren Raum, sondern auf das „Selbst-Opfer des Sohnes", der die Herrlichkeit des Vaters offenbart und die Gemeinschaft der Menschheit mit dem Göttlichen durch den Heiligen Geist möglich macht, die ultimative himmlische Gastfreundschaft.¹⁵

Wie man erwarten konnte, bietet uns eher die Dichtung als Philosophie oder Theologie die beste Darstellung dessen, wie nicht die *chora*, sondern das Menschsein Gottes innerhalb der Trinität die Gastfreundschaft ins Zentrum dessen legt, was es heißt, Mensch zu sein. Dante bietet den vielleicht besten dichterischen Ausdruck der Macht der Trinität, um die Liebe einzuführen, die die göttliche Gastfreundschaft kennzeichnet. Dantes glückselige Vision der Trinität umfasst auch ein seltsames Eindringen innerhalb der drei göttlichen Personen, aber in diesem Fall ist dies keine leere Lücke, sondern „unser [menschliches] Angesicht".¹⁶ Als er von Gott eine Erklärung für diese Merkwürdigkeit – diese oddity – erbittet, erhält der Dichter keine Antwort sondern wird in den trinitarischen Tanz

---

[14] Richard Kearney, Anatheism. Returning to God After God. New York 2010, 25.
[15] Siehe: Gabriel Bunge, The Rublev Trinity. The Icon of the Trinity by the Monk-Painter Andrei Rublev. Yonkers, New York 2007, 27–28; 87; 97.
[16] Dante Alighieri, Divina Commedia. Paradiso, Canto 33, 131.

hineingezogen und bringt sich selbst dazu, sich im Rhythmus der göttlichen *agape* zu bewegen, die im Rhythmus ihrer Liebe zur Menschheit pulsiert. Diese Interpretation wird auch bestätigt von den vielen Ikonen der Trinität, in denen die drei Personen der Gottheit [Godhead] nicht um ein leeres Zentrum gruppiert sind, sondern um den eucharistischen Opferkelch, das Symbol der göttlichen Liebe zur Menschheit.

Der Aufruf [call] des Anatheismus zur Gastfreundschaft, um Gott nach dem Tod Gottes wiederzufinden, ist eine essenzielle [vital] Initiative für unser aktuelles kulturelles und politisches Klima. Es ist jedoch wichtig, dass die Gäste, die in das anatheistische Zelt der Gastfreundschaft eingeladen werden, ihr wahres Wesen behalten dürfen. Wie ich anhand christlicher Beispiele versucht habe aufzuzeigen, ist meine Befürchtung, dass manche Gäste, wenn der Anatheismus die Einladungskarten zum Dialog verschickt, ihren Namen nicht erkennen und somit vergessen oder sogar ablehnen könnten, an diesem wichtigen Gespräch teilzunehmen, das Richard mit so viel Mut und Energie angeregt hat.

Epilog: Eine Art Antwort

RICHARD KEARNEY

Danke für diese Fragen. Statt jede einzeln zu beantworten, möchte ich versuchen, die Hauptpunkte einiger wiederkehrender Themen unter folgenden Überschriften zusammenzufassen: die Herausforderung der neuen Hermeneutik, Macht und Souveränität, die Schlüsselfragen Perichorese und Kenosis.

I

Ich möchte zunächst ein paar Worte zur Hermeneutik sagen – oder zu dem, was David Tracy als „neue Hermeneutik" bezeichnet. *Anatheism* beginnt mit einer Frage, die mir Paul Ricoeur gestellt hat, als ich 1977 in Paris zum ersten Mal an einem Seminar bei ihm teilnahm. Er ging im Zimmer umher und fragte jeden neuen Studenten: „*D'où parlez-vous?*" Von wo aus sprechen Sie? Woher kommen Sie? Dies ist natürlich die erste hermeneutische Frage: Was für eine Geschichte haben Sie? In welcher Situation stecken Sie? Oder spezieller, welche besonderen Perspektiven dienen Ihnen als Filter für die Art und Weise, wie Sie die Welt erfassen, die Gesellschaft begreifen, sich und andere interpretieren? Worin bestehen Ihre Vorannahmen, Vorurteile, Vorbegriffe?

Ich war sehr beeindruckt von dieser Anfangslektion in hermeneutischer Kommunikation. Wir filtern in der Tat, wenn wir sprechen und lesen. Der Begriff Hermeneutik leitet sich, wie Sie wissen, aus dem griechischen *hermeneuein* her, „geheime, verborgene Botschaften deuten". Das waren ursprünglich Botschaften der Götter, woran uns der gleichnamige Hermes (Götterbote) erinnert. Aber die Hermeneutik handelt nicht nur von Theologie oder Hierophanie. Im Spätmittelalter wurde daraus eine Methode, die im Rechtswesen Anwendung fand (um zwischen konkurrierenden Fassungen von Beweisen zu entscheiden) und in der Philologie (zur Interpretation verschiedener genealogischer Schichten in Wörtern); und später, bei Schleiermacher, Dilthey und Heidegger, wurde sie auf das philosophische und historisch-kulturelle Verständnis allgemein ausgeweitet. Doch selbst auf der elementarsten, gewöhnlichsten Ebene hängt die Art und Weise, wie wir versuchen, zwischen den Zeilen zu lesen, immer von einer gewissen Auswahl ab, einem bestimmten Raster oder Filter. Damit ist kein Relativismus *à la carte* gemeint. Und natürlich soll das nicht heißen, Personen, Texten oder Dingen eine ideologische Agenda zu unterstellen (obwohl eine solche Entstellung und Verzerrung vorkommen können). Im besten Fall ist Hermeneutik einfach zuständig dafür, „von wo aus wir sprechen", und wenn es um Religion geht (das Thema unserer heutigen Diskussion), zu erkennen, dass wir alle eine bestimmte Vorstellung von Gott haben, geprägt von unseren jeweiligen Traditionen und Kulturen.

Wir befinden uns also in einem hermeneutischen Zirkel. Darin sind sich Heidegger, Gadamer und Ricoeur einig. Wir werden in ein geschichtliches Gespräch hineingeboren, das uns vorausgeht, und wir interpretieren unser Leben dementsprechend; dabei sind wir sowohl verantwortlich als auch frei, dass wir unser Erbe in ein Projekt verwandeln, unserer Vergangenheit eine Zukunft geben können. Die Existenzfrage – Wer bin ich? Wer bist du? Wer sind wir? – schließt stets auch die Interpretationsfrage mit ein, das, was Ricoeur als das „Aufpfropfen" der Hermeneutik auf die Phänomenologie bezeichnet. Wenn es also um die Frage der Religion geht, dann sehe ich Gott nicht als ein „Ding" da draußen, das wir auf irgendeine essenzialistische Weise phänomenologisch beschreiben können. Ich glaube, dass Gott ein Ruf [call], ein Schrei [cry], ein Aufruf [summons] ist, der uns zu verschiedenen Interpretationen einlädt, indem er uns fragt – um die christliche Version der Frage anzuführen – „Wer sagt denn ihr, dass ich sei?" Das ist für mich eine Einladung zur Hermeneutik, und ich werde gleich darauf zurückkommen. Es ist eine Einladung zu ständigem Fragen.

Aber, um von einer intimeren Perspektive auszugehen, von wo aus spreche ich persönlich? Nun, auf der trivialsten anekdotischen Ebene spreche ich als ein Mann aus Cork, mittleren Alters, der gerne angelt, Philosophie, Hunde und Gott mag – wenn auch nicht

Epilog: Eine Art Antwort

unbedingt in dieser Reihenfolge. Dass ich Philosophie und Gott nenne, liegt daran, dass es in *Anatheism* darum geht. Dass ich Angeln und Hunde erwähne, liegt daran, dass das tatsächlich zwei der Dinge sind, die ich nach der Philosophie und Gott (und meiner Frau!) am meisten auf der Welt liebe. Dies sind vorrangige Filter für mich, weil ich jeden Sommer drei Monate mit Angeln zubringe – und das die meiste Zeit meines Nachdenkens ist. Wie es in Cork so schön heißt: Bist du beunruhigt, verwirrt oder gequält, dann „sei philosophisch und denk nicht mehr dran". Gut, wenn ich draußen bin beim Angeln, dann philosophiere ich nicht in diesem Sinne. Ich versuche nur, nicht mehr daran zu denken, wie ich das auch hier und heute versuche.

Dies ist anekdotisch, aber wenn Hermeneutik immer dabei ist, filterst du immer in irgendeiner Weise, ob du eine Menge Zeit auf dem Meer mit Angeln zubringst oder damit, den Hund spazieren zu führen, oder wenn du daran gehst, heilige Texte zu lesen. Du liest sie als Katholik oder als Protestant, als Ire oder als Franzose, oder von bestimmten sehr schlichten Identifikationen her. Als ich neulich die österlichen bzw. nachösterlichen Berichte las, fiel mir auf, dass der auferstandene Jesus, als er seinen Jüngern erscheint, diese nicht etwa auffordert, ihren Glauben oder ihre Treue zu bekunden, sondern sie um *Fisch* bittet: „Habt ihr Fisch hier?"[a] Und dann, als er ihnen am See Gennesaret in Galiläa erscheint, sagt er: „Auf, frühstückt!"[b] Und was gab es wohl zu essen? Fische! Zweimal am selben Tag. Er ist ja schließlich ein Fischer aus Galiläa!

Nun, jemand, der auf einer Schaffarm aufgewachsen ist, denkt vielleicht an Jesus den Hirten; jemand, der viel im Garten arbeitet, könnte auf den Jesus den Gärtner kommen (der Maria Magdalena erscheint), während jemand mit einem ärztlichen Hintergrund Jesus den Heiler hervorheben könnte und so weiter. Ich will damit nur sagen, dass diese kleinen existenziellen Beugungen [inflections], geprägt von unserer gelebten Erfahrung, unser Lesen und Sehen beeinflussen, von oben bis unten, von Kopf bis Fuß. Die Hermeneutik reicht bis ganz nach unten! Und hier geht es nicht nur um Projektionen – es ist keine Relativismus-Angelegenheit –, weil Jesus natürlich ein Hirte war, ein Gärtner, Fischer und Heiler. Woher wir kommen, hat Einfluss darauf, wie wir denken, ungeachtet der Art unserer Herkunft.

Nun bin ich noch nicht auf den Hund gekommen, aber lassen Sie mich einfach hinzufügen, dass Argos – der Hund des Odysseus – mein Lieblingscharakter in der *Odyssee* ist, weil er das hermeneutische Gespür besitzt, Odysseus wiederzuerkennen, als er nach Hause kommt. Auch wir brauchen hermeneutisches Gespür, wenn wir Texte interpretieren, auch heilige Texte – vielleicht erst recht bei heiligen Texten.

Die Antwort auf die Frage *D'où parlez-vous?* beinhaltet sich ausdehnende Einfluss- und Bedeutungszirkel, von der Vergangenheit bis zur Gegenwart. Im Vorwort zu *Anatheism* versuche ich einzugestehen, wie mein kultureller und intellektueller Hintergrund meine Lesart von Gott beeinflusst, wie es jedermanns hermeneutischer Rahmen tut. Den bereits erwähnten biografischen Angaben möchte ich einen weiteren historischen Faktor hinzufügen, der mein Denken hinsichtlich der Frage des Leids beeinflusst hat: der Krieg.

Ich wurde knapp zehn Jahre nach Ende des Zweiten Weltkriegs geboren und bin in einem Irland aufgewachsen, das von religiöser Gewalt gespalten war. Mein Vater und meine Onkel waren im Zweiten Weltkrieg gewesen, und ihre Geschichten haben mich tief berührt. Ein Europa nach der Schoa war offensichtlich ein Europa, in dem die Frage nach der Theodizee ernst genommen werden musste. Ist Gott in Auschwitz am Galgen gestorben, wie Elie Wiesel sagte? Warum hat sich Gott nicht für sein eigenes Volk eingesetzt? Oder hatte Etty Hillesum Recht, als sie sagte, dass „Gott nichts tun konnte" und es daher Aufgabe der Menschen war, „Gott dabei zu helfen, Gott zu sein"? Ich komme darauf zurück, wenn ich über die Souveränität Gottes spreche. Vorerst reicht es, wenn man sagt, dass wir, falls Gott hätte intervenieren können, es aber nicht tat, falls Gott sich zurückhielt und zuließ, dass Unschuldige hingeschlachtet werden, von einem „opfernden" [sacrificial] Gott im schlechten Sinne sprechen – nicht von einem opfernden Gott im guten Sinne einer liebenden Selbstgebung.

Wir müssen hermeneutisch zwischen zwei Opferarten unterscheiden. Auf der einen Seite der Gott des Blutopfers [sacrificial bloodletting], das Teil eines regelmäßig vollzogenen Sühnerituals ist – etwas, was im Laufe der Geschichte in einer perversen „Imitatio Christi" regelmäßig wiederholt wird und was ich in Nordirland erlebt habe, wo jede Seite den Gott des Reinigungsopfers beschwor, um die eigene Sache zu stärken und Gewalt zu rechtfertigen. Dies ist eine ideologische Fehldeutung [misrepresentation] des wahren Opfers Christi, das darin bestand, sein Leben für die Freunde hinzugeben, im Dienst an anderen. Die Kreuzigung wird eigentlich durch die hermeneutischen Filter der Fußwaschung beim Letzten Abendmahl gelesen und der nachösterlichen Szenen in Emmaus und anderer Momente des gemeinsamen Essens und Trinkens, ein Nachhall der radikalen eschatologischen Eucharistie von Matthäus 25.

Wenn Jens [Zimmermann] und Merold [Westphal] mir also vorwerfen, ich würde den Begriff des christlichen Opfers über Bord werfen, so stimmt das überhaupt nicht. Ich möchte lediglich zwischen zwei unterschiedlichen Interpretationen/Praktiken des Opfers kritisch unterscheiden: zum einen ein wiederkehrendes Blutvergießen, das einen Sündenbock fordert als „Lösegeld" an einen blutrünstigen Gott (was ich, wie René Girard und [Paul] Ricoeur, für einen Verrat am authentischen Christentum halte); und zum anderen das Opfer als ein Hingeben des eigenen Lebens aus Liebe zu den Freunden, was meines Erachtens Christus getan hat.

Aber hermeneutische Ausbildung ist sowohl intellektuell als auch historisch – wie die Verweise auf Girard und Ricoeur nahelegen. In meinem Fall wurde die prägende Erfahrung, in Irland und Europa nach dem Zweiten Weltkrieg aufzuwachsen und einen dreißigjährigen Bürgerkrieg zu erleben, der im nördlichen Teil meines Landes tobte, von meiner philosophischen Ausbildung begleitet. Diese umfasste eine sehr enge Form von scholastischer Philosophie am University College Dublin der frühen 1970er Jahre, ehe Lehrer wie Patrick Masterson und Denys Turner mir freiere Philosophieformen nahebrachten (einschließlich des transzendentalen Thomismus und des Existenzialismus). Anschließend habe ich bei Charles Taylor in Montreal für meine Doktorarbeit recherchiert und das Studium abgeschlossen mit der Promotion in Paris, wo ich mich mit dem hermeneutischen Denken Ricoeurs, dem ethischen Denken Levinas', dem dekonstruktivistischen Denken Derridas und dem mystischen Denken Stanislas Bretons auseinandersetzte. Sie alle wurden intellektuelle und spirituelle Filter für mich, Rahmen, für die Lektüre der großen, ererbten Texte.

So war die Hermeneutik für mich im Grunde schon immer eine Ana-Hermeneutik – zurückgehen und *erneut* lesen *(ana-)*. Und in meinen anatheistischen Relektüren bin ich nicht nur von zeitgenössischen Philosophen beeinflusst, sondern auch von Schlüsselfiguren aus der christlichen mystischen Tradition – David Tracy hat einige der großen Mystiker erwähnt – zum Beispiel Dionysius Areopagita, Nikolaus von Kues, Meister Eckhart, Teresa von Ávila und Johannes vom Kreuz. Diese fortwährenden akademischen Rückgewinnungen sind ein wesentlicher Bestandteil dessen, woher ich kam und wohin ich gehe. Und dieser kontinuierliche Prozess eines hermeneutischen Rückwärts und Vorwärts beeinflusst zutiefst meine Lesart von Gott als demjenigen, der „sein kann", im Licht von Cusanus' Vorstellung eines göttlichen *posse* – Gott als Möglichkeit, der die Menschen aufruft, um verwirklicht, verkörpert zu werden, Fleisch zu werden. Dies ist ein typisches Beispiel eines Vor und Zurück zwischen philosophischen und biblischen Vorstellungen, auf die ich gleich zurückkommen werde.

Dies sind also einige sehr grundlegende hermeneutische Vermächtnisse, von denen ich spreche und zu denen ich mich gern bekenne, damit ich nicht den falschen Eindruck erwecke, dass Anatheismus etwas Neues oder Originelles sei. Der Anatheismus, wie ich ihn hier vorstelle, ist eine hermeneutische Interpretation, die aus einem besonderen Satz ererbter Narrative, Lebenserfahrungen, Philosophien erwächst, mittels derer ich versuche, aus Schriften in der abrahamitischen Tradition, aus der ich stamme, Sinn zu gewinnen; auch Schriften anderer Religionen erschließen sich mir dadurch, weshalb ich glaube, dass der Anatheismus eine Offenheit für den interreligiösen Dialog darstellt und dass mich andere Religionen vieles lehren können.

II

Doch lassen Sie es mich noch einmal wiederholen: Ich bin kein Profi-Theologe. Viele der theologischen Punkte, die ich in *Anatheism* zitiere, werden von Leuten vorgebracht, die in dieser Disziplin weitaus versierter sind als ich. Ich fühle mich eher als Gast oder Besucher der Theologie. Als Desmond Connell, der Kardinal von

Epilog: Eine Art Antwort

Irland, mein erstes Buch las, *Poétique du possible*, nahm er mich beiseite und sagte: „Richard, ich möchte Ihnen dieselbe Frage stellen, die JHWH Adam nach dem Sündenfall stellte: ‚Wo bist du?'" Das war vor fünfunddreißig Jahren, und ich weiß noch immer nicht, wo ich bin. Ich suche noch immer, und der Anatheismus ist ein Weg, diese Suche fortzusetzen.

Ich nehme an, dass dieses „nicht sicher wissen" und „vom Pfad abkommen", was eine andere Definition von Häresie ist, eine Möglichkeit darstellt, den Weg zurück zu finden. Ich stelle mir gern vor, dass der Anatheismus das tut. Er nimmt einen interdisziplinären Ansatz, indem er Philosophie mit Kunst, Religion und Literatur mischt. In seiner Annäherung an Gott ist er als eine philosophische Theologie beschrieben worden – eine philosophische Befragung von religiösen Themen, von Glaubensthemen, theologischen Themen, aber aus einer philosophischen Perspektive heraus. Ich hoffe, dies ist eine fruchtbare Interanimation, und ich hoffe, dass die Reisen durch Poesie und Politik in den verschiedenen Kapiteln des Buches es ebenso sind.

Diese „neue Hermeneutik", wie David Tracy sie nennt – die auch eine alte Hermeneutik ist, eine Ana-Hermeneutik, weil es im Anatheismus nichts Neues unter der Sonne gibt –, diese anatheistische Hermeneutik ist eine Rückgewinnung von Geschichten, Narrativen, Offenbarungen, die bereits existieren, wenn auch in einer er-neuerten – „wieder neuen" Form. Und wenn es daran etwas Er-neuerndes gibt, dann sicher nicht im Sinne irgendeiner teleologischen Synthese oder Ablösung. Es geht dabei um die Öffnung eines Raums – eines anatheistischen Raums –, der sowohl *vor* als auch *nach* Theismus und Atheismus liegt. Dies ist die zweifache Richtung von *ana*-: zugleich rückwärts und vorwärts. Es ist eine „Öffnung" (um einen Begriff von Rilke und Nancy zu borgen), wo wir nicht mehr sicher „wissen", was göttlich ist und was nicht, in der wir keine absoluten Antworten zum Absoluten haben.

Es ist nicht das erste Mal, dass dies gesagt wurde. In der Vergangenheit haben es viele Philosophen und in der Tat viele Verfechter der negativen Theologie gesagt. Es ist, was Sokrates mit der Aussage meinte, man müsse, bevor man philosophische Fragen stelle, zugeben, dass man keine Antworten habe. Es ist, was Cusanus über die *docta ignorantia* sagte, den mystischen Weg des Nicht-

Wissens. Es war die Apophase der Mystiker, über die David Tracy eben gesprochen hat – nämlich, dass wir nicht wissen, was Gott ist, und nur, indem wir nicht wissen, was Gott ist, zu einer anderen, tieferen Fragestellung zurückkehren können. Es ist John Keats' „negative Fähigkeit" [*negative capability*], die ich beschwöre, wenn ich bestimmte Texte zu lesen versuche, der Zustand, von Geheimnis, Ungewissheit und Zweifel umgeben zu sein, ohne sich gleich „nervös nach Tatsachen & Vernunft umzusehen".[c] Diese *negative Fähigkeit* – für Keats der Ursprung aller poetischen Sensibilitäten, Gestimmtheiten und Aufmerksamkeiten für die Welt – ist eine andere Form von anatheistischem Nicht-Wissen, eine radikale Öffnung für etwas, was unendlich fremd ist, was vollkommen außerhalb oder unter uns ist.

Der Anatheismus ist eine Dis-Position gegenüber unterschiedlichen Positionen. Theismus ist eine Position. Atheismus ist eine Position. Und beide sind legitim. Anatheismus ist eine Dis-Position, die zu neuen Re-Positionierungen einlädt, indem man philosophisch versucht, bestimmte wesentliche Eröffnungsmomente zurückzugewinnen – Momente, mit denen wir alle im Leben konfrontiert werden, wenn wir nicht mehr sicher wissen, was das alles zu bedeuten hat, wenn wir uns wieder der radikalen Fragestellung, der extremen Aufmerksamkeit für das Sein öffnen – was getan, gesagt, gerufen wird – für das, was ist und was sein könnte. In diesen Momenten sind wir wieder bei Sokrates, wieder bei Cusanus, sogar wieder bei Descartes' Moment des Zweifels, Humes *Tabula rasa*, Husserls *epoché*, wo wir plötzlich alle festen Gewissheiten loslassen, um einen Raum einzunehmen, in dem wir disponiert sind, aufmerksam zuzuhören. Der Anatheismus ist zuallererst ein Zuhören – ein Zuhören, gefolgt von einem „neuerlichen Sprechen". Und dieses vorrangige Zuhören gilt nicht der eigenen Tradition, die man anatheistisch und ana-hermeneutisch wiedergewinnen kann, sondern *anderen* Traditionen.

Um also auf die Frage von David [Tracy] und Jens [Zimmermann] zurückzukommen, würde ich sagen, dass der Anatheismus nicht der einzige Weg ist. Im Gegenteil, er ist ein Weg, der für viele Wege offen ist; er ist eine Disposition, die uns einlädt, uns immer wieder neu zu positionieren, indem wir uns mit den Positionen anderer auseinandersetzen. Er ist das genaue Gegenteil zu einer Ideo-

Epilog: Eine Art Antwort

logie. Er ist keine neue Religion, sondern eine Art und Weise, Religion neu zu leben.

In dieser Hinsicht möchte ich noch etwas zum hermeneutischen Ansatz von Paul Ricoeur anmerken. Ich sehe ihn als eine Art Vermittlung zwischen Gadamers Hermeneutik eines Dialogs mit der Tradition (man geht zurück) und Habermas' kritischer Hermeneutik der „idealen Sprechsituation" (man geht voran). Was ich in *Anatheism* und anderen Schriften zu entwickeln suche, ist eine dritte Position, näher an Ricoeur, die ich als diakritische Hermeneutik bezeichne und die diese beiden Positionen zusammenbringt. Der Begriff *diakritisch* bedeutet ein sorgfältiges, aufmerksames Lesen zwischen den Zeilen, zwischen Positionen und Oppositionen. Im technischen, linguistischen Sinne des Wortes ist ein diakritisches Zeichen ein Betonungsmerkmal – Trema, Zirkumflex, Akut [acute accent] –, das ansonsten identisch geschriebenen Wörtern unterschiedliche Bedeutungen verleihen kann. Die kleinste Beugung eines Buchstabens kann einen völlig anderen Sinn ergeben – so kann zum Beispiel französisch *ou* oder *où* „oder" beziehungsweise „wo" bedeuten. Aber es gilt äußerst aufmerksam zu sein, man muss scharf hinsehen und hinhören, man muss sich wirklich auf die Buchstaben und das, was zwischen ihnen liegt, konzentrieren.

Auch im weiteren Sinne, wenn wir ganze Texte oder Gespräche zwischen Personen oder auch menschliche Gesichter lesen, benötigen wir, wie ich behaupte, eine diakritische Akustik und Diagnostik. Der medizinische Begriff ist hier wichtig. *Diakrisis / diakrinein* war ursprünglich der griechische Begriff dafür, wie wir zwischen körperlichen Zeichen unterscheiden, wie wir Haut, Fleisch und Fieber diakritisch lesen, in einer Art fleischlicher Hermeneutik [carnal hermeneutics]. Es galt somatische Zeichen, Veränderungen der Temperatur, der Taktilität oder Gesichtsfarbe sorgfältig zu lesen, weil sie symptomatisch für eine unterschwellige Krankheit oder Heilung waren. Und indem man das tat, diagnostizierte man, was im Körper vor sich geht.

Also betrachte ich die Ana-Hermeneutik als diakritische, wache, aufmerksame Lesart von Texten und Körpern. Und damit sind nicht nur neue Texte gemeint, sondern – sehr wichtig – auch alte Texte, die ältesten Geschichten im Buch. In *Anatheism* versuche ich beispielsweise, Joyce und Proust diakritisch zu lesen, parallel zu Homer und zu den Evangelien. Und in dieser Art ana-hermeneutischer Geste lasse ich mich von Denkern wie Ricoeur, Gadamer und Heidegger – den großen modernen hermeneutischen Denkern – inspirieren, die sich darin einig waren, dass man nicht neu denken kann, ohne zurückzudenken. Man muss also zurückgehen, um vorwärts zu gehen. Kierkegaard sprach bekanntermaßen von einem „nach vorne Wiederholen". *Ana-* bedeutet in diesem Sinne hermeneutische Wiederholung – Anamnese (nach vorne erinnern), was auch Anagoge ist (höchste spirituelle Bedeutungen in literarischen Texten lesen). In allen Fällen geht es darum, diakritisch zwischen, unter und über den Zeilen zu lesen.

III

Aber jetzt will ich die Hermeneutik einen Augenblick beiseite lassen und auf die Frage von Macht und Souveränität zu sprechen kommen, die heute jeder meiner drei Gesprächspartner angeschnitten hat, David, Merold und Jens. Der Gott der Macht und der Gewalt. Es gibt Macht und Macht. Es gibt die Macht der Mächtigen, *imperium*, und es gibt die Macht der Machtlosen, die Macht des Möglichen – was ich (Cusanus folgend) als *posse* bezeichne. Manchmal wird Erstere [also: imperium] mit dem lateinischen Begriff *potestas* bezeichnet und Letztere [posse] mit *potentia* – zwei verschiedene Möglichkeiten, das griechische δύναμις zu übersetzen.

Macht als *potestas* ist Souveränität, von Platon bis Rousseau und Hobbes. Die platonische Form ist eins und unteilbar. Sie ist außerhalb der Zeit, außerhalb der Bewegung, außerhalb des Verlangens. Auf das Göttliche angewandt, schließt sie das Menschliche aus, und dieser Gott des Platonismus, der westlichen Metaphysik, der Ontotheologie, wie er nach Heidegger heißt, wird zu einem Gott von souveräner Fülle und Totalität, eine Einheit ohne Trennung, Unterschied, Veränderung, Möglichkeit – oder Menschlichkeit [humanity]. Dieser wird zu Gott als reiner Akt oder *causa sui* in den reduktiveren Formen der Scholastik: *Deus est purus actus, non habens aliquid de potentialitate.*[d]

Dies ist natürlich nur eine Interpretation der scholastischen Metaphysik; es gibt andere (insbesondere Scotus und Eckhart und

Breton), die meiner Meinung nach weitaus befreiender sind. Doch diese Vorstellung eines unbewegten [unmoved] und nichts bewegenden [unmoving] Gottes, eines unteilbaren Gottes, eines Gottes, der als Vorbild für weltliche Macht zum einen und unteilbaren Herrscher wird, zum einen und unteilbaren souveränen König und dann zum einen und unteilbaren souveränen Staat oder Nationalstaat – dieses imperiale Souveränitätsparadigma ist ein Rezept für den Krieg. Es ist schlechte Politik, und ich glaube, es ist schlechte Theologie. Und ich lege dies nicht alles Platon zur Last; es war nicht Platon (schon gar nicht Sokrates), sondern schlechter Platonismus.

Was ich sagen will: Wendet man dieses Modell souveräner Form auf den biblischen Gott an oder auf die Götter anderer Religionen, tut man etwas, was Sokrates nicht im Traum eingefallen wäre. Man wendet eine bestimmte metaphysische Kategorie reiner Aktualität auf etwas Göttliches an, das auch und wesentlich *Möglichkeit* beinhaltet – die göttliche Fähigkeit zu werden (Cusanus' *possest* oder *posse-esse*), was sich als Aufforderung zu Liebe und Gerechtigkeit in Zeit und Raum ausdrückt. Und das ist, wie die analytischen Philosophen sagen, ein Kategorienfehler – mit bedeutenden Konsequenzen.

Wenn Jens also einwirft, ich würde einen metaphysischen Dualismus oder eine metaphysische Antinomie zwischen Omnipotenz und Impotenz begrüßen, zwischen dem Gott der Macht und dem Gott der Ohnmacht, so stimmt das keineswegs. Und dasselbe gilt für verwandte Unterscheidungen – von Jens zitiert – zwischen Immanenz und Transzendenz, Sein [being] und Werden [becoming], Opfer [sacrifice] und Dienst [service]. Eines möchte ich klarstellen: Anders als Jens es behauptet, befürworte ich keineswegs solche binären Oppositionen, sondern destabilisiere und dekonstruiere sie zugunsten von etwas Tieferem und etwas Höherem, was diese Binaritäten preisgeben. In meinem Buch *Anatheism* zum Beispiel spreche ich immer wieder von Transzendenz in Immanenz. Und anderswo fordere ich subtile Unterscheidungen zwischen verschiedenen Dienst-Arten (Liebe statt Sklaverei) und verschiedenen Opfer-Arten (lebensbejahend statt tödlich). Und, so könnte ich noch hinzufügen, zwischen verschiedenen Arten von Sein und verschiedenen Arten von Werden. Eine der Hauptbemühungen in meinen philosophischen Schriften, von *Poétique du possible* (1984) bis hin zu *The God Who May Be* (2001) besteht in der Tat darin, das Göttliche neu zu denken, *sowohl* als ontologisches Sein *als auch* als eschatologisches Werden. Daher meine Begrüßung der *Onto-Eschatologie*, im Gegensatz zum „Gott ohne Sein" bei Levinas, Derrida und Marion.

In all diesen Fällen geht es darum, die alten binären Oppositionen zugunsten authentischer hermeneutischer Unterscheidungen, Kreuzungen und Rückgewinnungen zu *überwinden*, anstatt sie zu bestätigen. Was die umstrittene Frage nach der göttlichen Allmacht anbelangt, um auf diese zentrale Diskussion zurückzukommen, so versuche ich zwischen zwei *Arten* von Macht zu unterscheiden, einer göttlichen und einer nichtgöttlichen. Die göttliche Macht ist präzise gesprochen die Macht der Machtlosen – die nicht keine Macht ist, sondern eine Macht, die größer ist als jede nichtgöttliche Macht.

Mein Streit mit den Befürwortern eines souveränen All-Gottes erwächst aus der Tatsache, dass sie oft die zwei Formen von göttlicher und nichtgöttlicher Macht verwechseln: zum einen die liebende Macht/*posse* der Machtlosen, zum zweiten die voll aktualisierte Allmacht [allpower] eines Herrschergottes. Wenn mit „Allmacht" [„omnipotence"] die göttliche Macht der Machtlosen gemeint ist, habe ich absolut kein Problem damit. Aber leider muss ich sagen, dass die triumphalistischen Aspekte der Geschichte des Christentums und die Ontotheologie mich nicht überzeugen, dass dies immer so war. Wenn das Wort „souverän" den aufrichtigen Respekt vor dem Herrn der Liebe und Gerechtigkeit impliziert, habe ich auch dagegen nichts einzuwenden; im Gegenteil! Aber das hat es in unseren westlichen metaphysischen Konstruktionen von Souveränität nicht immer bedeutet.

Noch einmal, alles hängt davon ab, was genau wir meinen, wenn wir diese Begriffe verwenden – Omnipotenz, Souveränität, Opfer. Diese einflussreichen Begriffe sind Teil eines andauernden hermeneutischen Spiels von Interpretationen – eines handfesten „Konflikts der Interpretationen", wie Ricoeur sagt –, und ich erkenne einfach meine Rolle in diesem hermeneutischen Gespräch an; und gebe zu, dass der Anatheismus zu einer Vielfalt von Lesarten ermutigt. Man muss also bescheiden und klug sein, wenn man zum Beispiel erklärt, was einen „wahren Christen" ausmacht. Wer entscheidet das? Wer weiß es auf absolut dogmatische, unfehlbare Weise? Niemand. Daher der heilsame Umweg über eine hermeneutische „negative Fähigkeit" von Glauben und Vertrauen (Glaube [faith] als *fides*/Treue [fidelity]; Wahrheit [truth] als *troth*/Treue [trust]). Man schließt eine Wette ab, die ebenso auf Zeugnis und Erfahrung wie auf Theologie und Lehre [doctrine] basiert. Als Anatheist trete ich ein für die Vorbilder Jesus, die Heiligen Franziskus und Teresa von Ávila bis hin zu modernen Reformern, Befreiungstheologen und neuen Formen des Mönchtums, die gegen eine imperiale Kirche zugunsten einer *ecclesia* der Armen und Machtlosen ringen. Ich setze auf die Kirche der Witwen, Waisen und Fremden – und nicht nur „dort draußen", jenseits der Grenze von uns und ihnen, sondern auch hier, in uns, wo wir uns immer, unvermeidlich, auf wesentliche Weise selbst fremd sind.

Meine Ansichten sind, das gebe ich bereitwillig zu, von meiner eigenen christlichen Geschichte geprägt. Ich bin nicht allein, und was ich feststelle ist, wie mir scheint, eine wichtige Wette, die durch die Jahrhunderte hindurch abgeschlossen wurde – und dramatisch inszeniert von Dostojewski in seiner lebhaften Beschreibung Christi, der die imperialen Versuchungen des Großinquisitors zurückweist. Es ist ein immerwährender Kampf. Es gibt in Dostojewskis Erzählung in der Tat zwei Arten von Macht – jene, die von Christus verkörpert wird, und jene, die der Großinquisitor verkörpert – und ich fürchte, dass viele historische Anrufungen der „Omnipräsenz" allzu oft auf der Seite von Letzterem stehen.

Lassen Sie mich also in diesem wesentlichen Punkt Klarheit schaffen. Der Anatheismus schlägt eine Vorstellung von göttlicher Macht vor, nicht als souveräne, imperiale *potestas*, sondern als liebendes *posse*. Wie von Nikolaus von Kues gedeutet, ist göttliches *posse* die Macht, sein zu können, die Macht, all das sein zu können, was jemand zu werden vermag – nämlich Liebe. *Posse* ist eine Einladung, *potestas* dagegen eine Auflage – *imperium*. Cusanus vergleicht *posse* mit dem Kindergeschrei [child's call] auf der Straße. Es ist ein Ruf [cry] in der Wüste, wie es im Evangelium heißt, der uns auffordert zu antworten, dem *posse* ein *esse* hinzuzufügen, damit Gott als *possest* mehr geschichtlich göttlich werden kann, um dem Wort Fleisch zu verleihen. Und wenn wir nicht Ja sagen, wenn wir den Ruf nicht inkarnieren, geschieht es nicht. Gott ist, am Ende, uns überlassen [God is up to us]. Es geht nicht um souveräne Macht, um ein *Imperium*, das sich aufdrängt, eine Kraft, die sich aufzwingt. Der Ruf, der Schrei, der Aufruf, die Bitte fordert uns auf, Ja oder Nein zu sagen – zum Gott des Verlangens. Ein souveränes Wesen ohne Möglichkeit ist ein Wesen ohne Eros oder Werden. Die einander begehrenden Liebenden im Hohen Lied (um auf David Tracys Punkt zurückzukommen) verweisen auf einen Gott, der nach Menschen Ausschau hält, den es nach uns hungert, der ohne uns nicht Fleisch annehmen kann.

Und dennoch das wundersame Paradox: Nichts kann die Welt so sehr verändern wie diese Macht der Machtlosen. „Gedanken, die auf Taubenflügeln kommen, lenken die Welt", sagte Nietzsche, nachdem er den souveränen Gott für tot erklärt hatte. Und meiner Ansicht nach hatte er Recht. Er war ein guter Christ, als er das sagte. Denn dasselbe hat Christus selbst gesagt, als er die göttliche Macht mit einem Senfkorn, einem Kind, einer Stimme in der Wüste oder einem hungrigen Fremden auf der Straße verglich. Was ist Gott?, fragt Joyce. „Ein Gebrüll auf den Gassen." Das stimmt. Matthäus 25.

Wenn ich so die Politik in Nordirland betrachte oder, noch viel schlimmer, die des Zweiten Weltkriegs, sehe ich ein kriegerisches Aufeinanderprallen von Souveränitäten, bei dem ein souveräner Nationalstaat in einen anderen eindringt, denn wenn man eins und unteilbar ist, kann man Macht nicht teilen. Wenn es absolute Souveränität gibt, gibt es ein Volk – nicht mehrere und viele Völker. „*Uno duce, una voce*", wie Mussolini sagte. „*Ein Reich über alles*", sagte Hitler. Sogar die französische Revolution stimmte ein: „*La souveraineté est une et indivisible.*" Der große nationale Gesellschaftsvertrag. Wer nicht konform ging – Ausländer, *étrangers* –, wurde verbannt oder hingerichtet, damit das Gemeinwesen wieder ein Ganzes werden konnte. Galgen und Guillotine reinigten die Vielen zu dem Einen.

Die triumphale Politik sagt also im Grunde, dass ein Nationalstaat die Souveränität nicht mit einem anderen teilen kann, weil er einer und unteilbar ist. Diese Überzeugung zieht sich von der Theologie zur Politik, von Platons *Staat* bis zu modernen Republiken. Ich glaube, dass der souveräne Gott – und der souveräne Nationalstaat, der diesen Gott einfach nur säkularisierte – schon immer eine Quelle für gewaltige Fehlinterpretationen und große Gewalt gewesen ist. In der Politik von Nordirland, mit der ich aufgewachsen bin, ging es um zwei souveräne Nationen, die dasselbe Gebiet in Anspruch nahmen. Man konnte nicht ein United Kingdom und ein United Ireland gleichzeitig haben, und so bekriegten sich die Menschen fast 300 Jahre lang, bis schließlich jemand sagte: Lasst uns über die Souveränität hinausgehen. Wir wollen ein post-nationalistisches und ein post-unionistisches Irland haben. Sprecht das S-Wort nicht aus! Und plötzlich wurde das Unmögliche möglich. Wir haben jetzt etwas, was *de facto* eine Form der „geteilten Souveränität" ist, obwohl dies *de jure* ein Widerspruch in sich ist. Es bedeutet, dass seit dem Karfreitagsabkommen (1998) Bürger von Nordirland, wie es in der einfachen Formel heißt, entweder Iren oder Briten oder beides sein können. Damit war die Vorstellung von einer Souveränität als eines und unteilbares Ganzes überwunden.

Kurz gesagt: Die Vorstellung eines souveränen Gottes ist ebenso wie die einer souveränen Nation zwar ruinös, lässt sich aber zum Glück dekonstruieren, zugunsten von post-souveränen Gottheiten und Gemeinschaften.

IV

Was Gott, einen einen und unteilbaren Gott angeht ... Wenn man hier innehält, ist das ein Verrat am Gott der kleinen Dinge, eine Verkehrung des Gottes der Vielfalt und der Pluralitäten ins Gegenteil, des Gottes, der Abraham in Gestalt von drei Engeln erscheint – nicht als einer, sondern als drei. Der Gott, der sich in drei aufteilt, und dann in Vervielfältigungen davon, wiederholt sich natürlich in der Epiphanie des Christentums, in den drei Königen und dann wieder in den drei Personen der Dreifaltigkeit. In Andrej Rubljows wundervollem Bild in der russisch-orthodoxen Religion werden die drei Engel Abrahams – anatheistisch, ana-hermeneutisch – zurückgeholt, um die Perichorese von Vater, Sohn und Heiligem Geist darzustellen. Man kann also zum Anfang zurückkommen – die drei Fremden, die Abraham bei den Eichen von Mamre erscheinen –, um die perichoretische Szene in einer fortwährenden hermeneutischen Neu-Interpretation nach vorn zu wiederholen.

Dies ist wenigstens meine hermeneutische Wette – und mein Glaube. Rubljows *Dreifaltigkeitsikone* ist natürlich ein Gemälde. Sie ist Poetik, nicht Dogma. Sie ist eine fantasievolle Interpretation des Dogmas, gemäß einer göttlichen Dreiergruppe und dem schöpferischen Raum *(chora)* zwischen den drei, wenn sie sich in Liebe aufeinander zu- und voneinander wegbewegen. Der eine und unteilbare Souverän, der keine Bewegung kennt, wird hier hermeneutisch als eine endlos bewegliche, liebende, interstitielle Gottheit rekonfiguriert, wo jede Person der anderen Platz macht und sie aufeinander folgen. Dies ist eine Poetik der Kenosis, voller Leidenschaft und Mitgefühl, Eros und Liebe. Ich werde auf diese wesentliche Frage der Kenosis zurückkommen.

Doch zuerst meine Antwort auf Jens Zimmermann zur Perichorese. Er wendet ein, ich hätte die Kelch-Chora im Herzen der Perichorese auf einen „unpersönlichen, leeren Raum" reduziert, anstatt sie als Präsenz von „Gottes Menschlichkeit [humanity] in Christus" zu erkennen. Der Kelch sei keineswegs leer, protestiert Jens, sondern enthalte eine Opfergabe, versinnbildlicht in der Tradition durch einen Kalbskopf, der das Opfer Christi repräsentiere. Rubljows Ikone, schließt er, folge dieser Tradition.

Ich möchte gegen Jens' Protest protestieren. Ich werde auf jeden Punkt einzeln eingehen. Erstens ist die Kelch-Chora im Herzen des trinitarischen Tanzes für mich alles andere als unpersönlich. Im Gegenteil, es ist der interpersonelle Raum schlechthin. Es ist der Raum, wo Marias Schoß – in der Überlieferung als *chora achoraton* bezeichnet – als Mittelpunkt dient, um den sich die drei Personen im Moment der göttlich-menschlichen Inkarnation herumbewegen. Seine Leere steht nicht im Gegensatz zur Fülle, sondern wird, gemäß dem christlichen Mysterium des authentischen Opfers der kenotischen Entäußerung, zur ultimativen Form eschatologischer Gegenwart. Jens verwechselt Derridas Vorstellung einer unpersönlichen Chora – aus Platons *Timaios* übernommen – mit der meinen (eine Verwechslung, die vielleicht auf einem Missverständnis meines Essays „God or *Khora?*" in: *Strangers, Gods and Monsters* gründet.)

Kurz, ich bestreite nicht einen Augenblick, dass der Kelch mit Nahrungsmitteln und Wein gefüllt ist – als Symbol für die Gastfreundschaft Abrahams den Fremden gegenüber, was ich im Einführungskapitel zu *Anatheism* explizit feiere. Im Gegenteil, der Kelch mit Nahrungsmitteln ist von zentraler Bedeutung für meine Deutung der anatheistischen Gastfreundschaft. Und ich behaupte auch, dass die Kelch-Chora im christlichen Narrativ „Gottes Menschlichkeit [humanity] in Christus" repräsentiert, aber verstanden als eine Lücke im *posse;* das heißt, als ein Nicht-Ort, der die Verkündigung, den Empfang, die Empfängnis und Inkarnation des eintretenden göttlichen Fremden, des unmöglichen Gastes, zulässt – zuerst Isaak, dann Jesus, beide Male ermöglicht durch die entsprechenden Antworten Sarahs und Marias. *Chora* ist der *u-topos,* wo der *topos* des Messias fortwährend ankommen, versprechen, rufen, stattfinden kann. Diese Vorstellung von Leere, die Fülle ist, klingt an in der kabbalistischen Vorstellung von der göttlichen Schöpfung als „Zusammenziehung/Raumgeben" *(Zimzum)* wie auch in Meister Eckharts wunderschönem Bild von der leeren Schüssel (verbunden mit den Begarden und Beginen), die sich füllt, je leerer sie wird, und sich leert, je mehr sie sich füllt – ein heiliges Paradoxon, das interreligiös auch im alten buddhistischen Herz-Sutra anklingt: „Form ist Leere, und Leere ist Form".

Das Chora-Mysterium als Leere und Fülle, Absenz und Präsenz, Göttlichkeit und Menschlichkeit, Opfer und Dienst, Nahrung und Natalität zugleich ist für das christliche Perichorese-Symbol absolut zentral. Meine Lesart von Rubljows Ikone ist daher, so wie ich sie sehe, vollkommen im Einklang mit einer gesamten heiligen Tradition abrahamitischer Gastfreundschaft – von der Genesis bis zu Dorothy Day – und bietet Möglichkeiten, diese Gastfreundschaft auch auf andere, nicht abrahamitische Religionen auszuweiten. Weit davon entfernt, christlichen Gästen zu verwehren, „ihr wahres Wesen zu behalten"[e], glaube ich, dass das die Wahrheit des Christentums zutiefst respektiert.

Aber, anders als vielleicht Jens, glaube ich, dass die christliche Wahrheit, wie jede Wahrheit, einer hermeneutischen Polysemie des Ausdrucks und der Interpretation unterworfen ist, sobald sie in die räumlich-zeitliche Welt menschlicher Endlichkeit und Sprache eingebunden ist. Und das bedeutet für mich, dass eine exemplarische heilige Ikone wie Rubljows perichoretische *Dreifaltigkeit* zu einer reichen Vielfalt von Lesarten einlädt – *Chora* als Kelch, Schoß, Nahrung, Opfer, Natalität –, einer endlosen hermeneutischen Pluralität, die unter anderem die neue Einfügung einer radikal weiblichen und räumlich-zeitlichen Menschlichkeit in das eschatologische Bild des ewigen (und oftmals allzu ausschließlich männlichen) Reichs zulässt. Und wieder erkennen wir, dass der Anatheismus eher einer Logik des Sowohl/Als auch folgt als einem Entweder/Oder. Eher Chiasmus als Dualismus. *Chora* als Überschneidung von Ewigkeit und Zeit, Transzendenz und Bild, des eschatologischen Noch-nicht und des fleischlichen Hier und Jetzt.

V

Im Anatheismus geht es vor allem um Interpretation. Noch einmal, er ist eine hermeneutische Wette, eine Relektüre [rereading], eine Revision [reimagining], ein Zurückholen [retrieving], sowohl in Fleisch und Blut als auch in Geist und Seele. Er ist fleischliche [carnal] Hermeneutik *und* konzeptuelle [conceptual] Hermeneutik und verneint letztlich die Trennung der beiden. Zu Beginn von *Anatheism* kommen die drei Fremden zu Abraham, dann folgt Abrahams hermeneutische Wette – nämlich, die Fremden als Feinde oder Freunde oder beides zu deuten (wie gesagt, *hostis* kann „Feind" oder „Freund" bedeuten). Von Anfang an ist Anatheismus eine Angelegenheit von Leben oder Tod, Gastfreundschaft oder Feindschaft, Eros oder Thanatos.

Und wir finden eine ähnliche Szene, als Gabriel zu Maria von Nazareth kommt und wir in Lukas 1,29 erfahren, dass sie „verwirrt wurde "und „überlegte". Diese beiden Wörter sind wesentlich. Maria wurde verwirrt, verlegen (διεταράχθη), bis der Engel sagt: „Fürchte dich nicht." Und gleichzeitig überlegte sie (διελογίζετο), ob sie Ja oder Nein sagen soll. Dieses existenzielle Überlegen ist hermeneutisch – ein Lesen in dem und durch das Fleisch. Aus diesem Grund ist Maria in Gedichten und Bildern der christlichen Tradition des Westens fast immer mit einer Lilie und einem Buch dargestellt. Sie riecht den Fremden und liest ihn. Sie kommt aus der Tradition des Buches, einer hermeneutischen, rabbinischen Tradition und auch aus der des Leibes, in der Jakob bekanntermaßen in der Nacht mit dem Fremden rang, Hüfte an Hüfte, bevor er von Gott seinen Namen erhielt. Maria von Nazareth hat schon von vie-

Epilog: Eine Art Antwort

len engelhaften Fremden gehört, stellt man sich vor, die anderen vor ihr erschienen sind – Abraham und Sarah, Jakob, Simsons Eltern – Engel, die auf die menschliche Furcht stets mit den Worten „Fürchte dich nicht" reagiert haben. Marias Reaktion auf den Fremden in Nazareth stellt hermeneutisch erneut diese wiederkehrende Begrüßungsszene dar – sie bewegt sich vor und zurück in Zeit und Raum, wie in Botticellis wunderbarem Gemälde der *Cestello Verkündigung*, auf dem wir sehen, wie Marias Körper ängstlich zurückweicht, während sie gleichzeitig in Liebe vorwärts geht.

Dies ist die hermeneutische Wette in Aktion, in Leib und Seele. Und eines dürfen wir nicht vergessen: *Hätte* Maria tatsächlich nein gesagt, gäbe es keine Inkarnation, keinen Christus, kein Christentum. Akzeptiert Maria nicht die der Entscheidung innewohnende Freiheit, wie es Denise Levertov in ihrem Gedicht „Annunciation" ausdrückt – wenn wir in ihr nur „frommen Gehorsam" angesichts eines Wortes sehen, das ohnehin Fleisch werden wird, wenn wir so tun, als unterwerfe sich Maria dem Logos einer imperialen Göttlichkeit, die sich ihr aufzwingt –, dann haben wir meiner Meinung nach eine fundamentale Botschaft des Juden-Christentums missverstanden; nämlich dass Gott ein Ruf [call] ist, eine Bitte, ein Verlangen, ein *posse* – ein Gott der kleinen Dinge, der verzweifelt versucht, gehört, beachtet, inkarniert zu werden, einen Unterschied zu machen.

Sie fragen: „Wie klein ist Ihr Gott?" Ich würde sagen: Es ist der kleinste, infinitesimalste Gott, den man sich vorstellen kann. Warum? Weil Gott der Name der Macht der Machtlosen ist. Das Senfkorn. Der Schrei der Witwe, der Waise, des Fremden. Das Rufen des Kindes auf der Straße. Die dünne, kleine Stimme. Es ist die Macht einer gewaltlosen, unaufdringlichen Bitte, die wir völlig frei mit Ja oder Nein beantworten können.

Ein letztes Beispiel für „die leise Macht des Möglichen", das ich erwähnen möchte, ist das des Heilens. Ich denke hier besonders an die Beschwörung einer „höheren Macht" im Zwölf-Schritte-Programm der Anonymen Alkoholiker. Thomas Merton beschrieb die AA als eine der bedeutendsten spirituellen Bewegungen des 20. Jahrhunderts. Und ich deute AA hier nicht nur als Anonyme Alkoholiker, sondern allgemein als Anonyme Abhängige, wobei ich die Abhängigkeit im Sinne buddhistischer Anhaftung begreife oder im christlichen Sinne als sündhaftes Klammern und Einschließen (Kierkegaards „incurvatus in se –Selbstbezogenheit"). Wir alle sind in irgendeiner Form süchtig oder abhängig. Was Merton erkannte, ist meiner Meinung nach, dass die Person ganz unten ist, auf der untersten Sprosse der Leiter, und erkennen muss, dass er oder sie angesichts seiner oder ihrer Abhängigkeit „machtlos" ist. Erst dann ist sie nämlich imstande, offen und zugeneigt für etwas zu sein, was die AA als höhere Macht bezeichnen, „was auch immer man darunter verstehen mag".

Die Bedingung ist hier wichtig und zutiefst hermeneutisch. Dies ist sehr interessant für mich, denn der gesamte Prozess der Bewegung von völliger Machtlosigkeit hin zu einer höheren Macht [higher power – (ich bevorzuge stets die Kleinschreibung)] – eine unsagbare Macht, die einen übersteigt –, signalisiert im Grunde einen Moment, einen Raum, eine Wendung, eine Rückkehr, in der das Unmögliche möglich wird. Das genau sagt der Bote *(Angelus)* zu Maria. Und vor Maria zu Jakob und zu Sarah. Genauso kann, für den Abhängigen, das Unmögliche – „es ist unmöglich, meine Abhängigkeit / Sucht / Verlassenheit zu heilen" – plötzlich möglich werden, wenn wir loslassen, wenn wir zulassen, dass ein „Mehr", ein „Anderes", „Höheres" in unser Leben tritt und uns Heilung bringt.

Dies ist eine Möglichkeit jenseits des Unmöglichen, wie der Mystiker Angelus Silesius schrieb. Es ist „ohne warum".[f] Als solches wirkt es bis ganz nach unten. Menschen, die an einer Abhängigkeit leiden, erleben, dass es eine Heilung geben kann durch eine Anrufung dieser Macht / *potentia* / *posse* jenseits der Grenzen ihres eigenen Egos / Ichs / Selbst. Etwas oder jemand Fremdes und Transzendentes sagt zu mir: „Du *kannst* dich ändern. Du *kannst* genesen." Es muss kein traditioneller, übersinnlicher Gott sein; es kann ganz einfach durch die Stimme des AA-Freundes vernommen werden, der neben einem sitzt, durch die Zeugen und Leidensgenossen im Raum. Man braucht nur geneigt zu sein, eine Botschaft zu empfangen, die außerhalb von uns liegt, bereit, den Ruf des Heils zu hören. Und dies lässt sich offenbar viel einfacher bewerkstelligen, wenn die Illusion von Souveränität – die Imago der imperialen „Ego-Festung" – entlarvt wird und man radikal offen wird für den Ruf [call] des Transzendenten. Ich finde die Vorstellung, „in der

Genesung" [„in recovery"] zu sein, hier sehr vielsagend. Man ist immer „in der Genesung". Man ist nie ganz genesen. Es ist ein Weg, kein Ziel. Eine Wette, keine Garantie. Ein Lernen, keine vollendete Tatsache. In diesem Sinne ist AA sehr ana-hermeneutisch.

VI

Zum Schluss noch ein paar Worte zur Kenosis, weil sie bei allen drei Rednern zur Sprache kam. Kenosis – wie ich sie mit Kristeva, Vattimo und anderen interpretiere – bedeutet Leere, Schnitt, Annihilation, Nichtigkeit. Was für ein Gott kommt – beziehungsweise kommt zurück – nach diesem Schnitt, diesem Eintritt in die Leere? Was für ein Gott kommt nach dem Tod des Alpha-Gottes wieder? Was kehrt zurück – oder wozu können wir zurückkehren – nach der kenotischen Entäußerung Gottes (großgeschrieben)[g] in Gott [god] (kleingeschrieben)? Wenn wir den „Opfer"-Begriff nicht als sühnendes Blutvergießen, sondern als Selbsthingabe deuten wollen, können wir Kenosis als ein anatheistisches Loslassen Gottes lesen, um uns Gott zu öffnen (verstanden als Gott nach Gott). Ich spreche natürlich nur Meister Eckhart nach – der zu Gott betet, er möge uns von Gott befreien. Und auch Stanislas Breton, wenn er nach Eckhart den apophatischen, mystischen Ruf des *Nichts* beschwört, der uns auffordert, ihm zu antworten, indem wir das göttliche Nichts in ein *Etwas* verwandeln – ein Etwas aus Nichts, fortdauernde Neuschöpfung *ex nihilo*, endlose Wiedergeburt und Wieder-Verkörperung, *ensarkosis* ohne Ende. Immer, wenn wir uns – perichoretisch und kenotisch – von Gott zu Gott bewegen, werden wir Zeugen, wie die Geburt die Sterblichkeit übertrumpft und ihr nachfolgt, ein lebendiger Gott, der an die Stelle eines sterbenden Gottes tritt. Wir sprechen hier von einer radikal fragilen, verletzlichen, bescheidenen, flehenden, liebenden Gottheit.

Ich schließe mit einigen letzten Beispielen. Die abrahamitische Offenbarung der Kenosis ist nicht die einzige Offenbarung, aber es ist die einzige, die mich persönlich, hermeneutisch anruft und in Anspruch nimmt und auf die ich hier zu antworten versuche.

Die erste Kenosis-Geschichte ist in der biblischen Tradition die Schöpfung. Sie beginnt mit einer Schilderung des göttlichen Abstiegs in Zeit, Geschichte, Menschheit. Dies ist die Bewegung vom Monolog zum Dialog, weil G̲ott, wie Levinas es in einem hübschen Bild ausdrückte, sich mit sich selbst zu langweilen begann und zu jemandem sprechen wollte. Und jemanden zu haben, mit dem man sprechen kann, bedeutete, dass zwei besser waren als einer. Um sich jedoch in diesen Dialog „zu entäußern", galt es sich der Möglichkeit des Werdens zu öffnen, dem Risiko der Geschichte, der Wette, dass die göttliche Schöpfung von der Menschheit vollbracht werden kann oder auch nicht.

Was also ist diese Schöpfung, die für die Mit-Schöpfung offen bleibt? Die Genesis-Erzählung sagt uns, es ist der siebte Tag, an dem das Göttliche nichts auffüllte. Und indem er diesen Schabbat-Raum leer ließ, begab sich der göttliche Schöpfer in eine Beziehung zu den Menschen, in der der göttliche Fremde radikal abgewiesen oder willkommen geheißen, gehasst oder geliebt werden konnte. Die Schöpfung wird hier als eine Form des Abstiegs gedeutet, eine Form fleischlicher Kenosis, die eine fortwährende Einladung an uns ist, mit dem göttlichen Ruf *mit* zu schaffen und *mit* zu antworten – „co-*naissance*".

Zweitens haben wir die Offenbarung der Kenosis als Inkarnation. Hier haben wir das klassische Beispiel der Kenosis Christi, die von Paulus im Brief an die Philipper 2,7 angeführt wird, die Entäußerung weg von der Illusion souveräner Selbst-Genügsamkeit („Gleichheit mit dem Vater") hinein ins Fleisch, die *sarx* der Welt, die *chora* des offenen Raums. Hier finden wir das Bild der Geburts-Matrix, Marias Schoß, der von einigen Kirchenvätern (wie ich von John Panteleimon Manoussakis erfahren habe) als *chora achoraton* beschrieben wurde, als Behälter des Nicht-Behaltbaren – Maria als Trägerin des Messias-Kindes. Maria als *Theotokos*.

In diesem christlichen Narrativ haben wir also einen Abstieg in den leeren, freien Raum, in dem die erste *creatio ex nihilo* nachklingt, die wiederum die Möglichkeit neuen Lebens mit sich bringt, aber nur, wenn Maria Ja sagt. Dann nach der Verkündigung und Empfängnis haben wir die Geschichte von der zweiten Kenosis Christi, ein zweites Herabsteigen, diesmal ins Wasser, der Abstieg in den Jordan. Und schließlich haben wir den dritten Kenosis-Moment Christi, als er in den Abgrund des Kreuzes hinabsteigt. Hier erfährt Christus die völlige Verlassenheit, als der illusorische All-

Epilog: Eine Art Antwort

Gott sich verflüchtigt („Mein G̲ott, mein G̲ott, weshalb hast du mich verlassen?", Mt 27,46), damit der Danach-G̲ott [after-God] der messianischen Verheißung neu geboren wird mit dem auferstandenen Christus – ein Christus, der sein Leben dem, der kommen soll, empfohlen hat („In deine Hände empfehle ich meinen Geist" [Lk 23,46]) und dann als Heiler und Ernährer seiner Jünger in Emmaus, Maria Magdalenas vor dem leeren Grab und anderer Apostel am See Gennesaret wiedergeboren wird, wo er sie auffordert: „Kommt und frühstückt!" [Joh 21,12]. Wieder ist er Fischer [fisherman], Menschenfischer [fisher of men], Ernährer von Leib und Seele. Und mit jeder kenotischen Wiedergeburt Christi – Menschwerdung im Schoß, Taufe im Wasser, Abstieg / Aufstieg nach drei Tagen im Hades – ist da die wiederkehrende Verheißung des Heiligen Geistes. ‚Ich muss gehen, damit der Paraklet kommen kann' [vgl. Joh 16,7], sagt Jesus. „Halte mich nicht fest, denn ich bin noch nicht zum Vater hinaufgegangen" [Joh 20,17], sagt er zu Maria Magdalena. In Matthäus 25 gibt sich Jesus als jeder Fremde zu erkennen, der um Nahrung und Heilung bittet. Jesus sagt in anderen Worten: „Ich bin es, der immer zurückkommt und immer noch kommen wird." Der *ana-*G̲ott, der für immer ein Fremder *(hospes)* ist, der sich selbst, die Heimat, die Menschen, die Erde für eine immer neue Geburt öffnet.

Ich war immer erstaunt, dass Christus nach seiner Auferstehung nicht als souveräner König erscheint, sondern als Fremder, immer wieder – als Gärtner, Fischer, Bettler, Koch, Wanderer in der Herberge. Emmaus ist kein Haus; es ist keine Kathedrale; es ist kein Tempel. Es ist eine Station entlang des Wegs. *Deus viator – homo viator.* Das ist ein hungriger G̲ott, der immerzu kommt und sagt: „Habt ihr etwas zu essen? Ich war ein Fremder, und ihr habt mir nicht zu essen gegeben. Ich war durstig, und ihr habt mir nicht zu trinken gegeben. Ich war der Geringste *(elachistos)* von diesen, und werde immer der Geringste und Letzte von diesen sein." [Vgl. Mt 25,31–46] Das ist radikalste Eschatologie, nicht groß, sondern kleingeschrieben – eine Mikro-Eschatologie des Gottes der kleinen Dinge.

Ich möchte daher dort schließen, wo ich begonnen habe. In Irland, als Schuljunge an der Glenstal Abbey war eines der ersten Dinge, die ich über die Spiritualität der Benediktiner gelernt habe, die Gastfreundschaft dem Fremden gegenüber. Kapitel 24 aus der

Regel des hl. Benedikt besagt, dass jeder Fremde, der ins Kloster kommt, ungeachtet dessen, wer er ist, woher er stammt oder woran er glaubt, als Christus behandelt werden muss. Dies war meine erste Lektion über den kenotischen Gott – das genaue Gegenteil zum Gott der Theodizee.

Ich will hier nicht von Auschwitz sprechen; ich will nicht auf die Argumente eingehen, ob Gott hätte eingreifen können oder nicht, um die Juden zu retten. Sie kennen die Debatten. Ich stimme mit Etty Hillesum überein, die davon spricht, dass nur wir Menschen Gott dazu „befähigen können, Gott zu sein" durch Akte radikaler Gastfreundschaft, Liebe und Gerechtigkeit. Ich stimme mit Rabbi Irving Greenberg und Elie Wiesel überein, die erklärt haben, dass die Vorstellung eines souveränen, allmächtigen Gottes (der hätte eingreifen können und es nicht tat) ein grausamer Gott ist, der in Dachau am Strang des Henkers starb. Nach den Gräueltaten des Zweiten Weltkriegs und anderer Schrecken und Völkermorde davor und danach ist der Gott des sühnenden Blutvergießens und des Sündenbock-Opfers wirklich und wahrhaftig tot. Endlich. Wie groß ist der Unterschied zur kenotischen Hingabe des „leidenden (Gottes-) Knechtes", der uns auffordert, gerecht zu handeln und Unrecht zu vermeiden, zur Liebe jenseits des Hasses, zum Leben jenseits des Todes. Ich bin auf der Seite des dienenden Gottes jenseits des Gottes der Souveränität. Ich bin meine Wette eingegangen.

Personenverzeichnis

Abraham 24, 27 f., 34, 35, 61, 94, 98 f., 153, 155, 158, 228, 236 f., 245, 259, 263, 268 f., 290, 315, 318
Adams, Gerry 141, 246, 259
Agamben, Giorgio 11, 24, 90, 183, 217 f., 241
Aischylos 216
Alighieri, Dante 136, 298
Altizer, Thomas J. J. 288
Anaximander 181, 183
Angelus Silesius 90, 102, 217, 275, 320
Anselm von Canterbury 231
Antonius 214
Arendt, Hannah 134, 148, 280
Aristoteles 29, 180, 197, 238, 268, 331
Arnold, Matthew 57
Artson, Rabbi Bradley Shavit 85
Auden, Wystan Hugh 109, 120, 124
Augustinus 26, 58, 86, 122, 134, 195 f., 205, 268, 281

Bachtin, Michail 211, 275
Bacon, Francis 240
Badiou, Alain 49, 183
Balthasar, Hans Urs von 234, 282
Barad, Karen 103
Bataille, Georges 77, 215, 275
Beauvoir, Simone de 135, 140, 151, 154, 275
Beckett, Samuel 65, 176, 211 ff.

Benedikt von Nursia 64, 72, 113, 132, 187, 323
Benjamin, Walter 24, 39, 48, 60, 95, 101, 178, 180, 182, 188, 277 f.
Benveniste, Émile 34, 143
Bergson, Henri 211
Bernasconi, Robert 220
Bernini, Gian Lorenzo 265
Bohm, David 102 f.
Bohr, Niels 105
Bonhoeffer, Dietrich 40, 45, 48, 55, 124, 173, 175, 177, 191, 208, 294–296
Botticelli, Sandro 34
Botton, Alain de 200
Breton, Stanislas 174, 277, 310, 321
Bruno, Giordano 91
Buber, Martin 90, 98
Buddha 34, 59, 69, 98
Bultmann, Rudolf 284

Camus, Albert 42, 52, 110–112
Caputo, John (Jack) 12, 17, 47 f., 50, 53, 60, 90, 98, 179, 217, 230, 241, 243 f., 265, 275, 283, 287, 330
Céline, Louis-Ferdinand 157
Chagall, Marc 117
Charles de Foucauld 174
Chrétien, Jean-Louis 230, 276
Christina die Wunderbare 214
Claudel, Paul 208
Coleridge, Samuel 30
Colette, Sidonie-Gabrielle 160, 162

Cone, James 208
Congar, Yves 123 f.
Connell, Desmond Kardinal 51, 306
Critchley, Simon 12, 17, 63, 193, 330

Dalai Lama 183
Daudet, Lucien 164
Dausner, René 10, 16, 330
David 237
Dawkins, Richard 25
Day, Dorothy 45, 56, 65, 73, 81, 99, 112, 117, 220, 233, 260, 277, 285, 317
Deleuze, Gilles 90-92, 130
Derrida, Jacques 9, 11, 24 f., 46-49, 53, 55, 60, 64, 81, 90, 98, 112, 176, 183, 188, 193, 199, 217, 220, 230, 235, 238, 241, 246, 253, 269, 270 f., 275, 277, 281, 286, 296, 312
Descartes, René 212, 240, 268, 308
Diderot, Denis 131, 135, 330
Dilthey, Wilhelm 176, 302
Dostojewski, Fjodor 31, 42, 58, 185, 202 f., 256, 275, 313
Duns Scotus, Johannes 91, 129 f., 234, 310
Duras, Marguerite 162

Eagleton, Terry 211
Eiesland, Nancy L. 130
Einstein, Albert 105
Elija 72
Eliot, George 46
Eliot, Thomas Sterns 46
Erasmus von Rotterdam 135
Euripides 217, 281
Ezechiel 290

Fackenheim, Emil 48
Ferenczi, Sándor 155
Ferry, Luc 109
Fitzgerald, Gerald 262
Fontenay, Elisabeth de 133
Foucault, Michel 90, 240, 276

Franck, Didier 210
Freud, Sigmund 39 f., 59 f., 93, 117, 135, 142, 144, 155, 157, 181, 196, 331
Fukuyama, Francis 119

Gallagher, Sheila 18 f., 34, 43, 330
Gandhi 73 f., 86, 99, 117, 259, 261, 277, 285
Gebara, Ivone 80, 99
Gide, André 241
Girard, René 305
Goethe, Johann Wolfgang 135
Grant, Sara 123, 125 f.
Greenberg, Rabbi Irving 85, 324
Gregor von Nyssa 83, 89, 228
Gutiérrez, Gustavo 277

Habermas, Jürgen 11, 309
Hafis 72
Hanh, Thích Nhat 105
Harris, Sam 25
Havel, Vaclav 117
Heaney, Seamus 20
Hegel, Georg Wilhelm Friedrich 97, 102, 170, 176, 182, 207, 247 f., 251, 253, 282, 288
Heidegger, Martin 25, 132, 168, 176, 178, 180-183, 188-190, 196, 200, 219, 223, 226, 228, 230, 241, 274, 302, 310
Heisenberg, Werner 105
Herder, Johann Gottfried 8, 16, 115 f.
Hillesum, Etty 81, 84, 99, 233, 259, 261, 304, 324
Himmler, Heinrich 81
Hiob 77, 200, 236, 280
Hitchens, Christopher 25
Hitler, Adolf 81, 181, 188, 190, 198, 314
Hobbes, Thomas 310
Hölderlin, Friedrich 190
Hollywood, Amy 215

Personenverzeichnis

Homer 289, 309
Hopkins, Gerard Manley 21, 27, 55, 64, 80, 92, 110, 112, 115, 121, 129, 203, 209, 234, 277
Houlihan, Cathleen Ni 206
Hudgins, Andrew 33
Hume, David 280, 308
Hume, John 73 f., 259, 261
Huntington, Samuel 119, 159
Husserl, Edmund 8, 15, 190, 197, 225, 271
Huxley, Thomas 265
Hyde, Douglas 43

Ibn Ziaten, Latifa 133
Ignatius von Loyola 198, 234
Illich, Ivan 66, 113, 119 f., 185
Isaak 24, 61 f., 68, 95, 155, 158, 269, 317

Jakob 28, 35, 117, 256, 318, 320
Jesaja 74, 94, 203
Jesus von Nazareth 34, 48, 56, 59, 64 f., 68, 73, 81, 95 f., 99, 130, 155, 158, 174, 182, 186, 188, 201, 228, 249 f., 252, 256 f., 260, 263, 287 f., 290, 294, 303, 313, 317, 323
Johannes 78, 256
Johannes vom Kreuz 212, 226, 264, 277, 279, 306
Johannes von Damaskus 296
Johnson, Elizabeth 99
Jona 236
Joyce, James 31 f., 91 f., 100, 112, 117, 129, 157, 163, 198, 203 f., 206–208, 212, 232, 275, 309, 314
Juliana von Norwich 100, 213
Jung, Carl 105

Kant, Immanuel 52, 131, 148, 176, 197, 231, 238, 268
Kazantzakis, Niko 34
Kearney, Richard 9–14, 18, 21, 26, 29, 33, 39, 41–43, 66, 75, 108, 125, 127, 168–172, 174, 224, 243–245, 258, 266, 273–277, 279, 281, 284, 286, 291, 293, 295–298, 301, 330 f.
Keats, John 29 f., 51, 202 f., 308
Keller, Catherine 12, 17, 75, 105, 330
Kierkegaard, Søren 24, 33, 39, 58, 196, 218, 238, 268 f., 271, 273, 275, 310, 331
King, Thomas 74, 117, 261 f.
Kramer, Wayne 206
Kriegel, Blandine 133
Kristeva, Julia 12, 17, 44, 68, 85, 100, 107, 112, 127–129, 132, 144 f., 183, 275, 321, 330
Kuhn, Thomas 191

Lacan, Jaques 93, 207
Lacoste, Jean-Yves 276, 283
Larbaud, Valéry 198
Le Saux, Henri 125
Leibniz, Gottfried Wilhelm 90 f., 160 f., 200, 240
Levertov, Denise 33, 37, 319
Levinas, Emmanuel 9, 11, 25, 28, 38, 46, 53, 88–90, 96–98, 117, 122, 193 f., 196–200, 206, 209, 220, 222, 238, 242, 253, 262, 274 f., 305, 312, 321
Lévi-Strauss, Claude 70, 236
Lonergan, Bernard 276
Lossky, Vladimir 279
Lubac, Henri Kardinal de 123, 293 f.
Lukas 95, 185, 237, 318
Luther, Martin 74, 86, 117, 207, 261 f., 278

MacIntyre, Alasdair 187
Mandela, Nelson 259, 261
Manoussakis, John 322
Marcel, Gabriel 32, 61, 226, 275
Margery Kempe 214
Maria 27 f., 33, 35–37, 61, 95, 128, 245, 259–261, 263, 267 f., 303, 318–320, 322 f.

Marion, Jean-Luc 12, 17, 90, 98, 223 f., 275 f., 289, 312, 330
Marx, Karl 25, 40, 52, 71, 117, 182, 196
Masterson, Patrick 305
Matthäus 27, 65, 84, 94, 110 f., 119, 203, 237, 256, 305, 314, 323
Meister Eckhart 45, 146, 213, 250, 277, 306, 317, 321
Melville, Herman 42
Merah, Mohammed 133, 136
Mercedes, Anna 93
Merleau-Ponty, Maurice 45, 57, 100, 112, 208, 210
Merton, Thomas 64, 123, 319, 320
Messina, Antonella da 34
Metz, Johann Baptist 278, 283
Michel, Louise 140
Montale, Eugenio 180
Moses 99, 174
Murdoch, Iris 275

Naas, Michael 286 f.
Nancy, Jean-Luc 130, 226 f., 230, 232, 241, 307
Niebuhr, Reinhold 281
Nietzsche, Friedrich 29, 40, 52, 117, 127, 132, 168, 170, 175, 196, 225 f., 228, 230, 240 f., 280, 314
Nikolaus von Kues 78, 277, 306, 313

Oppenheimer, Julius Robert 103
Origenes 81
Otto, Rudolf 39, 61

Pascal, Blaise 27, 159, 171, 196, 218
Pater, Walter 57
Pauli, Wolfgang 105
Paulus 142, 169, 177, 179, 182 f., 189 f., 191, 195-197, 205, 207, 219, 249 f., 255 f., 282, 287, 322
Péguy, Charles 110, 115, 121
Pio von Pietrelcina (Pater Pio) 213
Pollock, Jackson 158

Porete, Margareta 55, 200, 205, 207, 212 f., 216, 264, 277
Pound, Ezra 160
Proust, Marcel 31 f., 45, 92, 100, 117, 142, 162-166, 203, 212, 232, 275, 309

Rahner, Karl 9, 122, 235, 257 f., 284
Ratzinger, Joseph / Benedikt XVI. 113
Rembrandt 34
Ricoeur, Paul 9, 14, 23, 33 f., 39, 53, 60, 68, 101 f., 117, 122, 124, 170, 180, 187 f., 204, 233, 243 f., 246 f., 253 f., 275, 285, 289, 292, 301 f., 305, 309, 312
Rilke, Rainer Maria 59, 307
Rosenzweig, Franz 281
Rouault, Georges 34
Rousseau, Jean-Jacques 135, 310
Rublev, Andrei 298

Salomo 35, 264
Samuel 35
Sarah 28, 36, 61, 95, 107, 153, 245, 298, 318, 320
Sartre, Jean-Paul 52, 54, 275
Scheler, Max 190
Schelling, Friedrich Wilhelm Joseph von 102, 282
Schleiermacher, Friedrich 302, 331
Scotus Eriugena, Johannes 276
Semonovitch, Kascha 33
Shakespeare, William 157, 258, 289
Sokrates 26, 307 f., 311, 331
Sollers, Philippe 160
Spinoza 216, 240
Stalin, Josef 184
Stevens, Wallace 53, 203, 255, 331

Taylor, Charles 10-12, 17, 44, 69, 108, 149, 188, 196, 209, 305, 330

Teilhard de Chardin 55, 123
Teresa von Kalkutta (Mutter Teresa) 119, 171
Tertullian 235
Théroigne de Méricourt 140
Thomas von Aquin 83, 122, 125, 129 f., 279, 281
Thurman, Howard 86
Tocqueville, Alexis de 134
Tracy, David 12, 17, 44, 273 f., 285, 301, 306–308, 330
Turner, Denys 305
Turner, Victor 118
Tustin, Frances 142

Vanier, Jean 45, 85, 99, 117, 119, 130, 149, 150, 220, 233, 277, 285
Vattimo, Gianni 12, 17, 168, 182, 204, 230, 288, 321, 330
Voltaire, François Marie Arouet de 135

Weber, Max 16, 25, 116
Weil, Simone 58, 61, 66, 87, 93, 105, 110, 112, 139, 141, 143, 164, 178, 186, 191, 196, 199, 226, 258, 268, 277, 295, 319
Westphal, Merold 12, 17, 273, 284, 305, 330
Whitehead, Alfred North 77, 87, 90–92, 281
Whitman, Walt 91 f.
Wiesel, Elie 85, 304, 324
Wilde, Oscar 57, 63, 203, 220
Wittgenstein, Ludwig 122, 276
Wood, James 12, 17, 42–44, 330
Woolf, Virginia 31 f., 39, 42, 45, 63, 100, 112, 203, 232

Zabala, Santiago 182, 189
Zimmermann, Jens 12 f., 17 f., 273 f., 291, 297, 305, 308, 316, 330 f.
Žižek, Slavoj 183

Die Beitragenden

Caputo, John, 1940, Professor em. für Theologie an der Syracuse University und Professor em. für Philosophie an der Villanova University, USA.

Critchley, Simon, 1960, Professor an der New School for Social Research in New York, USA.

Dausner, René, 1975, Professor für Systematische Theologie an der Universität Hildesheim, Deutschland.

Gallagher, Sheila, 1967, Professor für bildende Kunst am Boston College, USA.

Kearney, Richard, 1954, Professor für Philosophie am Boston College, USA.

Keller, Catherine, 1953, Professorin für konstruktive Theologie an der Graduate Division of Religion der Drew University, USA.

Kristeva, Julia, 1941, Professorin em. für Philosophie an der Universität Paris VII. (Denis Diderot), Frankreich.

Marion, Jean-Luc, 1946, Professor em. für Philosophie an der Sorbonne (Paris IV) und Religionsphilosophie und katholische Theologie an der University of Chicago, USA.

Taylor, Charles, 1931, Professor em. für Philosophie an der McGill University in Montreal, Kanada.

Tracy, David, 1939, Professor em. für Theologie an der Divinity School der Universität Chicago, USA.

Vattimo, Gianni, 1936, em. Professor für Theoretische Philosophie an der Universität Turin, Italien.

Westphal, Merold, 1940, Professor em. für Philosophie an der Fordham University, USA.

Wood, James, 1965, Professor für Literaturkritik an der Harvard University, USA.

Zimmermann, Jens, 1965, Professor für Theologie am Regent College der University of British Columbia, Vancouver, Kanada.

Editorische Annotationen

Den einzelnen Gesprächen vorgeschaltet ist je eine kurze Einführung, die von den Herausgebern der englischen Originalausgabe – Richard Kearney und Jens Zimmermann – stammt und für die deutsche Übersetzung übernommen wurde. Zur leichteren Unterscheidung vom darauffolgenden Gespräch habe ich den Text kursiviert.

Die Fußnoten am jeweiligen Seitenende sind aus dem englischen Original übernommen; einige, zusätzliche Anmerkungen sind in der deutschen Ausgabe am Ende des Bandes ergänzt. Der Eigenname Gottes wurde im deutschen Text konsequent mit dem Tetragrammaton JHWH abgebildet.

Zeichenerklärung:

° Wörter, die im englischen Original in deutscher Sprache wiedergegeben sind.

[ ] Editorische Ergänzung.

( ) Ergänzung im englischen Original

1 Gott nach Gott

(a) Der Ausdruck „to reimagine" wird im Deutschen konsequent mit dem Begriff „Revision(en)" wiedergegeben. Die herausgeberische Entscheidung verdeckt zwar den verbalen Charakter des Originals, bewahrt aber die inhaltliche Ambivalenz des Revidierens und des Wiedersichtbarmachens.
(b) Im Original heißt es: „As in child's play, ‚gone, back again' (fort/da)." Die deutsche Ergänzung in Klammern zeigt an, dass es sich um eine bewusste Anspielung handelt, vgl. Sigmund Freud, Jenseits des Lustprinzips, in: Ders., Gesammelte Werke. Chronologisch geordnet. 13. Bd. London 1955 [¹1949],

1-69. Zu dem „Kinderspiel", von dem Sigmund Freud spricht und auf das sich Richard Kearney bezieht: vgl. 11-13.

(c) Zur philosophiehistorischen Einordnung des sog. „Sprung des Glaubens" bzw. „Sprung in den Glauben" von S. Kierkegaard vgl. G. Scholtz, Art. Sprung, in: HWPh 9 (1995) 1541-1550: 1545 f.

(d) Vgl. das berühmte Höhlengleichnis in Platons 7. Buch der Politeia, 107a. Sokrates spricht hier von einer „eine Umlenkung der Seele, welche aus einem gleichsam nächtlichen Tage zu dem wahren Tage des Seienden jene Auffahrt antritt, welche wir eben die wahre Philosophie nennen wollen" (Übersetzung nach F. D. E. Schleiermacher).

(e) Vgl. Aristoteles, Poetik, 1449 b 25-28, in: Aristoteles, Poetik. (Werke in deutscher Übersetzung. Bd. 5). Übers. u. erl. v. Arbogast Schmitt. Berlin 2008, 9.

2 Imagination, Anatheismus und das Heilige

(a) Vgl. oben: S. 29.

(b) Vgl. Wallace Stevens, A High-Toned Old Christian Woman, in: Ders., Collected Poems. New York 1954, 59: „Poetry is the supreme fiction, madame. […]". Vgl. Wallace Stevens, Notes towards a Supreme Fiction, in: Ders., Collected Poems. New York 1954, 380-408. Vgl. auch: Joseph Carroll, Wallace Stevens' Supreme Fiction. A New Romanticism. Baton Rouge - London 1987.

(c) Vgl. Jacques Derrida, Glaube und Wissen. Die beiden Quellen der „Religion" an den Grenzen der bloßen Vernunft, in: Jacques Derrida - Gianni Vattimo, Die Religion. Frankfurt u. a., 2001, 9-106: 31 f.

(d) The Weakness of God, 38.

(e) Bei der Übersetzung der Textstelle hat Dr. Karl Pichler dankenswerterweise die Dramenangabe sowie das Erscheinungsjahr des Textes von Karl Marx korrigiert.

3 Jenseits des Unmöglichen

(a) Vgl. Catherine Keller, Über das Geheimnis. Gott erkennen im Werden der Welt. Eine Prozesstheologie. Freiburg i. Br. 2013.

(b) Dt.: Über das Geheimnis. Gott erkennen im Werden der Welt. Eine Prozesstheologie. Freiburg i. Br. 2013.

(c) Hannah Arendt, Der Liebesbegriff bei Augustin. Versuch einer philosophischen Interpretation. Hg. und Vorwort von Ludger Lütkehaus. Berlin 2003.

(d) Alfred N. Whitehead, Prozeß und Realität. Entwurf einer Kosmologie. Übers. v. Hans Günter Holl. Frankfurt a. M. ²1984, 33.

(e) Dt.: Die Falte. Leibniz und der Barock. Übers. von Ulrich Johannes Schneider. Frankfurt a. M. ⁶2015.
(f) Anna Mercedes, Power For. Feminism and Christ's Self-Giving. London 2011.
(g) Im Deutschen zit. nach: Emmanuel Levinas, Jenseits des Seins oder anders als Sein geschieht. Freiburg i. Br. u. a. 1992, 320.
(h) Dt: David Bohm, Die implizite Ordnung. Grundlagen eines dynamischen Holismus. München 1985.
(i) Karen Barad, Agentieller Realismus. Über die Bedeutung materiell-diskursiver Praktiken, übers. Von Jürgen Schröder. Berlin 2012; Karen Barad, Verschränkungen, übers. von Jennifer Sophia Theodor. Berlin 2015.

4 Transzendenter Humanismus in einem säkularen Zeitalter

(a) Vgl. Charles Taylor, Ein säkulares Zeitalter. Aus dem Englischen v. Joachim Schulte. Frankfurt a. M. 2009, 955–959.
(b) Vgl. Charles Taylor, Ein säkulares Zeitalter. Frankfurt a. M. 2009, 1270–1279.
(c) Wystan H. Auden, Ein Bewusstsein der Wirklichkeit. Essays. Aus dem Engl. v. Hella Bronold. München u. a. 1989: „Es ist, wie Lichtenberg bemerkte, ‚ein großer Unterschied, ob man etwas noch immer oder schon wieder glaubt'" (49); „Jeder Christ muss den Übergang von dem ‚Wir glauben noch' des Kindes zu dem ‚Ich glaube wieder' des Erwachsenen vollziehen. ... der Übergang kommt, wie mir scheint, selten ohne ein Zwischenspiel des Unglaubens zustande." (238).
(d) Luc Ferry, L'Homme-Dieu ou Le sens de la vie. Paris 1996; dt: Von der Göttlichkeit des Menschen oder Der Sinn des Lebens. Übers. von Bernd Wilczek. Wien 1997.
(e) Charles Taylor, Ein säkulares Zeitalter. Frankfurt a. M. 2009: Neue „Routen" zum Glauben: Charles Péguy: 1233–1248; Gerard Manley Hopkins: 1249–1265.
(f) Vgl. Charles Taylor, Ein säkulares Zeitalter. Frankfurt a. M. 2009, 1270.
(g) Charles Taylor, Ein säkulares Zeitalter. Frankfurt a. M. 2009, 1190; vgl. dazu ausführlicher: Kap. 10.
(h) Charles Taylor, Ein säkulares Zeitalter. Frankfurt a. M. 2009, 1236 f.
(i) Vgl. Charles Taylor, Das sprachbegabte Tier. Grundzüge des menschlichen Sprachvermögens. Berlin 2017.
(j) Charles Taylor, Ein säkulares Zeitalter. Frankfurt a. M. 2009, 1275–1279.
(k) Charles Taylor, Ein säkulares Zeitalter. Frankfurt a. M. 2009, 109.
(l) Paul Ricoeur, Die Interpretation. Ein Versuch über Freud. Übers. von Eva Moldenhauer. Frankfurt a. M. 1974, 68.
(m) Charles Taylor, Ein säkulares Zeitalter. Frankfurt a. M. 2009, 88–92.

⁽ⁿ⁾ Vgl. William Faulkner, Requiem für eine Nonne. Roman in Szenen. Zürich 1982, 106: „Die Vergangenheit ist niemals tot. Sie ist nicht einmal vergangen."
(1. Akt, 3. Szene).
⁽ᵒ⁾ Vgl. Charles Taylor, Ein säkulares Zeitalter. Frankfurt a. M. 2009, 1219–1231.
⁽ᵖ⁾ Vgl. Charles Taylor, Ein säkulares Zeitalter. Frankfurt a. M. 2009, 1206–1210.
⁽ᑫ⁾ Vgl. Charles Taylor, Ein säkulares Zeitalter. Frankfurt a. M. 2009, Teil III: Der Nova-Effekt, 505–700.
⁽ʳ⁾ Sara Grant, Towards an Alternative Theology. Confessions of a Non-Dualist Christian. (The Teape Lectures, 1989). Notre Dame 2002.

5 Neuer Humanismus und das Bedürfnis zu glauben

⁽ᵃ⁾ Übersetzt nach der englischen Fassung von Jennifer McWeeney unter Einbeziehung der französischen Fassung unterschiedlicher Texte von Julia Kristeva.
⁽ᵇ⁾ Julia Kristeva, Bisogno di credere. Un punto di vista laico. Rom 2006; Cet incroyable besoin de croire. Entretien avec Carmine Donzelli. Paris 2007; This Incredible Need to Believe. New York 2009; Dieses unglaubliche Bedürfnis zu glauben. Aus dem Französ. von Eva zum Winkel, hg. und mit einem Nachw. von Eberhard Th. Haas u. Elisabeth Van Quekelberghe. Gießen 2014.
⁽ᶜ⁾ Julia Kristeva, Thérèse mon amour. Sainte Thérèse d'Avila. Paris 2008; Julia Kristeva, Teresa, my love. An imagined life of the Saint of Avila. A novel. New York 2015.
⁽ᵈ⁾ Julia Kristeva, Thérèse mon amour. Sainte Thérèse d'Avila. Paris 2008, 83.
⁽ᵉ⁾ Vgl. Julia Kristeva, A Tragedy and a Dream: Disability Revisited, in: Richard Kearney, Brian Treanor, Hg., Carnal Hermeneutics. New York 2015, 115–127, v. a. 120–123 (Singularity; Mortality; Norms).
⁽ᶠ⁾ Nancy L. Eiesland, The Disabled God. Toward a Liberatory Theology of Disability. Nashville 1994; dt.: Der behinderte Gott. Anstöße zu einer Befreiungstheologie der Behinderung. Übers. von Werner Schüßler. Würzburg 2018.
⁽ᵍ⁾ Julia Kristeva, Zehn Prinzipien für den Humanismus des 21. Jahrhunderts, in: IkaZ (Communio) 41 (4/2012), 476–480.
⁽ʰ⁾ Julia Kristeva, Pulsion du Temps. Paris 2013.
⁽ⁱ⁾ Vgl. Julia Kristeva, New Forms of Revolt, in: Journal of French and Francophone Philosophy 22 (2/2014), 1–19, v. a. 6 f.
⁽ʲ⁾ Julia Kristeva, On naît femme, mais je le deviens, jetzt in: Julia Kristeva, Pulsion du Temps. Paris 2013, 707 ff.
⁽ᵏ⁾ Vgl. Richard Kearney, Brian Treanor, Hg., Carnal Hermeneutics. New York 2015. Der Band enthält u. a. zwei Beiträge von Julia Kristeva: A Tragedy and a

Dream: Disability Revisited (115–127); The Passion According to Teresa of Ávila (251–262).
(l) Julia Kristeva, Dieses unglaubliche Bedürfnis zu glauben. Gießen 2014, 30.
(m) Vgl. Julia Kristeva, Dieses unglaubliche Bedürfnis zu glauben. Gießen 2014, 22–26.
(n) Julia Kristeva, The Need to Believe and the Desire to Know, Today, in: Psychoanalysis, Monotheism and Morality. The Sigmund Freud Museum Symposia 2009–2011. Hg. von Wolfgang Müller-Funk u. a. Leuven 2013, 75–92.
(o) Vgl. etwa: Julia Kristeva, La reliance, ou de l'érotisme maternel: http://www.kristeva.fr/reliance.html (Abgerufen am 01.08.2019).
(p) Vgl. Simone de Beauvoir, Das andere Geschlecht. Sitte und Sexus der Frau. Reinbek bei Hamburg 2016 [frz. Orig.: 1949].
(q) Aurelius Augustinus, Selbstgespräche. Von der Unsterblichkeit der Seele. Lateinisch und deutsch. (I, 1, 4). Düsseldorf u. a. ^{3}2002, 10 f.
(r) Marcel Proust, Auf der Suche nach der verlorenen Zeit. Übers. v. Eva Rechel-Mertens. Bd. 1: In Swanns Welt. (Frankfurter Ausgabe, Werke II, Band 1). Frankfurt a. M. ^{4}2002, 70.
(s) Wörtlich heißt es bei Marcel Proust: „Wenn die Wirklichkeit nur eine Art Abfallprodukt der Erfahrung … wäre" (Marcel Proust, Auf der Suche nach der verlorenen Zeit. Übers. v. Eva Rechel-Mertens. Bd. 7: Die wiedergefundene Zeit. (Frankfurter Ausgabe, Werke II, Band 7). Frankfurt a. M. ^{4}2002, 293).

6 Anatheismus, Nihilismus und das schwache Denken

(a) Vgl. Gianni Vattimo, Santiago Zabala, Hermeneutic Communism. From Heidegger to Marx. New York 2011.
(b) Gianni Vattimo, Glauben – Philosophieren. Stuttgart 1997.
(c) Gianni Vattimo, Jenseits des Christentums. Gibt es eine Welt ohne Gott? München u. a. 2004.
(d) Vgl. Gianni Vattimo, Introduzione, in: Richard Kearney, Ana-teismo. Tornare a Dio dopo Dio. Rom 2012, VII–XIII. Die Übersetzung ins Deutsche erfolgt nach der englischen Version unter Einbeziehung der Einleitung zur italienischen Ausgabe.
(e) Ludwig Wittgenstein, Logisch-philosophische Abhandlung. Tractatus logico-philosophicus. Frankfurt a. M. 2003 [1922], 111: „6.54 Meine Sätze erläutern dadurch, daß sie der, welcher mich versteht, am Ende als unsinnig erkennt, wenn er durch sie – auf ihnen – über sie hinausgestiegen ist. (Er muß sozusagen die Leiter wegwerfen, nachdem er auf ihr hinaufgestiegen ist.) Er muß diese Sätze überwinden, dann sieht er die Welt richtig."
(f) Dietrich Bonhoeffer, Akt und Sein. Transzendentalphilosophie und Ontologie in der systematischen Theologie. (Werke, Bd. 2). Gütersloh 1988, 112.
(g) Richard Kearney, Anatheism. Returning to God After God. New York 2010, 134.

⁽ʰ⁾ Samuel Beckett, Malone Dies [frz. Orig.: 1951], in: Ders., Molloy – Malone Dies – The Unnamable. London 1959, 193: „Nothing is more real than nothing."
⁽ⁱ⁾ Martin Heidegger, Zeit und Sein (1962), in: Ders., Zur Sache des Denkens. Gesamtausgabe, Abt. 1, Bd. 14. Frankfurt a. M. 2007, 3–30.
⁽ʲ⁾ Anmerkung des Übersetzers: Im Deutschen kann „the weak" etc. sowohl als „das Schwache" als auch als „die Schwachen" etc. im personalen Sinn verstanden werden.
⁽ᵏ⁾ Paul Ricœur, Zeit und Erzählung. Bd. 3: Die erzählte Zeit. München 1991.
⁽ˡ⁾ Friedrich Hölderlin, Brod und Wein, in: Ders., Sämtliche Werke. 2. Bd. Stuttgart 1951, 93 (Vers 114 f., Strophe 7).
⁽ᵐ⁾ Zit. nach: Geoffrey S. Kirk u. a., Die vorsokratischen Philosophen. Einführung, Texte und Kommentare. Ins Deutsche übersetzt von Karlheinz Hülser. Stuttgart u. a. 1994, 128. Vgl. dazu: Martin Heidegger, Der Spruch des Anaximander, in: Martin Heidegger, Holzwege. (Gesamtausgabe. I. Abteilung 1914–1970, Bd. 5). Frankfurt a. M. 1977, 321–373: Heidegger zitiert den Spruch des Anaximander in folgender Übersetzung: „Woher die Dinge ihre Entstehung haben, dahin müssen sie auch zu Grunde gehen, nach der Notwendigkeit; denn sie müssen Buße zahlen und für ihre Ungerechtigkeiten gerichtet werden, gemäß der Ordnung der Zeit."
⁽ⁿ⁾ Gianni Vattimo; Piergiorgio Paterlini, Non essere Dio. Un'autobiografia a quattro mani. Reggio Emilia 2006.
⁽ᵒ⁾ Lk 17,18 (Vulg.): Non est inventus qui rediret, et daret gloriam Deo, nisi hic alienigena (Fremdling).
⁽ᵖ⁾ Ivan Illich, In den Flüssen nördlich der Zukunft. Letzte Gespräche über Religion und Gesellschaft mit David Cayley. Übers. von Sebastian Trapp, Vorwort von Charles Taylor. München 2006. – Der Buchtitel geht auf ein Gedicht von Paul Celan zurück.
⁽ᑫ⁾ Vgl. Thomas Nagel, The View from Nowhere. New York – Oxford 1986; dt.: Der Blick von nirgendwo. Frankfurt a. M. 1992.
⁽ʳ⁾ After Virtue. A Study in Moral Theology. Notre Dame 1981; dt.: Der Verlust der Tugend. Zur moralischen Krise der Gegenwart. Übers. von Wolfgang Rhiel. Frankfurt 1987.
⁽ˢ⁾ Die religiöse Kraft des Atheismus. Übers. von Reiner Ausen. Freiburg i. Br. 2002.
⁽ᵗ⁾ Dt.: Der Konflikt der Interpretationen. Übers. von Johannes Rütsche. München 1973.
⁽ᵘ⁾ Martin Heidegger, Nachwort zu „Was ist Metaphysik?" (1943), in: Ders., Wegmarken. (Gesamtausgabe. I. Abteilung 1914–1970, Bd. 9). Frankfurt a. M. 1976, 303–312: „Das anfängliche Denken ist der Widerhall der Gunst des Seins, in der sich das Einzige lichtet und sich ereignen läßt: daß Seiendes ist. Dieser Widerhall ist die menschliche Antwort auf das Wort der lautlosen Stimme des Seins." (310).

7 Was ist Gott? „Ein Gebrüll auf den Gassen"

(a) Vgl. Aurelius Augustinus, Confessiones – Bekenntnisse. Confessiones VIII, 12,29. (Übers. v. Wilhelm Thimme, mit einer Einführung von Norbert Fischer. Düsseldorf u.a. 2004, 360–363).
(b) Zum Begriff der Substitution (Stellvertretung) bei Emmanuel Levinas vgl. auch: René Dausner, Christologie in messianischer Perspekive. Zur Bedeutung Jesu im Diskurs mit Emmanuel Levinas und Giorgio Agamben. (Studien zu Judentum und Christentum, Bd. 31). Paderborn u.a. 2016, 186–215.
(c) James Joyce, Ulysses. Übers. von Hans Wollschläger. Frankfurter Ausgabe. Werke 3.1. Frankfurt a.M. ³1976, 1015.
(d) Vgl. James Joyce, An Valery Larbaud [ohne Datum, Sommer 1921], in: Ders., Briefe II. (Frankfurter Ausgabe, Werke 6). Frankfurt a.M. 1970, 863.
(e) R. Kearney, RAVISHING FAR/NEAR, in: Catalogue: Sheila Gallagher: Ravishing Far / Near: Dodge-Gallery & [https://richardmkearney.files.wordpress.com/2014/06/ravishingfarnear1.pdf]. Abgerufen am 25.09.2019.
[https://richardmkearney.files.wordpress.com/2014/06/ravishingfarnear1.pdf]
(f) James Joyce, Ulysses. Übers. von Hans Wollschläger. Frankfurter Ausgabe. Werke 3.1. Frankfurt a.M. ³1976, 24.
(g) Nacht-Episode: James Joyce, Ulysses. Übers. von Hans Wollschläger. Frankfurter Ausgabe. Werke 3.1. Frankfurt a.M. ³1976, 604–754.
(h) James Joyce, Ulysses. Übers. von Hans Wollschläger. Frankfurter Ausgabe. Werke 3.1. Frankfurt a.M. ³1976, 28.
(i) Zitat aus Shakespeares Hamlet, 1. Akt, Szene 5.
(j) Simon Critchley, Infinitely Demanding. Ethics of Commitment, Politics of Resistance, London; New York 2008; dt.: Unendlich fordernd. Ethik der Verpflichtung, Politik des Widerstands. Zürich 2008.
(k) James Joyce, Ulysses. Übers. von Hans Wollschläger. Frankfurter Ausgabe. Werke 3.1. Frankfurt a.M. ³1976, 1015.
(l) James Joyce, Ulysses. Übers. von Hans Wollschläger. Frankfurter Ausgabe. Werke 3.1. Frankfurt a.M. ³1976, 938.
(m) New York Times vom 16.09.2012.
(n) Figur aus dem Roman „The Scarlet Letter" von Nathanael Hawthorne (1850).
(o) Samuel Beckett, Malone Dies [frz. Orig.: 1951], in: Ders., Molloy – Malone Dies – The Unnamable. London 1959, 201.
(p) Zu dem Ausdruck vgl. Li-Ling Tseng, Samuel Beckett's For to End Yet Again: A Conflict between „Syntax of Energy" and „Syntax of Weakness", in: Twentieth Century Literature, 38 (1/1992), 101–123.
(q) Johannes vom Kreuz, Der Geistliche Gesang (Cantico A). Gesammelte Werke, Bd. 3. Freiburg i. Br. ³2015.
(r) Irish Times vom 22.04.2013.
(s) Siehe Giorgio Agamben, Die Zeit, die bleibt. Ein Kommentar zum Römer-

brief. Übers. von Davide Giurato. Frankfurt a. M. 2006; Alain Badiou, Paulus. Die Begründung des Universalismus. Übers. von Heinz Jatho. Zürich 2009.
(t) Vgl. Oscar Wilde, De Profundis. Aufzeichnungen und Briefe aus dem Zuchthaus in Reading. Berlin 1905.

8 Der Tod des Todes Gottes

(a) Jean-Luc Nancy, La déclosion. Déconstruction du christianisme, Bd. 1, 2005; dt.: Dekonstruktion des Christentums, übers. von Esther von der Osten, 2008.
(b) Vgl. Marcel Gauchet, La Religion dans la Démocratie. Parcours de la laïcité. Paris 1998.
(c) Richard Kearney, Sacramental Imagination: Eucharists of the Ordinary Universe, in: Analecta Hermeneutica 1 (2009), 240–288.
(d) Hans Urs von Balthasar, Herrlichkeit. Eine theologische Ästhetik. Bd. 2. Einsiedeln ²1962.
(e) André Gide, Les Nourritures terrestres (1897), in: Ders., Romans. Paris 1958, 162: „Nathanaël, que chaque attente, en toi, ne soit même pas un désir, mais simplement une disposition à l'accueil."
(f) Dt.: Gegeben sei: Entwurf einer Phänomenologie der Gegebenheit. Übers. von Thomas Alferi. Freiburg – München 2015.

9 Anatheismus und radikale Hermeneutik

(a) Vgl. dazu auch den Epilog in diesem Band, bes. Abschnitt IV.
(b) André Gide, Les Nourritures terrestres (1897), in: Ders., Romans. Paris 1958, 162: „Nathanaël, que chaque attente, en toi, ne soit même pas un désir, mais simplement une disposition à l'accueil."
(c) Zum Begriff der „höchsten Fiktionen" von Wallace Stevens vgl. oben S. 53.
(d) R. Kearney, J. Taylor, Hg., Hosting the Stranger. Between Religions. New York 2011 und E. Rizo-Patron, R. Kearney, Traversing the Heart: Journeys of the Inter-Religious Imagination, 2010.
(e) Vgl. Corpus Dionysiacum, Bd. 1: Pseudo-Dionysius, De divinis nominibus, hg. v. Beate Regine Suchla u. a. Berlin 1990, 107–231: 157 f. (De divinis nominibus 4,12).
(f) Aurelius Augustinus, In Joanis Evangelium, Tractatus CXXIV, 12, 13 (PL 35, 1490 f.): facis veritatem, et venis ad lucem..
(g) Vgl. Sören Kierkegaard, Entweder / Oder. 2. Teil, Bd. 2. Gütersloh 1980, 168: „Deine Wahl ist eine aesthetische Wahl, aber eine aesthetische Wahl ist keine Wahl".

Editorische Annotationen

10 Theismus, Atheismus, Anatheismus

(a) Richard Kearney, Anatheism. Returning to God After God. New York 2010, 38.
(b) Michael Naas, Derrida From Now On. New York 2008, 187–212.
(c) Jean-Luc Marion, Gott ohne Sein. Hg. und mit einem Nachwort vers. von Karlheinz Ruhstorfer. Paderborn u. a. 2014.

Epilog: Eine Art Antwort

(a) In Lk 24,41–43 heißt es wörtlich: „Als sie es aber vor Freude immer noch nicht glauben konnten und sich verwunderten, sagte er zu ihnen: Habt ihr etwas zu essen hier? Sie gaben ihm ein Stück gebratenen Fisch; er nahm es und aß es vor ihren Augen."
(b) Vgl. Joh 21,12: „Auf, frühstückt!" Übersetzung: Münchner Neues Testament.
(c) John Keats, Letter to George and Thomas Keats, December 21, 27 (?) 1817, in: The Norton Anthology of English Literature. Bd. 4, New York ⁸2006, 942 f.
(d) Thomas v. Aquin, S. th., I, q. 3 a. 2 resp.
(e) Vgl. oben, S. 299.
(f) Angelus Silesius, Cherubinischer Wandersmann. Kritische Ausgabe. Stuttgart 1984, 69 (1, 289): „Die Ros' ist ohn warumb / sie bluehet weil sie bluehet / Sie acht nicht jhrer selbst / fragt nicht ob man sie sihet."
(g) Zur Unterscheidung zwischen der Groß- und Kleinschreibung im Englischen („God" und „god") wird im Deutschen der englische Großbuchstabe durch einen Unterstrich („G̲ott") markiert.